DER DICKE STENGEL

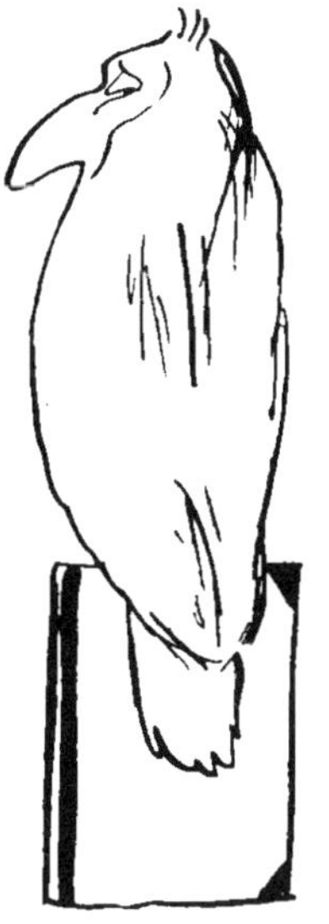

Der dicke Stengel

herausgegeben von Werner Sellhorn
illustriert von Hans-Eberhard Ernst

EULENSPIEGEL VERLAG

ISBN 3-359-00820-0

2. Auflage

Rosa-Luxemburg-Str. 16, 10178 Berlin
Umschlag- und Einbandgestaltung: Jens Prockat unter
Verwendung von Zeichnungen von Hans-Eberhard Ernst
Gesamtherstellung: Druckerei zu Altenburg

Präludium

Im ersten Kapitel wird der Mitschnitt einer Veranstaltung Hansgeorg Stengels 1983 bei den Studenten der Technischen Hochschule Ilmenau wiedergegeben.

Stengel gibt Auskunft

Liebes Hirn und Herz des technischen Fortschritts dieser Welt!
Ich bin zutiefst gerührt, daß ich in dieses Zentrum aller wichtigen Errungenschaften eindringen durfte, und der Griff zum Mikrofon geschieht nicht aus dem Argwohn, mich stimmlich nicht durchsetzen zu können, sondern hier hängt etwas dran, woran mir sehr liegt: ein Mitschnitt. Ich will ausgerechnet bei Ihnen beginnen, mein Leben wenigstens von jetzt an ein bißchen zu archivieren. Es ist so viel verlorengegangen für die Menschheit in den vergangenen zehn Jahren, die ich auf der Bühne tätig bin, und hier hat man mir die Chance eröffnet, durch unerhört wichtige und ausgetüftelte technische Manipulationen das alles festzuhalten, was ich heute sage. Ich sage wie immer Wichtiges, und alles was ich sage, sollten Sie sich genau anhören. Die meisten sehen ja darin das Hauptmotiv, zu mir zu eilen: Sie möchten einfach was wissen – und ich weiß alles. Ich bin der Mann, der Zeitungen liest und trotzdem informiert ist. Man hat mir, wie zum Hohne, einen Stuhl hingestellt. Man sollte eigentlich wissen, daß ich keinen Wert auf so eine Bequemlichkeit lege, denn welcher Satiriker möchte schon sitzen? Als ich neulich in Bautzen war (ich war freiwillig dort, ich hatte eine Veranstaltung im Waggonbau), hat man mir ebenfalls einen Stuhl hingestellt, und da habe ich gesagt: »Nun, hier schon gar nicht!«.

Wie fange ich an in diesem erlauchten Kreis? Ich bin in einer Zwickmühle. Ich glaube, hier war ich noch nie. Das Haus ist neueren Datums. Aber ich vermute, daß ich auch überhaupt in diesem Institut, in dieser Technischen Hochschule noch nicht zugange gewesen bin, jedenfalls nicht in den vergangenen sechs bis sieben Jahren. Und das ist mein Dilemma. Womit fange ich an? Was erzähle ich am besten? Was lasse ich weg? So einfach auf das Aktuelle loszugehen, das hätte den Nachteil, daß viele von Ihnen, die mich nicht kontinuierlich beobachten, mir lauschen, mir womöglich – was viele intelligente Menschen tun – nachreisen von Ort zu Ort, daß die dann die Lücken, die sie hinsichtlich meiner Chronik registrieren müssen, daß sie diese Lücken weiterhin mit sich herumschleppen. Ich muß also auf der einen Seite zurückgreifen auf vergangene Jahre. Andererseits will ich natürlich das Aktuelle nicht zu kurz kommen lassen. Das ist ganz klar. Deshalb kann ich Vergangenheit nur als Ausgangspunkt nehmen, um Heutiges im wesentlichen zu berichten. Wiederum andererseits – ich weiß nicht, wie viele Seiten es überhaupt gibt (aber nehmen wir mal an, es gibt viele), andererseits steht in einem Brief, der mich erreicht hat, ich solle mich dieser Atmosphäre und dieser Sphäre hier würdig erweisen und sehr viel berichten über das, was ich zu sagen habe zum Thema Mikroelektronik. Da mein technisches Verständnis ungeheuer groß ist, meine Erfahrungen, meine japanischen namentlich, natürlich für Sie wichtig sind, muß ich ja wohl auch auf solche Angelegenheiten zu sprechen kommen, die schon seit vielen, vielen Monaten gar nicht mehr zu meinem Repertoire gehören. Aber das Gute ist für Sie, und davon profitieren Sie, daß ich kein festgelegtes Programm habe. Ich komme hierher, und was ich sagen werde im einzelnen, das wird mir schon einfallen. Ich habe nichts Fixiertes. Ich habe kein Manuskriptpapier, auf dem steht: Heute Punkt eins, Punkt zwei, Punkt drei, Punkt vier. Ich habe es nie gelernt, irgend etwas zu notieren, was ich abends aufzusagen beabsichtige. Das hätte mir höllische Pein bereitet. Die Angst hat mich dazu getrieben, mehr zur Improvisation Zuflucht zu nehmen. Und das hatte auch einen Vorteil: Dadurch wurde meine Existenz gesichert. Dadurch, daß ich nie etwas schriftlich fixierte, habe ich noch nie etwas vorweisen können, und weil ich nie etwas vorweisen konnte, habe ich auch nie etwas vorweisen müssen. Und so ist es geschehen, daß in den vergangenen zehn Jahren (seit ich also auf der Bühne stehe) alle meine Veranstaltungen – das sind ungefähr zweitausend – alle Veranstaltungen ohne eine einzige Ausnahme haben stattfinden können. Nicht eine einzige mußte ausfallen. Wenn Sie argwöhnen, ich müsse doch aber Ärger gehabt haben wegen dieser und jener Formulierung, dann irren Sie sich nicht. Aber diesen Ärger hatte ich immer erst hinterher. Und die Konsequenz, die daraus entsprungen ist, die konnte ich verschmerzen. Wenn einige risikoscheue Veranstalter künftig davon abgesehen haben, mich noch einzusetzen, haben mich andere eben doppelt engagiert.

Wichtig, um Ihre Lücken zu schließen in meiner persönlichen Chronik, ist der Hinweis, daß mein Schicksalstag der 2. Januar 1981 gewesen ist. An diesem Tag wäre mein Leben um ein Haar erloschen, wäre die Rechnung dieses Dämons, der mich in diesen Verkehrsunfall verwickelt hat, aufgegangen. Aber ich bin nicht in die ewigen Jagdgründe gegangen und finde es auch ganz gut so. Diese Lösung war vernünftig. Es war ein schwerer Verkehrsunfall am 2. Januar 1981. Ein Omnibus, der alles für sich hatte, was nötig ist, um einen Verkehrsunfall zu gewinnen, nämlich die Vorfahrt, Masse und ausreichend Geschwindigkeit, fuhr durch die linke Vordertür meines Wartburgs tief ins Wageninnere. Und das, ich muß schon sagen zu meinem Glück, mit solcher Wucht und mit solcher Plötzlichkeit, daß ich diesen Unfall in keiner Phase erlebte. Das heißt, mein Bewußtsein war im Handumdrehen ausgelöscht – und ich hatte eins, und was für eins! Und jeder, der mich kennt, wird mir nachfühlen, worauf es mir in dieser Situation zuallererst ankam: auf die Wiedererlangung eben dieses verlorengegangenen Bewußtseins möglichst noch vor dem Parteitag. Und eben das ist mir in hervorragender Weise und vorfristig gelungen. Schon nach fünfunddreißig Minuten, liebe Gemeinde, erwachte ich im Rettungswagen, und mein erster Eindruck war: Dies ist

ein fremder Ort, hier wolltest du nicht hin! Und zum zweiten bemerkte ich: Alle mir vertrauten Gliedmaßen waren noch vorhanden. Das war tröstlich. Ich atmete, also lebte ich. Ich hätte in meinem Tod auch gar keinen Sinn gesehen, weil ich mir immer sage: Es sollen erst mal die sterben, die wir nicht unbedingt benötigen. Ich jedenfalls, liebes Publikum, ich jedenfalls bin noch vielfältig verwendbar, nützlich und jederzeit einsatzbereit. Zum dritten befaßte ich mich, sozusagen autodiagnostisch, mit den Details im Bereich der Verunfallung, also mit den Verletzungen, die mir zugefügt worden waren, und da merkte ich sofort: Das linke Schlüsselbein war in der Mitte unterbrochen. Also Schlüsselbeinbruch. Aber außerdem spürte ich weitere zehn bis elf Schmerzen in diesem Bereich. Und diese Schmerzempfindung ließ auf eine klassische Rippenserienfraktur schließen. Und so war es auch. Alle Rippen waren gebrochen bis auf eine: die unterste. Das ist eine freischwebende Rippe. Die kann gar nicht brechen. Sie ist nicht am Brustbein festgemacht. Sie lebt isoliert vom Verband. Dieser Status verleiht ihr eine gewisse Flexibilität und Elastizität. Das heißt, sie gab federnd nach. Dadurch hat sie überstanden. Was lehrt uns das? Wer federnd nachgibt, hat immer eine Chance.

Nun gibt es Leute, die sagen: »Das hat der Stengel alles erfunden, weil ihm der Stoff ausgegangen ist für die Bühne, das hat er alles inszeniert, das ist sein großer Trick, dieser Unfall hat natürlich gar nicht stattgefunden, da hat sich dieser Schelm gesagt: Also, Mensch, worüber könntest du noch reden? Und da hat er diesen Unfall erfunden. Und wenn er schon stattgefunden hat, dann hat ihn Stengel sogar absichtlich herbeigeführt, um auf der Bühne mal wieder

Stoff zu haben!« Solchen Gerüchten muß ich entgegentreten. Ich habe nie angestrebt, daß mir so was passiert. Und daß ich meinen Unfall kabarettistisch ausschlachte, das kann mir keiner übelnehmen. Denn es ist gutgegangen. Ich freue mich, daß es gutgegangen ist. Und ich mache mich ja nicht lustig über irgendeinen schweren Verkehrsunfall. Wenn der einem andern geschehen wäre, würde ich kein Wort verlieren. Oder wenn ich tot gewesen wäre, wäre ich verschwiegen. Da hätte ich Pietät. Aber es war ganz und gar mein Unfall. Was ich damit mache, ist schließlich meine Sache. Es war, wie gesagt, ein schwerer Unfall. Beweis: Meinem Auto wurde Totalschaden bescheinigt. Dies war eine der glücklichsten Botschaften, die ich am Krankenbett empfing. Es war die beste Nachricht, die ein autoverkehrsverunfallter DDR-Bürger überhaupt empfangen kann. Denn Totalschaden am Auto – wenn Sie es nicht wissen, sage ich es Ihnen jetzt – bedeutet nach unseren Normen und Regeln Erstattung des Zeitwertes sowie Anrecht auf ein ladenneues Auto. Wehe, Sie geraten an einen Taxator, der Ihnen nicht wohl will oder den Sie nicht bestochen haben oder – was vielleicht am schlimmsten ist – der schlicht korrekt urteilt und der also sagt, »Fünfundneunzig Prozent des Autos sind im Eimer!« Das ist Ihr Todesurteil. Das bedeutet Wiederaufbau des Fahrzeugs. Das dauert ein Menschenalter, und da müssen Ihre Enkel noch bluten. Ich rate Ihnen, liebe Gemeinde: Falls Sie mal verunfallen sollten, was ich natürlich nicht wünsche, aber es könnte mal passieren, und Sie sehen bei erlöschendem Bewußtsein noch intakte Teile Ihres Autos: Treten Sie noch mal nach!

Ich also, der Verunfallte, Sie erinnern sich, ich wurde nun zum Krankenhaus gefahren mit einem normalen Rettungswagen, weil ich auf unterer Ebene angesiedelt bin. Das heißt: Ich kriegte einen Barkas. So ein Fabrikat ist nicht gefedert. Die Transporttodesrate ist hoch. Aber ich hatte keinen Anspruch auf einen Volvo. Na gut, schlimm war aber nicht, daß der Transport so weh tat. Das Schlimme war, daß ich nun den bösen dämonischen Gedanken an eine minder exquisite Versorgung im Krankenhaus vergeblich zu verdrängen suchte. Nur zaghaft wagte ich zu hoffen, daß ich im Krankenhaus eine Versorgung im medizinaltechnischen Bereich, sowohl was die diagnostische wie auch die therapeutische Flanke betrifft, daß ich so eine Versorgung genieße, die auf höchstem Niveau steht. Ich träumte von Normen, wie sie etwa für Japan gelten können. Das heißt, ich träumte von Mikroelektronik. Ich träumte von Computern, von Robotern gar. Was man verstehen muß, wenn man weiß, daß ich eben gelitten habe in diesen Augenblicken des Transports. Mir kam all das vor Augen, was ich in Japan selbst erlebt hatte, und seitdem ist Japan für mich Inbegriff hochentwickelter Technik.

Ich war in Japan 1971, zu einer Zeit, als wahrscheinlich kaum jemand von Ihnen danach strebte, auf dieser Strecke zu verkehren. Ich war ein Vorläufer auf der Fernoststrecke, ein Pionier, ein Schrittmacher, um nicht Quartiermacher zu sagen. Das heißt: Erst zehn Jahre später entschloß sich unser Staatsoberhaupt, diese Reise nachzuvollziehen. Und es ist fast schon eine Gesetzmäßigkeit (das sage ich allen, die das noch nicht bemerkt haben), daß alle Reisen, die ich unternehme, nachgeahmt werden auf höherer Ebene, kurze Zeit oder längere Zeit danach. Meine Reisen haben offensichtlich Signalwirkung. Und pfiffige Leute blättern in meiner touristischen Chronik, um herauszufinden, wohin auf höherer Ebene die Reise demnächst wohl geht. Diese Leute sind nicht schlecht beraten. Und denen kann ich nur eins verraten: Ich war vor knapp anderthalb Jahren in Wiebelskirchen-Neunkirchen. Das liegt im Saargebiet. Das muß nichts bedeuten. Aber es kann etwas bedeuten. Es muß nichts bedeuten, denn ich war nie in Mexiko, und er war trotzdem in Mexiko. Er ist auf eigene Faust dorthin gefahren. Er hat sich nicht mit mir verständigt. Ich habe es ihm trotzdem nicht verübelt. Ich habe mir gesagt: Ein Staatsoberhaupt muß das Recht haben, auch mal selbständig zu entscheiden. Aber, um auf das Wesentliche zurückzukommen: Das große Erlebnis war die Begegnung mit der Technik in Japan, damals 1971. Und ich habe zum Zeichen dessen, was ich dort vorgefunden habe in Japan, als Symbol, aber natürlich vor allem als anregenden Impuls, damals eine Quarzuhr eingebracht – eine Digitaluhr. Die brachte ich mit. Ich war einer der ersten Quarzuhr-Überbringer in unserem Lande. Ich habe ein Riesenaufsehen erregt seinerzeit in Berlin. Ich wurde auf den

Schultern durch die Stadt getragen. Überall hieß es: »Da ist einer von der großen Quarzreise zurückgekehrt! Haben Sie schon den Mann mit der Quarzuhr gesehen?« Ich war ein Messias, ein Kolumbus für die Leute. Ich erregte damals in gewissen Kreisen großes Aufsehen mit meiner Quarz-Digitaluhr. Natürlich nur in gewissen Kreisen, denn ich sagte es schon: Meine Wirkung strahlt nicht bis in die höhere Ebene. Dazu ist mein eigener Ansiedlungsort zu niedrig. Und da bedurfte es eines weiteren Impulses, damit die Mikroelektronik bei uns größere Dimensionen erklimmen konnte. Und dieser Schub ist durch Zufall zustande gekommen.
Viele kennen die Geschichte vielleicht schon. Im Jahr 1974 war es, an einem frühen Herbsttag. Es war ein schöner Tag. Die Sonne schien, und es gab Pilze im Wald, und ich bin ein großer Pilzsammler, der leidenschaftlichsten einer. Immer wenn es Pilze gibt, gehe ich in den Wald. An einem Vormittag, an einem schönen Sonntagvormittag, war ich also wieder mal im Köpenicker Stadtforst Pilze sammeln mit meinem Körbchen. Am Vormittag. Und wen treffe ich am Vormittag, ebenfalls Pilze sammelnd am Vormittag? Doktor Günter Mittag am Vormittag. Und er gleich auf mich zu: »Hansgeorg, was machen die Epigramme?« Ich, nicht faul: »Günter, was machen die Beschlüsse?« Also so, wie man sich auf höherer Ebene unterhält. Und was soll ich viel erzählen? Ich muß hier raffen, ich muß zusammenfassen. Jedenfalls haben wir uns zunächst mal wie zwei Boxer abgetastet. Wir sind zwei Pilzsammler mit großer Leidenschaft, und wir haben uns natürlich gegenseitig in die Körbe geguckt, um auszuforschen, was jeder so hat. Ich als alter Pfiffikus hatte natürlich mehr Pfifferlinge. Er hatte mehr Rotkappen. Das ist klar. Und plötzlich fiel sein Blick auf meine Quarzuhr: »Hansgeorg, was ist denn das?« – »Nun«, erklärte ich ihm, »das ist eine Quarzuhr aus Japan. Nippon! Mikroelektronik. Eine Viertelminute Abweichung im Jahr.« Ich weiß nur noch soviel: Er erstarrte buchstäblich. Ich weiß nicht, ob zur Bildsäule oder zur Salzsäule. Ich weiß nur: Er erstarrte. Und dann – etwas unvermittelt – drehte er sich plötzlich einmal um die eigene Achse und stakste ziemlich überhastet und unmotiviert von dannen. Oder von den Kiefern. Er ging jedenfalls von den Koniferen.

Und während er davonging, dachte er nach. Er muß nachgedacht haben, denn aus seinem Hinterhaupt schlugen Blitze. Und die Bestätigung dafür, daß er in der Tat nachgedacht hat damals, als er sich von mir entfernte, fand ich sechs Wochen später im »Neuen Deutschland«, als ich es schwarz auf weiß dort lesen konnte: »Doktor Günter Mittag an der Spitze einer DDR-Wirtschaftsdelegation in Japan.« Da wußte ich: Der wollte eine Quarzuhr. Und er hat sie! Ich weiß es, denn ich wohne ganz in der Nähe des Flugplatzes. Für mich ist der Flugplatz ein sakraler Ort. Ich bin immer dort zugange, um diese Begängnisse, diese Empfängnisse, diese Rituale der Zärtlichkeit auf mich einwirken zu lassen. Ich war jedenfalls am Flugplatz, als die Delegation eingeflogen wurde. Doktor Günter Mittag mit Quarzuhr! Das Schöne nun für Doktor Günter Mittag, was ich nicht erreichen konnte damals: Er hat unmittelbaren engsten Kontakt zur höheren Ebene. Mehr noch: Er ist sie selbst, die höhere Ebene. Dort, wo der umgeht, geht er um ungefähr so, wie wir hier umgehen miteinander. Ganz familiär. Der kann alles sagen, allen Höchsten, weil er selbst ein Höchster ist. Und er, das wurde mir später berichtet, ist sofort vom Flugplatz stehenden Fußes ins Hauptquartier. Und dort soll er gesagt haben, das ist inzwischen verbürgt, dort soll er gesagt haben: »Guck mal, Erich, ich habe eine Quarzuhr wie der Stengel!« Und da hat unser Staatsoberhaupt gesagt: »Koffer packen!« Und dann kam natürlich erst mal diese lange Durststrecke, wo er aufs Visum warten mußte. Jeden Tag hat er angefragt, und dann eines Tages haben die von der Paßbehörde telefoniert: »Es ist soweit!« Und da ist er nach Japan gefahren. So ist es gewesen. Und dadurch gibt es seit 1974 eben ganz wesentliche Impulse. Und

inzwischen haben wir es bei der Mikroelektronik doch schon ganz schön weitgebracht.
Nun, liebe Gemeinde, dies war nur das eine technische Phänomen, das mich beeindruckte. Das andere technische Phänomen in Japan war ein entwickeltes Schienenverkehrswesen. Es gibt in Japan – ob Sie es glauben oder nicht, ich habe es gesehen und ich habe selbst diese erstaunlichen Fahrzeuge benutzt – es gibt dort Eisenbahnen, die dem Stand der Entwicklung dort ganz und gar entsprechen, die von den Leuten nicht als Zumutung empfunden werden, die zu benutzen den Leuten sogar Genuß bereitet. Man fährt dort gern Eisenbahn. Und man steigt aus den Zügen wieder aus, wie man eingestiegen ist. Unbeschädigt. Es gibt Eisenbahnen von solchem Glanz und von solcher Häufigkeit, daß einem Bürger unseres Landes die Augen übergehen, wenn er so was nur sieht, geschweige denn, wenn er diese Züge benutzt. Und sie fahren mit einer Frequenz, die unsereinem den Atem raubt. Zwischen Tokio und Osaka, auf eine Entfernung von fünfhundertfünfzig Kilometern, fahren nicht nur etwa zwei Züge hin und wieder zurück, nicht nur zehn, nicht nur zwanzig, nicht nur fünfzig, nicht nur hundert. Das Tagesprogramm: Hundertvierzehn Luxus-Express-Züge zwischen Tokio und Osaka in beiden Richtungen im Zehnminuten-Abstand. Und sie sind immer pünktlich. Es ist 1979 geschehen, daß ein Zug fünf Minuten Verspätung hatte. Diese Verspätung wurde angesagt. Und die Folgen dieses Delikts waren einschneidend: Das Zugpersonal wurde entlassen. Der Zugführer machte Harakiri. Er entleibte sich. Er wollte mit dieser Schande nicht weiterleben. Ich habe diese Episode im Reichsbahnausbesserungswerk Eberswalde erzählt. Unsere Reichsbahner blickten schamhaft zu Boden. Ich habe sie aufgerichtet. Ich habe gesagt: »Keine Angst, das kann bei uns nicht passieren, Verspätungen in solchen Dimensionen gibt es bei uns nicht!« Ich sage das deshalb mit besonderer Betonung und mit Wehmut und mit Zorn, weil unsere Eisenbahn das absolute Gegenteil der japanischen Eisenbahn ist. Und das, liebe Freunde, das haben wir einfach nicht verdient. Wer sich die Tendenzen unseres Landes ansieht, wird zugeben: Wir sind zum Glück in vielen Bereichen wesentlich besser als unsere Eisenbahn. Unsere Eisenbahner haben bisher vergeblich versucht, den Sprung zu schaffen vom Tertiär in die Gründerzeit. Diese Eisenbahn ist eine tägliche Zumutung für unsere Bürger. Sie ist eine ständige Quelle des Unmuts. Wir haben sie nicht verdient. Unsere Eisenbahn ist so schlecht, daß wir sie leider nicht mal nach Afrika exportieren können, obwohl sie dort weniger Schaden anrichten würde als hier, denn wer dort einsteigt, ist ja meistens sowieso schon schwarz. Diese Eisenbahn ist – ich wiederhole es – unter unsrem Niveau. Wir haben so viel Erstaunliches aufzuweisen in unserem winzigen Lande (und ich sage das nicht, um mich zu rehabilitieren), weil nicht zu bestreiten ist, daß wir international eine führende Rolle spielen zum Beispiel im Sport, im Wohnungsbau, in der Kultur und sogar in gewissen technischen Bereichen. Und ich weiß ja, wo ich hier in Ilmenau bin. Aber, liebe Gemeinde, es muß eben immer wieder gesagt werden: Mit dieser Eisenbahn kann man sich nicht abfinden als normaler Bürger dieses Landes. Auch Dienstreisende werden mehr und mehr auf diese Züge gehetzt. Und dann gibt es wegen der Nachtruhe des Eisenbahnverkehrs nicht mal Züge, mit denen sie abends zurückfahren können. Vielleicht werden aber die Dienstreisenden gar nicht benötigt am nächsten Tag in ihrem Betrieb. Vielleicht liegt keine Arbeit vor. Freilich sind wir ein kleines Land: 16,7 Millionen Menschen. Noch. Und die Fläche ist klein. Ich weiß es als ambulanter Kabarettist, als Kreuz-und-Quer-Fahrer mit dem Auto. Ich muß dauernd auf die Bremse treten. Irgendwo ist immer eine Grenze. Und wenn ich mich in Saßnitz auf die Zehenspitzen stelle, kann ich bis Sonneberg gucken und bei gutem Wetter bis Coburg – was ich nicht soll. Ich sage es immer wieder: Wir sind ein Land, das man überblicken kann, wenn man es auch nicht übersehen sollte. Und dieses Land hat es, wie vorhin schon angedeutet, fertiggebracht, im Leistungsport allen anderen auf dem Erdball Ängste einzujagen. Ich rede jetzt nicht vom Fußball. Das ist unsere Achillesferse. Wir wissen das spätestens seit diesem Pokalnachmittag. seit diesem Desaster, als alle fünf Pokalmannschaften einmütig aus dem Pokalwettbewerb austraten. Da schrieb die »Fußballwoche«: »Jetzt wissen wir, wo wir jetzt stehen!«

Diese Heuchler! Als ob sie es vorher nicht gewußt hätten. Hätten sie doch präzis gesagt: »... wo wir jetzt stehen: auf zyprisch-maltesischen Niveau.« Fußball meine ich natürlich nicht, wenn ich von unserem erstaunlichen Sport rede. Ich meine die olympischen Sportarten, die in der Welt zählen: viele Sportarten der Leichtathletik, des Schwimmsports, im Rudern, beim Wintersport. Wir sind doch heute das modifizierte Gespenst, von dem Karl Marx gesprochen hat, damals mit dem Blick auf den Kommunismus. Damals ging ein Gespenst um in Europa. Das war der Kommunismus. Heute geht ein Gespenst um die Welt. Das ist der DDR-Sport. Und ich ahne: Die Zeit wird kommen, in der diese traditionellen Sportgroßmächte wie die USA und die Sowjetunion darauf verzichten werden, mit uns in Wettbewerb zu treten. Sie werden uns höchstens ein Telegramm schicken. Da wird drinstehen: »Ihr habt gewonnen, es ist in Ordnung, aber erspart uns die Demütigung einer Niederlage!« So gut sind wir im Sport. Wir sind im Sport ein Glanzlicht in dieser Welt. Und wenn man dann die Eisenbahn betrachtet: Das ist unser Schlußlicht.

Auf der Fahrt ins Krankenhaus also – ich liege thematisch immer noch als Unfallopfer im Rettungswagen – hatte ich optimistische japanische Visionen. Das Rettungsauto hielt an. Ich mußte längere Zeit warten. Eine Viertelstunde verging, zwanzig Minuten. Ich hatte den Eindruck, daß da vielleicht am Krankenhaus ein Schild hängt: »Unfälle nur 14 bis 18 Uhr«. Es war nach 18 Uhr. Ich will jetzt nicht boshaft scherzen. Ich bin schon längst versöhnt. Es ist alles vorbei. Es war nicht so schlimm, daß ich stundenlang warten mußte. Schon vierzig Minuten später wurde ich ausgeladen und in die Katakomben geschoben. Ich dachte, da unten – im Gegensatz zu Schiller – da unten, da ist es nicht fürchterlich, da unten, da ist bestimmt die Technik. Und diese Zuversicht hatte ich sogar noch, als ich an einer Tür anlangte, auf der geschrieben stand »Röntgen«. Das heißt, es flackerte ein Licht »Röntgen, Röntgen« – aus, ein, aus, ein, aus. Dann wurde ich hineingeschoben und hatte den Eindruck: Dieses Röntgenzimmer muß Röntgen noch persönlich gesehen haben. Ein karges Verlies. In der Mitten sah ich das Weltkind – die Röntgenassistentin. Die kam mir erst ein bißchen unbeholfen vor, etwas hilflos, aber dann trat Entschlossenheit in ihre Gesichtszüge. Sie fixierte mich und sagte gebieterisch: »Herr Stengel, hopsen Sie mal auf den Röntgentisch!« Und in diesem Augenblick, liebe Gemeinde, zeigte sich, wie gut es ist, ein DDR-Bürger zu sein. Ich bin genauso erzogen wie Sie. Wenn mir irgendjemand irgendwas mit rechter Entschiedenheit sagt, dann denke ich nicht mehr an Eingaben. Dann rät mir mein positives Ich: Das ist die Norm, das müssen alle machen, da kommst du nicht drumrum, da denke ich nur an Disziplin. Ich bin gehopst. Und in diesem Augenblick hatte ich das Gefühl: Jetzt bist du tot. So weh tat das. Aber der Schmerz ließ nach, und es wurde alles ein bißchen besser. Leider nur ein bißchen. Denn ich hatte das Pech, in ein Krankenzimmer eingewiesen zu werden, in dem ganz offensichtlich der erste DDR-Modellversuch in Patientendemokratie und Patientenautonomie durchgeführt wurde. Dort waren fünf Uralt-Unfall-Kranke untergebracht. Die waren schon immer da, spätestens aber seit der Republikgründung 1949. Sie sollten nicht entlassen werden, und sie wollten nicht entlassen werden. Sie sollten nicht entlassen werden, denn sie hatten sich inzwischen zur Personalreserve gemausert. Sie waren durchaus anstel-

lig. Sie waren erbötig, auch die gröbsten Arbeiten auszuführen. Sie putzten Fenster, sie haben Staub gewischt, sie haben gebohnert, mit Inbrunst, und auch die elementaren medizinischen Dienstleistungen hatten sie zu beherrschen und zu praktizieren gelernt. Nicht nur einfache Dinge. Nicht nur die ganz einfachen Dinge, meine ich. Also nicht nur, daß sie Fieber gemessen hätten. Nein, nein, sie machten EKG, Blutdruck, Blutbild, Blutsenkung, Enzephalographie, Gehirnchirurgie – nein, da habe ich zu hoch gegriffen. An die Köpfe ließ man sie nicht. Nur in seltenen Fällen. Das heißt: Sie waren notwendig. Das Krankenhaus legte größten Wert darauf, bei diesem Notstand im Personalbereich, sie unbedingt dort ans Krankenbett zu fesseln, sie nicht herauszurücken. Und immer, wenn einer zur Entlassung anstand, dann war Alarm. Dann ging die zuständige Stationsschwester zu dem Arzt, der für die Entlassungen zuständig war, klagte ihm das Leid des Personalstandes, der Unterbesetzung im Krankenhaus. Und dann hat der zum elften Mal unter dem Gips nachgeguckt bei dem Patienten und hat gesagt: »Sie haben ja noch ein Hämatom – noch fünf Jahre.« Und da war der fröhlich, und die waren alle fröhlich, denn sie sollten nicht entlassen werden, und sie wollten nicht entlassen werden. Denn sie waren schon so lange im Krankenhaus, daß sie sich sehr schön an diesen Rhythmus dort gewöhnt hatten, und sie fühlten sich dort geborgen. Sie wußten: Dort haben wir unser Bett, dort haben wir unser Essen, dort wissen wir, was ist. Was draußen ist, wissen wir nicht. Die hatten schon richtige Ängste bei diesem Gedanken, daß sie nach draußen sollten. Sie sagten sich: »Mensch, was ist denn da draußen überhaupt los? Vielleicht müssen wir arbeiten oder in irgendwas eintreten!« Also solche Ängste hatten die. Und da blieben sie und waren rührend um mich besorgt. Es ging mir hundeschlecht. Ich kann Ihnen gar nicht sagen, wie schlecht es mir ging. Ich war völlig zerrüttet, und es tat weh, und ich war trotzdem nicht optimistisch. Meine Zimmerpatienten versuchten, das zu verändern. Sie versuchten mich also irgendwie zu stabilisieren, zu restabilisieren, mir also wieder zu einer gute Laune, zu einer normalen Stengellaune zu verhelfen. Sie ließen es nicht fehlen an Bemühungen rührender Art. Sie machten Stegreifspiele. Seelsorgerisch waren sie um mich bemüht. Sie hüpften um mich herum, machten Faxen. Und als das alles nichts half (nein, ich war so vergnatzt, es half alles nichts), haben sie mir sogar die »Tribüne« zu lesen gegeben. Ich konnte auch darüber nicht lachen. Da sehen Sie schon, in welcher Verfassung ich war. Und vor allem: Es ging mir so schlecht, daß ich keine Nahrung mehr annehmen wollte, denn ich hatte das Gefühlt: Du kannst überhaupt nichts mehr essen, das kommt alles wieder raus. Und da habe ich es gelassen, habe tagelang nichts angerührt, und das tat mir natürlich nicht sehr gut. Obwohl ich es ja immer ganz gern habe, wenn ich ein paar Pfund abnehme, ich habe immer ein paar Gramm zuviel. Unter diesen Bedingungen nun auch noch vom Fleische zu fallen, das ist nicht so günstig. Ich nahm vor allem dort ab, wo ich gar nicht wollte, nämlich im Gesicht. Ich war vorher einfach schöner. Es ist unbestritten. Ich sah besser aus. Nach dieser doch sehr radikalen Fastenkur aber nahm mein Gesicht indianische Züge an. Es wurde ältlichfältlich. Und es traten Leute an mein Krankenbett und sagten: »Mensch, du bist hager!« Ich hab das zurückgewiesen und gesagt: »Ich bin nicht Hager, und ich möchte gar nicht Hager sein, denn wäre ich Hager, müßte ich mir jedes Wort, auch hier, genau überlegen!« So aber, da ich nicht Hager bin, wird es heißen: »Das hat nur der Stengel gesagt, der wußte es nicht besser!«

Liebe Gemeinde, ich muß mich kürzer fassen. Ich merke schon, was ich Ihnen alles nicht erzählen kann, denn ich will doch wenigstens alles in einer Zeit absolvieren, die auch für Sie einigermaßen erträglich ist. Wenn es nach mir ginge, würde ich mir hier stundenlang schöne Sachen erzählen, denn ich höre mir gerne zu, weil ich von mir immer wieder viel Neues erfahre. Und das ist für mich ein großes Amüsement. Deshalb mache ich diese Abende in Wirklichkeit für mich selber. Nicht, daß Sie mich stören, Sie sitzen hier, nicht wahr, das soll ja so sein, Sie machen auch Atmosphäre, aber wenn Sie nicht da wären, würde ich mir das genauso erzählen. Zu meiner Freude. Irgendwo im Hotel, im Wald, im Auto, wo auch immer. Bloß: Wer bezahlt mir das? Ich muß mich jetzt mal kürzer fassen. Also weiter: Am 15. Februar, sechs Wochen nach diesem Unfall, war ich wieder draußen. Es gibt verschiedene Gründe und Ursachen (ich kann sie nicht alle aufzählen), warum es so schnell ging. Meine Wunden waren wohl auch nicht so ausgeheilt, wie sie hätten ausgeheilt sein sollen. Aber was störte es mich? Natürlich, wenn man keinen ranläßt, keinen Chirurgen, der da irgendwas richtet, Schlüsselbein oder Rippen gar, was zum Glück die Chirurgie, die moderne, nicht mehr macht, um Infektionen auszuschließen – also wenn man sich auf die Natur verläßt, muß man ein paar Defizite akzeptieren: Kosmetisch zum Beispiel verfährt die Natur nicht so günstig. Die Natur arbeitet nicht mit dem Mikroskop. Die Natur arbeitet nicht mit dem Skalpell. Sie läßt manches zusammenwachsen, wie es eben gerade kommt. Und bei mir sind Rippen zusammengewachsen, die offensichtlich nicht zusammengehören. Ich kann es nicht anders sagen. Es muß wohl so sein. Aber ich bin zufrieden. Bloß manchmal denke ich, daß es sich etwas komisch anfühlt. Vielleicht sollte ich mich umsehen, ob Ersatzteile zu kriegen sind, die ich mir dann implantieren lassen kann. Ich habe schon gespäht: Also Rippchen gibt's. Aber Schlüsselbeine, muß ich Ihnen sagen, sind der neueste Engpaß. Ich fragte in Schmalkalden: »Haben Sie Schlüsselbeine?« – »Hach, Herr Stengel, Schlüsselbeine – da könn'se eher noch'n Vorschalldämpfer kriegen!« Also, so sieht es zur Zeit mit Schlüsselbeinen aus. Mit einem Wort: Warum bin ich wohl so schnell ins normale Leben zurückgekehrt? Die Hauptsache war mein unbändiger Drang, meine durch nichts in irgendeiner Weise zu mindernde Entschlossenheit, das Krankenhaus so bald wie möglich zu verlassen, um mich weiteren diagnostischen Nachstellungen der Mediziner zu entziehen, denn das ist Krankenhausschicksal. Jeder Tag, den Sie sich im Krankenhaus befinden, ist ein diagnostischer Tag. Das kann gar nicht anders sein. Denn alle Ärzte müssen bekennen (und vor allem im stillen Kämmerlein für sich selbst), daß ihnen das ganz, ganz große Erfolgserlebnis verwehrt bleibt, nämlich einen Menschen vor dem Tod zu bewahren. Das gelingt ihnen nicht. Alle Menschen müssen sterben. Und weil das die Ärzte einsehen müssen, ob sie wollen oder nicht, sagen sie sich: Da müssen wir uns auf ein relatives Erfolgserlebnis konzentrieren. Sie sagen sich: Wenn wir schon keinen Menschen retten können, so möchten wir ihn wenigstens auskundschaften, wir möchten von ihm wissen, wie es bei ihm inwendig aussieht. Und es ist nur eine Frage diagnostischer Besessenheit, wieviel man findet. Wir haben alle was, und leider nicht wenig. Man muß bloß genau nachgucken. Und das machen die Ärzte, jeden Tag. Das ist Patientenschicksal.

Früh fängt es an mit Fiebermessen, dann kommen die größeren Sachen, Blutsenkung, Blutbild, EKG, und dann geht es bis hin zu diesen Punktionen. Man wird ganztägig ins Visier genommen. Und da muß sich ja was finden. Ich habe mir gesagt: Je länger ich im Krankenhaus bin, um so länger wird die Liste der für erforderlich gehaltenen Nachbehandlungen und womöglich gar der Operationen, die sich später an meine Krankenhausbehandlung anschließen. Und es ist tatsächlich so nach meiner Erfahrung: Wer ein Jahr im Krankenhaus liegt, muß danach zehn Jahre lang ambulant antanzen. Mir reichte es ja schon, daß sie nicht zufrieden waren mit meinen Leberwerten. Da kam früh um vier ein Arzt in mein Zimmer: »Ich habe was gefunden! Die Leberwerte, die gefallen mir gar nicht!« Es war aber keine ästhetische Aussage. Der meinte das medizinisch. Und nun wurde ich vor ein Ultraschallgerät gestellt, also vor so ein Aggregat mit einem Bildschirm, auf dem alles mögliche zu sehen war: Grautöne, Schwarztöne, Weißtöne, ein Gewaber, aus dem nichts zu machen ist für den Laien. Und da sitzt ein Arzt, weil es das noch nicht lange gibt: Ultraschall

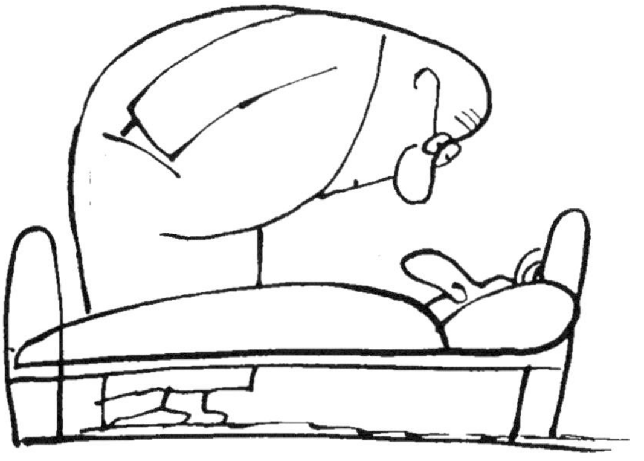

(ich meine Ultraschall als diagnostisches, nicht als therapeutisches Ereignis), und dieser Medizinmann glaubt, tatsächlich irgendwas zu sehen. Na ja, der macht das noch nicht lange, der muß ja auch üben, und Sie als Patient haben gar keine Wahl. Sie sind am besten beraten, wenn sie ihm seine Fundsachen bestätigen. Das stärkt sein Selbstbewußtsein. Und auf diese Linie habe ich mich festgelegt. Als er sagte: »Hier an der Galle – sehen Sie diesen Stein, Herr Stengel?«, habe ich mir gedacht: Es ist menschlich, ja zu sagen. Ich habe zwar abgeschwächt: »Es ist ein sehr kleiner, wie?« Aber ich habe jedenfalls nicht widersprochen. Einen Stein nach dem andern habe ich bestätigt, insgesamt neun. Ich kam mir vor wie Ernie in der Sesamstraße. Also wirklich, ich war einfach gut zu ihm, freundlich. Der hätte mir sonstwas einreden können. Der hätte sagen können: »Sehen Sie das Quietschentchen in Ihrer Bauchspeicheldrüse?« Ich hätte ja gesagt. Damit war mein Schicksal besiegelt. Der Operationstermin wurde festgelegt, denn es gibt heute nichts anderes: Wenn Steine in der Gallenblase sind, raus mit der Gallenblase! Da wird nicht diskutiert. Das habe ich auch eingesehen. Am 29. April, das war festgelegt (ich war schon längst wieder draußen), mußte ich wieder rein. Am 29. April wurde ich operiert. Zweieinhalb Stunden lag ich da im OP. Als ich wieder aufwachte in meinem Krankenzimmer, war ich froh, wieder aufgewacht zu sein. Mein erster Eindruck war: Ich lebe ja wieder! Das genügte mir fürs erste. Und jetzt wollte ich mich richtig ausschlafen. Aber da saß dieser Satan, dieser Operateur, dieser Chirurg, auf meiner Bettkante und ermunterte mich zu gymnastischen Übungen: »Sie müssen jetzt üben, Sie müssen sofort trainieren, um den Rhythmus wiederzugewinnen, den sie immer hatten, sonst kommt, Herr Stengel, eine Embolie, eine Thrombose. Es wäre schade um Sie, nachdem wir Sie vom Unfalltod errettet haben.« Ich war so müde, daß ich mich dieser Vernunft verschloß. Ich sagte: »Nein, ich will erst mal schlafen, schlafen.« Und legte den Kopf wieder auf die Seite. Das hatte der Weißkittel einkalkuliert. Er dachte sich: Wenn man den Stengel nicht auf dem Weg der Vernunft überzeugen kann, muß man an seinen Patriotismus appellieren. Und er wies auf den Abreißkalender an der Wand. Und da sah ich zu meinem Schrecken: 29. April. Und das bedeutete: In zwei Tagen ist 1. Mai! Ich habe an jeder Demonstration teilgenommen, jedes Jahr. Das wußte der, das hatte er einkalkuliert. Und kaum war er draußen, da war ich aus dem Bett. So gut es ging, auf allen vieren, bin ich zum Waschbecken gekrochen und habe die ganze Nacht geübt. Und am 1. Mai war es soweit. An der Spitze eines Patienten-Demonstrationszuges bin ich im Flur einmal hin- und einmal hermarschiert und habe auch eigene Losungen aufgesagt. Ich bin ein schöpferischer Mensch. Ich nehme nicht die aus dem »Neuen Deutschland«. Ich habe zum Beispiel proklamiert: »Gallenmenschen recht getan ist eine Kunst, die niemand kann«. Und die Ärzte waren beeindruckt von dieser Demonstrationsstimmung, die fast eine revolutionäre war. Und sie wollten mich weiter engagieren bis zum 7. Oktober. Aber mit mir war nicht zu reden. Einen Tag vor dem Tag der Befreiung, am 7. Mai, war ich wieder draußen. Und als ich durch das Portal schritt, da guckte mir schon wieder ein Orthopäde auf die Fersen. Und wenn der gesehen hätte, daß ich Senkfüße habe, hätte der gesagt: »Sie ziehen wieder ein, wir heben diese Füße!« So sind die Ärzte. Und selbst auf die Gefahr hin, liebe Gemeinde, daß sie mich in die Nähe dieses Radikalmediziners Hackethal rücken, selbst auf diese Gefahr hin sage ich laut und bestimmt: »Gehen Sie nicht zum Arzt, gehen Sie nicht ins Krankenhaus, wenn Sie nicht unbedingt müs-

sen!« Mancher könnte noch leben, wenn er das beherzigt hätte.
Ich sage noch am Rande, aber wirklich nur am Rande (weil ich hier zwei oder drei rauchen sehe): Ich glaube, daß ein bißchen zu meiner Genesung meine im Grunde genommen verbesserte Basisgesundheit beigetragen hat, die ich dadurch erreicht habe (und das sage ich ohne Vermessenheit und ohne Hochmut), daß ich 1974, anläßlich des 25. Jahrestages der DDR, endlich draufgekommen bin, was es für eine unglaubliche Torheit ist, trotz Umweltschädigungen, denen wir ausgesetzt sind, ohne uns dagegen wehren zu können, immer noch freiwillig diese Schadstoffe in größerer Menge zu inhalieren. Und ich habe mir 1974 geschworen: Man muß diese Torheit eines Tages überwinden, und das rate ich allen Rauchern. Anläßlich des 25. Jahrestages der DDR-Gründung sagte ich mir: Zu irgendwas mußt du dich verpflichten. Und so lautete mein Kredo: »Diesem Staat keinen Pfennig und keinen Groschen mehr für seine Drogen!« Jeder sollte meiner Losung folgen, solange es noch nicht Verfassungspflicht ist zu rauchen. Man muß nicht rauchen. Es entstehen für Sie keine Nachteile, wenn Sie nicht rauchen. Sie können es lassen. Ich weiß, daß der Staat natürlich ein Schlauberger ist. Er versucht, irgendwie die Raucherkontingente auf einer gewissen Höhe zu halten, sonst würde er ja für fleißiges Rauchen nicht noch Marken geben im Konsum. Aber Säufer und Raucher kriegen bei uns Marken. Kriegen die Marken, die man dem Kaffeetrinker als einzigem vorenthält, als sei der ein Aussätziger. Ich sage das nur nebenbei. Ich habe aufgehört zu rauchen, und ich segne diesen Tag und diesen Entschluß. Das sage ich allen, die noch rauchen, die noch so dumm sind, sich täglich zu vergiften, denn sie verlieren viel Kraft und viel Energie. Mir sind Kräfte zugewachsen, die ich längst für verloren hielt. Das können Sie auch bei Doktor Siegfried Schnabel nachlesen.
So, und nun machen wir einen Strich, und ich sage Ihnen jetzt, um auf das Jahr 1982 zu kommen: Natürlich war es ein ganz wesentlicher Impuls, das Krankenhaus zu verlassen, weil das Jahr 1982 meinem Staat die Möglichkeit bietet, ein makelloses Doppeljubiläum mit Glanz und Gloria zu veranstalten, und dieses Doppeljubiläum hat ja im vergangenen Jahr stattgefunden.

Sie haben es alle miterlebt: Hundertfünfzig Jahre toter Goethe – sechzig Jahre lebendiger Stengel! Das heißt, ich bin in diesem vergangenen Jahr nun endlich sechzig geworden. Aber weil ich ein DDR-Mann bin, empfand ich an diesem Tag nichts Besonderes. Ich hatte nicht das Gefühl, eine Schwelle zu überschreiten. Die Horizonte öffneten sich nicht. Mein Aktionsradius wurde nicht größer. Und es kam auch keiner zu mir und sagte: »So, Herr Stengel, jetzt wollen wir mal Ihre kümmerliche Rente ausrechnen.« Ich wurde kein Rentner, weil ich ein DDR-Mann bin. Es ist doch eine himmelschreiende Ungerechtigkeit, daß ausgerechnet in einem Staat, in dem der Gleichberechtigungsgrundsatz Verfassungsrecht ist, Männer fünf Jahre länger im Arbeitsprozeß stehen müssen. Wie läßt sich denn da eine Gerechtigkeit ableiten von dieser gesetzlichen Regelung? Und ich sage das in allem Ernst. Ich habe das nämlich so richtig empfunden an meinem 60. Geburtstag. Ich sagte: »Wieso geschieht jetzt mit mir nichts, wieso kommt kein neuer Status?« Wäre ich genetisch günstiger programmiert, wäre ich also eine Frau, dann wäre ich im Rentenalter. Und da habe ich mir überlegt, ob sich das nicht noch korrigieren läßt in meinem Alter. Ich habe mich an Doktor Siegfried Schnabel gewandt. Das ist der DDR-Sexual-Chefwissenschaftler. Den kennen Sie alle. Ich habe ihn gefragt: »Karl-Heinz, wie ist denn das, kann ich mich als Mann umtopfen lassen?« Ich habe ihn gefragt, ob ich transsexualisierbar sei. Doktor Siegfried Schnabel hat abgeraten. Er hat gesagt: »Wir haben auf diesem Feld der Erfolge zuwenig und der Mißerfolge zu viele.« Nun lasse ich es. Denn es wäre ja auch eine Katastrophe für mich, wenn ich bei so einem chirurgischen Eingriff verpfuscht würde – und wäre nicht mal Rentner.

Wieso also soll denn das gerecht sein, daß die Männer in unserem Land fünf Jahre länger im Arbeitsprozeß stehen? Und trotzdem sagen die Frauen: »Wir müssen da noch was aufholen. Es fehlt uns noch einiges an Rechten. Die Männer, die haben überall die Übermacht, die haben das Sagen.« Diese fanatisierten Emanzen! Aber glauben Sie nicht, liebe Frauen, daß ich ein Weiberfeind bin. Keinesfalls. Ich habe zu Frauen ein innigeres Verhältnis als sogar zu Männern. Wirklich. Es ist reine Veranlagung. Ich kann es auch nicht ändern, es ist so. Aber was recht ist, muß doch recht bleiben. Die Behauptung der Frauen, sie seien benachteiligt auf dem Felde der Gleichberechtigung, entbehrt jeder Grundlage, meldet TASS. Das klingt als Statement so, daß Sie nicht noch irgendwas dagegen einwenden können. Und um diese Behauptung zu untermauern, verweise ich Sie an Professor Donda. Kennen Sie den Professor Donda? Sie sollten den Professor Donda kennen. Es ist nämlich der Leiter der Statistischen Zentralverwaltung der DDR. Und Sie wissen, was der zu tun hat. Sie ahnen es zumindest. Da gibt's vom Staat irgendeinen Wink, und daraufhin rückt er irgendeinen Bereich, meistens einen ökonomischen, in ein etwas günstigeres Licht, als es uns selbst gelingen will. Und so gesehen, kann man das Statistische Jahrbuch der DDR als eine Art Ermutigungslektüre betrachten. Zum Beispiel: Sie kommen nachdenklich aus der Kaufhalle. Wohin führt Sie Ihr Weg? Zu Ihrem Bücherregal. Sie greifen beherzt zu Ihrem Statistischen Jahrbuch der DDR, blättern ein wenig darin, und schon hellt sich Ihre Miene auf, denn Sie entdecken: Es ist alles noch besser, als Sie schon geahnt haben. Und dieser Professor Donda hat in sein Zahlenwerk eine Menge Zahlen und Daten hineingeschrieben, an denen ist nicht zu tippen. Die sind hieb- und stichfest. Die sind durchaus objektivierbar. Und zu diesen Zahlen und Daten gehören solche, die Auskunft geben über die durchschnittliche Lebenserwartung eines DDR-Bürgers. Und was lesen wir da zu unserer nichtendenwollenden Überraschung und zu unserem großen Schreck? Eine DDR-Frau hat eine durchschnittliche Lebenserwartung von vierundsiebzig Jahren. Ein DDR-Mann muß sich mit kümmerlichen neunundsechzig Lebensjahren begnügen. Worauf dieser Rückstand zurückzuführen ist, diese viel geringere Lebenserwartung des Mannes, das ist noch nicht eindeutig geklärt. Aber man weiß soviel, daß Männern traditionell schwerere und gesundheitsschädlichere Arbeit aufgebürdet wird. Man weiß zweitens, daß der Anteil der rauchenden Männer an der Gesamtbevölkerung wesentlich größer ist – noch immer. Was beweist, daß sich Männer törichterweise selbst aus dem Leben kapitulieren. Und zum dritten, das ist meine ganz persönlich These, liegt es sicherlich daran, daß viele Männer übertriebenen Zeugungsbemühungen nachgehen, deshalb vorfristig entkräftet vom Fleische fallen. Per Saldo kann man jedenfalls nur wiederholen: Ein DDR-Mann muß fünf Jahre früher in die Grube. Und welch merkwürdige, um nicht zu sagen absurde Konsequenz zieht aus dieser Tatsache der Gesetzgeber? Er gewährt den Frauen der DDR eine vierzehnjährige Reiseerwartung. Männer in unserem Land müssen sich mit vier Reisejahren begnügen. Und das soll gerecht sein? Noch ein paar erschreckende statistische Angaben: Es gibt in diesem Land in diesem Augenblick, das ist ungefähr konstant seit Jahren, 2.100.000 Rentnerinnen und 900.000 Rentner. Das habe ich alles aus dem Donda. Und noch etwas über die DDR-Methusalems, die über achtundneunzig sind. Das sind insgesamt – ich runde ab – 1.400, und von diesen Methusalems sind 1.100 Frauen. Nur 300 Männer hat man noch am Leben gelassen. Ich finde das ungerecht. Ich habe mir gesagt: Es muß doch eine Erklärung geben für diese Ungleichberechtigung oder für diese Gleichunberechtigung.

Und dann sagte ich mir: Jetzt gehst du mal zum Höchsten und holst dir Auskunft. Und wenn ich sage zum Höchsten, dann wissen Sie alle, wen ich meine, dann meine ich nicht den in Rom, dann meine ich nicht den Papst, ich bin Atheist, dann meine ich unseren Höchsten, und ich war schon auf dem Weg nach Wandlitz. Und da, mitten auf dem Alexanderplatz, treffe ich einen alten Schulfreund, von dem ich wußte, der ist ein hoher Funktionär. Da habe ich mir gesagt: Der reicht, fragste den, da brauchste nicht zum Größten, nicht zum Höchsten. Ich bin mit meiner Frage gleich auf ihn losgeschossen. Er war unvorbereitet. Na ja, er hatte keinen wissenschaftlichen Mitarbeiter bei sich. Er war auf etwas angewiesen, was er nicht gelernt hatte, nämlich mit seinem ganz persönlichen Argumenten zu operieren. Das heißt: Er fingerte nach einem Zettel. Er hatte keinen. Und dann fing er an zu stammeln und wollte mir was erklären von Ritterlichkeit. Wollte sagen, daß es natürlich ritterlich sei, wenn ein Mann über sechzig noch Arbeiten, schwere Arbeiten übernimmt, die man einer Frau doch wohl nicht mehr zumuten könne. Schwere Arbeiten, sagte er. Da merkte man schon die ganze Erbärmlichkeit dieser Argumentation. Wo gibt es denn in unserem Land Männer über Sechzig, die schwere Arbeit verrichten. Als ob die Über-sechzig-Jährigen unter Tage im Bergwerk frönen oder im Feuer der Eisengießerei verschwelen. Das ist doch nicht wahr! Was machen denn die Männer bei uns über Sechzig? Sie sind allenfalls Buchhalter, und ein Buch wird ja auch eine Frau noch halten können! Ich appelliere von dieser Stelle an alle Frauen, sie sollten ihre Losungen ändern im Kampf um die Gleichberechtigung. Sie sollten an uns Männer denken. Ich empfehle ihnen, mit großen Spruchbändern, mit Transparenten auf die Straße zu gehen. Natürlich erst mal was Freundliches. Draufschreiben: »Lieber Staat, wir danken dir, daß wir mit Sechzig in Rente gehen dürfen. Das ist in Ordnung!« Und dann vielleicht die Forderung, ganz klein und bescheiden: »Und das erbitten wir auch für unsere lieben Männer!« Nun könnte natürlich der Staat sagen: Das geht so nicht. Wir müssen das Arbeitspotential, das Kräftepotential auf gleicher Höhe halten, und das wäre ja gemindert, wollte man den Männern fünf Jahre erlassen. Und da können die Frauen die nächste Forderung stellen: »Dann möchten wir zweieinhalb Jahre mehr machen und die Männer zweieinhalb weniger, also alle zweiundsechzigeinhalb. Auf diesem Stand könnte man allmählich zu einer gewissen Gerechtigkeit gelangen. Die größte Gerechtigkeit wäre freilich, Frauen bei Sechzig zu lassen und Männer bei Fünfundfünfzig.

Nun, liebe Gemeinde, ich verplaudere mich. Aber ich sage ja so Wichtiges, und das kann man gar nicht weglassen. Ich möchte noch daran erinnern (Sie werden es auch schon empfunden haben), daß also das vergangene Jahr durch Goethe und auch durch Stengel ein wichtiges Jubiläumsjahr war. Das ist unbestritten. Aber es war ein Nichts, es war ein Kümmerling, das vergangene Jahr, gegen dieses Jubiläumsjahr 1983. Ein Jubiläum jagt das andere. Und in diesem Jahr beweist sich so recht deutlich, daß unser Staat jetzt ein viel salopperes Verhältnis zu unseren Vätern hat, zu unseren Großvätern, zu unseren Urgroßvätern. Wir haben Leute wieder eingebürgert, von denen man vor zehn Jahren noch genau wußte: Die kommen nie! Aber ich war schon damals ein Prophet. Ich schrieb schon vor sechs, sieben Jahren ein Epigramm mit der Überschrift »Renaissansouci«. Das heißt: Ich sah schon damals den alten Fritzen wiederkommen. Schrieb das also auf und bot dieses Epigramm an für einen Epigrammband. Man hat abgewinkt. Die Eulenspiegellektoren haben gesagt: »Der kommt nie wieder. Das Epigramm kannst du vergessen!« Man hat es nicht hineingenommen. Ich habe gesagt: »Nehmt es rein! Wenn das Buch erscheint, in drei Jahren, dann wird er reiten!« Als das Buch erschien, ohne

dieses Epigramm, ritt er Unter den Linden. Da war man schuldbewußt. Und um Abbitte zu tun, hat man gesagt: »Das nächste Mal hören wir auf dich.« Da habe ich gesagt: »Ich nehme euch beim Wort. Ich habe schon wieder einen in petto!« Liebe Gemeinde, wem sage ich das? Wenn wir nun schon mal dabei sind, geschichtlich zu differenzieren, unseren Ahnen historisch Gerechtigkeit anzutun, dann sollten wir auch nicht verkennen und nicht vergessen, daß Bismarck, der eiserne Kanzler, damals nicht nur der Attentäter war, der Begründer, der Urheber, der Autor des Sozialistengesetzes, sondern daß er auch durchaus Fortschrittliches getan hat für die Geschichte. Er hat den Rückversicherungsvertrag mit Rußland geschlossen, und die Älteren, die wissen sehr gut, wenn sie Bismarcks »Erinnerungen und Gedanken« gelesen haben: Er schrieb eine vorzügliche Prosa, er schrieb, obwohl Staatsmann, ein hervorragendes Deutsch. Und auch dieser Gesichtspunkt läßt uns erkennen: Er ist unser. Wir müssen ihn wieder einbürgern. Ich habe auch schon an höchster Stelle angefragt, wann es soweit ist mit Bismarck. Da hat man gesagt: »Herr Stengel, da müssen Sie und ihresgleichen erst mal tot sein!« Ich fragte: »Warum denn?« »Na, wenn die Älteren Bismarck hören, denken sie zuerst an Bismarckheringe, und da können wir den Bedarf noch nicht voll decken!« Wir haben ein, habe ich gesagt, zwangloseres Verhältnis dazu. Aber jeder einzelne muß ja entscheiden, jeden Tag: Wen sollten wir bei uns einbürgern und wen nicht? Jeder für sich. Und jeder muß soweit trainiert werden, daß er auch selbst schon erkennt, wer als unser Erbe gelten darf, wer dieser Ehre würdig ist. Und da möchte ich Ihnen drei Kriterien an die Hand geben, nach denen Sie beurteilen können, ob einer was taugt oder nicht. Stellen Sie zuerst fest, ob er auf dem Territorium der DDR geboren ist. Das trifft zu für Bach, Luther, Wagner, Händel, Klopstock, Lessing, Fontane und so weiter. Das ist ein ganz wichtiges Kriterium. Wer auf unserem Territorium geboren ist, kommt schon mal in die engere Wahl. Nun gibt es viele, die sind nicht auf unserm Territorium geboren. Bei denen muß man fragen: Haben sie auf unserem Territorium gewirkt? Und das trifft zu für Schiller, für Goethe und für Wieland. Sie sind zwar in der BRD geboren, aber rechtzeitig übergesiedelt. Also sind sie unser. Sie kommen erst recht in die engere Wahl, sie kommen in die engste Wahl. Und wenn das nun alles nicht zutrifft, wenn sie weder bei uns geboren sind noch bei uns gewirkt haben (das trifft ja auch bei Marx zu), dann muß man die dritte Frage stellen: Haben sie irgend etwas für den Sozialismus getan? Und so gesehen, können wir in diesem Jahr auch Johannes Brahms ehren. Er ist zwar in Hamburg geboren, hat auch dort gewirkt, und Hamburg liegt in der BRD, allerdings noch etwas näher an der DDR durch diese Autobahn. Aber für ihn trifft das dritte Kriterium zu. Er schrieb für eine sozialistische Volksrepublik Musik: die Ungarischen Tänze. Er ist unser, ganz klar. Bei Luther ist es ohnehin klar. Luther ist geboren im Bezirk Halle, hat im Bezirk Halle gewirkt, hat auf einem einzigen Bogen fünfundneunzig Thesen aufgeschrieben, Vorbild für unsere Mai-Losungen. Und wir haben ihn geehrt am 31. Dezember mit dieser nuancierten Ode an die Freude. Wir haben gesungen »Alle Mönche werden Brüder!« Luther ist unser. Aber das ist noch nicht alles. Richard Wagner ist unser. Er ist in Leipzig geboren. Und er hat auch genauso gesprochen wie heute schon wieder einer. Richard Wagner ist unser. Er hat den »Sängerkrieg auf der Wartburg«, »Tannhäuser« und »Die Meistersinger« verfaßt. Das heißt: Er war Vorbild für unsere Singebewegung. Richard Wagner ist unser – gar kein Zweifel. Ringelnatz ist unser. Ringelnatz ist in Wurzen geboren, vor hundert Jahren. Er ist unser: Bezirk Leipzig. Er schrieb das schöne Gedicht »Überall ist Wunderland«. Wir sind ein Wunderland. Er hat uns gesehen. Ich wundere mich jeden Tag: Ich komme in eine Kaufhalle – plötzlich sind alle Kassen besetzt. Ich gehe auf den Bahnhof – da kommt ein

pünktlicher Zug. Das ist doch alles schon vorgekommen! Neulich habe ich sogar einen Exquisit-Laden mit Preisschildern hinter der Schaufensterscheibe gesehen. Sie hatten einen vom Konsum dorthin versetzt, der wußte es nicht besser. Noch ein Wunder! Ich komme in ein Berliner Neubaugebiet, und da steht ein Baum! Neulich ist in der Elbe ein Fisch gefangen worden. Der war lebendig. Überall gibt's Wunder. Und es ist auch schon passiert, daß die DDR Fußball spielt gegen Island und gewinnt. Wir sind ein Wunderland. Deshalb ehren wir Ringelnatz.
Auch die Schildbürger sind unsere Vorfahren. Die Schildbürger haben gelebt in der Nähe von Torgau. Wir sind Schildbürger allemal. Die haben ein Rathaus gebaut ohne Fenster. Na, das kann man nicht einfach nachahmen. Das wurde modifiziert bei unserer Eisenbahn. Da gibt es zwar Fenster, aber die sind völlig undurchsichtig. Das ist ja bekannt. Aber wir sind im buchstäblichen Sinne den Schildbürgern gerecht geworden in unserem Land. Wir sind ein Land der Schilder. Überall Schilder: »Sie werden plaziert!«, »Komme gleich wieder!«, »Heute Ruhetag!«, »Wegen Krankheit geschlossen!«, »Sperrgebiet!« Und das ist noch nicht alles. Der schönste Schildbürgerstreich (und darum beneiden die uns im Westen), das sind unsere polizeilichen Autokennzeichen. Im Westen ist es ganz primitiv. M bedeutet München, S Stuttgart, K Köln, R Regensburg, H Hannover und so weiter. Bei uns, im Schildbürgerland, wird des Betrachters Intelligenz gefordert: N bedeutet nicht Neubrandenburg, sondern Bezirk Gera, K nicht Kamenz, sondern Halle, und Z nicht Zeulenroda, sondern Cottbus (Merkwort Zottbus). Denken Sie ja nicht, liebe Gemeinde, ich hätte

Karl Marx vergessen. Nicht ich war es, der erst im November gemerkt hat, daß da außer Luther noch einer ist. Marx ist etwas schwer einzubürgern. Die ersten beiden Kriterien verfangen nicht. Marx ist geboren in Trier. Trier liegt nicht in der DDR. Aber wo liegt Trier genau? Trier liegt an der Mosel. Und wo liegt Mosel? Bei Zwickau im Bezirk Karl-Marx-Stadt. Und Karl-Marx-Stadt ist unser. Also ist auch Karl Marx unser. Natürlich, das Gefährliche ist, daß in der Nähe von Karl Marx dieser andere Name liegt, phonetisch verwandt, so verwechselbar: Karl May. Wie schwer ist das für einen Referenten, sich das immer genau zu merken, immer zu wissen: Aha, Kapital – das war Karl May und Winnetou … oder umgekehrt.« Karl May ist ebenfalls unser. Da gibt es keinen Zweifel, und ich habe es gewußt, wiederum gewußt vor zwei Jahren. Ich habe vor zwei Jahren eine meiner Töchter als Lektorin im Verlag Neues Leben unterbringen können, wo die Karl-May-Bücher gemacht werden. Ich habe diese Bücher. Und es gibt keinen Zweifel: Wenn es nicht schon der Fall ist, so prophezeie ich: In diesem Jahr wird Karl May eine Art Überwährung sein. Nicht Intershop, nicht Genex-Sortiment – der große Knüller ist Old Shatterhand! Und in Handwerkerkreisen wird es heißen: »Gibst du mir einen Winnetou, leg ich noch fünfzig Fliesen zu!« Karl May ist unser. Er ist in Hohenstein-Ernstthal geboren. Und er hat in Radebeul gelebt und geschrieben. Und ich wundere mich eigentlich, wie sogar mein Präsident im Schriftstellerverband, Hermann Kant, es sich so schwermachte, Karl May wieder einzubürgern oder Einbürgerung zu rechtfertigen. Auf das Hauptargument ist er nicht gekommen, der Kant. Er hätte einfach sagen sollen, wie es ist: Karl May ist unser. Er ist unser wichtigstes Vorbild für die zeitgenössischen DDR-Schriftsteller. Denn er beschrieb von Radebeul aus fernste Kontinente, allein mit den Mitteln der Phantasie, und er hat niemals ein Visum benötigt oder Devisen für eine weite Reise.
Dieses Kapitel können wir also nun auch abschließen. Vielleicht zum Schluß, denn es muß ja nun doch mal Schluß sein, noch ein Hinweis darauf, daß die Literatur natürlich keinen Schaden leidet durch meine ambulante kabarettistische Tätigkeit. Die kann gar keinen Schaden

leiden, weil ich im wesentlichen die kleine Form im Auge habe. Und die kleine Form ist Nomadenliteratur. Die kleine Form ist Unterwegsliteratur, sie gedeiht überall, auch ohne Anker. Und deshalb ist alles weitergegangen, und das Schönste ist, daß ich bei meinen Epigrammen – um mal nur von denen zu sprechen – Titel immer wieder in Reserve habe für die Bücher, die auf den Autor weisen, weil »Stengel« so ein günstiger Name ist, so wortspieleffektiv. Es ist kein schöner Name. Mir wäre natürlich angenehm, wenn ich einen schönen Namen hätte. Wenn ich zum Beispiel hieße – um mal irgendwas zu sagen – wie der Bundespräsident der Schweiz. Hieße ich nämlich Honegger wie der Bundespräsident der Schweiz (am Telefon könnte man diesen Namen ja nicht genau identifizieren), hätte ich Aussicht auf schnellere Reparaturleistungen. Ich habe aber einen günstigen Namen, und deshalb heißen meine Epigrammbücher »Mit Stengelszungen«, »Stenglisch for you«, »Der rettende Stengel«, »Die feine stenglische Art«, »Der Unschuldsstengel« und »Mit Stengelsgeduld«. Und die Reserven sind groß. Es könnte noch kommen: »Der Schutzstengel«, »Die stenglische Meile«, »Stenglisch Waltz«, »Schau rheinwärts, Stengel«, »Die stenglische Krankheit« und so weiter. Und für das Jahr 1987 (das ist ein großes Jahr, da runden sich viele Geburtstage) habe ich Hoffnung, daß ich meinen fünfundsechzigsten Geburtstag feiern kann mit Gottes Hilfe und mit Hilfe des Komitees. Und wenn mir das gelingt, plane ich einen ganz großen Coup. Es wird ein Epigrammbändchen erscheinen, mit dem Titel »Von Marx bis Stengels«. Das ist aber noch nicht der Clou. Der Clou wird der Untertitel sein: »Aus meinem Leben«, weil ich mir von dieser Zeile verspreche, daß dieses Büchlein dann ausnahmsweise mal nicht im Eulenspiegelverlag erscheinen wird, sondern im Dietz-Verlag. Und außerdem rechne ich dann damit, daß die Auflage noch höher sein wird als die Nachfrage.
So, und nun möchte ich für alle, die hier sitzen, noch ein einziges epigrammatisches Rezept ausgeben für solche Fälle, in denen den einen oder den anderen ein Mutanfall packt. Wo einer sich sagt: Heute sage ich es ihm mal, heute sage ich es ihm ohne Ansehen der Person und achte nicht auf die möglichen Nachteile, die daraus erwachsen. Wer also sich mal zu so einem Mut durchringen will, dem gebe ich ein Rezept, damit ihm nichts passiert:

Korrektur
Willst Du keinen Tritt bekommen,
mußt du pfiffig sein.
Hast du dir was rausgenommen,
leg es wieder rein.

Und dann will ich noch eine Ermutigung geben für das künftige Leben, das jeder noch zur Verfügung hat. Ich rate Ihnen allen: Behalten Sie im Visier diese große historische Stunde, in der sich die Jahreszahl vierfach in allen vier Ziffern verändert. 1 – 9 – 9 – 9 zu 2 – 0 – 0 – 0. Diese Jahrtausendwende zu erleben ist für mich eine faszinierende Vision. Ich bin schon ganz darauf orientiert. Und ich weiß genau: Die Jüngeren hier, für die ist es keine Frage, die erreichen diese Jahrtausendwende selbstverständlich. Die Mittelalterlichen erreichen diese Jahrtausendwende mit großer Wahrscheinlichkeit. Die Älteren, die so alt sind wie ich oder in der Nähe oder noch älter gar (die natürlich nicht hier sind, ich sehe keine), die müssen freilich argwöhnen, daß sie es vielleicht nicht schaffen im Angesicht oder in Anbetracht der Tatsache, daß die Lebenserwartung das nicht zuläßt. Und denen gebe ich einen Tip: Überlisten Sie Donda! Gute Nacht!

Keine Nachschläge von mir, sondern nur ein Dank für diese Blumen, denn man muß ja hier in Ilmenau nicht fürchten, daß es künstliche sind. In Dresden ist das anders, da liegt Sebnitz in bedrohlicher Nähe. Ich danke also für diesen ganz natürlichen Frühlingsblumen-Gruß. Ich möchte Ihnen nur noch sagen für die Zukunft, wie man ein Blumengebinde am zweckmäßigsten anfaßt, und ich zeige es Ihnen hier:

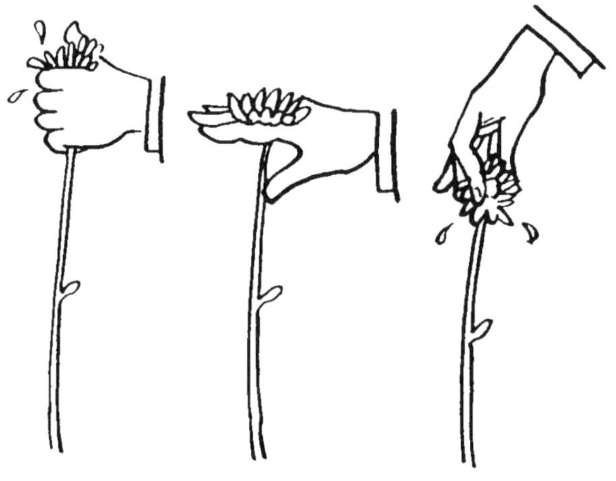

So faßt man Blumen am günstigsten an, und es schadet auch nichts, wenn man die Blüten ein bißchen quetscht – Hauptsache: Stengel nicht beschädigen!

(Conférence bei einer Studentenveranstaltung 1983 an der Technischen Hochschule Ilmenau)

Gedichte I

Hansgeorg Stengel
Die neue Leier
HANSGEORG STENGEL
GELICHTER
GELÄCHTER

Das zweite Kapitel enthält neben verstreuten Versen eine Auswahl aus Hansgeorg Stengels Gedichtbüchern »mit schrubber und besen« (1950), »Gelichter und Gelächter« (1954) und »Die neue Leier« (1964).

Auch einer!

Ich bin kein Rechter, kein Marxist,
kein Christ, keine Liberaler,
ich bin ganz einfach: Zivilist,
politisch: ein Neutraler.

Ich lebe sorglos und bequem
(man nennt mich Außenseiter).
Der Stumpfsinn ist mein Diadem
und Sturheit mein Begleiter.

Ich bin nicht kalt, nicht warm, nicht lau,
nicht trocken und nicht flüssig –
ich bin mir meiner selbst, genau
genommen, gar nicht schlüssig.

Im Grunde bin ich Pazifist
(nicht von den strengen einer!),
und wenn ein Krieg entstanden ist,
war's ganz gewiß nicht meiner.

So steh ich skeptisch und passiv
auf der Parteien Vorplatz,
doch geht im Staate etwas schief,
dann schimpf ich wie ein Rohrspatz!

Der Duft der freien Halb-Welt

Onkel Fritz aus Neuruppin
kann mitnichten davon lassen,
hin und wieder Westberlin
unters Flatterhemd zu fassen.

Einmal jährlich – meist im Mai –
packen ihn abrupt senile
Lüste nach dem letzten Schrei
exklusiver Schäferspiele.

Und er schäkert jünglingsfroh
in Spelunken und Kaschemmen
links und rechts vom Bahnhof Zoo,
um sich gründlich zu enthemmen.

Zwischen Nacktfrosch, Bums und Nepp,
Eldorado, Badewanne
schwankt der Neuruppiner Depp
und markiert den Mann im Manne.

Heimgekehrt bedrückt ihn schwer
die enorme Last der Spesen.
Fragt man ihn: »Wo kommst du her?«
Schnauft er: »Bin mal Mensch gewesen!«

Fauler Zauber

Ich habe einen Zaubersatz,
um den sich alles bei mir dreht.
Ich hau dir, Schatz, den Satz vor'n Latz:
»Die Frage steht …«

Wenn Gottlieb Schulze mit mir spricht,
gleich schmeiße ich ihm ein Paket
von Edelphrasen ins Gesicht:
»Die Frage steht …«

Ich diskutiere nirgends mit,
drum weiß ich nie, worum es geht.
Wenn man mich fragt: Und Sie,
Herr Schmidt …?
»Die Frage steht …«

Sorgt, daß Herrn Schmidt ein Wirbelsturm
aus seinem Phrasentempel weht!
Dann bellt kein Hahn, dann kräht kein Wurm:
»Die Frage steht …«

Siziliana

Ein kleiner Krater auf Sizilien,
ein Sproß vulkanischer Familien,
spie eruptiv in jedem Mai
alltäglich nachmittags um drei
exakt elftausend Kilogramm
Schmutz, Schwefel, Phosphor, Pech und
Schlamm.
Nicht etwa nur so ungefähr,
nein! Kein Gramm wen'ger, kein Gramm mehr.
Dazu die Meinung des Verfassers:
Ein Büro-Krater reinsten Wassers!

Herr Prahl

Ich war Boccaccios Kegelbruder,
ich schrieb für Nestroy manchen Schwank,
ich brachte Hannibal ans Ruder
und war ein Duzfreund von Max Planck.
Ich bin der Liebling großer Geister,
geschätzt, verehrt und weltbekannt!
Bei mir ist Prahlhans Küchenmeister,
drum riecht es hier so angebrannt.

Herr Sturholz

Mit mir ist kein Geschäft zu machen,
und kommt mir nur nicht mir Humor!
Ich bin zu stur, um laut zu lachen,
und habe einen Mann im Ohr.
Die Sturheit liegt mir in den Knochen
wie ein gigantisches Gewicht. -
Ich fühle mich nicht angesprochen
durch dieses häßliche Gedicht.

Herr Neunmalklug

Du weißt es gut? Ich weiß es besser!
Ich bin in allen Fragen firm.
Der Löwe ist ein Pflanzenfresser.
Und Aeroplan heißt Regenschirm.
Ihr könnt mein Weltbild nicht zerreißen
mit Wissenschaft und Ironie.
Denn allen schlüssigen Beweisen
steht meine Dummheit vis á vis.

Antwort eines ungekämmten Kellners

Wollten der Herr sich beschweren
wegen des Haars im Spinat?
In diesem Gasthaus verkehren
Leute vom Magistrat!

Gäbe sich jeder so kleinlich
und so pedantisch wie Sie,
wäre die Welt augenscheinlich
längst ohne Gastronomie.

Mir ist Hygiene nicht schnuppe,
aber das eine ist klar:
Besser ein Haar in der Suppe
als eine Suppe im Haar.

Weiße Woche

Der Himmel sieht heut aus wie Büchsensahne,
es riecht nach Pulverschnee und Wintersport.
Nehmt eure Bretteln, Liesbeth und Christiane,
der Schnee in Oberhof und Zakopane
ist auch nicht besser als im Heimatort.

Wir wären dumm, wenn wir uns davor scheuten,
als Sonntagssportler ins Gefecht zu gehn.
Was tut es schon, wenn wir vor andern Leuten
auf unsern Bretteln, die die Welt bedeuten,
wie Fragezeichen in der Landschaft stehn!

Die Meister fallen nicht wie weiße Flocken
aus blauem Himmel auf den Übungshang.
Und kippen wir auch manchmal
 aus den Socken –
na schön, der Podex wird schon wieder trocken
beim Hüttenfest nach Sonnenuntergang.

Sommerfrische Berlin

Komm nach Berlin! Hier hast du deine Ruhe.
Hier sind die starken Wurzeln deiner Kraft,
denn jedes weltstadtähnliche Getue
gilt hier als unseriös und lasterhaft.

Hier brauchst du nicht zu jagen und zu hetzen,
weil das im Widerspruch zur Pietät
und zu den ungeschriebenen Gesetzen
der Großberliner Kurverwaltung steht.

Berlin mit seiner Luft und seinen grünen
bemoosten Schlagloch-Kratern im Asphalt
ersetzt dem Feriengast die Ostseedünen
und einen Sanatoriumsaufenthalt.

In dieser Stadt mit tempomüden Tagen
und Nächten, die wie tiefe Träume sind,
beginnt dein Herz im Zuckeltrab zu schlagen
und wird das Auge für die Liebe blind.

Hier kannst du nur das eine: dich erholen.
Hier mußt du eins sein und nichts andres: brav.
Prag liegt in Böhmen. Warschau liegt in Polen.
Doch Spreeathen liegt im Dornröschenschlaf.

Komm nach Berlin! Mach nicht viel Federlesen.
Sei Feriengast am Brandenburger Tor.
Bist du drei Wochen in Berlin gewesen,
kommt dir Trebbin wie eine Weltstadt vor.

Aller guten Affen sind drei

Der Orang-Utan ist ein Menschenaffe.
Drei Exemplare leben in Berlin.
Erkennungszeichen: mustergültig straffe
uneingeschränkte Tierpark-Disziplin.

Im Menschenaffen-Standesamtsregister
steht eingetragen: Jussup, Ulla, Hans.
Die drei sind nicht verschwägert noch
Geschwister
und dennoch ein Terzett der Konkordanz.

Sie gehen wie wir Menschen: kerzengrade.
Und gelten da und dort als Produzent
erfrischend köstlicher Orangeade,
doch haben sie zu so was kein Talent.

Wir wissen nicht gar viel von diesen Tieren.
Wir spüren nur: Sie sind zutiefst human.
Sie stammen aus fernöstlichen Revieren,
mitnichten aber aus Affganistan.

Aus ihren Augen blitzt nicht böse Tücke.
Sie sehen weise aus und fotogen,
als schlügen sie zoologisch eine Brücke
zu den Geschöpfen, die vorm Käfig stehn.

Ein Affe ist nicht ganz wie unsereiner.
Er meldet sich nicht unentwegt zu Wort,
trinkt weder Pilsner Urquell noch Kathreiner
und treibt tagtäglich vierzehn Stunden Sport.

Man sollte sich als Mensch nicht überheben.
Auch Orang-Utans haben Lebensart.
Zwar: Feinschliff ist den Affen nicht gegeben,
doch ihr Gemüt ist mild und butterzart.

Es ist nicht nett, die Affen zu verdrießen.
Sie gehn auf grobe Späße ungern ein.
Drum laßt mich mit dem Afforismus schließen:
WER AFFEN WILL, MUSS FRÖHLICH
SEIN!

Vom Regen in die Traufe

Es trank ein Mann aus Angst vor
Frostkrankheiten
Likör und Schnaps vom frühen Morgen an.
Das ließ sich pekuniär zwar kaum bestreiten,
doch gegen Schnupfen tut man, was man kann.

Nach jedem Sturz des Außenthermometers
ergänzte er sein Flaschenkontingent
und war nach Ansicht eines Schnapsvertreters
Europas größter Branntweinkonsument.

Und in der Tat: Der Mann war niemals
kränklich.
Kein böser Schnupfen machte ihm Verdruß.
Nur einmal Ruhr – doch kurz und
unbedenklich
und schnell beseitigt durch Kakao mit Nuß.

Der Mann hat jeden Winter überstanden
(im ganzen zwei), dann fiel er plötzlich um,
nicht etwa krank, nein: tot und ganz
zuschanden.
Das letzte Wort – berichten die Verwandten –
von seinen Lippen war: Jamaika-Rum.

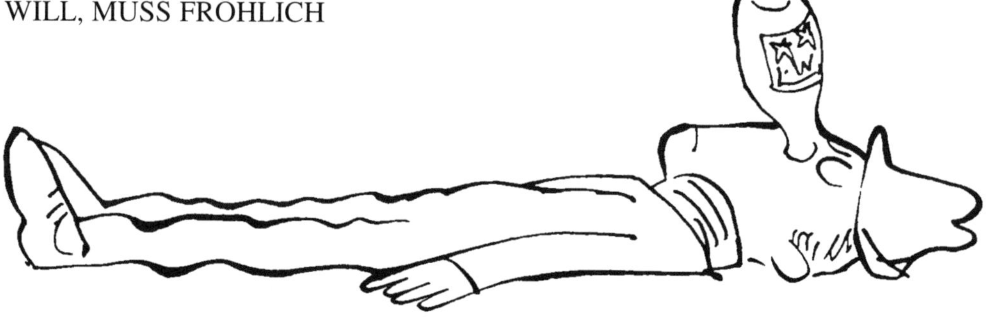

Trüber April

Du resignierst? Paß auf: In ein paar Wochen
schwimmt diese Welt in Glück und
Sonnenschein,
dein Schatz wird dir ein Frühlingssüppchen
kochen,
dein Herz wird wie ein Schmiedehammer
pochen,
und dein Gemüt wird frisch gestrichen sein.

In ein paar Wochen darfst du Flieder pflücken
und in den Nächten sorglos bummeln gehn,
du kannst die Mehrheit deiner Bildungslücken
durch sehnsuchtsvolle Verse überbrücken
und auf dem Standpunkt der Gefühle stehn.

Die Bäume werden malerisch florieren,
und selbst ein lendenlahmer Ehemann
wird eine kleine Zärtlichkeit riskieren,
die ersten Kirschen werden sich genieren
und fangen heimlich zu erröten an.

Das sind so ungefähr die Mai-Aspekte,
um die es sich im wesentlichen dreht.
Und falls du traurig bist und tiefversteckte
geheime Wünsche hättest (und Projekte):
Laß uns gemeinsam planen, Annegret!

Motto

Greif nicht gleich zum Messer,
dünkt dir ein Witz zu flach.
Der Spaß in der Hand ist besser
als die Pauke auf dem Dach.

Dürrer Lorbeer

Du stehst am Zaun und denkst, der
Geldbriefträger
bringt dir das Honorar für ein Gedicht.
Du irrst dich sehr. Es kommt der
Schornsteinfeger.
Der bringt wohl Glück, doch D-Mark leider
nicht.

So ist es oft. Du lauerst auf konkrete
Verbindlichkeiten, die man dir erweist:
auf Zinsen, Spesen oder Eßpakete –
und wirst mit Glückssymbolen abgespeist.

Mitunter hörst du freundliche Applause,
Sentenzen rührender Philanthropie:
»Aus Ihnen wird mal was, mein lieber
Krause.«
Das siehst du ein, doch Bargeld siehst du nie.

Dein Leben währet höchstens achtzig Lenze,
und wartend subtrahierst du Geld und Zeit.
Ein schwacher Trost: Die Nachwelt flicht dir
Kränze
als dem Idol der Anspruchslosigkeit.

Winter, ade!

Es brechen Knospen aus der Rinde
an jedem Strauch und jedem Baum,
ein warmer Hauch zieht mit dem Winde
und weckt die Blumen aus dem Traum.

Auf allen Teichen, Flüssen, Bächen
zerschmilzt ein letzter Rest Kristall,
der schärfste Frost hört auf zu sprechen
beim Lenzdebüt der Nachtigall.

Die Sonne klettert pro Minute
zehn Meter höher. Wunderbar
erwacht im Menschenherz das Gute,
das lange eingefroren war.

Wenn du dich jetzt mit Logarithmen
und mit Pythagoras befaßt,
anstatt dich deiner Braut zu widmen,
beweist du, daß du Nerven hast.

Kleine Melancholie

Ich bin dir nachgereist und nachgerannt
trotz hohe Fahrt- und Übernachtungsspesen,
und als ich dich in Elsterwerda fand,
bist du sogar noch ärgerlich gewesen.

Du fragtest mich mit abgewandtem Blick:
»Du hier?« Und meine Illusionen knackten
wie ein Service der Porzellanfabrik,
das rauhe Hände liederlich verpackten.

Bald geht mein Zug. Doch wie ein Alpinist,
der stürzend nach dem kleinsten Grashalm
fingert,
bild ich mir ein, daß du ganz anders bist
und daß dein Unmut sich von selbst verringert.

»Ach, Lieselotte, gib mir deine Hand!
Laß deine kühle Maske endlich fallen!
Ich bin dir nachgereist und nachgerannt ...«
Sie dreht sich um. Ich höre Türen knallen.

Wer mich auf einer Holzbank sitzen sieht
im Bahnhofswartesaal mit einem Humpen
Wernsgrüner Pilsner, hört mein Klagelied:
Könnt ihr mir zehn Mark für die Rückfahrt
pumpen?

Poetischer Mai

Für Mairomanzen schwärmen die Poeten
gewöhnlich mehr als für ein Herbstgedicht.
Das Frühjahr findet beßre Interpreten
als Nebelschwaden, Kummer und Verzicht.

Das ist kein Wunder. Schon im Mittelalter
hat man am liebsten minniglich romanzt
(ich nenne von der Vogelweide, Walther),
Erfolg: Die Menschheit hat sich fortgepflanzt.

Auch ist es sonnenklar, aus welchen Gründen
der Dichter stets im Mai von Liebe sang,
denn zwischen Jahreszeit und Herzempfinden
besteht ein inniger Zusammenhang.

Zwar kann man auch im Herbst die Liebe
preisen,
doch ohne Praxis fehlt der rechte Reim.
Der Nachtfrost läßt die Liebesglut vereisen.
Nicht jede Maid besitzt ihr Eigenheim.

Doch sei es, wie es war und wie es wolle:
Mai hin, Maid her – die eine Frage bleibt:
Ob der Poet, der eine böse Olle
zu Hause hat, ob der wohl aus der Rolle
fällt? Fallen darf? – und Liebesverse schreibt?

Ich liebe dir!

Ich liebe dir. Ich liebe dir zuliebe
dein nach Salpeter duftendes Parfüm
und dein jasmingeblümtes Herbstkostüm,
obwohl zu wünschen vieles übrigbliebe …

Ich glaube dich. Ich glaube dich zu kennen
und nehme keinen Anstoß mehr daran,
daß mich (durch dich) die Leute nicht mehr
Mann,
hingegen häufig einen Tolpatsch nennen.

Ich sage mich. Ich sage mich nicht schnöde,
weil du verrückt bist, einfach von dir los.
In manchen Dingen bist du nämlich groß
und absolut nicht ungeschickt und spröde.

Ich fasse mir. Ich fasse mir zum Sprechen
ein Herz, zu sagen, was du für mich bist:
ein Wesen, insgesamt gesehen, trist,
jedoch mit sehr pikanten Oberflächen.

Gestempelt 585

Drei Mädchen habe ich zur Zeit
mit meiner Liebe zu verwöhnen:
Marie-Luise, Adelheid
und Ruth. So heißen die drei Schönen.

Ich hätte längst schon Schluß gemacht
mit Adelheid, denn ihre Schritte
verfolgen mich bei Tag und Nacht,
selbst wenn ich mal um Schonzeit bitte.

Doch weder Schwüre noch Krawall
verändern Adelheids Entschlüsse.
Dasselbe ist bei Ruth der Fall:
Sie läuft mir nach und fordert Küsse.

Marie-Luise allerdings
ist kühler als die beiden Dreisten,
denn im Besitze eines Rings
(aus Gold) von mir, kann sie sichs leisten.

Wanderlied eines Wandermüden

Du bist der letzte Meilenstein
auf der Chaussee der Liebe.
Ab heut will ich entbunden sein
von meinem Wandertriebe.

Du stiegst herab von deinem Thron,
als ich des Wegs gekommen,
und hast mich, den verlornen Sohn,
in Gnaden aufgenommen.

In deiner Augen blauem See,
im Wirbel deiner Küsse
entfernt mein Blick sich der Allee
der wechselnden Genüsse.

Ach, wärst du ewig doch geschützt
vor Sehnsucht nach den andern,
die nicht, wie ich, so abgenützt
und müde sind vom Wandern!

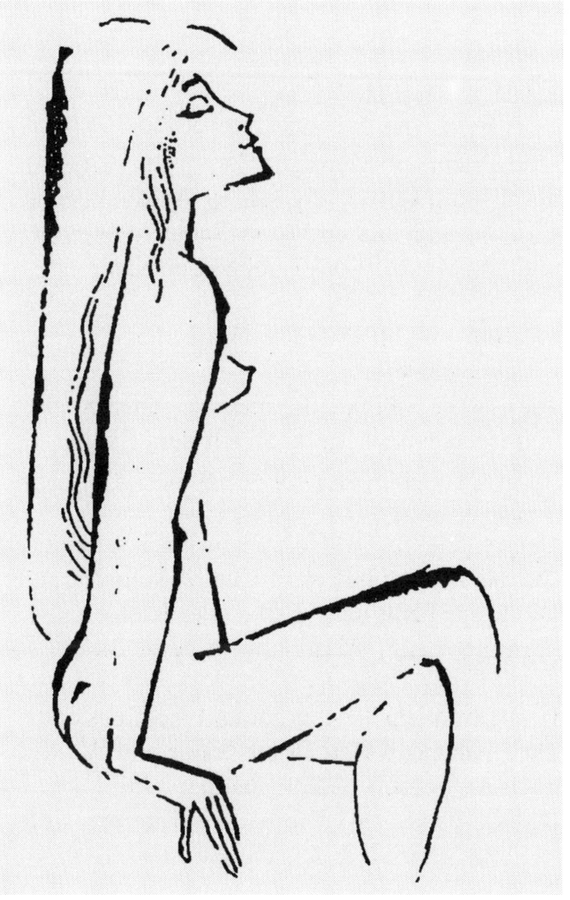

Der Magnet

Herr Priem, ein würdiger Gambrinus-Erbe,
durchstreift seit vierzig Jahren Wald und Flur.
Er kennt sich aus im Vorort-Schankgewerbe
und singt im Suff das Loblied der Natur.

»Natur«, spricht Priem mit kritischem
Verstande,
»das ist die Strecke, die man zwischen Stadt
und irgendeinem Bierhahn auf dem Lande
im Schweinsgalopp zu überwinden hat.

Denn«, renommiert Herr Priem, »ich sehe tiefer!
Der Hirsch ist ein Lokal. Und ist kein Tier.
Die Frage heißt nicht Birke oder Kiefer?,
die Frage heißt: Wo gibts gepflegtes Bier?«

Und gäbs nicht Restaurant und Ausflugsstätte,
ich glaube, daß Herr Priem Natur und Wind
noch nie gespürt und eingeatmet hätte.
Das sieht man mal, wie wichtig Kneipen sind.

Heimkehr

Es lächelt die See, sie ladet zum Bade.
Wohl dir, der du fröhlich in Prerow und Zingst
am meeresumspülten Ostseegestade
von Mücken gebissen durchs Dünengras
springst.

Sei immer hübsch lustig, auch wenns mal
gewittert.
Zu Hause in Sachsen gewitterts ja auch.
Es ist nicht der Sturm, der die Menschen
verbittert.
Viel bittrer schmeckt ständiger
Hausluftverbrauch.

Jetzt kannst du, weit fort von gewohnter
Kulisse,
mal faul unter Faulen und Urlaubern sein,
du tändelst im Strandkorb und schließt
Kompromisse,
in Dresden geht so was nur viertel so fein.

Und kommst du nach Hause mit Krebsen und
Muscheln,
gefällt dir die Elbe viel besser als je.
Dein Töchterchen wird sich ganz lieb an dich
kuscheln
wie Liesbeth im Strandkorb von Hiddensee.

Licht ins Dunkel

Ich heiße Renate, die Wieder-
geborene, daher – so schließ ich –
war ich auf Erden schon einmal.
Natürlich vor hundert Jahrzehnten,
an die ich mich nicht mehr besinne,
doch weiß ich den Namen noch: Nate.

Aufgeblasene Sommerfrische

Blast auf das Gummi-Kanapee,
blast auf die Camping-Torte.
Wir zelten zwischen Specht und Reh
und singen mezzoforte:
  »Funiculi, funicula,
  der Erdball ist fürs Camping da!«

Blast auf das Gummi-Eßservice,
blast auf das Fernseh-Kabel.
Jetzt leben wir naturgemies
und trotzdem komfortabel,
  funiculi, funiculo,
  mit Waldeslust und Gummiklo.

Blast auf Gesträuch und Wasserlauf,
Gestirne, See und Rasen.
Uns selber blasen wir nicht auf,
wir sind schon aufgeblasen.
  Funiculi, funiculu –
  vorm Zelt blökt eine Gummikuh.

Extempore

Wo man hobelt, kräht kein Hahn,
grober Klotz ist halb gewonnen.
Was sich neckt, ist alt getan,
wie gebettet, so zerronnen.

Blindes Huhn sieht mehr als zwei,
steter Tropfen kommt von oben,
Aug um Aug verdirbt den Brei,
Ende gut ist aufgeschoben.

Gottes Mühlen beißen nicht,
keine Rose hat zwei Seiten,
wenn sie auch die Wahrheit spricht.
Guter Rat krümmt sich beizeiten.

Frisch gewagt fällt selbst hinein,
unrecht Gut will Weile haben.
Morgenstunde höhlt den Stein,
wer zuletzt lacht, liegt begraben.

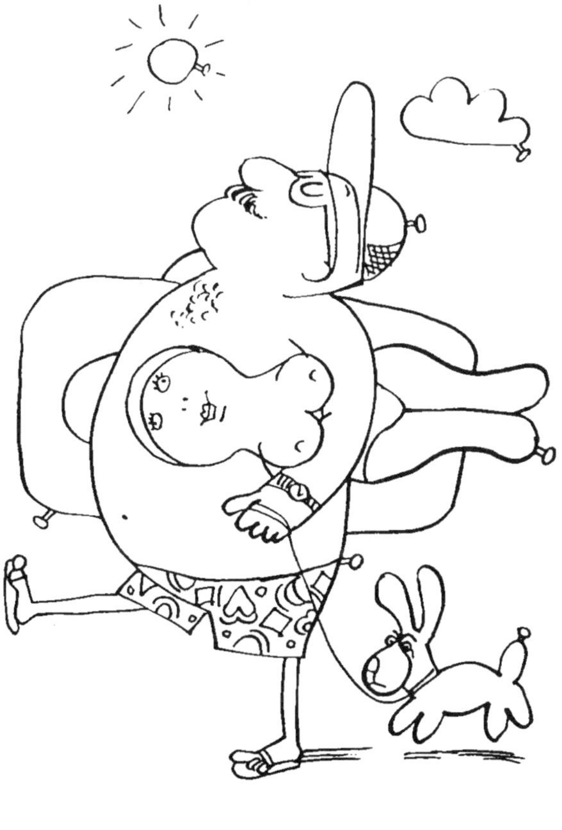

Zwiespalt

Zu Hause liest du selten mal ein Drama.
Du liest Karl May und schläfst gewiß im
    Hemde.
Von Kleist und Shakespeare schwärmst du in
    der Fremde
und trägst zur Nacht den seidenen Pyjama.

Zu Hause bist du Nero ebenbürtig,
verfolgst dein Weib mit Worten und Grimassen,
verminderst den Bestand an Sammeltassen –
beim Nachbar bist du gut und liebenswürdig.

Zu Hause wäschst du deine Füße flüchtig
gelegentlich bei Abschluß der Dekade.
Woanders kleidest du dich in Pomade,
Lavendel und Chanell, hygienesüchtig.

Zu Hause: Innozenz der Monogame.
Zwei Häuser weiter: Freund von Gabriele.
Dir geht ein Riß zentral durch Leib und Seele:
Teils bist du Mensch, teils lediglich Reklame.

Mensch und Tier

»Der Mensch ist schlecht. Das Tier ist zehnmal
besser!«
So knappgefaßt und weltanschaulich klar
legt Misanthrop und Artischockenesser
Max-Otto Knurre seinen Standpunkt dar.

Er züchtet Quallen in der Badewanne
aus Liebe zur verfolgten Kreatur,
und er beweint das Brathuhn in der Pfanne
sowie Forellen an der Angelschnur.

Die Mücken sind auf Knurre gut zu sprechen.
Er steht mit ihnen längst auf du und du.
Sie dürfen ihn, wohin sie wollen, stechen.
Zwar schimpft er manchmal, doch er schlägt
nicht zu.

Sein Haus ist voller von tierischer Trabanten.
Es piepst bei Knurre, wiehert, zirpt und bellt.
Vom Nashornkäfer bis zum Elefanten
ist ihm die Fauna dankbar unterstellt.

Nur Menschen kann Max-Otto nicht vertragen,
weil die von Angesicht zu Angesicht
ihm manche unbequeme Wahrheit sagen,
und das verzeiht der Tierfreund Knurre nicht.

Die nächsten bitte!

Da sind sie schon. Auf kurzen Beinen
marschiert im Wichtelmännergang
ein Kontingent von lieben Kleinen
mit Fräulein Schmidt die Straße lang.

Ein bunter Klecks aus Röckchen, Jacken,
Pullovern, Zöpfen, Mützenschild
und frischkandierten Pfirsichbacken
bewegt sich durch das Straßenbild.

Der Dicke wird mal Werkdirektor,
der Dünne wird Gemeinderat,
der Blasse Kriminalinspektor
beziehungsweise Diplomat.

Das Mädel rechts wird Balletteuse.
Sie kokettiert schon ziemlich toll.
Der Junge links guckt etwas böse.
Er möchte gern zum Amt für Zoll.

Sie sind die Dichter, Schlosser, Bäcker,
die Fräulein Schmidt zusammenhält,
die Ingenieure und Entdecker
der projektierten Zukunftswelt.

Sie alle haben Kopf und Nase
für eine Zeit mit Flugverkehr
in Richtung Mond. Um diese Phase
beneiden wir sie alle sehr.

September

Schon zeigt der Herbst dem Sommer seine
Krallen.
Sein Regiment betrübt den braven Mann,
denn Bäume lassen zwar die Hüllen fallen,
die Mädchen aber ziehen sich was an.

Späte Terzine

Eins ist allerdings noch strittig:
Heißt der Vater meines Kindes
Wetzel, Weinmann oder Wittig?

Sieben volle Monde sind es,
die seit jenem Tag verblichen,
als beim Seufzen eines Windes

unsre Herzen sich verglichen
und im Schatten einer Buche
fünf Minuten Glücks verstrichen.

Ach, wie sehr ich es verfluche,
daß ich so vergeßlich sein kann!
Hieß der Partner, den ich suche,
Wittig, Wetzel oder Weinmann?

Hypochondrische Perspektive

Du bist gesund? Mein lieber Freund, der
Kranke
ist psychologisch besser dran als du!
Ihn quält der Schmerz, doch dir stiehlt der
Gedanke,
du könntest bald erkranken, Rast und Ruh.

Der Kranke weiß genau, er hats am Magen,
und richtet sich beim Essen darauf ein,
indessen mußt du dich (beim Frühstück) fragen:
»Wann werde ich so krank wie Emil sein?«

Die Angst vor einem drohenden Gewitter
treibt dir Humor, Elan und Tatkraft aus.
Da hilft kein Mädchen und kein Magenbitter:
Du träumst von Fieber und vom Krankenhaus.

An welche Hoffnung kannst du dich noch
klammern?
An schöne Blumen? An das Doktorbuch?
Der Duft entschwebt. Es bleibt ein großes
Jammern
und die Vision von einem Leichentuch.

Du hörst vielleicht schon Friedhofsglocken
läuten
auch ohne jeden Diphterieverdacht.
Dich reizt kein Zustrom mehr von Geld und
Bräuten,
weil dich die Todesangst ganz kribblig macht.

Mit weißer Weste

Erst wenn du tot bist, sagen alle Leute:
»Er war sooo gut und tat stets seine Pflicht!«
Das sagen sie an deinem Grab. Doch heute,
da du noch atmest, sagen sie das nicht.

Ich möchte scheintot sein, um zu erleben,
wie meine Freunde mir am Grab verzeihn.
Das würde a) mein Selbstbewußtsein heben
und b) für mich ein Spaßvergnügen sein.

Ich würde dann vermutlich stolzen Hauptes
gefaßt und ganz gemächlich aus dem Loch
nach oben kletternd rufen:
»Freunde, glaubt es –
nein – glaubt es nicht: Ich Guter lebe noch!«

Und meine Feindesfreunde würden stieren
und stumpfen Blicks in weite Fernen sehn.
Ich aber könnte stadtwärts promenieren
und als St. Engel in ein Kloster gehn.

Stille Nacht

Wie sind die Leute alle nett zu mir!
Selbst Handwerksmeister ziehn vor mir
die Hüte.
Das Antlitz meines Tankwarts spiegelt Güte,
und auch der Gasmann wird zum Kavalier.

Der Kohlenhändler, plötzlich Frohnatur,
trägt mir den Koks persönlich in den Keller,
und freundlich grüßend nahen Briefzusteller
sowie die kommunale Müllabfuhr.

Die ganze Welt und Umwelt hat mich lieb,
einschließlich der seit Wochenfrist kulanten
und rührend mich umsorgenden Verwandten
und meiner Sekretärin im Betrieb.

O welche Wonne, so beliebt zu sein!
Ich höre, wie mich Koch und Pförtner loben,
ich fühle mich moralisch stark gehoben
und bilde mir auf mich wer weiß was ein.

Wie ein Torero, wie ein Matador
genieße ich die Zeichen der Verehrung.
Doch eine Stunde schon nach der Bescherung
ist leider alles wie zuvor.

Geflügelsilvester

Bei Hühnern, die, um auszuschweifen,
zur Eierkognakflasche greifen, vermittelt das
Produkt aus Eiern
und Kognak höchste Lust zum Feiern.
Der Hahn – mal laut, dann etwas sachter –
kräht sachverständig: »Selbstgemachter!«

Prosa I

Im dritten Kapitel findet sich eine Auswahl von Prosatexten, die Hansgeorg Stengel in den Jahren 1948 bis 1963 für eine Reihe von Zeitschriften verfaßte.

Eine lockere Geschichte

Herr Pwtlgh (oder Hszcvb?) – er hatte einen der folgenden, etwas delikaten Begebenheit entsprechenden fast unaussprechlichen Namen, also nennen wir ihn getrost Krmwpl – schloß die Gartentüre hinter sich ab und eilte zum Stammtisch. Das heißt: Er wollte vorerst nur. Beim Dahineilen nämlich bereitete ihm das Abrutschen beider Sockenhalter an beiden Beinen maßlose Pein, und deshalb entfernte Herr Krmwpl die Sockenhalter, ging noch einmal bis zur Gartentüre zurück, warf die Sockenhalter in den Briefkasten und eilte jetzt wirklich zum Stammtisch.

Am nächsten Morgen, früh um acht, war Herr Krmwpl noch nicht vom Stammtisch nach Hause zurückgekehrt. Frau Krmwpl wunderte sich nicht. Das kam öfter vor. Sie nahm nur schnell die Post aus dem Briefkasten, bevor sie den Frühstückstisch deckte. Außer einigen Briefen privater Natur fanden sich unter der eingegangenen Post auch zwei geschäftliche Offerten, darunter ein Werbeprospekt der Kurzwaren-GmbH mit einem rotumränderten Sonderangebot, den unzerreißbaren, gummierten Sockenhalter Nierutscha anpreisend. Ein Paar Sockenhalter lag dem Angebot bei. Es schien der Kurzwaren-GmbH, mutmaßte Frau Krmwpl, auf eine Großzügigkeit mehr oder weniger nicht anzukommen.

Nun ja – ein Paar Sockenhalter. Viel war damit eigentlich nicht anzufangen, zumal sich Frau Krmwpl erinnern konnte, ihrem Gatten erst zum Weihnachtsfest ein Paar Nierutscha auf den Gabentisch gelegt zu haben. Man hätte besser etwas anderes kaufen sollen, sagte sich Frau Krmwpl. Aber wer konnte auch so etwas voraussehen? Frau Krmwpl schob also die Sockenhalter achtlos beiseite und frühstückte.

Herr Krmwpl dachte noch nicht daran heimzukehren. Er schlief bei irgendeinem guten Freund seinen geharnischten Bockbierrausch aus.

Gegen neun Uhr klingelte es bei Krmwpls. Es war der Gasmann. Frau Krmwpl öffnete und bemerkte sogleich, daß dem Gasmann beide Socken locker und völlig haltlos herabhingen. Frau Krmwpl tat also ein gutes Werk und schenkte dem Gasmann ein Paar unzerreißbare, gummierte Sockenhalter. Der Gasmann bedankte sich sehr und versicherte, zum Gehen gewendet, die Sockenhalter, sobald sich ein stiller Ort dazu als geeignet erweise, nach Gebühr anzubringen und fortan beständig zu tragen.

Endlich, um elf Uhr, trudelte Herr Krmwpl, etwas schrägliegend zwar, aber guten Mutes im Heimathafen ein. Da er sich mit keiner Faser mehr an die Entäußerung und den provisorischen Aufbewahrungsort seiner Sockenhalter erinnern konnte und Frau Krmwpl den postali-

schen Eingang der Nierutscha unterschlug (womöglich mißbilligte ihr Gatte den Schenkungsakt und legte Wert auf ein zweites Paar Sockenhalter), beschränkte sich das Gespräch zwischen Herrn und Frau Krmwpl auf Abseitiges, jedenfalls nichts die Sockenhalter Betreffendes.

Die ganze Geschichte hätte keine Pointe, wenn nicht Herr Krmwpl eines Tages auf die Idee gekommen wäre, sich seiner Sockenhalter aus irgendeinem Grund erneut zu bedienen. Herr Krmwpl suchte stundenlang. Nichts. Er tobte. Er raste. Er hurrikante. Nichts. Ach, und Frau Krmwpl erlebte den Aufmarsch aller männlichen Untugenden mit schlotternden Knien. Aber sie schwieg aus lauter Angst. Zu tragisch auch nach Frau Krmwpls Begriffen, daß von der ursprünglich (vermeintlichen) stolzen Fülle an Sockenhaltern nun nicht ein einziges Paar übriggeblieben war! Und sie, Frau Krmwpl, hatte ein Paar Nierutscha leichtfertig weggegeben. Das war schlimm. Schlimm genug! Wo aber zum Teufel war das andere Paar?

Inzwischen hatte Herr Krmwpl sämtliche Möbel sämtlicher Zimmer auseinandergenommen, freilich ohne auch nur eine Spur von einem Sockenhalter wiederzufinden. Heimlich verließ Frau Krmwpl das Haus, entschlossen, dieser Szene durch den Erwerb eines neuen Paares Nierutscha (im nicht weit entfernten Warenhaus) ein Ende zu bereiten.

Während der Abwesenheit Frau Krmwpls geschah es dann: Der Gasmann – inzwischen sind seit Herrn Krmwpls Bockbierrausch rund vier Wochen ins Land gegangen – klingelte bei Krmwpls, um, wie jeden Monat, die Gasuhr abzulesen. Herr Krmwpl öffnete, und bevor noch ein Stichwort des gnädigen Schicksals das Mundwerk des Gasmanns zu schließen imstande war, hatte sich der Gasmann bereits und nochmals (auch im Namen seiner hocherfreuten Frau) bei Herrn Krmwpl für die herrlichen, bewährten, unzerreißbaren, gummierten Sockenhalter bedankt, die ihm, dem Gasmann, die gute Frau Krmwpl vor vier Wochen als Geschenk überlassen habe.

Herr Krmwpl ist momentan nicht zu Hause. Er befindet sich auf dem Weg zum Scheidungsanwalt. Ohne Sockenhalter. Mit herabhängenden Socken.

Der letzte Schrei

In der kleinen Stadt gibt es drei Ärzte: einen Zahnarzt, einen Ohrenarzt und einen praktischen, der mit dieser Erzählung nicht das geringste zu tun hat, da er soeben wieder die Tür zum Wartezimmer öffnet und ausruft: »Der nächste bitte …!«

Anders der Zahnarzt. Anders der Ohrenarzt.

Der Zahnarzt hat Ohrenschmerzen, unterbricht seine Sprechstunde, hängt an der Vorsaaltür ein Pappschild auf (»Bin gleich zurück!«) und geht zum Ohrenarzt.

Der Ohrenarzt hat Zahnschmerzen, unterbricht seine Sprechstunde, hängt an der Vorsaaltür ein Pappschild auf (»Bin gleich zurück!«) und geht zum Zahnarzt.

Der Zahnarzt nimmt im Wartezimmer des Ohrenarztes, der Ohrenarzt im Wartezimmer des Zahnarztes Platz, denn der Zahnarzt hat Ohren- und der Ohrenarzt Zahnschmerzen.

Und jetzt: Die Patienten im Wartezimmer des Zahnarztes, darunter der Ohrenarzt, werden unruhig. Die Patienten im Wartezimmer des Ohrenarztes, darunter der Zahnarzt, werden unruhig.

Nach zwei Stunden vergeblichen Wartens fängt einer im Wartezimmer des Zahnarztes an zu meckern: »Schlamperei heute wieder! Stundenlang rumsitzen! Dabei hat man doch keine Zeit. Und man hat Zahnschmerzen und schließlich ein menschliches Recht und einen Krankenschein, daß man drankommt …!« Die anderen Patienten nicken. Eine alte Frau sagt: »Und beim Ohrenarzt, wo ich eben mit meinen Ohren gewesen bin, sitzen sie auch herum und schimpfen, weil keiner reinkommt und man nicht drankommt …!«

Das ist nun wirklich eine tolle Geschichte! Beim Ohrenarzt passiert nämlich zufällig zu gleicher Zeit Entsprechendes.

Ja – wenn jemand von den Patienten den Zahnarzt und den Ohrenarzt persönlich gekannt hätte! Es wäre alles anders gekommen, weil die alten Frauen (die eine mit den Ohren und die andere mit den Zähnen) schon vor einer Stunde zum Ohrenarzt beziehungsweise zum Zahnarzt gesagt hätten: »Ach, da sitzen Sie ja, Herr Doktor! Deshalb also!«

Weil die Schimpferei immer mehr auf Touren kommt, werden der Ohrenarzt und der Zahnarzt stutzig, und es geht ihnen ein Licht auf, weil sie akademisch gebildet sind. Sie stehlen sich auf leisen Sohlen aus den Wartezimmern und stürmen in Richtung ihrer jeweiligen eigenen Praxis.

Nun könnte man es so machen wie Jo Hanns Rösler in seiner Geschichte mit dem Fahrstuhl und die beiden Ärzte bis zum Einbruch der Dämmerung hartnäckig sich verfehlen lassen. Wem wäre aber damit gedient? Dem Zahnarzt mit den Ohrenschmerzen? Dem Ohrenarzt mit den Zahnschmerzen? Den wartenden Patienten? Zahnarzt und Ohrenarzt laufen also mitnichten an sich vorüber, sondern treffen sich genau auf halber Strecke. So ist es recht, und so trägt es sich in Wirklichkeit zu, und es bleibt nur die große Frage: *Wer geht zuerst mit zu wem?*

Holz für den Winter

Haben Sie genug Holz für den Winter? Ich habe genug Holz für den Winter. Aber denken Sie nicht, daß ich mehr Holz zugeteilt kriege, als Sie Holz zugeteilt kriegen. Daß ich genug Holz für den Winter habe, kommt mehr von der geographischen Lage her, in der ich mich befinde.

Ich wohne dicht am Wald. Als es am 21. Juni zum ersten Mal bei mir Sturm klingelte, dachte ich noch gar nichts Böses. Wenn es aber jetzt wieder Sturm klingelt, weiß ich gleich Bescheid. Dann sause ich wie der Blitz durch den Garten, reiße automatisch die hintere Gartentüre auf und helfe abladen. Die Sache ist nämlich die: Ich wohne dicht am Wald. Es gibt aber auch Leute, die wohnen nicht dicht am Wald. Und wenn die Leute sehr viel Zeit haben, dann gehen sie in den Wald und sammeln Leseholz für den Winter, oder wenn der Förster mal gerade woanders ist, dann sammeln die Leute auch ein kleines halbes Meterchen Holz ohne Lese- und haben für diesen Sonderfall immer ein Taschenmesser oder anderes Haushaltsgerät bei sich.

Nun kommt es aber vor, daß die Leute ihr kleines bißchen Holz für den Winter nach Hause schaffen wollen, und der Förster kommt eben zufällig mal so vorbeigucken. Nehmen wir also an, der Förster ist nur zirka hundert Schritte oder, hölzern ausgedrückt, achtzig Festmeter hinter dem Holzwagen her, wenn der Holzsammler aus dem Wald kommt und die Straße in Richtung zur Stadt herunterprescht. Nun hängt doch so ein Holzsammler an seinem Holz, wie man sich denken kann. Und so ein Holzsammler fühlt in jeder Sekunde und Situation instinktiv, worauf es ankommt und wer hinter ihm herkommt. Er klingelt gleich wie verrückt an meiner Gartentür, verschafft sich Einlaß in den Garten und schmeißt sein Holz auf der Verhandlungsbasis 50:50 dorthin, wo noch Platz ist. Dafür muß ich dann immer dem Förster erzählen, daß ich wieder neues Holz für mich eingekauft habe.

Ich habe also täglich außer ein paar Klaftern Holz allerhand Risiko zu tragen. Natürlich muß ich den Holzsammlern in der Nacht oder später die Hälfte von dem Holz zurückgeben, aber gewisse Mengen für meinen dringendsten persönlichen Bedarf behalte ich zurück.

Neulich kam ein Pferd mit Wagen und Kutscher die Straße runtergehetzt direkt in meinen Garten. Wir haben wie die Blödsinnigen abgeladen, weil der Förster nur dreihundert Meter hinter dem Fuhrwerk her war. Als der Förster in meinen Garten kam, waren Kutscher, Pferd und Wagen über alle Berge. Der Förster bezweifelte, daß ich schon wieder fünf Festmeter Holz rechtmäßig habe, aber das Gegenteil war nicht zu beweisen, denn ich machte nicht den Eindruck, als ob ich Holz mause, da man mir alles ins Haus bringt.

Ich habe genug Holz für den Winter, aber heizen kann ich leider nicht, weil ich außer in meinem Garten auch in meinem Haus überall Holz aufgestapelt habe. Und im Haus sind doch die Öfen, an die ich einfach nicht mehr rankomme, weil alles voll Holz ist. In der Stadt sollen bald Wärmehallen eingerichtet werden. Da werde ich hingehen, wenn es mich friert. Ich könnte sogar etwas Holz mitbringen.

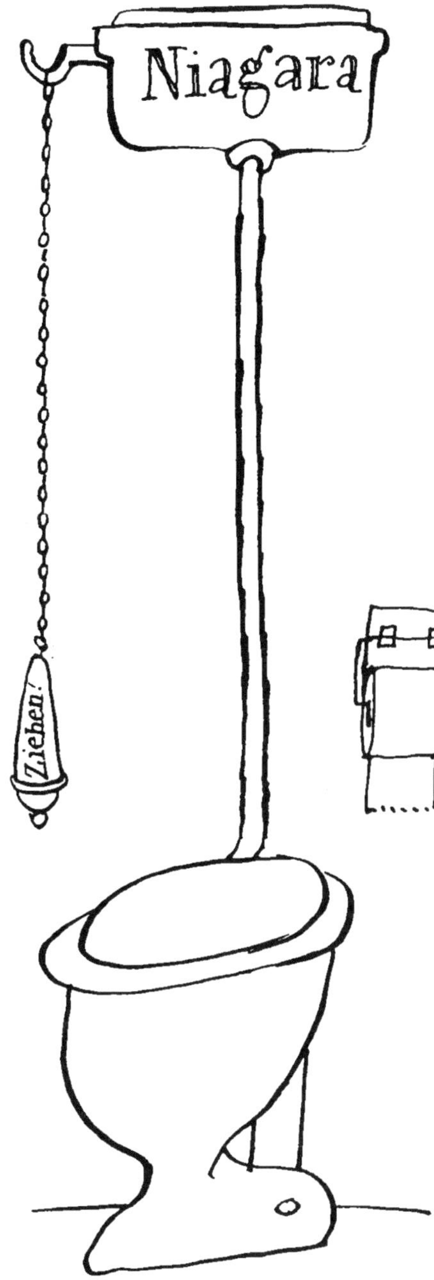

Ziehen!

Am 1. April 1928, vormittags 9 Uhr 43, klagte der Prokurist Arthur Knöpfel über heftige Magenschmerzen. 10 Uhr 56 starb er.
Was war geschehen? Die Pathologen zerbrachen sich nicht lange die Köpfe. Die Eröffnung der Leiche ergab den eindeutigen Befund: Exitus durch verschluckten Porzellangriff.
Warum hatte Arthur Knöpfel einen Porzellangriff verschluckt? So bedauerlich der Unglücksfall auf den ersten Blick erscheinen mußte, bald wußte man: Ein Märtyrer war gestorben, dessen Ableben jene Errungenschaft hervorbrachte, die sämtliche (oder zumindest zahlreiche) Porzellangriffe fortschrittlicher Wasserspülvorrichtungen moderner WCs mit der Aufschrift »Ziehen!« versehen ließ. Hätte man bereits im Jahre 1927 die Beschriftung aller Porzellangriffe durchgeführt – Arthur Knöpfel hätte nicht zu sterben brauchen. Aber Arthur Knöpfel starb. Er hatte den Porzellangriff der Wasserspülvorrichtung seines Familien-WCs für einen eßbaren Rettich gehalten.
Was folgt daraus? Wir müssen, um ein Bild zu gebrauchen, jedem Kind seinen Namen geben, bevor ein anderes in den Brunnen fallen kann. Die Parole der Gegenwart soll lauten: Kein Gegenstand ohne Beschriftung, kein Objekt ohne deutliche Beschreibung seiner Seinsbestimmung, kein Porzellangriff ohne »Ziehen!«. Schreibt es auf Briefwaagen, Staubsauger, Dampfheizungen, Kaugummis, Sockenhalter, Bierdeckel, Mohnbrötchen und überhaupt auf alles, wozu es es gibt! Laßt Schilder an Straßenecken verkünden »Umbiegen!«, damit wir wissen, daß Straßenecken dazu da sind, um um sie zu biegen!
Wo beginnen? Wenn man nicht mit gutem Beispiel vorangeht, ist jedes Wort in den Wind geredet. Was der Verfasser anregt, ist in seiner Wohnung längst durchgeführt. An seinem Bett hängt ein Schild »Reinlegen!«, auf die Blumen in den Blumentöpfen schrieb er »Gießen!«, auf den Teppich »Betreten!«, an die Wände »Anstarren!« und auf seinen Lebensunterhalt »Bestreiten!«. Auf dem Porzellangriff der Wasserspülvorrichtung des WCs steht natürlich »Ziehen!«, und es wird sich strikt danach gerichtet.
Wer zweifelt und wendet noch ein? Mögen die Kritiker zur Einsicht gelangen, daß der Einzug der lakonischen Literatur in die WCs und anderswohin eine Revolution auf dem Gebiet der Unfallverhütung bedeutet! Kein Porzellangriff im zwanzigsten Jahrhundert ohne »Ziehen!«! Schließen wir mit dem Ruf an alle: Arthur Knöpfel ist nicht umsonst gestorben!

Lyrik, du Himmel auf Erden!

Paraphrase über eine aussterbende Literaturgattung

Er wußte natürlich, daß Gedichte, besonders ernste, schwer abzusetzen sind, aber immer nur Romane und Dramen wollte der junge Autor Johann Wolfgang Goethe partout nicht schreiben, und so dichtete er:

Wanderers Nachtlied

Über allen Gipfeln
ist Ruh,
in allen Wipfeln
spürest du
kaum einen Hauch.
Die Vöglein schweigen im Walde.
Warte nur, balde
ruhest du auch.

Johann Wolfgang Goethe

Auf Anraten des Weimarer Kulturbund-Kreissekretärs schickte Goethe das Gedicht zuerst an den »Sonntag«. Der schrieb zurück:

Sehr geehrter Herr Goethe!

Wir haben uns über ihre talentierten Verse sehr gefreut. Obwohl wir einen entsprechenden Hinweis Ihrerseits vermissen, sind wir fest davon überzeugt, daß Sie das Gedicht als Beitrag zum »Sonntag«-Preisausschreiben um die Goldene Note 1961 aufgefaßt wissen wollen. Unter diesem Aspekt und nach Aussprache mit dem vermutlichen Komponisten Ihres Textes schlagen wir Ihnen eine etwas schlagergetreuere Formulierung Ihres Tanzlieds vor. Etwa so:

Notturno

Über allen Gipfeln, du,
ist, mein Liebling, Ruh, ja Ruh.
Und in allen Wipfeln, Schatz,
spürst du nicht den kleinsten Fatz usw.

Indem wir Sie, sehr geehrter Herr Goethe, in diesem Sinne um Neufassung (am besten mit Orientierung auf spätere gesangliche Interpretation durch Lutz Jahoda) ersuchen, verbleiben wir mit Sonntagsgruß Ihr »Sonntag«.

Goethe, nicht gewillt, auf Anhieb nachzugeben, schickte sein Poem an die »BZ am Abend«. Dieselbe war ebenfalls nicht abgeneigt, das Gedicht zu veröffentlichen. Sie antwortete Goethe:

Lieber Herr Goethe!

Wir sind sehr für Lyrik, haben als Berliner Abendblatt aber besonderes Augenmerk auf Lokalkolorit zu legen. Wir bitten Sie deshalb höflichst um Ihr Einverständnis, das in Frage stehende Gedicht folgendermaßen abdrucken zu dürfen:

Nantes Nachtjesang

Üba allen Jipfeln
is Ruh,
in allen Wipfeln
spürest du
kaum eenen Hauch.
Die Vöjel schweijen im Walde.
Wartema, balde
ruhest du ooch.

J. W. Jöthe

PS: Und bitten wir, den Reim am Schluß noch irgendwie hinzubiegen.

Mit Abendgruß Ihre »BZ am Abend«.

Jetzt wandte sich Goethe an die Gewerkschaftszeitung »Tribüne«. Die Antwort ließ nicht länger als fünf Wochen auf sich warten:

Lieber Kollege!

Ihrem Schreiben ist leider nicht zu entnehmen, ob Sie schreibender Arbeiter sind. Falls nicht, steht die Frage des Abdrucks Ihres Gedichts im Moment nicht so sehr. Wir würden es trotzdem ermöglichen, doch wollen unsere Werktätigen keine Gedichte mit Wipfeln, Hauch und so. Mit Tribünengruß Ihre »Tribüne«.

Die nächste Redaktion, der Goethe seine Verse sandte, war die »Weltbühne«. Ihr Chefredakteur urteilte so:

Sehr geschätzter Herr Goethe!

Eigentlich sind wir mehr eine Streitschrift (jedenfalls dem Hörensagen nach), aber da Ihr Gedicht immerhin so eine Art Drohung enthält (»Warte nur!«), kann man es fast als Polemik auffassen, und wir sind einem Abdruck in unserem roten Heftchen durchaus zugeneigt. Allerdings verabscheuen wir lyrische Arbeiten generell und erwägen die Publikation Ihres Manuskripts in folgender Weise:

Aufgewacht!

Über allen Gipfeln ist Ruh. Höchste Zeit für eine neue Gipfelkonferenz. In allen Wipfeln spürt man kaum einen Hauch. Politische Windstille bringt uns aber keinen Schritt weiter. Die Vöglein schweigen im Walde. Mögen sie. Wir Deutsche indessen sollten miteinander sprechen, und zwar bald. Das gilt für die Ruhrkumpel auch.

Jowogo

Ihrer Entscheidung mit Interesse entgegensehend, verbleiben wir mit Weltbühnengruß Ihre »Weltbühne«.

Die »Berliner Zeitung«, an die Goethe seine Verse sodann schickte, hatte, wie üblich, Platzmangel, wollte den jungen Dichter jedoch nicht vor den Kopf stoßen und veröffentlichte eine Kurzfassung des Gedichts:

Wandrers

Über allen
in allen
Die Vögelein
auch.

Goe-

Sofort nach dieser Veröffentlichung meldete sich der Potsdamer Dichter Karl Stitzer in einer bedeutenden Wochenzeitung zu Wort und verdammte den jungen Goethe unter der Überschrift »Zerhackte Rhythmen«.

Der VEB Friedrich-Hoffmeister-Verlag zu Leipzig, der das Gedicht dann erhielt, ließ es durch Werner Lindemann für die Volkskunst bearbeiten. Nämlich so:

Vorwärtsschreiters Tageslied

Über allen Gipfeln
geht man ran.
In allen Wipfeln
spürt jedermann
Kraft und Elan.
Die Vögelein zwitschern im Walde.
Warte nur, balde
singst auch du im Laienzirkel 1. Sopran.

Goethe (Volkskorrespondent)

Aber dagegen hatte Goethe gewisse Einwände. Die »Wochenpost«, der er sein Gedicht schließlich übermittelte, reagierte hinhaltend:

Lieber Leser Goethe!

Ihre Verse sind ordentlich, aber es gibt im Augenblick keinen Gedenktag, auf den sie sich aktuell beziehen lassen. Leider ist auch Ostern vorüber, sonst hätten wir aus »Vögelein« »Osterhäslein« gemacht und das so redigierte Gedicht zum Abdruck gebracht. Aber so. Na ja, vielleicht ein andermal. Mit Wochengruß Ihre »Wochenpost«.

Nach fruchtloser Korrespondenz mit weiteren vierundsechzig Zeitungen, Zeitschriften und Almanachen (siebenunddreißig antworteten überhaupt nicht) weinte Johann Wolfgang bitterlich und beschloß, einer Arbeitsgemeinschaft Junger Lyriker beizutreten, um solidarisch mit anderen Lyriker-Leidensgenossen für Recht und Ehre der Lyrik zu kämpfen. Aber die Lyriker-Arbeitsgemeinschaft hatte sich längst aufgelöst, denn alle zeitgenössischen Lyriker, von Wiens bis Gerlach und von Kunert bis Kahlau, waren längst zur DEFA abgewandert. Da begab sich auch Goethe nach Babelsberg und schrieb sein erstes Film-Drehbuch. Er nannte es sarkastisch »Götz von Berlichingen«.

Der feine Unterschied

Aus der Theaterstadt E. wird ein Ereignis gemeldet, das – ob nun tatsächlich passiert oder gut erfunden – hervorragend geeignet erscheint, einem größeren Kreis von Freunden der Muse bekanntgemacht zu werden.
Der Intendant des Theaters plante, im Schiller-Gedenkjahr 1959 das Schiller-Drama »Kabale und Liebe« auf den Spielplan zu setzen, wollte sich vorher aber unbedingt vergewissern, ob nicht gar das Theater der Nachbarstadt M. zufällig dasselbe Stück aufzuführen gedachte.
Da die Ehefrau des Intendanten in M. eine Besorgung zu machen hatte, bat er sie, bei dieser Gelegenheit gleich am dortigen Theater nachzufragen, mit welchem Stück das Schauspielensemble in M. während des Schillerjahres herauszukommen beabsichtige.
»Wir haben Glück«, berichtete die Frau des Intendanten bei ihrer Rückkehr dem Ehemann. »In M. spielen sie nicht ›Kabale und Liebe‹, sondern die …«
»Dachte ich mir's doch«, unterbrach der Intendant, »natürlich wieder mal die ›Jungfrau von Orleans‹!«
»Nein«, widersprach die Gemahlin, »die ›Luise Millerin‹.«

Rotes Licht und Weiße Maus

Dem Berliner Schauspieler Robert Trösch und einem unbekannten Verkehrspolizisten wird ein Wortwechsel angedichtet, der anläßlich seines Jahrestags veröffentlicht zu werden verdient.
Voriges Jahr, nach einem munteren Himmelfahrts-Frühschoppen, verließ Robert Trösch, begleitet vom Schauspieler Werner Lierck, ein kleines Weinlokal im Zentrum der Hauptstadt. Als beide den Alexanderplatz überqueren wollten, versperrte das rote Licht der Verkehrsampel den Übergang für Fußgänger.
Dessenungeachtet packte Robert Trösch seinen Mit-Fußgänger Lierck am Ärmel und überquerte, den widerborstigen Kollegen hinter sich her zerrend, stolz und ungeniert die Straße.
Die Folgen dieser verkehrswidrigen Verhaltensweise ließen nicht lange auf sich warten. Eiligst kam eine Weiße Maus angetrabt und nahm die Verkehrssünder, als sie den gegenüberliegenden Fußsteig erreichten, mit drohender Miene in Empfang.
»Sie wissen doch«, stellte der Verkehrspolizist Robert Trösch zur Rede, »daß Sie bei rotem Licht die Straße nicht überqueren dürfen!«
Robert Trösch reckte sich trotz seiner Riesenstatur noch ein bißchen höher und erwiderte mit Donnerstimme: »Gilt das auch fürrr Nationalprrreisträger??«
Die Weiße Maus, von der teils Respekt gebietenden, teils drohenden Redeweise Tröschs aus dem Konzept gebracht, beeilte sich, beide Sünder nach kurzer verlegener Ermahnung zu entlassen.
Beim Weitergehen wandte sich Lierck an Trösch: »Du bist doch aber gar kein Nationalpreisträger!«
»Na und?« dröhnte Trösch. »Man wirrrd doch mal frrragen dürrrfen!«

Fumare necesse est oder Nur Raucher sind wahre Menschen

Streitschrift zu einem brennenden Problem

Hin und wieder trifft man wunderliche Kreaturen: zweibeinige erwachsene Lebewesen männlichen oder weiblichen Geschlechts, die – obwohl zureichend begabt und körperlich normal entwickelt – der fatalen Angewohnheit des längst als kulturlos überführten Nichtrauchens verfallen sind.

Immerhin spricht es für ein noch nicht volles verlorengegangenes Menschheits- und Sittenbewußtsein solcher Elemente, daß sie das Eingeständnis ihrer permanenten Nichtraucherei meist mit der verlegenen Beteuerung verbinden, nur aus gesundheitlichen Erwägungen zu ihrer Verhaltensweise gelangt zu sein. Wiewohl es natürlich nicht bewiesen ist, daß die Angewohnheit des Nichtrauchens krankheitsvorbeugend sei, läßt das vorgebrachte Argument auf Restbestände gewisser Skrupel und positive Gewissenszüge im Nichtraucherlager schließen. Man ist sich dort offenbar der Fragwürdigkeit des Tabakenthaltsamkeits-Lasters so stark bewußt, daß man sich scheut, andere als gesundheitliche – also etwa moralische oder ästhetische – Gründe für das Unterlassen des Rauchens ins Feld zu führen.

Dies auch nur zu versuchen, wäre anmaßend und angesichts meiner folgenden zwingenden Argumente in höchstem Grade fruchtlos und lächerlich.

I. Die hohe Moral des rauchenden Menschen

»Nach altem Rauch und Sitte« – schon diese eingeschworene Redensart beweist hinlänglich die enge Nachbarschaft von knisterndem Tabakkraut und hoher Moral. Jede Bemühung um sittliches Wachstum sucht und findet seine aromatische Krönung in euphorischer Hinwendung zu den Blättern, die die Welt bedeuten.

Nicht zufällig ist Mazedonien, die Heimat würziger Nicotianae, ein Teil jenes Landes, dessen klassischer Schönheits- und Moralbegriff das Antlitz des heutigen Menschen, zumindest des Rauchers, in wesentlichen Zügen und Glimmzügen geprägt hat. Lassen wir uns nie davon abbringen: Die Moral des Rauchers ist der Atem Griechenlands, mag sich dieser Atem im zwanzigsten Jahrhundert gelegentlich auch anhören wie das Rasseln der Kette eines wütenden Hofhundes. Selbst der widerlichste Raucherkatarrh entbehrt nicht der Erhabenheit edler Abstammung: Katarrh ist ein griechisches Wort. Der hohe sittliche Grad des Rauchers erhellt auch aus der Tatsache, daß er sich nicht an schnöden Mammon klammert, sondern, Geiz und materiellen Wohlstand mutig verachtend, seine Ersparnisse mit dem Inhaber des Zigarettenladens an der nächsten Straßenecke teilt. Halbwegs starke Raucher mit einem Tagesverbrauch von dreißig Zigaretten opfern ihrer Moral je einen Personenkraftwagen pro Lebensjahrzehnt, weniger moralbesessene Tabakgenießer trennen sich Jahr für Jahr immerhin von einem Fernsehapparat, einem Kühlschrank oder einer Zwölfmonatsmiete.

Man muß bewundernd den Hut, wenn schon nicht genußvoll an einer Zigarette ziehen angesichts solch überzeugender Statistik moralischer Perfektion des rauchenden Menschen.

II. Die geistige Überlegenheit des rauchenden Menschen

Nicht zufällig sind alle wahrhaft schöpferischen Menschen Raucher gewesen, und sogar jene, die es heute nicht mehr sein können, wären es gewiß noch immer, hätte sie nicht der Tod im blühenden Raucheralter dahingerafft.

Wer erinnert sich nicht an Schillers herrliche Ballade »Der Raucher« mit der bekenntnishaften-tonmalerischen Zeile »Und es wallet und siedet und brauset und zischt…«?

Wer könnte je Ernst Busch als Nortak in Brechts »Kaukasischem Kreidekreis« oder des Dichters saftige Komödie »Puntila und sein Knecht Muratti« vergessen?

Alle großen Schöpferakte stammen von Rauchern und galten Rauchern. Glaubt mir: Paul Wiens wäre ein schreibendes Nichts und empfände weder das große noch das kleine Glück ohne das Labsal einer »Turf«, einer »Ramses«, einer »Salem«. Niemand wird zum Schöpfer

denn durch sie: die Zigarette, Zauberin zünftigen Zeugmas.
Was hätte aus Goethe werden können, wäre er Raucher und nicht Rauchers Feind gewesen! Sicherlich wäre ihm ein dritter Teil des »Faust« geglückt, wenn nicht gar noch ein vierter oder fünfter. Die Geschichte des menschlichen Geistes ist die Vermählung von Tabakgenuß und Tabakgenius.

III. Der seelische Zustand des rauchenden Menschen

Er ist ausgezeichnet. Weil längst erwiesen ist, daß Tabak ein ganz und gar natürliches Attribut des harmonischen Menschen ist, führt der widernatürliche Tabakverzicht notwendig zu chronischen Hemmungen und komplizierten Neurosen.
Die Seele des Nichtrauchers ist beschaffen wie die Natur eines kurz vor Ladenschluß im überfüllten Lebensmittelladen einkaufenden Strohwitwers: Sie weiß nicht, wie sie sich im gegebenen Augenblick anstellen muß.
Nichtraucher sind psychisch Gleichgewichtsgestörte. Während Raucher alle tektonischen Schwankungen ihres Innenlebens durch einen schnellen Griff zur Zigarette auszugleichen vermögen, gibt sich der Nichtraucher samt seinen seelischen Dissonanzen schwankend dem unbestechlichen Auge des souveränen Tabakgenießers preis.
Im azurblauen Dampf versengter Feinschnittbrösel lösen sich im Raucher alle inneren Krämpfe, einigen sich Freud und Leid, Liebe und Zorn, Seligkeit und Kümmernis und schenken dem Raucher Frieden, wogegen das Erdbeben der Seele in der Brust des Nichtrauchers seinen Fortgang nimmt, denn es ist keine Tröstung der gärenden Seele und keine Rundung des Wesens denkbar ohne das magische Deckblatt der Seele, ohne Nachtschattenflora aus Kampfer und Nikotin.

IV. Der ästhetisch-hygienische Habitus des rauchenden Menschen

Wollte man schon kraft eines allen Rauchern eigenen Rauchergroßmuts das Nichtrauchertum wenigstens in bescheidenem Umfang gewähren lassen, so verbietet der die Menschheit diskreditierende und disqualifizierende ästhetisch-hygienische Rang des Nichtrauchers jegliche Toleranz.
Nur Raucher vermögen den Alltag mit gutem Geschmack und peinlicher Sauberkeit auszustatten. Man beobachte Menschen im Speiserestaurant oder im Café. Während alle rauchenden Damen und Herren mittels graziös oder weltmännisch manipulierter Zigaretten einen höchst kultivierten Eindruck machen, fährt sich die nichtrauchenden Bevölkerung mit klebrigfettigen Fingern nervös ins Haar, fuhrwerkt mit Zahnstochern im Mund herum oder faßt sich unentwegt ans Perlenhalsband beziehungsweise an die Krawatte. Und das natürlich alles, weil der Nichtraucher wegen seiner fragmentarischen Widernatur folgerichtig zu Eckigkeit und Schlaksigkeit verdammt ist.
Was nun die Hygiene beider Bevölkerungsgruppen betrifft, so ziehe man je ein vollbesetztes Raucher- und Nichtraucherabteil der Berliner S-Bahn zur Beurteilung heran. Nichtraucherabteil: Ein Inferno undefinierbarer Gerüche und Ausdünstungen mannigfaltiger Art. Raucherabteil: Eine durch das köstliche Aroma verbrannten Tabakkrauts wohltuend neutralisierte und desinfizierte Innenluft. Dazu die aus Zigarettenrauch entstandene kunstvolle schwarzbraune Färbung

der Wände und der durch überlegt placierte Utensilien (Zigarettenreste, Streichhölzer, leere Schachteln) anmutig akzentuierte Fußboden.
Es wird Zeit, aus diesem Ergebnis die richtige Konsequenz zu ziehen: Keine Nichtraucherabteile mehr in öffentlichen Verkehrsmitteln!

*

Selbstverständlich kann die humane Struktur und Mission des Raucherwesens in einem kurzen Artikel nur lückenhaft erörtert und nachgewiesen werden. Der Leser möge aber durch die wenigen Zeilen zur Überzeugung gelangen, daß endlich Schluß gemacht werden muß mit Antiraucherrtendenzen sowie mit der vorzugsweise ansehnlichen Verpackung von Lebensmitteln und Medikamenten auf Kosten des Tabakwarenstandards.
Dringend erforderlich sind vielmehr eine für Nichtraucher verbindliche Umschulung zu Rauchern, eine gepfefferte Nichtrauchersteuer sowie eine bedeutende Erweiterung des Tabakwarensortiments, verbunden mit einer zunehmend luxuriösen Ausstattung der Zigarettenpackungen (Verwendung von Büttenpapier an Stelle des herkömmlichen Zigarettenpapiers, ferner Goldfolie und Liliput-Ventilator als Beigabe zu jeder Zigarettenpackung, um frühem Verderb des Tabaks vorzubeugen).
Und ich möchte im Vertrauen auf die unauslöschliche Weltgeltung und Unüberwindbarkeit der rauchenden Menschheit meine Ausführungen schließen, indem ich ein weiteres Mal Schiller mit seinem bekannten Appell an die Dresdner Zigarettenindustrie zitiere: »Rauch ist in der kleinsten Hütte durch ›Juwel‹ und ›Jubilar‹!«

Unabkömmlich

Das Ostseebad F., das sich wegen seines breiten, steinlosen Strandes besonders in der sommerlichen Hauptsaison allgemeiner Beliebtheit erfreut, verfügt über ein Kurhaus, dessen großer Saal für Kultur- und Vergnügungsveranstaltungen hervorragend geeignet ist.
Wie es sich in den Erholungszentren an der mecklenburgischen Küste seit Jahren so eingebürgert hat, veranstaltete auch der Rat der Gemeinde von F. kürzlich wieder mal einen Kurhausabend mit jungen Gesangstalenten, unter denen sich ein ländlicher Einwohner des Ostseebades stimmlich besonders auszeichnete.
Ein zufällig anwesender Musikredakteur des Rundfunks war so begeistert, daß er den mit reichlichem Beifall belohnten talentierten Nachwuchssänger in ein Gespräch verwickelte und den Versuch machte, ihn für den Rundfunk zu gewinnen.
Der junge Mann lehnte ab. Er habe sein gutes Auskommen und wolle, da sein Vater kürzlich verstorben sei, das Geschäft der Eltern übernehmen. Der Redakteur ließ nicht locker, wies vor allem auf die finanziellen Aussichten einer Schlagersängerkarriere hin und deutete an, daß die Führung eines Geschäfts, welcher Art auch immer, wohl weit weniger lukrativ und persönlich niemals so befriedigend sei wie die Karriere eines Gesangssolisten. »Im allgemeinen«, erwiderte das junge Talent lächelnd, »mögen Sie ja recht haben. Aber das Geschäft, das ich in den nächsten Tagen übernehme, sichert mir zweifellos größeren Zulauf und bessere Einnahmen, als selbst prominenteste Schlagersänger erhoffen dürfen: Ich vermiete Strandkörbe!«

Die Musen und ihr Musketier

Tagebuchnotizen

10. Juni
Ich bin zur Kultur gekommen wie die Jungfrau nach Orléans. Das kam so: Die BGL hat gesagt: »Paul, du könntest eigentlich die Kultur übernehmen!« Da habe ich ja gesagt. Ich hätte auch nein sagen können, denn ich verstehe von Kultur fast so wenig wie von sonst was, aber ich denke mir, Kultur ist reine Nervensache, die schaukle ich schon. Ich bin gebürtiger Neuhaus-Schierschnitzer, und da wäre es doch gelacht, wenn ich nicht wüßte, wie man kühn die Höhen erklimmt, desgleichen die der Kultur. Ich habe also ja gesagt, und was klassisches Erbe und Bitterfeld ist und so, weiß man schließlich aus der Zeitung sowie Presse.

11. Juni
Es ist doch gut, habe ich mir heute nacht überlegt, daß ich die kulturelle Funktion übernommen habe, denn da redet einem keiner rein, weil jeder Angst hat, er müßte dann beweisen, daß er die Kultur selber viel besser machen kann, und das will keiner. Kultur ist nämlich ein glitschiges Eisen und so heiß wie ein bunter Hund. Da hat jeder im Durchschnitt Bammel, nicht wahr. Ich finde aber, völlig unbegründet. Die werden schön gucken, wie ich Schwung in die Bude bringe. Morgen lasse ich Losungen erstellen.

13. Juni
Die von mir persönlich entworfenen Losungen, welche im Kultursaal aufgehängt werden sollen, lauten »Jedermann in unserem Arbeiter-und-Bauern-Staat – jede Woche einmal kulturell auf Draht« und »Widme dich der kulturellen Pflege – greif zu Blei- und Tintenstift, Kollege!«

14. Juni
Die neuen Transparente sind angebracht dank des unermüdlichen Einsatzes der Laienkabarettisten, die ich dazu angestellt habe und die sowieso mal kulturell rangenommen werden mußten, weil sie immer bloß rumgemeckert haben, was natürlich nicht zur Kultur gehört. Da sieht man mal, daß man sogar aus negativen Elementen ordentliche Kulturarbeiter entwickelt kann, wenn man ihnen positive politische Aufgaben stellt. Jetzt kommt die fernere Ausschmückung des Kultursaals dran. Ich denke an allgemeinmenschliche Girlanden, ein paar künstliche (wegen der Kunst) Blumen und verhältnismäßig unpolitische Köpfe von Schiller und Beethoven, denn ich bin gegen den Holzhammer, weil ein Kultursaal nicht von vornherein abschrecken darf, damit auch Parteilose denselben als ein gemütliches zweites Zuhause betrachten.

19. Juni
Die Frage der Kulturveranstaltungen ist ein Ei mit Pfiff! Ich habe da meine ausgefeilte Taktik, indem ich die fortschrittlichen Sachen kurztreten lasse und meinen instinktiven Publikumsgeschmack aufs Trapez bringe. Apropos! Jongleure von der Deutschen Konzert- und Gastspieldirektion und solche rasanten Sachen finden bei mir wie auch am Sonntag ein warmes Ohr, nicht so die Gesellschaft zur Verbreitung wissenschaftlicher Kenntnisse und Mitrofanow und Kosmos oder Dichterlesung sowie schwere Musik, welche niemand versteht. Ich sage mir: Die Leute wollen sich amüsieren wie Flora und Jolanthe, und wenn wir sie daran gewöhnt haben, ist immer noch Zeit, ihnen politisch eins zu verplätten.

25. Juni
Bei mir ist Remmidemmi in der Bude! Jeden dritten Tag schieße ich im Kulturhaus einen

Großkorken ab, und weil die Bühne immerzu gebraucht wird für Proben von Artisten etcetera, habe ich die Proben und Tätigkeit von unserem Betriebs-Theaterzirkel dortselbst und überhaupt abgeschafft, was nicht schlimm ist, denn Arbeiterfestspiele sind noch lange hin, und die richtigen Künstler aus Berlin kriege ich mit dem kleinen Finger, darunter gestern abend ein Zauberer, der mir die Armbanduhr geklaut hat, ohne daß ich was gemerkt habe. Ein Hallo! Leider werden die Kulturveranstaltungen von Tag zu Tag schwächer besucht, obwohl ich gegen freien Eintritt sogar den Stützerbacher Männerchor »Rennsteig 1860« hierher gelotst und auf die sentimentalen Tränendrüsen losgelassen habe, was ganz schön in die Kulturkasse gehauen hat.

26. Juni
Es soll auch wieder mehr für die bildende Kunst getan werden, womit Bildhauer und allerhand Gemaltes angesprochen sind. Aber woher die Pinkepinke nehmen?

27. Juni
Betreffs bildende Kunst habe ich die Musikinstrumente gestrichen, welche warten können, denn unser Laien-Betriebsorchester hat behelfsweise eine prima Rundfunktruhe mit Plattenspieler zur Mitverfügung, die ich für dreitausend Emm angeschafft habe, die Truhe. Die Ölgemälde sind durch die freigewordenen Finanzen ordnungsgemäß durchgezogen. Es handelt sich um drei Sachen: Bergsee, Produktionsberatung und Maiaufmarsch, also eine gute Mischung aus Schönheit und Sozialismus. Die Bilder sind ordentlich groß, wodurch die abgerissene Tapete im Kultursaal prima zugedeckt ist.

1. Juli
Die Kulturveranstaltungen werden immer mieser besucht. Heute abend startet demzufolge mein großer Knüller: ein richtiger Westsänger aus Sindelfingen. Kostet zwar anständig Mücken, aber macht Furore.

2. Juli
Leider hat der Westsänger kein Furore gemacht, sondern ganz im Gegenteil. Man hat hart diskutiert mit mir, aber als ich zurücktreten wollte, war alles gut. Ich wetze das Defizit schon wieder aus und bin der Kultur auf der Spur, indem ich neuerdings feste Tanzabende mache, was ja als aktuelle Frage steht und die Jugendförderung vorwärtstreibt.

4. Juli
Die Jugend ist unser Problem, was ich jetzt erkannt habe. Nicht mal zu meinen Tanzabenden im Kultursaal kreuzen sie auf, sondern tanzen in Kneipen und dergleichen. Da sieht man mal, wie schwer die Leute kulturell zu erfassen sind. Dabei mache ich einen kulturellen Wirbel, daß es bloß so qualmt. Schreibender Arbeiter bin ich auch gleichfalls und schreibe außer dem Vorliegenden Leserbriefe ans »Neue Deutschland« mit Schilderung kultureller Durchbrüche im Betrieb.

5. Juli
Wenn jemand vom FDGB oder vom Kulturbund zufällig in meinem Notizbuch blättern sollte, würde er vielleicht sagen: »Da haben sie ja die richtige Null zum Kulturfunktionär gemacht. Aber zum Glück ist der nicht typisch!« Da bin ich anderer Meinung. Von meinem Schlag gibts etliche. Ist ja auch kein Wunder, denn die Kultur im Betrieb ist oft noch das letzte Rad in der Suppe, und da darf jeder mal seinen Senf an die große Glocke hängen.

Elternversammlung

Die neue, junge Leiterin der Zentralschule in N., Fräulein Ilse Asberg, versprach sich von ihrer ersten öffentlichen Elternversammlung nicht allzuviel. Fräulein Asberg konnte es sich an allen zehn Fingern abzählen, daß ihre Premiere vor der Öffentlichkeit keine astronomischen Besucherzahlen verhieß. Trotzdem schickte Fräulein Asberg den Eltern ihrer Schüler und Schülerinnen wohlgemut insgesamt an die hundert Einladungen ins Haus, hoffend, daß wenigstens ein Bruchteil der Geladenen den Weg zum Gemeindesaal nicht scheuen möchte. Als Thema der Elternversammlung hatte die Schulleiterin die Gewissensfrage »Ist mein Kind ehrlich?« auf dem Einladungszettel vermerkt.

Fräulein Asberg glaubte ihren Augen nicht trauen zu dürfen, als an besagtem Abend der Gemeindesaal nicht ausreichte, den Besucherstrom zu fassen. Namentlich Väter hatten sich in so großer Anzahl eingefunden, daß dem beglückt erschrockenen Fräulein Asberg keine andere Wahl blieb, als mitsamt der fast zweihundertköpfigen Besucherschar ins nahe gelegene Klubhaus überzusiedeln.

Dort holte die Schulleiterin erst einmal Luft, bevor sie selbstbewußt zum Podium schritt. Gleich wurde es mucksmäuschenstill im Saal, und der Referentin schien es, als werde sie von allen erschienenen Müttern argwöhnisch ins Visier genommen. Fräulein Asberg warf, bevor sie zu ihrer Begrüßungsansprache ausholte, rasch noch einen Blick auf das vor ihr liegende Exemplar eines jener Einladungszettel, wie sie an die Eltern verschickt worden waren, und erstarrte jäh zur Salzsäule. Da stand, in deutlichen Lettern von Fräulein Asbergs Sekretärin fein säuberlich mit der Maschine getippt und hundertfach vervielfältigt: Thema: »Ist mein Kind ehelich?«

Geld für Pinguine?

Quo vadis, Pinguin?
Wohin wandern Pinguine nach ihrer Brutzeit? Wonach richten sich die Zugvögel, um ihren Weg vom hohen Norden nach Texas zu finden? Zwei Fragen, die bisher ungeklärt sind und denen amerikanische Wissenschaftler mit Hilfe von Erdsatelliten auf die Spur kommen wollen. Die Tiere sollen einen weniger als 30 Gramm wiegenden Sender erhalten, dessen Signale von Satelliten aufgefangen und zur Erde zurückgestrahlt werden. Auf diese Weise können Wissenschaftler, auf 24 Stationen verteilt, den Weg der Tiere genau verfolgen. Man hofft so, die »Reisegeschwindigkeit« der Tiere, ihre Wanderwege und ihre Ruheplätze zu erfahren. (Nach UNESCO-Informationen)

Ich verstehe was von Pinguinen. Und meine Meinung ist die: Man sollte den Pinguinen einen kostspieligen Einbau von 30-Gramm-Sendern ersparen. Viel wichtiger fände ich es herauszufinden, wohin eigentlich Räucheraale von der Fischräucherei aus wandern, aber darüber ist schon früher geschrieben worden.

Pinguine sind, wie ich längst erforscht habe, keine Vagabunden, die nach der Brutzeit wer weiß wohin schwimmen, bloß um sich einen schönen Tag zu machen oder nachts in Boston in einer Hafenbar herumzuhocken. Pinguine haben einen ausgeprägten Sinn für das Vernünftige, und es fällt ihnen nicht im Traum ein, sich unnötig weit von südpolaren Heimatgefilden zu entfernen. Warum denn auch? Ein Pinguin wäre ein kapitaler Ochse, wollte er, sagen wir, die Reinigung seines Sonntagsfracks ausgerechnet von der Köpenicker Firma »Blütenweiß« besorgen lassen. Das kann der Pinguin leichter und billiger haben: Er geht kurz im nahegelegenen argentinischen Santa Cruz an Land und erledigt innerhalb einer halben Woche alle notwendigen Reparaturen und Einkäufe, ohne sich, wenn es sich um einen Schwarzfußpinguin handelt, die Schwarzfüße bei langem Warten in den Bauch zu stehen, bis er schwarz wird.

Immerhin – das sei zugegeben – gibt es auch unter Pinguinen wie überall in der Tierwelt ein paar Außenseiter, deren Reiselust horrend ist und den Zoologen Rätsel aufgibt. Lohnt es sich

aber, um der Aufdeckung spinniger Allüren einer Handvoll extravaganter Pinguine willen Satelliten zu mobilisieren? Nein, das lohnt sich nicht. Es lohnt sich schon deshalb nicht, weil ich dokumentarisch höchst wertvolle Aufzeichnungen über Gebaren und Schicksal wanderbesessener Pinguin-Nomaden vorweisen kann und erstmals hierdurch in Teilen preisgebe.
Einen Kaiserpinguin kannte ich, einen einfältigen Tropf, der reiste alle Jahre zum Londoner Derby, um sich in ja recht vornehmer Gesellschaft aristokratisch zu langweilen. Da er jedoch von niemandem bemerkt und gewürdigt wurde, starb er 1960 an Selbstmord. Ein anderer Pinguin, Individualist durch und durch, schwamm zum Nordpol, stand zu seinem großen Schreck plötzlich einem Eisbären gegenüber und wurde stehender Flosse aufgefressen.
Das anschaulichste Beispiel für Pinguin-Globaltouristik wurde indes dem Publikum des Leichtathletik-Länderkampfes USA gegen UdSSR am 20. Juli dieses Jahres in Moskau geboten: Vier Pinguine hatten die Strapazen der langen See- und Landreise nicht gescheut, um sich in der sowjetischen Metropole dem Starter zu stellen. Ich habe diese Pinguine, obwohl sie in menschlicher Sportkleidung auftraten, an ihren seltsam rotierenden Rümpfen und ihrem typischen Watschelgang blitzartig als friedliche Sendboten der Antarktis wiedererkannt – und zwar beim 20-Kilometer-Bahngehen.

Epigramme
I

Das vierte Kapitel bringt neben dem Mitschnitt aus einer Veranstaltung Hansgeorg Stengels 1978 in der Kleinen Komödie Warnemünde eine Auswahl aus seinen Epigrammbänden »Mit Stengelszungen« (1967) und »Stenglish for you« (1971).

40-Pfennig-Ware

Epigramme, das sind diese kleinen Gebilde. Es sind die kleinsten Versgebilde, die es überhaupt gibt in der Literatur. Kleiner geht's nicht. Es klingt banal, aber darin liegt auch meine soziale Tragik, denn Literatur wird – jedenfalls ganz im allgemeinen gesagt – nach Metern und nach Kilogramm bezahlt. So ist es. Und ich kann ein Epigramm nicht zu einem sechsteiligen Fernsehspiel hochstilisieren. Da kann ich machen, was ich will. Und weil das so ist, und ich schreibe zu fünfzig Prozent Epigramme, lebe ich – das können Sie sich vielleicht denken – immer an der untersten Grenze des Existenzminimums. Sagte ich »lebe«? Ich vegetiere dahin. Ich weiß es: Wenn ich das sage, befällt einige Leute Mitleid. Es gibt dann so manche, die werden karitativ motiviert und greifen zum Teller, umrunden das Publikum und sammeln für mich. Das macht dann kling, kling, kling. So was ist mir sehr peinlich. Sammeln Sie bitte nicht auf diese indiskrete Weise für mich! Wenn Sie schon für mich sammeln, sammeln Sie bitte Scheine, diskret.

Ich stehe mit meinen kleinen Epigrammgebilden im Schatten der Dichter, die die große Form beherrschen. Wenn ich an meinen Freund Rudi Strahl denke: Wie beneide ich ihn, um nicht zu sagen: wie mißgünstig bin ich. Der schreibt große, ausgewachsene Sachen. Richtig große. Ich will ein Beispiel nennen, damit Sie auch eine Vorstellung haben von den unterschiedlichen ökonomischen Dimensionen zwischen Strahl und mir: Mir hat mal eine Redaktion einer Zeitschrift aufgetragen, ein Epigramm zu schreiben zum Thema des Arbeitskräftemangels. Das will durchdacht sein. Ein Epigramm, so kurz es ist, gerade weil es so kurz ist, ist ja so entlarvend, weil ich damit rechnen muß, daß jeder diese vier Zeilen, die es meistens sind, ganz genau Wort für Wort liest. Der überspringt nichts. Darauf kann ich nicht spekulieren. Bei vier Zeilen muß ich damit rechnen, daß sogar ein Analphabet dieses Gebilde dechiffrieren kann. Ein Romancier, der hat ganz andere Perspektiven für seinen Roman. Der weiß: So genau lesen die Leute nicht. Und so ist es auch. Wie lesen sie denn einen Roman? Die ersten Seiten vielleicht Wort für Wort oder wenigstens Satz für Satz. Dann fangen sie an, diagonal zu lesen. Sie werden immer flüchtiger. Und sie werden immer müder. Und dann liegt das aufgeschlagene Buch, das einen Gesamtumfang hat von vielleicht achthundert Seiten, das liegt dann da bei Seite zweihundertfünfzig aufgeschlagen, und der Nachtwind kommt durchs Fenster, blättert weiter. Seite für Seite. Am nächsten Morgen greifen sie zur Lektüre, ohne Argwohn, bei Seite vierhundertfünfzig, und lesen weiter. Damit rechnet ein Romancier. Ich will nicht sagen, daß nicht auch mal in einem Roman ein Gedanke enthalten sein kann. Das ist schon vorgekommen. Ja, das hat es schon gegeben. Aber es ist nicht so zwingend. Nun, also diese Redaktion hat mich beauftragt, etwas über den Arbeitskräftemangel zu schreiben. Und ich sann und ich sann und ich sann. Zwei Tage sann ich, ehe mir etwas beifiel. Während ich aus dem Fenster guckte am Sonnabend früh, dachte ich mir endlich: Hinter den Wolken, nicht sichtbar für das menschliche Auge, aber doch immer vorhanden, sind die künstlichen Raumflugkörper, die Wettersatelliten, die Nachrichtensatelliten, Lunik 1 bis 100.000, die Kosmos-Serie und alles, was da so kreucht und fleucht. Und dann schrieb ich:

Engpaß

So mancher künstliche Trabant
umkreist die Erde unbemannt.
So ist das eben leider heute:
Keine Leute, keine Leute.

Und mit diesem Juwel, das noch in hundert Jahren auf den Rückseiten der Kalenderblätter stehen wird, eilte ich forsch und Mut im Herzen am Montag früh zur Redaktion. Sie waren nicht abgeneigt. Nein, im Gegenteil, sie waren sogar gönnerhaft. Sie sagten: »Das ist ja schön, das hast du wieder sehr hübsch gemacht, das drucken wir auch, aber Mühe kann es dir nicht gemacht haben. Du kannst das, du schüttelst so etwas aus den Ärmeln, du bist ja ein Routinier! Hast du beim Frühstück gemacht, nicht wahr? Vierzig Pfennig!« Das war mein Erlös. Und Rudi Strahl, von dem ich vorhin sprach, der macht aus diesem Motiv »Keine Leute, keine

Leute« ein abendfüllendes Lustspiel, macht sämtliche Bühnen Europas voll, läßt das Stück verfilmen, lebt im Wohlstand, hat sein Haus in Berlin-Mahlsdorf schon zum dritten Mal verputzen lassen. Da sehen Sie doch: Das ist der Unterschied, der ökonomische.
Liebe Epigrammgemeinde, so eingestimmt möchte ich Ihnen das Verständnis für meine Epigramme dadurch erleichtern, daß ich Ihnen einen Tip gebe, wie Sie am besten reagieren sollten, wenn ich Ihnen Epigramme serviere. Wie ich schon sagte, treten sie zumeist in vierzeiliger Form auf. Wer also ein bißchen mitzählt, kann jeweils nach der dritten Zeile seine Miene schon aufhellen und in der vierten Zeile von Herzen lachen. Es ist kein Risiko dabei. Die Pointe ist drin. Ich habe sie selbst reingemacht. Und wie gut für Sie, wie gut für Ihr Ansehen, wenn Sie einfach immer an der richtigen Stelle lachen. Dann denkt der Nachbar: »Mensch, der hat's vielleicht sogar verstanden!«

(Aus einer Conférence 1978 in der kleinen Komödie in Warnemünde)

Der Chef und die Chefsekretärin

Sei eisern und nimm dich vor ledigen kessen
und schmiegsamen Vorzimmerdamen in acht.
Es hat schon so manche mit Tricks und Finessen
ihr Chefchen ins trockne gebracht.

Zuviel verlangt

»Philister! Hab doch Humor!«
Das kommt mir fast so vor,
als sagte man zur Forelle:
»Belle!«

Attraktiv

Der Grundsatz gilt gestern und heute
für das schöne Geschlecht:
Kleider machen Leute.
Unterkleider erst recht.

Cave canem!

Will ein Hund dich an der Kehle fassen,
mußt du ihn Kartoffeln schälen lassen,
denn du weißt doch, wie der Volksmund spricht:
Hunde, die pellen, beißen nicht.

Kurzstrecke

Er ist knapp neunzehn. Achtzehn seine Braut.
Sie streiten sich, bis ihre Ehe bricht.
Man hat sie standesamtlich zwar getraut,
verstandesamtlich aber leider nicht.

Drucksache

Der Dichter Johann Nepomuk
rief: »Endlich geht mein Buch in Druck!«,
was freilich für die Leserschar
mehr eine Art von Alpdruck war.

Herr Wichtig

Als er erfuhr, daß Lodz in Polen liegt
und Delft und Utrecht in den Niederlanden
und daß ein Zentner fünfzig Kilo wiegt,
bemerkte er gewichtig: Einverstanden.

Höher hinaus

Schieß nicht immer auf die Kleinen.
Sei kein Krümel-Pamphletist.
Kritisier doch auch mal einen,
der einsneunzig mißt.

Ausnahme

Ihr, die ihr blind und gehörlos seid,
geltet als köperversehrt.
Aber die Geschmacklosigkeit
wird nie zum Gebrechen erklärt.

Privileg

Die Frau von heute ist schon zu beneiden.
Sie hat das Recht zu hunderttausend Pflichten,
darf Babys trockenlegen, Zwiebeln schneiden,
studieren, fräsen und das Essen richten.
Und für der Liebe zärtliche Vergnügung
steht ihr die ganze Freizeit zur Verfügung.

Weder verwandt noch verschwägert

Der Maler Rembrandt gilt für alle Zeiten
als Meister der Hell-Dunkel-Malerei.
Doch ist es töricht, daraus abzuleiten,
daß, wer schwarzweiß malt, schon ein
Rembrandt sei.

Kettenreaktion

Aus seiner Skizze »Als der Regen fiel«
erwuchsen Bühnenschwank und Fernsehspiel,
ein Hörspiel und ein Film für Babelsberg.
Das war des Dichters Meier Lebenswerk.

Nachtragend

Oma Junghans starb in aller Stille,
las vorm Tod noch Zeitung ohne Brille.
Alle hatten Tränen im Gesicht.
Nur der Optiker Seydel nicht.

Dialektik

Zwei Kletten hingen fest zusammen
am Tage und beim Übernachten.
Wer könnte diese zwei verdammen?
Maß muß sie im Zusammenhang betrachten.

Unter Niveau

Schmidt ist kein richtiger Poet.
Zwar schreibt er eine flotte Feder,
doch schlimm ist, daß auf Anhieb jeder,
was Schmidt geschrieben hat, versteht.

Moral

In Klöstern gilt noch immer diese
dogmatisch-päpstliche Devise:
Mönch, sei helle -
bleib Junggeselle!

Aus der Jugendzeit

Der Schäfer Gottlieb-Archibald
war hundertdreißig Jahre alt
und sang beim Muskatellerwein:
»Man müßte noch mal hundertzwanzig sein!«

Lesen und lesen lassen

Wenn einer stets nur Reden liest vom Blatt,
dann sollte man sich weiter nicht beklagen.
Nicht jeder, der was vorzulesen hat,
hat was zu sagen.

Verschnitt

Kater kriegen
ist nicht schwer.
Kater haben
aber sehr.

Auskünfte

Er ist ein vortrefflicher Diplomat.
Es gibt ihn in jeder Weltstadt.
Er hat jederzeit die Antwort parat
auf Fragen, die niemand gestellt hat.

Bildung

Er war erfaßt von stürmisch-wilden
Impulsen starken Bildungsdrangs,
und Zeuge eines Staatsempfangs,
entschloß er sich, Spalier zu bilden.

Seichte Muse

Bei Haltungsschäden, die den Menschen plagen,
gilt dieser Rat: Den Orthopäden fragen!
Doch nirgends gibt es Unterorthopäden
zur Korrektur der Unterhaltungsschäden.

Rücksicht

Taxier die Leute mit Bedacht
und nie nach ihrer Pose.
Wer einen krummen Buckel macht,
hat oft nur Spondylose.

Mal so – mal so

Zwei Wasserfälle wurden interviewt:
»Wie können Sie sich gegenseitig leiden?«
Da sagten sie: »Nun ja, mal schlecht, mal gut.
Wir müssen das von Fall zu Fall entscheiden.«

Wohlwollen

Ein guter Mensch fragt einen Meteor-
ologen nie: »Wie wird das Wette mor-
gen?« Nein. Er fragt versöhnlicher und netter:
»Was hatten wir denn gestern so für Wetter?«

Interview mit einem Dramatiker

»Und welches Ihrer Stücke, darf ich fragen,
ist Ihnen, Meister, ganz besonders lieb?«
»Ich will es Ihnen ausnahmsweise sagen:
Es ist das Grundstück, das ich mir erschrieb.«

Erster Spargel '67

Die Schlange
wankt und weicht nicht.
Der Händler sagt: Es reicht nicht
für diese lange
Schlange.
Die Schlange
weicht und wankt nicht.
Der Händler sagt: Es langt nicht
für diese lange
Schlange.
Langt nicht?
Reicht nicht?
Lange
Schlange
wankt nicht,
weicht nicht.

Genügsamkeit

Warum, warum, du schönes Mägdelein,
muß es ein Mann mit grauen Schläfen sein?
Sei nicht zu wählerisch, bedenke schlau:
Bei Nacht sind alle Glatzen grau.

Haltbar

Wichtige Regel für jeden
heute und immerfort:
Halte nicht nur Reden,
halte auch mal Wort.

Schalk

Ein Fünfzehnpfennig-Postwertzeichen
war immer aufgelegt zu Streichen.
Verschmitzt sprach Postinspektor Starke:
»Du bist mir ja 'ne Marke!«

Berichtigung

Der Vortragskünstler rief mit Bonhomie:
»Es singt nun Frida Papperitz für Sie!«
Doch Frida Papperitz geriet in Rage:
»Was heißt ›Für Sie‹? Ich sing für meine Gage!«

Exkursion

Zwei Fernseh-Fans und Opernhaus-Eunuchen
beschlossen, endlich einmal auszugehn.
Sie gingen ihren Nachbarsmann besuchen,
um dort mit ihm gemeinsam fernzusehn.

Zur Kaaba

Der Muselmane Friedrich Kilger
war ein beliebter Moslempilger.
Er pilgerte bei größter Hitze
und hieß im Volksmund Mekkafritze.

Trugschluß

Ich warne euch Tüftler und Kombinierer,
die oftmals der flüchtige Augenschein trog.
Nicht jeder, der Sekt trinkt, ist ein Sektierer.
Nicht jeder, der Gin säuft, ist Ginäkolog.

Kalender

Die ersten Rosen blühn im Mai
als Sinnbild erster Liebelei.
Die letzten blühn am Bußtag.
Das ist der letzte Schmustag.

In memoriam

Man sollte, um die Enkel zu ermahnen,
den Trunkenbolden und den Saufkumpanen
nach ihrem Tod auf öffentlichen Plätzen
statt eines Denkmals einen Rinnstein setzen.

Ausgleich

Der Kurzstreckenläufer Paul Zieger
war immer der Letzte im Ziel.
Doch galt er moralisch als Sieger:
Er lief einen blendenden Stil!

An einen zaghaften Regisseur

Krimi mit frommem Akzent?
Willst du dein Publikum necken?
Lieber ein Ende mit Schrecken
als ein Schrecken mit Happy-End.

Ausweichende Antwort

Einst fragte Gott: »Wie finden Sie,
Herr Adam, die schöne Welt?«
Doch Adam beherrschte die Demagogie,
drum sagte er: »Gott, ich weiß nicht, wie.
Die Frage ist falsch gestellt«.

Technische Revolution

Man konnte früher zwischen Föhren
und Kiefern Hirsche röhren hören.
Doch Röhrentechnik ging verloren.
Längst haben Hirsche Transistoren.

Korrektur

Die Eintagsfliege erfuhr soeben,
sie habe knapp vierzig Stunden zu leben,
und hat sich als Wortklauber und als Pedant
zur Anderthalbtagsfliege ernannt.

Glückwunsch

Irdischer Wortschatz, irdischer Brauch –
sie gelten im Reich der Toten auch.
Nur sagt man dort bei fröhlicher Feier:
»Lang sterbe unser Nachbar Meier!«

De mortuis nil nisi bene

Bedienten wir uns nicht mal nach dem Tode
der Menschenfreundlichkeit und Pietät,
dann käme bald der Nekrolog in Mode:
»Er war abscheulich schlecht, er starb so spät!«

Mithilfe der Bevölkerung

Ein Dieb stahl das Auto von Gottfried Lummer,
doch Lummer, der ganz in der Nähe stand,
bemerkte gelassen: »Der Schuft ist erkannt!
Ich merkte mir pfiffig die Autonummer!«

Akzeleration

Wer wandert so früh durch Wälder und Wiesen?
Ein ganz kleiner Mann mit einem Riesen!
Wo wollen sie hin? Wer sind die zweie?
Der Vater bringt Fritzchen zur Jugendweihe!

Dem Fleiß kein Preis

Sofern ein Huhn, noch nicht erblindet,
das güldne Korn der Weisheit findet,
sagt achselzuckend jedermann:
»Na, Kunststück, wenn es sehen kann!«

Neuerdings

Zu tollkühn fuhr Horst-Waldemar
dort, wo kein Unfallschwerpunkt war.
Das heißt: Dort war mal keiner.
Jetzt ist dort einer.

Kriterium

Er fand die neue Sinfonie ganz gräßlich,
doch weil die Ehrenloge bravo schrie,
hielt er sein Ohr spontan für nicht verläßlich
und huldigte entzückt der Sinfonie.

Selbstverpflichtung

Im nächsten oder übernächsten Jahr,
nach Formulierung bitterböser Thesen,
wird der berühmte Kritiker sogar
das Buch, das er zur Schnecke machte, lesen.

Vergebung

Vergib der Gattin, die dir oftmals grollte.
Vergib dem Nachbar, der dir Böses tat.
Vergib dem Schuft, der dir ans Leben wollte.
Vergib dich aber nie beim Skat.

Experimente

Zu tüfteln und knobeln ist höchste Pflicht
für Kinder des Erdenballes.
Der Mensch versuche die Götter nicht,
doch sonst versuche er alles.

Pragmatiker

Er hielt die Hand in den warmen Regen
bei halbgeöffneter Tür.
Er war, was die Nässe betraf, dagegen,
bezüglich der Wärme aber dafür.

Schützt die Kinder

Schluckt, Hansdieter und Susanne,
meinetwegen Antibabypillen.
Aber tötet mir um Gottes willen
nicht das Kind im Manne!

Vor-Witzigkeit

Satiriker sind voller Hinterlist.
Sie attackieren Fehler, Mängel, Schwächen,
statt über einen Mißstand erst zu sprechen,
nachdem er endlich ausgerottet ist.

Wegweiser

Der Grundsatz, den du stets beachten mußt,
hilft dir als Kompaß für ein ganzes Leben:
Bist du dir erst des rechten Wegs bewußt,
mußt du dich auf den linken Weg begeben.

Kurzschluß

Oftmals hat mich verdrossen,
wie man vom Heiraten spricht.
Die Ehen werden geschlossen.
Eröffnet werden sie nicht.

Estradenkomik

Traut nicht den neckischen Conférenciers
mit ihren Ach-Gott-sind-wir-geistreich-Humoren.
Sie ziehn euch nur Geld aus den Portemonnaies
und das Gartenzwerchfell über die Ohren.

Echt gemalen

Das war ein Werk, das alles überragte:
ein Ölbild, plastisch und naturvollkommen,
so daß ich Meister Speck ergriffen fragte:
»Und welche Blende haben Sie genommen?«

Deshalb

Warum, so fragt man sich in allen Staaten,
sind Frauen oft die beßren Diplomaten?
Weil sie bei den verwegensten Entschlüssen
nie auf die Gattin Rücksicht nehmen müssen.

Diagnose

Mitunter hinkt
eine Analogie.
Nicht alles, was stinkt,
ist Chemie.

Fußkrank

Magst du nur immerfort nach Wohlstand streben,
bleibst du dein Leben lang ein armer Tropf.
Es ist zwar schön, auf großem Fuß zu leben,
doch besser wär, du wärst ein großer Kopf!

Lippenbekenntnis

Die einzige Sprache, die man konkret
in allen Ländern der Welt versteht
von Doberlug-Kirchhain bis Neu Delhi:
Küßuaheli.

Pleite

Er ist bankrott, Herr Willi Steiner,
der stadtbekannte Möbelschreiner.
Er baute hübsche kleine Särge
für abgelebte Gartenzwerge.
Doch es verstarb noch keiner.

Vergebliche Retusche

Dünnbier bleibt Dünnbier. Tran bleibt Tran.
Auch in winziger Kelle.
aus dem gekürzten schlechten Roman
wird nie eine gute Novelle.

Feingefühl

Ein Mensch mit Takt ist dieser Herr B.
Man muß ihn von Herzen lieben.
Er hat trotz nicht vorhandner Idee
noch niemals ein Buch geschrieben.

Schneller Tod

Ich kannte einen Vortragsfritzen,
der lebte gut von schlechten Witzen.
Doch plötzlich ging er Wasser saufen:
Ihm war ein Einfall unterlaufen.

Höhenflug

Den Vögeln ist es nicht gegeben,
auf Gage Anspruch zu erheben.
Sie nähren sich vom Korn der Felder
und wollen keine Tagegelder.
Nur einer schielt nach Honorar:
der Star.

Korrekt

Der Schafhirt Schramm, ein listig-schlauer,
bezeichnet sich als Ofenbauer.
Ihm kann nicht widersprochen werden,
denn er versteht schon was von Herden.

Pferdenatur

Mit Siebzehn schon hat er gesoffen,
doch nie hat ihn der Schlag getroffen.
Der Kerl, gesund und kraftgeballt,
wird morgen neunzehn Jahre alt.

Prominenz

Man kannte ihn zu Lande und zu Wasser.
Er war berühmt in Zingst und Rudolstadt.
Sein Name stand in jedem Zeitungsblatt,
denn Schulz war Oberleserbriefverfasser.

Herbstleid

Schon wieder fallen Blätter von den Bäumen.
Der Sommerabschied fällt so schrecklich schwer.
Denn unterm Laub, das wir beiseite räumen,
befindet sich, o weh, kein Ur-Laub mehr.

Therapie für Schlafwandler

Meide allzu schmale Wege.
Jeder Dachfirst birgt Gefahr.
Sicher schreitest du, Kollege,
auf dem Somnamboulevard.

Verkehrsregel

Leichtsinn ist kein Leistungsmesser.
Unbesonnenheit bringt Harm.
Das Lenkrad in der Hand ist besser
als das Täubchen im Arm!

Nachricht aus Berlin

Ein Sportreporter, der elf Sprachen spricht
und damit viele Sprachrekorde bricht,
greift nun, gepackt von Ehrgeiz, nach den
Sternen:
Er möchte seine Muttersprache lernen.

Satirikers Ermutigung

Sei couragiert gegebnenfalles.
Schieß ohne Tremolo und scharf!
Satire darf bekanntlich alles,
vor allem alles, was sie darf.

SOS einer Sekretärin

Sooft ich irre, bellt der Chef mich an:
Ich brauchte nur im Duden nachzuschlagen!
Doch wer ist fähig, mir konkret zu sagen:
Wann?

Noch eine Verkehrsregel

Rase nie!
Fahr vorsichtig, Mann!
Denn Autopsie
fängt mit Auto an.

Weihnachtsmarkterlebnis

Nach einer Fahrt mit der Gespensterbahn
sprach Arbeitspendler Lehmann: »Wie human!
Mir sträubten sich nur halb so wild die Haare,
wie wenn ich mit dem Schichtbus heimwärts
fahre.«

Engpaß zehnte Muse

Für Zeitgenossen, die gern lamentieren,
gibts Weinlokale in immenser Zahl.
Doch will sich einer richtig amüsieren,
entdeckt er nirgendwo ein Lachlokal.

Kabarett

Im fünften Kapitel werden Texte vorgestellt, die Hansgeorg Stengel überwiegend für Kabarettensembles schrieb, unter anderem für »Die Distel« und die Amateurkabaretts der Volkspolizei »Die Ampel« und der Lufthansa »Die Kraniche« in Berlin, für »Die Pfeffermühle« in Leipzig und für das Amateurkabarett »Keller 68« in Gera – alles in den fünfziger und sechziger Jahren.

Mehr Lanzen für die Komik

Wenn vom Kabarett die Rede ist, gehören prophylaktisch zunächst alle jene auf die Strafbank, denen das Kabarett von der Zunge geht, als handle es sich um Cabaret. Wir meinen aber in den hier zur Debatte stehenden Zusammenhängen nichts Montmartre-Französisches, wir lauschen nicht dem Cancan-Rhythmus und assoziieren mit Kabarett nicht die galanten Moulin-Rouge-Motive Toulouse-Lautrecs. Kabarett in unserem Sinne ist eine Filiale der dramatischen Kunst, meinetwegen der dramatischen Kleinkunst.

Dramatisch. Das ist klar: Kabarett ist auf Dialoge und Bühne angewiesen. Der Kern des Kabaretts ist das »Stück«: die Szene, der Sketch, der Blackout, das chorische Quodlibet. Lyrik und Epik kommen auf der Kabarettbühne vor, sind aber in der Minderheit. Der Umstand, daß sie vorkommen, bringt meine These, Kabarett sei Dramatik, nicht zum Einsturz. Auch die Theaterbühne bedient sich lyrischer und epischer Utensilien oder läßt den Helden monologisieren.

Ist Kabarett seinem Wesen nach jedoch andeutungsweise befriedigend definiert, wenn uns gepredigt wird, daß dieses Dingsda, das uns die Distelfinken und Pfeffermüller, die Kiebitzensteiner und all die anderen Kabarettschälke landauf, landab vorsetzen, eben dramatische Kunst en miniature sei, dramatisches Feuilleton also?

Nein, solche auf äußerliche Merkmale des Kabaretts zielende Aussagen machen uns nicht klüger. Viel wichtiger, um den Stein der Weisen am Schlafittchen zu fassen, ist die Erkenntnis: Kabarett ist komisches Kleinkunsttheater. Das Adjektiv »komisch« genügt zwar nicht, um die Substanz des Kabaretts erschöpfend zu formulieren, aber ohne Zweifel ist das Komische ein so wichtiges Merkmal der kabarettistischen Bühne, daß ihm, dem Komischen, bei jeglicher Kabarettphilosophie ohne Zaudern die Priorität eingeräumt werden müßte.

Es wundert mich, wie wenig die vom »Sonntag« befragten Kabarettdirektoren auf den pädagogischen Rang der Komik, auf die Kraft und gesellschaftliche Brisanz des Lachens Bezug genommen haben.

Fast neige ich zu dem Verdacht, daß sogar prominente Kabarettisten, Kabarettschreiber und Kabarettregisseure den unverzichtbaren Anspruch der Kabarettbühne auf Produktion und Reproduktion des Komischen aus dem Auge verlieren. Da wird viel gegrübelt und gezankt um thematische Schwerpunkte, um Typisches und Untypisches, um die Enttabuisierung von Tabus und was der üblichen Eier sonst noch sind. Geeiert wird jedenfalls mehr um zweit- und drittrangige Fragen als um den Angelpunkt: eben um die Erweiterung und Vertiefung des Komischen auf der Kabarettbühne.

Wir wissen, daß Komik, wenn in ihr ein rechter Batzen Kritik enthalten ist, daß also Satire (Kritik + Komik = Satire) fürs Kabarett wichtiger ist als Komik ohne Rippenstoß und Rüffel. Aber sogar die im wesentlichen nur zu oberflächlichem Wohlbehagen geeignete – humoristische – Komik gehört als Lachwerk immer noch eher und legitimer auf die Kabarettbühne als unkomische, agitatorische Deklaration und Demonstration.

Ich weiß, was ich sage und bin auf die Frage gefaßt: »Also gehört ein ganz und gar unkomisches, bitteres, gegen die Junta in Chile gerichtetes Couplet nicht auf die Kabarettbühne?« Meine Antwort: Ja und nein. Das Lied gehört nicht auf die Kabarettbühne, wenn es ohne Fingerspitzengefühl und Geschmack zwischen irgendwelchen komischen Nummern untergebuttert wird. Das Lied kann aber (ohne dadurch den Charakter einer spezifischen »eigentlichen« kabarettistischen Nummer zu erwerben) dem Programm in einer dramaturgisch vertretbaren Weise – etwa vor der Pause oder als Finale – hinzugefügt werden, so daß dem Publikum die Offerte eines ungenießbaren Cocktails erspart bleibt.

Es müssen, fordere ich, mehr Lanzen für die Komik als für die Erweiterung des kabarettistischen Themenkatalogs gebrochen werden. Niemandem darf es erlaubt sein, dem Kabarettisten einzureden, wichtiger als das Lachen im Publikum sei die lückenlose kabarettistische Abhandlung aller aktuellen politischen, ökonomischen und kulturellen Probleme.

Natürlich soll der Kabarettist nach Möglichkeit allen anderen Künstlern und Journalisten eine Gehirnwindung, zwei Nasenlängen und drei Zungenspitzen voraus sein, doch sein Vorsprung sei qualitativ, nicht quantitativ, soll nicht ertrotzt, sondern nach allen Regeln der Komik errungen sein.

Lied eines toten Affen

Als ich noch lebte, war die Welt verlassen.
Das ist nun viele hundert Jahre her.
Es gab kein Rheuma, keine Krankenkassen,
kein Schreibpapier, um Verse zu verfassen
und keinen Interzonenzugverkehr.
Ich lebte nur als Existenzialist –
Mensch, freu dich, daß du Mensch
geworden bist!

Ein Fressen war das einst! Das sag ich Ihnen!
Wir kannten weder Sekt noch Kaviar.
Uns mußten Kokosnüsse, Apfelsinen,
sogar Bananen als Verpflegung dienen,
was eine Riesenaffenschande war.
Es war ein Fraß, den heut kein Mensch
mehr frißt –
Mensch, freu dich, daß du Mensch
geworden bist!

Und nirgends ließ sich die Kultur entfalten.
Ein Affe hat ein viel zu dickes Fell.
Er konnte keinen Lustspielfilm gestalten
und war zu schwach, ein Referat zu halten,
und nirgends spielte man den Wilhelm Tell.
Es gab den Star, doch niemand war Statist –
Mensch, freu dich, daß du Mensch
geworden bist!

Was war das einst? Ein Beißen, Würgen,
Morden.
Die eine Bestie schlug die andre tot.
Das ist jetzt anders, menschlicher geworden:
Heut propagieren menschlich-wilde Horden
den Krieg mit Wasserstoff und Zuckerbrot.
Frag dich nun selber, wie das ist:
Freust du dich, daß du Mensch geworden bist?

Muß euch denn erst ein toter Affe sagen,
wie schön es ist, daß euer Herz noch schlägt?
Wie schön es ist, in friedlichem Behagen
ein Kind behutsam auf dem Arm zu tragen,
das man ins Leben, nicht zu Grabe trägt?
Was willst du? – Frieden? – Oder Not
und Zwist?
Mensch, zeig doch, daß du Mensch
geworden bist!

Der Atheist

Szene: An einem Tisch sitzt, bereit zum Abendessen, die Familie Hesselbart, zunächst nur teilweise vertreten durch den Papa und den Sohn Rainer. Die Mutter tritt mit der Suppenschüssel herein.

Papa *(an die Mutter gewandt)*: Ich möchte wissen, wo Hildegard wieder so lange bleibt. Wenn ich es bei meinen verantwortlichen Aufgaben als Staatsfunktionär einrichten kann, pünktlich um sieben zum Abendbrot dazusein, ist es ja nicht zuviel verlangt, daß mein Fräulein Tochter ebenfalls rechtzeitig zu Hause eintrifft.

Mutter *(die inzwischen Platz genommen hat)*: Du weißt doch, Fritz, sie ist donnerstags von sechs bis sieben immer zur Jugendweihe. Du bist doch selbst dafür, daß das Kind …

Papa: Natürlich! So steht die Frage nicht. Aber ich denke, sie könnte trotzdem etwas pünktlicher sein. Unser Rainer *(er zeigt auf ihn)* geht doch übrigens auch zur Jugendweihe. Wieso ist der pünktlich?

Rainer: Ich habe doch immer dienstags, Papa! Und nicht von sechs bis sieben. Die Hildegard wird schon gleich kommen.

Hildegard *(atemlos herein)*: Ach Gott, ihr habt ja schon angefangen!

Papa: Ach Gott, ach Gott! Was ist das wieder für eine metaphysische Ausdrucksweise! Hast du nicht in eurem Lehrbuch den Aufsatz von Iljin gelesen, wie der Mensch zum Riesen wurde? Ach Gott, ach Gott! Es gibt keine höheren Lebewesen. Zu sprechen, wenn auch nur gedankenlos oder im Scherz, ist unwissenschaftlich, Hildegard. Komm, setz dich. Mahlzeit!

Hildegard: Ach, da muß ich euch übrigens einen schönen Witz erzählen, den ich heute früh in der Schule gehört habe. Da kommt ein Pferd in ein Lokal und verlangt einen Wodka. Und wie sich ein Gast wundert, da kommt ein Wanderer des Wegs …

Rainer: Sooo'n Bart! Der Witz ist so alt, den hat schon die Eva dem Adam erzählt.

Papa: Rainer! Ich möchte wissen, wozu ihr beide die Vorbereitungsstunden zur Jugendweihe besucht. Adam und Eva, wenn ich das höre!

Mutter: Aber Fritz! Sei doch nicht so streng, es ist doch schließlich nicht so wichtig, ob man mal so im Gespräch von Adam und Eva spricht.

Papa: Nicht so wichtig? Wie heißt es bei Engels? Von den ersten Tieren aus entwickelten sich, wesentlich durch weitere Differenzierung, die zahllosen Klassen, Ordnungen, Familien, Gattungen und Arten der Tiere, zuletzt die Form, in der das Nervensystem zu seiner vollsten Entwicklung kommt, die der Wirbeltiere, in dem die Natur das Bewußtsein ihrer selbst erlangt – der Mensch. *(er blickt triumphierend in die Runde)* So steht es mit der Entstehung des Menschen. Wissenschaftlich! Es wird Zeit, daß die Einflüsse der Religion in unserer Familie rechtzeitig eingedämmt werden. In meiner Stellung als Staatsfunktionär …

Mutter *(will beschwichtigen)*: Na ja, Fritz, das mag ja schon sein, aber laß doch den Kindern Zeit, sie lernen ja noch, und außerdem war das doch alles nur so hingesagt. Du weißt, daß Hildegard und Rainer sonst gar keine Berührung mit der Kirche haben.

Papa: Das will ich mir auch ausgebeten haben, in meiner Stellung! *(zu Rainer gewandt)* Wie ist das überhaupt, hast du schon von Engels das Standardwerk des Marxismus-Leninismus zu wichtigen Fragen der Entstehung und Entwicklung des Menschen gelesen, »Dialektik der Natur«?

Rainer *(kleinlaut)*: Nein, Papa, noch nicht, aber …
Papa: Na gut, hier – na, ich hab im Moment auch nicht gerade viel Geld da, aber, nun nimm schon diese zwanzig Mark und kauf dir das Buch und noch so ein paar wichtige Werke der marxistischen Klassiker. Sie müssen unbedingt zu deinem Besitz gehören.
Rainer: Danke, Papa!
Papa *(zu seiner Frau gewandt)*: Ist übrigens Post gekommen heute?
Mutter: Nö, nichts Besonderes, nur dieser Brief hier. *(sie reicht ihm den Brief vom Vertiko)*
Papa *(erbricht den Brief und fährt wie von der Tarantel gestochen hoch)*: Herrje, Rainer, entschuldige – aber weißt du, es ist mein letztes Geld gewesen. Du mußt es mir einstweilen zurückgeben. Du kriegst es später wieder. Ich sehe eben gerade, daß ich meine Kirchensteuer für 1958 noch nicht bezahlt habe.

Voraussage

Szene: Ein Hellseher mit schwarzer Augenbinde vor einem gespannten Auditorium. Hellseher (H), junger Mann (JM).
H: *(reißt sich die Binde mit elegantem Schwung von den Augen, und während Beifall ertönt, sagt er)* Nach diesem Blick in die Vergangenheit, mein hochgeschätztes Publikum, zeige ich Ihnen jetzt mein schwierigstes Experiment: die exakte Voraussage zukünftiger Ereignisse. *(er verbeugt sich, Beifall)* Ich bitte nunmehr einen der interessierten Damen oder Herren, einen zukünftigen Vorgang oder zu erwartenden Tatbestand zu nennen. Ich werde dann bemüht sein, dieses Ereignis, diesen Vorgang oder diesen Tatbestand präzise zu erläutern, und die sehr geschätzten Damen und Herren werden durch die Ereignisse selbst Gelegenheit haben, sich von der Richtigkeit meiner Aussage zu überzeugen. *(Beifall, ein Herr aus dem Publikum erhebt sich)*
JM: Ich hätte da mal eine Frage. Ich bin Redakteur in Frankfurt an der Oder. Bevor ich heute mittag nach Berlin gefahren bin, habe ich ein paar Artikel geschrieben, die morgen in unserer Bezirkszeitung »Der neue Tag« erscheinen werden. Es wird Ihnen sicherlich nicht schwerfallen, mir zu sagen, um welche Artikel es sich dabei handelt.
H: *(bindet sich umständlich die schwarze Binde vor die Augen, macht ein paar beschwörende Gesten und beginnt nach einer spannungsgeladenen Pause flüchtig den Inhalt und die Überschriften der Artikel aufzuzählen, die am nächsten Tag im »Neuen Tag« erscheinen werden)* Ich frage den Herrn im Publikum, der ja selbst am besten weiß, welche Artikel morgen in der Frankfurter Bezirksausgabe erscheinen werden, ob ich das Richtige getroffen habe.
JM: *(verdutzt)* Das ist ja Zauberei! Das stimmt ja haargenau! Das ist ja gar nicht möglich! Woher wissen Sie …?
H: *(lächelnd)* Das war gar nicht so schwer. Ich habe doch heute morgen das Zentralorgan »Neues Deutschland« gelesen.

Der richtige Riecher

Behausung mit Firmenschild »Theobald Riecher, Transparentier und Bildhauer«. Ein Besucher unterhält sich mit Riecher.

Besucher: Guten Tag, Meister! Meine Zeitschrift »Die Keule« hat mich beauftragt, mich einmal bei Ihnen umzusehen. Darf ich nun ein paar Fragen an Sie riechen, Herr Richter – äh, richten, Herr Riecher?

Riecher: Warum nicht? Ich habe nichts zu verbergen. Im Gegenteil. Ich gehe mit der Zeit.

Besucher: *(sieht sich staunend um)* Sie sind also Transparentier und Bildhauer, Herr Riecher?

Riecher: Neuen Typs. Und Agitationsfachmann.

Besucher: Inwiefern?

Riecher: Nun, die Ära des Spruchbands und des Porträts schlechthin ist vorbei. Es geht mir nun um eine Agitation auf gesellschaftlich und ökonomisch höherer Stufe (der Besucher stolpert) – Vorsicht, Stufe! – höherer Stufe, sagte ich, um die Transparentabilität sozusagen.

Besucher: Wie bitte?

Riecher: Nun, früher wurden irgendwelche Transparente und irgendwelche Porträts prominenter Persönlichkeiten zur Verwendung und dieselben zur Aufhängung gebracht. Das neue an meiner Methode ist das Agitationsspezialisierungs- und Differenzierungsprinzip.

Besucher: Zum Beispiel?

Riecher: Nehmen wir mal die Porträts: Früher hatten wir an Staatsfeiertagen im Schaufenster eines Lebensmittelkonsums, umrahmt von Tomatenketchup und Harzer Käse, ein Porträt des Staatsoberhaupts oder des Ministerpräsidenten stehen.

Besucher: Hm. Und wie soll es neuerdings werden?

Riecher: Ich knüpfe mit meinen Porträts an die Spezifität der Umgebung an. Das heißt konkret: Einem Sägewerk empfehle ich das Porträt Anna Seghers, einem Weinlokal das Bild Erich Weinerts, während ich Winzerstuben mit dem Porträt des Außenministers beschicke.

Besucher: Warum?

Riecher: Na ja: Otto Winzer!

Besucher: Haarsträubend interessant. Und weiter?

Riecher: Für den Spreewald sind Bildnisse Erich Mückenbergers vorgesehen.

Besucher: Mückenberger? Der ist doch erster Sekretär im Bezirk Frankfurt (Oder) oder?

Riecher: Stimmt. Aber Mücken sind typisch für den Spreewald. Also Mückenberger. Restaurants mit kultiviertem Mittagstisch schmücke ich mit Reproduktionen des ZK-Mitglieds Dr. Günter Mittag aus, die Kabaretts mit Bildern Paul Fröhlichs. Schuhmacher-PGHs werden mit Horst Schumann beliefert und Eissalons mit Professor Gerhart Eisler.

Besucher: Sie schrecken ja vor nichts zurück!

Riecher: Ja. Immer vorwärts! Nehmen wir mal ein anderes Kapitel! Mein wichtigster Geschäftszweig sind Losungen, immer zugeschnitten auf das jeweilige Betriebsklima.

Besucher: Wie schneiden Sie da zu?

Riecher: Knöpfen wir uns als Beispiel eine Wurstfabrik vor. Für die liefere ich nicht irgendeine allgemeine Losung mit Rationalisierung und so, sondern was ganz Spezielles. Etwa: »Wir machen Bonns Alleinvertreter zu Gulasch und zu Hackepeter!«

Besucher: Das ist ja zum Piepen!

Riecher: Ihr Stichwort! Für die Laubenpieper habe ich gedichtet: »Wer bummlig ist, passiv und schlapp – dem hauen wir die Rübe ab!«

Besucher: Das ist doch Rufmord!

Riecher: Ich habe noch was Humaneres: »Wer Murks erzeugt mit frecher Stirne – dem hauen wir eins vor die Birne!«

Besucher: Mir wird heiß und kalt!
Riecher: Apropos kalt! Für den VEB Kühlautomaten habe ich folgenden Spruch ausgewählt: »Wer unserem Aufbau in den Rücken fällt – wird von uns automatisch kaltgestellt!«
Besucher: Am Ende liefern Sie auch der Feuerwehr Losungen!?
Riecher: Natürlich. Hören Sie mal: »Die Republik tagtäglich stärk, sonst kriegst du von uns Feuerwerk!«
Besucher: Genug!
Riecher: Nicht so bescheiden! Den Auftrag eines staatlichen Sinfonieorchesters habe ich dergestalt realisiert: »Wer nicht bewacht des Volkes eigen – dem werden wir was geigen!«
Besucher: Beliefern Sie am Ende auch noch Sarggeschäfte?
Riecher: Aus Pietät sogar mit Vorzug! Hören Sie mal: »Wer unsre Pläne wagt zu stören, wird bald die Englein singen hören!«
Besucher: Herr Riecher! Gestatten Sie mir ein offenes Wort! Ich finde das alles furchtbar geschmacklos.
Riecher: Da haben Sie recht.
Besucher: Und unsere Bevölkerung wird sich dagegen verwahren.
Riecher: Da haben Sie wiederum recht.
Besucher: Sehen Sie. Und deshalb werden Sie bald pleite machen, weil die Werktätigen Ihnen nichts mehr abkaufen!
Riecher: Stimmt. Aber zum Glück bin ich auf die Werktätigen gar nicht angewiesen. Mich finanzieren die Parteien und die gesellschaftlichen Massenorganisationen!

Ein heikles Thema

Zwei Männer an einer Straßenbahnhaltestelle: ein steif dastehender, keine Miene verziehender Herr mit je zwei Rollen Klosettpapier unter dem rechten und linken Arm (K) und ein nicht ganz so steif dastehender, die Miene nur selten verziehender Herr mit Geigenkasten (G).
K: *(nachdem G mehrmals, die Papierrollen mit gierigen Blicken durchbohrend, zur Seite geblinzelt hat)* Ich bitte Sie um alles in der Welt, sich jede Anspielung auf das – hm, hm – na, also Klosettpapier zu sparen!
G: *(näherrückend)* Aber wie werde ich denn! Kein Wort! Mit Recht haben sich unsere demokratischen Zeitungen einmütig verbeten, daß noch ein einziges Mal zu diesem heiklen Kapitel Stellung genommen wird. Ist ja auch abgeschmackt, nicht wahr?
K: Und völlig witzlos! Überall, in den Kabaretts, in den Kinos, in die Varietés, im »Eulenspiegel« – überall geht es um Klosettpapier. Schließlich ist doch das Klosettpapier schon seit dreizehn Jahren knapp, da braucht man doch nicht immer wieder dran zu rühren!
G: *(der immer näherrückt)* Ganz meine Meinung. Ein unwürdiges Thema!
K: Und ein heikles!
G: Und eine geistloses!
K: Und ein geradezu reaktionäres!
G: Richtig! Und gerade wir politisch Aufgeklärten sollten uns besser mit Krupp als mit Krepp beschäftigen, haha!
K: Jawohl, wenn man sich mit den großen Fragen unseres nationalen Kampfes befaßt, verliert das Kleine sofort an Bedeutung. Man muß nur erst die kleinbürgerlichen Instinkte über Abort, wollte sagen Bord werfen, dann weitet sich der Blick für das Erhabene, für das Bedeutende, für das Zukunftsträchtige!
G: Gewiß. Übrigens – natürlich so ganz am Rande – und völlig nebenbei – woher haben Sie – denn das Klosettpapier?
K: *(starr geradeaus sehend)* Hier links um die Ecke. Konsum.
G: *(schmeichelnd)* Ach, würden Sie so gut sein und mal kurz meinen Geigenkasten halten? Ich bin gleich zurück. *(rennt um die Ecke)*
K: *(entsetzt nachrufend)* Um Himmelswillen, beeilen Sie sich! Wenn die Straßenbahn kommt …
G: *(kommt zurückgeprustet mit vier Rollen Klosettpapier)* Das wäre geschafft! *(nimmt die Geige zurück)* Danke vielmals, mein Herr!
K: Wie leichtsinnig. Wenn ich Ihnen nun die Geige gestohlen hätte!
G: Geige? *(er öffnet den Geigenkasten und zeigt den Inhalt)* Zwanzig Klosettpapierrollen! Vorrat für ein halbes Jahr!

Garant der Zukunft

Ein VEW (Volkseigener Wohnungsverwalter), eine Besucherin.

Besucherin: Bin ich hier richtig bei der Wohnungsverwaltung 314/1127, Abteilung 24, Unterabteilung B/63, Referat Bernauer Straße Hausnummern 5 bis 63?

Referent: Moment! *(schaut in seinen Akten nach)* Ja, Sie sind hier richtig. Ich bin für den soeben genannten Bereich zuständig.

Besucherin: *(erleichterter Seufzer)* Gottseidank. Aber als ich das vorige Mal hier war, hatte ich mit einem andern Herrn zu tun.

Referent: Ach, mit dem Kollegen Eisenbeiß. Der ist versetzt.

Besucherin: Das wäre also die zehnte Versetzung innerhalb von vier Jahren. Damals war ein Herr Brennsiedel zuständig, dann kam der Herr Borrsegel, dann Herr Schmettenberg, dann Herr Kalinke, dann Herr Schombach, dann Herr Fistelbarth, dann Herr Pannenberg, dann Herr Leistenbiegel, der Glatzköpfige, wissen Sie, dann zu Weihnachten der Herr Eisenbeiß, und jetzt …

Referent: Papperitz, mein Name!

Besucherin: Angenehm, Schulze, Erna Schulze, Bernauer Straße 8. Ich komme wegen des Kachelofens, aber ich weiß nun nicht …

Referent: Ich verstehe. Sie wissen nicht, ob es Zweck hat, mit mir zu verhandeln. Sie vermuten, ich könnte, wie meine Vorgänger, ebenfalls in Kürze wieder versetzt werden. Stimmt's?

Besucherin: Ehrlich gesagt: Ja. Man weiß ja nie …

Referent: Na, Frau Schulze, da können Sie aber ganz unbesorgt sein. Ich bleibe im Amt. Mindestens zehn Jahre. Immerhin gibt es da gegenüber meinen Vorgängern gewisse Unterschiede.

Besucherin: Sind Sie ganz sicher, daß Sie nicht wieder versetzt werden?

Referent: Absolut sicher! Wissen Sie, meine Vorgänger waren ausgesprochene Verwaltungsfachleute.

Das Überangebot

Junger Verkäufer (oder Verkäuferin) (JV) und ein männlicher Kunde (K) in einem HO-Lebensmittelgeschäft. Der Kunde kommt gerade herein.

JV: Was möchten Sie, mein Herr?

K: Ich hätte gern, also, sagen wir, ein halbes Pfund Schweizer Käse.

JV: Das tut mir sehr leid, mein Herr. Schweizer Käse ist heute bedauerlicherweise nicht am Lager. Aber wir haben hundert Sorten Likör: Anisette, Reiterlikör, Curacao, Kakao mit Nuß …

K: Ach was, kein Bedarf. Haben Sie Gewürzgurken?

JV: Leider, leider nein. Vielleicht nächste Woche, mein Herr. Aber wir haben hundert Sorten Likör: Cherry Brandy, Mampe Halb und Halb, Prunelle …

K: Was soll das? Ich habe andere Wünsche. Haben Sie vielleicht wenigstens geräucherten Aal?

JV: Ach, sehr bedauerlich, gestern hatten wir noch. Leider ist Aal zur Zeit vergriffen, aber wir haben hundert Sorten Likör: Edelkirsch, Orangenlikör, Noisette …

K: Wollen Sie mich zum Narren halten? Ich möchte sofort den Geschäftsführer sprechen.

Der Geschäftsführer (G), der die Empörung des Kunden vernommen hat, kommt von hinten herein.

G: Sie wünschen bitte, mein Herr?

K: Sagen Sie mal, was ist das für eine Art! Ich verlange Schweizer Käse, und Ihr Verkäufer empfiehlt mir hundert Sorten Likör. Ich frage nach Gewürzgurken, und Ihr Verkäufer empfiehlt mir hundert Sorten Likör. Ich will geräucherten Aal haben, und Ihr Verkäufer empfiehlt mir hundert Sorten Likör.

G: Entschuldigen Sie vielmals, mein Herr, es handelt sich hier um eine junge, noch ungelernte Kraft. Er kennt sich noch nicht so aus, Sie verstehen. Selbstverständlich haben wir *hundertfünfzig* Sorten Likör: Pfefferminz, Zitrone, Schwarze Johanna, Postmeister, Blackberry, Kräuterlikör …

Die Baby-Abnahmekommission

Personen: Ein Kommissionsvorsitzender (K), ein pädagogischer Gutachter (P), ein medizinischer Gutachter (M), eine Sekretärin (S), der vorgeladene Ehegatte (G), die vorgeladene Ehefrau (F), ein gebündeltes Baby, von der Frau auf dem Arm getragen.

K: Ich eröffne die Sitzung der Baby-Abnahmekommission. *(zu den Eltern)* Bitte nehmen Sie Platz *(Eheleute setzen sich).* Sie sind Herr Emil Kragenschrot?

G: Jawohl.

K: Und Sie sind die Frau Elfriede Kragenschrot geborene Schrotkragen.

F: Ja.

K: Bevor sich die hier versammelte Kommission ein umfassendes Urteil über Ihr vorgelegtes – hm, Erzeugnis bilden wird, halte ich es für geboten, das – hm, Kind einmal vorzuführen.

(Alle Mitglieder der Kommission – außer Sekretärin – erheben sich und betrachten das Baby kritisch aus der Nähe. Während dieser Prozedur tasten sie an dem Bündel herum, klopfen es ab, horchen in es hinein und so weiter.)

P: *(nachdem die Kommission umständlich wieder Platz genommen hat)* Als pädagogischer Gutachter der Kommission muß ich sagen: Dieses Dings da nimmt ihnen keiner ab!

M: Und ich als medizinischer Gutachter sage: Ziemlich mickrig.

K: Aber meine Herren. Lassen wir uns in Ruhe über das vorliegende Objekt diskutieren. Treten wir nach Besichtigung des Babys in die Beratung ein.

K: Was, frage ich, sagt uns dieses – hm, Exemplar?

P: Nicht viel Neues. Schon hundertmal dagewesen.

F: Es ist unser Kind. Und mir gefällt es eben!

K: Liebe Frau. Das ist ja schön und gut. Wir indessen als Baby-Abnahmekommission tragen eine große Verantwortung, denn wir haben gewissenhaft zu prüfen, ob auch die Werktätigen in Stadt und Land Ihr – hm, Werk positiv beurteilen oder nicht.

G: Herr Vorsitzender. Was in unseren Kräften stand und steht, ist und soll geschehen. Ich bin überzeugt, daß unser Kind moralisch, gesellschaftlich und künstlerisch allen Anforderungen des Lebens genügt.

M: Das Baby hat zu viele Mängel! *(er begibt sich zum Kind, läßt es auswickeln und doziert)* Sehen Sie, meine Herren. Lauter unnötige Details *(grabscht an den Extremitäten rum)*, viel zuviel Ererbtes – die Nase, die Augen, die Ohren *(sieht den Vater kritisch an)*, streckenweise langweilig *(streicht den Körper mit graziler Geste entlang)*, und die Vielfalt der Farbpalette ist keinesfalls erschöpft. Nur schwarz *(streicht über den schwarzen Wu-schelkopf)* und weiß *(deutet auf den Rumpf)* – also typische Schwarzweißmalerei. Und im übrigen zu leicht gebaut. Wenig Substanz *(hebt das Kind hoch)*, nicht gewichtig genug. *(begibt sich zurück an seinen Platz)*

K: Darf ich nun den Herrn pädagogischen Gutachter bitten?

P: *(während er sich steif erhebt und in Richtung Baby schreitet, fängt das Baby an zu quäken)* Da haben wir's! Der Dialog ist unklar. Es fehlt die eindeutige, parteiliche Aussage. *(Baby quäkt immer mehr und macht feucht in die Windeln)*

F: Jetzt ist es passiert!

P: *(indigniert)* Eine Handlung – gewiß. Aber nicht erregend genug, meine Herren. Wie Sie sehen *(begibt sich steif zu seinem Platz zurück und bemerkt noch, während er sich setzt)* vom pädagogischen Standpunkt aus möchte ich konstatieren: Erzieherisch bedenklich. Ich würde stark abraten.

K: *(seufzend, einen Blick zu den anderen Mitgliedern der Jury werfend, dann zögernd zu dem Ehepaar)* Tja, ich glaube, wir können das – hm, Opus nicht abnehmen.

F: Wir wollen es ja auch gern behalten!

K: Liebe Frau, Sie mißverstehen. In der Sprache der Baby-Abnahmekommission heißt das: Wir können das Kind nicht freigeben für die Öffentlichkeit.

G: Und wo sollen wir das Kind lassen?

K: *(achselzuckend)* Einschließen.

M: Isolieren. Unter Quarantäne stellen.

P: Jedenfalls dem Publikum, der Umwelt vorenthalten.

G: Und – und könnte es nicht sein, daß die

Baby-Abnahmekommission etwas zu hart – ich meine: Können Sie sich nicht vielleicht geirrt haben?

K: Aber mein Herr! Wir sind das Gewissen der Nation: Unbestechlich, urteilssicher, fortschrittlich.

P: Mit vieljähriger Erfahrung in unserer früheren Funktion als Abnahmekommission für DEFA-Filme!

M: Wir haben schon damals dafür gesorgt, daß nur das Beste, das Edelste, das Erhabenste an die Öffentlichkeit kam, und so sind wir auch als Treuhänder der Baby-Kader-Situation Garant für beste Nachwuchsqualität und irren uns nie!

K: Sehr richtig. Und irren uns nie. Und darum, liebes, wie ich zugebe, geprüftes Elternpaar, haben Sie Verständnis, daß wir Ihren – hm, Sohn, leider nicht abnehmen können.

P: Der Junge erfüllt nicht das pädagogische Minimum.

M: Der Knabe ist mit einem Wort – schwach.

K: *(zusammenfassend)* Sie haben das Gutachten gehört. Gegen diesen Entscheid gibt es keinen Einspruch, denn, wie gesagt, die Kommission irrt sich nicht. Und damit –

F: Bitte vielmals um Entschuldigung. Ich wollte nur noch bemerken, daß unsere Sabine ein Mädchen ist.

Krankenbesuch

Kaderleiterin (K) und BGL-Vorsitzender (V) betreten demütig das Zimmer des Werkdirektors (W).

W: Nicht so zaghaft, Kollegen! Ich fresse euch nicht!

K: *(einen bescheidenen Primelstrauß in der Hand)* Wir dachten nur, Genosse Werkleiter …

W: Aber Edith! Kaderleiterin! Kühn voran! Primeln!

V: Wir haben uns in der BGL Gedanken gemacht und darauf orientiert, daß im Interesse der Sorge um den Menschen – wir dachten, daß man aus dem Sozialfonds außerdem vielleicht fünfzig Mark …

W: Fünfzig Mark?

V: … äh, fünfundzwanzig Mark …

W: Das ist doch lächerlich! Edith, was sagst du dazu? Hundert Markt sind doch wohl das mindeste! *(K und V wechseln erstaunte Blicke)* Na, was denn? Jeder von uns kann mal im Krankenhaus liegen. Und was dann?

K: *(ganz gerührt)* Das stimmt. Und ich finde es prima, wenn wir uns da nicht kleinlich zeigen.

W: Ganz meine objektive Meinung. Wir müssen mit überlebten Praktiken und bürokratischen Hemmnissen brechen, wenn es um das Wohl und die Gesundheit unserer Werksangehörigen geht. Habt ihr ein Auto?

V: Alle auf Dienstfahrt.

W: Egal. Nehmt ein Taxi – auf Betriebskosten. Dann, sagen wir, fünfundzwanzig, ach was: fünfzig Nelken, dazu eine kleine Aufmunterungsprämie in Höhe von hundertfünfzig Piepen, ein paar persönliche Zeilen von der BGL – aber auf gutem Papier, Paul, und – hm, vielleicht noch so 'ne Kleinigkeit, was Individuelles oder so. Vorschläge?

K: Man könnte – ich meine, es ist doch schon das fünfte Kind, das die Kollegin Schuhmacher bekommen hat – da wäre eine hübsche Babyausstattung …?

W: Ihr hab mich reingelegt! Unerhört! Und ich Trottel dachte die ganze Zeit, ihr wollt unseren Oberligatorwart Brenneisen im Krankenhaus besuchen, der sich gestern beim Punktspiel zwei Rippen gequetscht hat!

Auf kaltem Wege

In einer Schneelandschaft stapfen zwei Nordpolforscher, eingehüllt in dicke Pelze, durch die arktische Eiswüste, der eine mit Meßlatte, der andere mit Thermometer bewaffnet.

1. Forscher: *(mit Meßlatte messend)* Noch dreihundertachtzehn Meter und fünfzehn Zentimeter bis zum Nordpol. Saukälte! Wieviel Grad? *(schüttelt sich)*

2. Forscher: Einundfünfzig Grad minus Celsius. Brrr! Wie weit noch?

1. Forscher: *(wieder messend)* Nur noch dreihundertsechzehn Meter und vier Zentimeter. Brr! Wie kalt?

2. Forscher: *(wieder ans Thermometer schauend)* Zweiundfünfzigeinhalb minus. Brrrrr!

(Ein Iglu wird sichtbar. Davor, nur wie ein afrikanischer Sommertourist ganz leicht bekleidet und mit einem Feuerwehrhelm bekleidet, ein am ganzen Körper zitternder Eskimo.)

1. Forscher: *(zum Eskimo)* Servus! Warum zum Teufel denn sitzen Sie hier rum und frieren sich tot? Wir haben schon *(zum Thermometer)* vierundfünfzig Grad Kälte und …

2. Forscher: … nur noch dreihundertelf Meter einunddreißig bis zum Nordpol.

Eskimo: *(schlotternd)* Ja, ja, ja – dies ist der kälteste Tag seit Jahren *(erhebt sich, macht Freiübungen und klappert)* Brrrrrrr!

1. Forscher: Das hört man, daß es Ihnen kalt ist. Haben Sie denn nichts Warmes anzuziehen? Es jammert einen ja, Sie so zu sehen!

Eskimo: Anzuziehen! Anzuziehen! Das ist es ja gerade! Ich möchte mich für mein Leben gern warm anziehen, aber ich bin Feuerwehrmann.

2. Forscher: Und was hat Ihre Funktion als Feuerwehrmann in Réaumurs und Celsius' Namen mit Ihrer Feinfrostbekleidung zu tun?

Eskimo: Sie scherzen! Glauben Sie, ich friere zum Spaß? Ich bin Feuerwehrmann, verstehen Sie? Feuerwehrmann, brrrrr, und das bedeutet: Ich bin ein amtliches Schutzorgan!

1. Forscher: Schutzorgan hin, Schutzorgan her. Aber sind Sie denn, was Ihre Bekleidung betrifft, als arktischer Feuerwehrmann völlig abgebrannt?

Eskimo: Abgebrannt nicht direkt, aber als amtliches Schutzorgan muß ich mich immer nach den Vorschriften richten.

2. Forscher: Nach welchen kuriosen Vorschriften denn?

Eskimo: Nach den arktischen Feuerwehr-Bekleidungsvorschriften. Heute ist der 1. April, und da steht in der amtlichen Anweisung: Sommeruniform.

1. Forscher: Ist ja hanebüchen! Und das gilt auch bei so strenger Kälte? Kann da Ihr Vorgesetzter nicht ausnahmsweise das Tragen der Winterbekleidung erlauben, bis Frostmilderung eintritt?

Eskimo: Das könnte der Feuerwehrhauptmann schon, aber der Befehlsiglu ist tausend Kilometer weit und die Telefonleitung wegen der großen Kälte eingefroren. So ist das nun eben am, brrrrrrrr, Nordpol, meine Herren. So was gibt es in Ihrem Land sicherlich nicht, so was Bürokratisches. Wo sind Sie eigentlich her?

Beide Forscher: Aus der Deutschen Demokratischen Republik.

Eskimo: Jesusmaria! Dort ist unser Feuerwehrhauptmann bei der NVA ausgebildet worden!

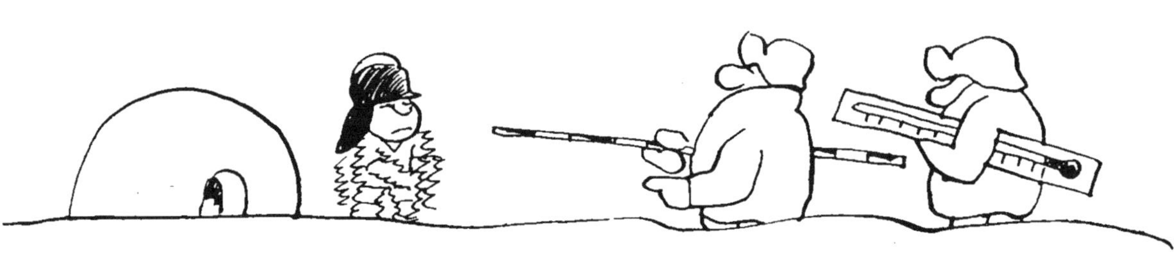

Orden für Otto

Otto: Huhuhuhuhuhuhu!
Gattin: Was bedrückt dich, Otto?
Otto: Huhuhuhuh!
Gattin: *(auf den soeben eingetroffenen Brief deutend)* Hat dich dein Betrieb entlassen?
Otto: Wenn es – huhuhuhuhu – nur das wäre!
Gattin: *(schnappt sich den Brief und überfliegt den Text)* »… Ihnen mitzuteilen, daß Sie, lieber Kollege, anläßlich Ihres zehnjährigen Betriebsjubiläums mit dem Tag-und-Nacht-Arbeiter-Orden Erster Klasse ausgezeichnet werden sollen … und bitten wir Sie, die Auszeichnung anläßlich einer kleinen Feier in unserem Kultursaal persönlich … VEB Werkzeugmaschinenbau … BGL … Werkdirektor.« – Das ist doch wunderbar, Otto!
Otto: Huhuhuhuhuhu!
Gattin: Hör endlich auf mit der Heulerei! Freust du dich denn nicht ein bißchen über die hohe Auszeichnung?
Otto: Ich kann sie – huhuhuhu – nicht annehmen!
Gattin: Waaaaas? Ist dir der Orden nicht gut genug?
Otto: Das schon – huhuhuhu – aber ich kann doch nicht in den Betrieb gehen.
Gattin: Dann fährst du eben. Schließlich hast du einen Tatra!
Otto: Fahren – huhuhuhuhu – kann ich dorthin auch nicht.
Gattin: Warum denn nicht?
Otto: Ich weiß gar nicht – huhuhuhu – wo der Betrieb ist!
Gattin: *(schallend lachend)* Du leidest wohl an Gedächtnisstörungen?
Otto: Nein, nein – huhuhuhuhu – ich bin nur noch nie dort gewesen. Als Oberligafußballmittelstürmer.

Mörder auf der Schulbank

Eine kabarettistische Groteske

Ausgangspunkt dieser kabarettistischen Studie ist eine meiner vielen im Straßenverkehr gewonnenen Erfahrungen: Die von der Volkspolizei dann und wann über Kraftfahrer verhängte Sonntagsvormittag-Kraftfahrer-Schulung ist eine, wie ich mit Entschlossenheit behaupte, Schikane, ein Racheakt, eine absurde Prozedur, die sich pädagogisch gibt, aber angesichts ihrer Unverhältnismäßigkeit nur despotische Disziplinierung im Visier hat. In einem Vorspiel skizziere ich am Beispiel eines Ausschnitts aus einer solchen Schulung die Unhaltbarkeit seriöser Argumente für Sinn und Nutzen solcher Veranstaltungen. Am Schluß des Vorspiels erlischt die Bühnenbeleuchtung blackoutartig, und wir befinden uns nach Was-wäre-wenn-Manier in einer der Kraftfahrerschulung nachempfundenen grotesken Schulstunde für Mörder. Ich habe Mörder als kabarettistisches Gleichnis zu Verkehrssündern nicht aus eitler Lust an schwarzem Humor ausgewählt, sondern weil ich mir von der makabren Überspitzung mehr Effekt verspreche als zum Beispiel von einer Schulung für Kaufhallendiebe.
Das Vorspiel beginnt in einem angeschnittenen kargen Schulungsraum Verkehrsgebots- und Verbotszeichen an den Wänden. Am Katheder ein korrekter realistischer VP-Meister. Zwei Verkehrsschulungsteilnehmer schüchtern in den Bänken (der VP-Meister = VP; eine Teilnehmerin, Frau Nebenzahn = N; ein Teilnehmer, Herr Sturzbecher = St).
VP: Anläßlich der heutigen Sonntagsvormittagskraftfahrerschulung – mein Name ist VP-Meister Puntila – bitte ich Sie, werte Bürger, um kurze Bekanntgabe der von Ihnen im Straßenverkehrsgeschehen begangenen Ordnungswidrigkeiten sowie um eine kurze Einschätzung derselben, damit eine Schwerpunktsetzung des Unterrichts erfolgen kann. Die Damen haben den Vortritt.
N: Ich heiße Frau Nebenzahn und bin bei Gelb über die Kreuzung gefahren. Angeblich.
VP: *(guckt in seine Unterlagen)* Wie ich meinen Unterlagen entnehme, Bürgerin, ist der

Sachverhalt eindeutig, und wir werden die Belehrungsaspekte anschließend entsprechend realisieren. – Und Sie, Straßenverkehrsbürger?
St: Geparkt im Parkverbot.
VP: *(blättert wieder in den Papieren)* Herr Sturzbecher?
St: Ja. Aber ich möchte gleich vorweg sagen: Diese sogenannte Schulung ist ein heimtückischer Angriff auf meine Freizeit und der reinste Quatsch.
VP: Aha. Sie haben also nicht im Parkverbot geparkt?
St: Doch, doch, doch. Aber …
VP: Also doch. Sie haben im Parkverbot geparkt. Und warum haben Sie im Parkverbot geparkt? Sie haben, Bürger, im Parkverbot geparkt, weil Sie das Zeichen für das Verbot des Parkens als solches nicht zu deuten vermochten. Logisch. Und was Sie da schlankweg als Angriff auf Ihre Freizeit sowie als Quatsch bezeichnen, eben diese Verkehrsschulung für Kraftfahrer, dient in Wahrheit der Schließung Ihrer Wissenslücken auf dem Gebiet der Verkehrsschilderkunde. Logisch.
St: Also noch mal von vorn: Ja, ich habe im Parkverbot geparkt. Aber doch nicht deshalb, weil ich das Zeichen für das Verbot des Parkens nicht zu deuten vermochte, worauf Sie, Genosse VP-Meister, hier rumreiten, sondern …
VP: *(lauernd)* Sondern???
St: Ich habe im Parkverbot geparkt, weil ich in Eile war und weil ich im Augenblick keinen geeigneten Platz zum Abstellen meines Pkw fand und weil ich hoffte, es wird schon gutgehen. Das ist es.
VP: Wollen Sie damit sagen, daß Sie im Parkverbot geparkt haben, obwohl Sie sich des Parkverbots bewußt gewesen sind?
St: Ja. Freilich. Gewissermaßen. Bewußt. Wie gesagt.
VP: Das, Bürger, verschlimmert Ihre Handlungsweise! Man müßte Sie wegen vorsätzlich begangener Ordnungswidrigkeit eigentlich sogar mit einer Buße von zwei, wenn nicht drei bis fünf Verkehrsschulnachhilfestunden belegen, um es mal so konkret auszudrücken.
St: Aber eben diese Verfahrensweise, Genosse VP-Meister, macht doch die Problematik solcher Schulungen deutlich. Wenn solche Schulungen einen Sinn haben sollen, dann doch allenfalls den, daß etwas gelehrt wird, was der Schüler noch nicht wußte oder nur sehr unvollkommen beherrscht. Ich jedoch kenne alle Verkehrszeichen aus dem ff, und …
VP: Und Sie haben im Parkverbot geparkt. Das ist Fakt.
St: Und ich habe dafür ein Bußgeld in Höhe von zwanzig Mark geblecht. Damit bin ich, glaube ich, angemessen bestraft. Diese Schulung hier aber ist eine glatte Schikane.
N: Ja, da hat der Herr ganz recht. Ich habe einen Stempel gekriegt für Gelb, und auch ich kann die Ampelfarben unterscheiden und kenne deren Bedeutung.
VP: *(eiert)* Wir wollen aber, daß Sie, Bürger, einen Denkzettel bekommen, damit …
St: Das hört sich schon ehrlicher an. Immerhin geben Sie jetzt zu, daß die Schulung gar nicht als richtige Schulung gedacht ist, sondern als Racheakt.
VP: Das haben Sie gesagt. Im übrigen bleibt es dabei: Sie haben Verkehrsge- und Verbote mißachtet. Also ist eine Nichtkenntnis der Zeichen und Signale zu unterstellen und eine Schulung der von mir hier durchgeführten Art verkehrserzieherisch sinnvoll und wichtig.
St: Wenn es sinnvoll ist, jemandem etwas beibringen zu wollen, was der Geschulte längt weiß, dann wäre auch der Irrsinn einer, sagen wir mal, Schulung für Mörder empfehlenswert!
VP: Eine gute Idee, Bürger!

Beim nun eintretenden Blackout bleibt die Szene samt der Personen im Prinzip erhalten. Nur die Tafelbilder des Schulungsraums werden flink ausgewechselt, aus dem Lektor wird ein VP-Meister des Strafvollzugs, die zwei Schulungsteilnehmer werden zu Häftlingen in Sträflingskleidung umfunktioniert. Licht an.

Der nun umgestaltete Schulungsraum enthält alle möglichen Mordverbots- und Gebotsschilder: zum Beispiel ein Morgenstern-Verbotsschild, das der Grafik des Hupverbotsschildes nachempfunden ist, dann ein dem Schild »Gefahrenstelle« angenähertes Gebot mit der Aufschrift »Vorsicht! Mördergrube!«. Außerdem hängt an der Längswand eine Anzahl der beliebten Aufklärungsplakate mit der bekannten Falsch-richtig-Gegenüberstellung. Beispiel: Ein Felsvorsprung mit gähnendem Abgrund. Ein Ehemann schubst seine Ehefrau, um sie in die Tiefe zu stürzen (Falsch!). Daneben, vor gleicher Kulisse, ein besorgter Ehemann, der seine Frau an seinen Hosenträgern vertäut hat, damit sie ungefährdet ist (Richtig!). Dann ein geteiltes Giftmordschaubild: Links schüttet eine Frau ihrem gerade in den Fernseher starrenden Ehemann Arsen in den Tee (Falsch!), während rechts die Gattin Rum in den Tee gießt (Richtig!). Die Personen im Lektionsraum sind außer dem Lektor (L) eine weibliche (WM) und eine männliche Person (MM).

L: In unserer heutigen Mörderschulung für die in unserer Strafanstalt einsitzenden Mörder befassen wir uns mit dem Thema »Mordverhütung im Alltag«, und zwar mit besonderer Berücksichtigung der Reduzierung des Gattenmords. Ich entnehme dem Strafprotokoll, einsitzende Mörderin Quaas, daß Sie Ihrem Ehemann Knollenblätterpilze ins Pilzessen gemischt haben. Bitte, Mörderin, kommen Sie nach vorn zur Tafel! *(Frau Quaas geht nach vorn)* So. Hier haben wir eine Übersicht über die am häufigsten in unseren heimischen Wäldern vorkommenden Pilzsorten. Einige Pilze sind eßbar, andere nicht.

WM: *(brummig)* Weeß ick.

L: Offensichtlich wußten Sie es nicht, sonst könnte Ihr Mann noch leben.

WM: Ick wußte aber, det det hier *(zeigt auf den Knollenblätterpilz)* een jiftscher is.

L: Schlimm genug. Absicht. Vorsatz.

WM: Klar, ick hab ihm umjebracht.

L: Verstehe. Wenn Sie ihn nicht umgebracht hätten, Ihren Mann, sondern fahrlässig getötet, wären Sie ja auch keine Mörderin. Genaugenommen mußten Sie ihn absichtlich töten, um sich juristisch zur Mörderin zu qualifizieren. Aber wir führen Mörderschulungen dieser Art

trotzdem durch, weil wir Mörderschulungen nun einmal eingeführt haben und weil Sie, wenn Sie wieder aus dem Gefängnis rauskommen, soviel Angst haben sollen vor den dauernden Mörderschulungen, daß Sie schon deshalb vor weiteren Morden zurückschrecken.

(Mörder Senkel meldet sich durch Handaufheben)

L: Mörder Senkel?

MM: Ich wollte nur sagen, daß ich die fortwährenden Mörderschulungen zum Kotzen finde.

L: Sie habens nötig, Sie Doppelblaubart! Die erste Frau in der Badewanne ertränkt und die zweite vom Balkon geschubst.

MM: Na und? Die Gerda hätten Sie kennen müssen! Und die Monika erst. Brrr. Zum Abschießen.

L: *(sarkastisch)* Abstürzen wollten Sie sagen.

MM: Mir doch egal. Jedenfalls sind diese Mörderschulungen die reinste Kacke, mal so ausgedrückt.

L: Benehmen Sie sich, Mörder Senkel!

MM: Ich möchte wissen, was bei so was eigentlich rauskommen soll! Seit sieben Jahren nach Monika nehm ich hier im Knast wöchentlich an dieser verfluchten Mörderschulung teil. Mir reicht's!

L: *(fast liebenswürdig besänftigend)* Aber Mörder Senkel! Die zwei Jahre Mörderschulung, die Sie bis zu Ihrer vermutlichen Begnadigung noch in Kauf nehmen müssen, sind ja nun wirklich kein Beinbruch. Stimmt's?

MM: Mir geht das alles auf den Senkel, und wenn ich entlassen werde – das kann ich Ihnen prophezeien – morde ich ein drittes Mal. Ehrlich.

L: *(streng)* Das werden Sie gefälligst unterlassen nach so vielen Mörderschulungen, Mörder Senkel! Wenn Sie ein drittes Mal morden – bedenken Sie doch: Dann kommen Sie aus den Mörderschulungen lebenslänglich nicht mehr raus!

MM: Das könnte Ihnen so passen. Diese Scheißmörderschulungen! *(geht mit drohender Gebärde langsam auf den Lektor zu)* Aber bei mir nicht! Nach dem dritten Mord gibts für mich nicht eine Mörderschulung mehr. *(entwindet dem Lektor blitzartig dessen Dienstpistole und richtet sie auf den Lektor)*
L: *(macht eine schützende Geste)* Seien Sie vernünftig, Senkel! Schießen Sie nicht. Sie machen sich unglücklich!
MM: *(dreht langsam den Pistolenlauf und richtet ihn auf die eigene Schläfe)* Mörderschulungen! Ich sagte doch: Nach dem dritten Mord gibt es für mich keine Mörderschulung mehr. Wetten? *(schießt sich selber in den Kopf, fällt tot um. Blackout)*

Für jeden etwas

Szenerie: Häusliche Ehe-Auseinandersetzung.
Personen: Frau Brunhilde (B), Herr Benedikt Knoll (K).
B: *(zieht sich den Mantel über und strebt dem Ausgang zu)* Tschüs, mein Lieber. Abendbrot steht im Kühlschrank!
K: *(wütend)* Dieser Demokratische Frauenbund Deutschlands macht mich noch verrückt! DFD! Möchte mal wissen, wozu es das noch gibt: DFD! Wozu brauchen diese Weibs- …
B: Benedikt, beherrsch dich!
K: Diese verehrten Frauen also eine Extra-Organisation? Rückständig, altmodisch, abgegriffen, meine liebe Brunhilde! Nimm mal zum Beispiel den FDGB, den Freien Deutschen Gewerkschaftsbund – da sind Frauen und Männer gleichberechtigte Mitglieder, oder die FDJ, die Freie Deutsche Jugend – weiblich und männlich einträchtig nebeneinander. Ausnahme: DFD!
B: Ich weiß gar nicht, was du willst, Benedikt! Warum sollen nicht auch die Frauen ihre eigene Organisation haben. Die Männer haben ja auch eine!
K: Waaaaaaaas? Eine Organisation ausschließlich für Männer? Gibts ja gar nich! Die nenn mir gefälligst mal!
B: (gibt ihm einen neckischen Abschiedskuß auf die Stirn) Politbüro, mein Lieber!

Geheilt entlassen

Ort: In einer Trinkerheilanstalt.
Reporter: Liebe Hörer! Im Rahmen unserer Sendung »Stimme der Zeit« haben wir uns heute einmal in die wohl erfreulichste Abteilung der Trinkerheilanstalt »Antiprost«, nämlich in die Abteilung für Entlassungen, begeben. Und da stehen wir auch schon einem Patienten gegenüber, der nach ordentlicher Führung nunmehr heute zur Entlassung kommen soll. Bitte, Herr Knuspermann, wie fühlen Sie sich?
Knuspermann: Ausgezeichnet!
Reporter: Vielleicht sagen Sie unseren Hörern, welche Pläne Sie haben, nachdem Sie, wie wir eben hörten, fünf Jahre in dieser Anstalt zubrachten.
Knuspermann: Also, ich werde nach Hause gehen, nicht wahr? Und da werd ich dann schon sehn, wa?
Reporter: Sehr schön, Herr Knuspermann! Das ist wirklich sehr schön! Ihre Gattin ist noch in Leipzig beheimatet?
Knuspermann: Nee, die is nach'n Westen gemacht.
Reporter: Hm. Und da werden Sie sich ebenfalls in Westdeutschland niederlassen?
Knuspermann: Nee, nee! Ich geh nach Weißenfels bei meine Eltern, und dann werd ich weitersehn.
Reporter: Sie bleiben also in der Deutschen Demokratischen Republik!
Knuspermann: Auf alle Fälle! Ich bin in der DDR, und hier bleib ich für immer!
Reporter: Und vielleicht sagen Sie unseren Hörern noch, warum Sie sich auch in Zukunft in der DDR aufhalten werden?
Knuspermann: Ganz klar: In der DDR ist der Schnaps billiger!

Opportunist im Himmel

Ort: Petrus' Pförtnerloge am Himmelstor.
Verstorbener: *(anklopfend)* Hallo, ist hier der Himmelseingang?
Petrus: *(brummend)* Ruhe! Im Himmel wird kein Krach gemacht. Was wollen Sie?
Verstorbener: Ich möchte freundlich um Aufnahme in den Himmel bitten!
Petrus: Hm. Name?
Verstorbener: Otto Scharnitzke.
Petrus: Irdische Funktion zu Lebenszeit?
Verstorbener: Kulturfunktionär im VEB Eisen-, Stahl- und Walzhüttenwerke, Zulieferbetrieb Nord des …
Petrus: Aha, ich weiß schon. Moment, da muß ich gleich mal in meinem Buch … Augenblick … Aha! Da haben wir Sie schon! Und Sie wollen *(drohend)* ausgerechnet in den Himmel, Kollege Scharnitzkeeee?
Scharnitzke: Ich dachte …
Petrus: Nichts da! Sie haben in Ihrem Werk die Funktion eines Kulturfunktionärs übernommen, obwohl Sie von Kulturarbeit nicht die geringste Ahnung haben. Stimmt das?
Scharnitzke: Ja, lieber Kollege – äh, Herr Petrus, aber ich habe die Funktion nur übernommen, weil man mir keine Ruhe gelassen hat! Man hat mich bedrängt und gestoßen, und weil ich nicht mehr ein und aus wußte, hab ich halt zugesagt.
Petrus: Das ist reinster Opportunismus!
Scharnitzke: Was hätt' ich denn machen sollen? Der Werkleiter, der BGL-Vorsitzende – alle haben sie keine Ruhe gegeben!
Petrus: Werkleiter und BGL-Vorsitzender sind schon notiert. Auch die kommen in die Hölle. Wegen Nötigung.
Scharnitzke: Lieber Herr Petrus! Wenn Sie doch wüßten, wie schwer es ist, einen Kulturfunktionär zur Mitarbeit zu gewinnen, dann würden Sie noch einmal Milde walten lassen!
Petrus: Keine Milde! Gerade in Kulturfragen – das hat die Kulturkonferenz im letzten Herbst gezeigt – darf man nicht leichtfertig und nachgiebig sein. Nur die Besten gehören an die Kulturfront, verstanden?
Scharnitzke: Wenn es doch aber so wenig Leute gibt, da …
Petrus: … darf man trotzdem keine Kulturfunktionäre zur Arbeit heranziehen, die von Kultur keine blasse Ahnung haben!
Scharnitzke: *(weinend)* Ach, bitte, bitte, lieber Herr Petrus! Ich will ja auch alles wiedergutmachen, aber schicken Sie mich nicht in die Hölle!
Petrus: Na also gut! Aber nur, weil im Himmel zufällig noch eine Planstelle frei ist!
Scharnitzke: Welche?
Petrus: Die Stelle des Leiters der himmlischen Kulturgruppe.

Das ist natürlich etwas anderes!

Szene: Eine dickbusige Sängerin im langen Kleid, auf einem Podium stehend, neben ihr ein offizieller Redner. Außerdem ein improvisierter Zuschauerraum mit vier bis fünf Zuschauern, auf Stühlen sitzend.

Redner: Meine Damen und Herren! Liebe Freunde und Kollegen! Im Namen des Kulturbundes zur demokratischen Erneuerung Grimma-Süd und des Kreisausschusses Grimma-Süd der Nationalen Front begrüße ich Sie auf das herzlichste zu unserem Liederabend. Es singt die Künstlerin Babette Krause. Sie hören zuerst »Am Brunnen vor dem Tore ...« von Franz Schubert.

Sängerin: *(dilettantisch krächzend)* Am Brunnen vor dem Toooore, da steht ein Liiindenbaum ... *(es entsteht Unruhe im Zuschauerraum, man hört Vokabeln wie »Unerhört!«, »Skandal!« und so weiter; das Lied ist zu Ende)*

Redner: *(verlegen das Wort ergreifend)* Ich bitte doch, liebe Freunde und Herren und Kollegen und Damen, etwas mehr Ruhe zu bewahren ...

Zuschauer: Aber das ist doch eine Zumutung! Wie ist denn so etwas möglich?

Redner: Bedenken Sie doch, verehrtes Publikum, Babette Krause ist eine Künstlerin aus Westdeutschland!

Zuschauer: Na ja ... Aber ich weiß nicht, ob man das politisch verantworten kann!

Redner: Na ja, lieber Kollege, wir dürfen bei unseren westdeutschen Gästen nicht so auf das Politische sehen. Hauptsache ist doch die künstlerische Qualität!

Robinsons Entführung

Szene: Robinson auf der Insel, durch ein Fernrohr in die Welt blickend. Der Insel nähert sich ein Nachen, beladen mit FDJ-Funktionären.

Ein Funktionär: *(springt an Land)* Freundschaft, Freund Robinson!

Alle Funktionäre: Freundschaft!

Robinson: Ihr seid die ersten Menschen – wollte sagen: seid die ersten Menschen, die ich seit meiner Verschollenheit vor vielen Jahrzehnten zu Gesicht bekomme!

Ein Funktionär: Seit vielen Jahrzehnten die ersten? Und wo ist Freitag? Und wie steht es mit den Menschenfressern, von denen unsere Jungen Pioniere erst neulich wieder in der Zeitschrift »Fröhlich sein und singen« lesen konnten?

Robinson: Nichts Freitag! Nichts Menschenfresser! Alles Dichtung! Alles Fabel!
Die Wahrheit ist, daß ich seit ein paar Jahrzehnten mutter- und menschenseelenallein auf dieser Insel hocke.

Ein Funktionär: Das soll jetzt anders werden, Robinson! Wir wollen dich mitnehmen in unsere Deutsche Demokratischen Republik. Dort bist du nie allein, immer Kollege unter Kollegen, nicht wahr.

Eine Funktionärin: ... und Kolleginnen!

Robinson: Ich dank euch für das freundliche Angebot, aber, liebe Freunde, offen gesagt, in den vielen Jahren, die ich hier auf dieser einsamen Insel zubringe, hab ich mich schon so an das Alleinsein gewöhnt, daß ichs nicht mehr missen möchte! Laßt mich drum – ich bitt euch – hier zurück. Es geht mir gut hier.

Ein Funktionär: Aber Robinson! Wenn du durchaus einsam sein möchtest, können wir dich in der DDR sehr gut verwenden: als Aufklärer in einem Aufklärungslokal der Nationalen Front!

Kleine Geschenke am Weihnachtsabend

Es spielen mit: Ein Sprecher, Herr Max-Otto Semmelkorn, Liesbeth Semmelkorn (seine Frau), Roderich Semmelkorn (fünfzehnjähriger Sohn), Susi Semmelkorn (zwölfjährige Tochter), Paul Machalett (Bruder der Liesbeth Semmelkorn), Käthe Machalett (seine Frau), Kurt Schwerdtfeger (ein Freund von Max-Otto), Olga Schwerdtfeger (seine Frau).

Sprecher: Und jetzt, liebe Hörerinnen und Hörer, belauschen wir Familie Semmelkorn am Abend des ersten Weihnachtsfeiertages. Unterm duftenden Tannenbaum sind versammelt: Erstens Herr Max-Otto Semmelkorn, Haushaltsvorstand, zweitens Frau Liesbeth Semmelkorn, seine Frau; drittens Roderich Semmelkorn, fünfzehnjähriger Sohn, und viertens Susi Semmelkorn, zwölfjährige Tochter … *(es klingelt)* … und da kommen gewiß schon die erwarteten Gäste!

Liesbeth: Bleib sitzen, Max-Otto! Roderich, zieh deine Jacke über! Setz dich ordentlich hin, Susi! Ich geh inzwischen öffnen. (man hört sie zur Vorsaaltür traben)

Paul M.: *(mit seiner Frau Käthe hereinplatzend)* Frohe Weihnacht, teure Schwester!

Käthe M.: *(zaghaft)* Recht frohes Fest, Liesbeth!

Paul M.: *(sprudelnd, Liesbeth nicht zu Worte kommen lassend)* Wir sind wohl die ersten, was? Ganz schön kalt draußen, und das im Winter, huch, nischt wie rin in die gute Stube!

Liesbeth: Die »ersten« ist gut! Als ob wir die halbe Stadt eingeladen hätten! Legt mal ab. Kurt und Olga werden bestimmt gleich kommen. So. (man hört die drei in Richtung Wohnzimmer laufen, anklopfen und eintreten)

Paul M.: Frohe Weihnacht, restliche Familie Semmelkorn, inklusive Jugendliche unter sechzehn Jahren! Von drauß vom Walde kommen wir her, ich …

Käthe M.: *(verlegen)* Paul! Sei nicht so albern. Max-Otto: Herzlich willkommen, Käthe! Frohes Fest, Paul! Machts euch nur recht gemütlich, setzt euch!

Käthe M.: Danke.

Paul M.: Erst noch die braven Verwandten begrüßen. Ein strammer Bursche, der Roderich, muß ich sagen. Und Susi! Also, wirklich, hm, na, und da sieht man doch gleich: ihr seid doch alle moderne Menschen von heute, was, Roderich?

Roderich: Klar.

Paul M.: Und auch du, Susi, was?

Susi: Ja, Onkel Paul.

Käthe M.: Es ist nämlich – wir, das heißt Paul und ich, wir haben uns also gesagt, wenn wir ein Weihnachtsgeschenk …

Paul M.: Wir haben uns gesagt: Wie man's macht, macht man's falsch, hahaha, was? Und da sagte Käthe….

Käthe M.: Und da sagte Paul …

Paul M.: Wir haben uns also gesagt: Was sollen wir große Umstände machen mit Geschenken, nicht wahr …

Die ganze Familie Semmelkorn im Chor: *(peinlich berührt)* Aber das ist doch wirklich gar nicht nötig …!

Paul M.: Na, seht ihr. Ihr seid doch moderne Menschen. Was sollen wir also noch große Menkenke machen. Also, Susi, du kriegst von uns einfach zehn Mark, hier!

Susi: *(verlegen)* Vielen Dank!

Paul M.: Und du, Roderich, als der Ältere, fünfzehn Mark. Hier nimm!

Roderich: Danke schön, Tante Käthe und Onkel Paul.

Paul M.: Und ihr, Liesbeth und Max-Otto, kriegt jeder fünfundzwanzig Emm, bittesehr. Geld kann man immer brauchen. Ihr seid doch moderne Menschen.

Max-Otto und Liesbeth: *(betreten)* Dankeschön. Das ist sehr nett von euch!

(es klingelt)

Liesbeth: Das ist bestimmt Kurt und Olga. Ich mach auf. Entschuldigt mich. *(man hört sie zur Tür gehen und öffnen)*
Olga und Kurt: Frohes Fest! Wir sind sicherlich die Letzten, was? Kalt draußen, brrr.
Liesbeth: Kommt nur schnell ins Warme.
(Man hört alle drei traben und die Tür klinken. Es folgt ein Durcheinander)
Alle: Frohes Fest! Guten Tag, Tante! Ach, habt ihr einen schönen Baum! Schön daß ihr gekommen seid, Olga! Auch hier, Liesbeth? Frohes Fest und so weiter.
Olga: *(nach der lauten allgemeinen Begrüßung)* Kinder, machen wir's kurz. Ihr seid doch moderne Menschen. Was ist da noch groß drumherumzureden. Die Geschäfte waren schon zu, und wir hätten doch nicht das Richtige getroffen, und deshalb kriegt ihr von uns, Liesbeth und Max-Otto, jeder einfach fünfundzwanzig Mark, der Roderich fünfzehn und die Kleine zehn Mark. Basta. Geld kann man immer brauchen, was?
Die vier Semmelkorns: Dankeschön.
Liesbeth: Aber jetzt entschuldigt mich bitte, ich muß mich ums Essen kümmern *(man hört sie gehen)*
Die Gäste: *(halblaut dialogisierend und monologisierend)* Hoffentlich gibt's was Knuspriges. Zu einem richtigen Weihnachtsabend gehört was Leckeres. *(Liesbeth kommt)* Ah, da kommt sie schon, die züchtige Hausfrau! Na, was bringt sie uns?
Liesbeth: Liebe Käthe, liebe Olga, lieber Paul und lieber Kurt! Was wollen wir große Umstände machen! Ihr seid doch alle moderne Menschen. Ich habe eben mit dem Wirt vom »Roten Ochsen« telefoniert. Es sind noch vier Plätze frei. Hier habt ihr fünfzig Mark. Da geht mal hübsch essen!

Die Opernkarte

Anton: Wo warst'n am Wochenende?
Berthold: In der Berliner Staatsoper.
Anton: Was? Da soll's doch nur selten Karten geben.
Berthold: Ja.
Anton: Und du warst trotzdem in der Staatsoper?
Berthold: Freilich. In der Staatsoper.
Anton: Wo hast'n die Opernkarte hergehabt?
Berthold: Ich hatte keine Opernkarte.
Anton: Wie bist'n reingekommen in die Oper ohne Opernkarte?
Berthold: Ich hab mich an so'n Logenschließer rangemacht.
Anton: Und der hat dich ohne Opernkarte reingelassen?
Berthold: Nein, nicht gleich.
Anton: Wie meinst du das?
Berthold: Ich kenn den Logenschließer schon lange.
Anton: Und was fängst du damit an?
Berthold: Ich bring ihm hin und wieder eine Kleinigkeit.
Anton: Und dafür läßt er dich rein?
Berthold: Jawohl.
Anton: Zigarren?
Berthold: Nein.
Anton: Schnaps?
Berthold: Nein.
Anton: Was dann?
Berthold: Eine Opernkarte.

Eierkuchen

Szene: Ein HO-Restaurant, ein Gast, die Speisekarte prüfend.

Gast: Herr Ober!

Ober: Bittesehr, mein Herr?

Gast: Ich lese hier in der Rubrik »Fürs Kind« mein Leibgericht »Kleiner gefüllter Eierkuchen« für Einemarksiebzig. Das bringen Sie mir bitte!

Ober: *(druckst herum)* Ich weiß nicht – mein Herr – ob – nicht wahr – ich glaube – es ist das gegen die Vorschrift – nicht wahr – der Küchenchef – hm – kontrolliert gelegentlich – und wir – verzeihen Sie – mein Herr – wenn Sie mich persönlich fragen – also wir sind jedenfalls angewiesen – keine Speisen an Erwachsene abzugeben, die unter der Rubrik »Fürs Kind« angekündigt sind!

Gast: Ach, das ist aber jammerschade! Nun ja, vielleicht gibt es berechtigte Gründe. Es wird das wohl ein verbilligtes Gericht sein und womöglich ein bißchen knapp, wie? Das verstehe ich dann schon! Die Frage ist nur: Was esse ich?

Ober: Da empfehle ich Ihnen sehr – bitte drehen Sie mal die Karte um! – also, schauen Sie, hier, da unten steht es: ja. Das ist die richtige Rubrik »Für Erwachsene«: »Gefüllter Eierkuchen«. Den empfehle ich sehr!

Gast: Kostenpunkt?

Ober: Einemarksiebzig!

Gast: Also derselbe Preis! Wird wohl dann die Menge etwas geringer oder die Zubereitung ein bißchen – na, sagen wir – bescheidener sein?

Ober: Keinesfalls! Wir verwenden dafür die gleiche Menge und dieselben Zutaten wie für den Eierkuchen, der für Kinder angeboten wird!

Gast: Das verblüfft mich! Da gibt es also überhaupt keinen Unterschied?

Ober: Doch – doch – gewiß – einen sehr wesentlichen: Der Eierkuchen, den es für Erwachsene gibt, ist seit einer Stunde ausverkauft.

Ein seltsamer Figaro

Personen: Ein Frisör (F) und ein Kunde (K).
Szene: Ein Kunde läßt sich in den Frisierstuhl fallen. Hinter ihm in Bereitschaft steht der Frisör.

F: Was darfs sein, mein Herr?

K: *(leise)* Haarschneiden, bitte.

F: *(beginnt den Kunden einzuseifen)* Einmal Rasieren, bitte sehr.

K: *(etwas lauter)* Haarschneiden, hatte ich gesagt!

F: *(beginnt die Finger des Kunden in warmem Wasser einzuweichen)* Verzeihen Sie. Also einmal Maniküren, bitte.

K: *(laut)* Haaaaaaaarschneiden, hatte ich gesagt. Ich sagte Haaaaaaaarschneiden!

F: *(eilt mit der Zeitung herbei)* Vielmals Entschuldigung, mein Herr. Wie Sie wünschen, hier die neueste Zeitung, bitte!

K: *(brüllt)* Zum Donnerwetter, ich habe doch laut und deutlich gesagt *(seine Stimme erhebt sich zum Orkan)* Haaaaaaarschneeeeeeeiden! Verstehen Sie, Haaaaaaarschneeeeeeeiden!!!

F: *(verklärt)* Ach, Haarschneiden. Es tut mir leid, mein Herr – ein Mißverständnis. Ich bin nämlich, sozusagen, ein wenig schwerhörig, mein Herr. *(er beginnt dem Kunden, der sich inzwischen beruhigt hat, die Haare zu schneiden; nachdem er fertig ist, erhebt sich der Kunde)*

K: *(vor sich hin brummend)* Dieser Blödian! Der denkt am Ende noch, er kriegt von mir ein Trinkgeld .....

F: *(laut)* Bin so frei, mein Herr! Ein Trinkgeld, bitte schön, danke sehr. *(er hält die Hand auf)*

Therapie

Handlung: Der Zuschauer wird Zeuge einer ärztlichen Untersuchung. Der Patient, mit entblößtem Oberkörper, sitzt auf einem Stuhl. Der Arzt horcht den Patienten ab. Das alles geschieht stumm.

Arzt: Hm. Bißchen nervös, das Herz. Sie müßten mal ausspannen, mein Bester.

Patient: Das hat meine Frau auch gesagt, Herr Doktor, und sie meint, ob Sie mir nicht vielleicht … man spricht doch jetzt soviel von Schlaftherapie … wenn vielleicht in Berlin-Buch … da soll doch so eine Einrichtung … ich meine, Sie sagten ja selbst, daß ein bißchen Ruhe … nicht wahr?

Arzt: Buch, Buch. Nicht so einfach. Da ist selten etwas frei. Sie müßten da vielleicht zu lange warten … *(überlegt)* Warten Sie mal, ich glaube, ich weiß etwas Besseres!

Patient: Ja, Herr Doktor?

Arzt: Betätigen Sie sich politisch?

Patient: Na … ja … eigentlich nur ab und zu in meiner Wohngruppe bei der Nationalen Front, wissen Sie. Durch meine Krankheit …

Arzt: Ich verstehe. Dann gebe ich Ihnen folgenden Rat: Betätigen Sie sich politisch!

Patient: Aber, Herr Doktor, wo ich mich doch so elend fühle …?

Arzt: Gewiß. Ich meine ja auch, Sie sollten sich ein bißchen stärker politisch betätigen!

Patient: Ich verstehe nicht. Sie meinen, ich soll noch Funktionen in politischen Organisationen und in einer Partei …?

Arzt: Das genügt nicht. Sie sollten sich direkt um ein paar Spitzenfunktionen bemühen!

Patient: Aber Herr Doktor, dann geht es mit meiner Gesundheit doch immer mehr bergab, dann komm ich doch überhaupt nicht mehr zur Ruhe!

Arzt: Doch. Sie müssen nur dafür sorgen, daß man Sie in die Volkskammer wählt. Was glauben Sie, dort ist es ruhiger als in Buch!

Die Diskussion

Personen: Bürgermeister (Bm)
Vorsitzender Nationale Front (NF)
Bürger (B 1 usw.)
und Bürgerinnen (Bn 1 usw.)

(Typisches Versammlungsmilieu. Am Präsidiumstisch der Bürgermeister und der Vorsitzende des Ausschusses der Nationalen Front.)

Bm: Liebe Einwohner von Kleinkribbelshausen! Als Bürgermeister begrüße ich Sie herzlich im Namen des Gemeinderates und des Ortsausschusses der Nationalen Front von Kleinkribbelshausen. Zweck unserer Zusammenkunft ist die breite Entfaltung der Demokratie. Darum diskutieren wir demokratisch gemeinsam über die neu zu errichtende Konsum-Verkaufsstelle. Jeder ist aufgerufen und gefragt, wo dieselbe am besten errichtet werden soll, im Zentrum, am südlichen Ortsausgang, am westlichen Ortsausgang oder wo auch immer. Im Gegensatz zu früher, wo Verkaufsstellen administrativ und undemokratisch, das heißt ohne Befragung der demokratischen Öffentlichkeit, errichtet wurden, gebietet es die Entfaltung breiter Demokratie, daß wir eine ebenso breite demokratische Diskussion über diese Frage entfalten, denn es heißt ja »Plane mit – arbeite mit – regiere mit!«

Alle: *(applaudieren lebhaft)*

NF: Als Vorsitzender des Ortsausschusses Kribbelshausen der Nationalen Front unterstreiche ich die Worte des Kollegen Bürgermeister und eröffne hiermit die demokratische Diskussion. Wer meldet sich zu dieser?

(Tumult, jeder will zuerst sprechen)

NF: Nun, keine Aufregung, Bürger, immer schön der Reihe nach! *(wendet sich an einen Bürger)* Bitte!

B 1: Ich bin für das Dorfzentrum. Da haben die von rundum nicht gar zu weit und außerdem …

Bn 2: *(hitzig unterbrechend)* Nordausgang wäre am günstigsten, weil da auch der Textilkonsum liegt. Da könnte man in einem Aufwasch gleich alles mögliche einkaufen!

Bn 3: Ich bin für den Westausgang des Ortes. Da ist der Bahnhof und die Omnibushaltestelle. Und wenn …

Bn 4: *(dazwischenfahrend)* Am günstigsten wäre der Konsum im Süden wegen der Post, und da ist doch die abgebrannte Scheune. Wäre das nicht ein guter Bauplatz?
B 5: Die Zukunft der Konsum-Verkaufsstelle liegt geographisch mehr östlich. Dort liegen Schule, Kulturhaus und Gemeindeamt.
Alle: *(durcheinander)* Zentrum – Osten! – Süden Nein, Nordausgang! – Wir können doch nicht – Am besten ist immer noch – Sie sollten sich mal selber – Nein, das hat doch gar keine …
Bm: *(erhebt sich schmunzelnd, es wird mucksmäuschenstill)* Nun, liebe Einwohner, war das nicht eine erfrischende demokratische Diskussion? Vorwärts zur weiteren Entfaltung der Demokratie! Die Versammlung ist geschlossen.
Alle: *(sind platt, dann hintereinander Rufe)*
B 1: Und wo soll sie nun hin, die Verkaufsstelle?
Bn 2: Was wird denn weiter?
Bn 3: Kommt sie also neben den Bahnhof, he?
Bm: *(beschwichtigend)* Liebe Einwohner! Die neue Konsum-Verkaufsstelle kommt in den nordwestlichen Teil der Gemeinde, dicht am Hasenforst.
Stimmen: Aber das hat doch kein Mensch hier vorgeschlagen!
Bm: Das wohl nicht direkt, liebe Einwohner, aber der Gemeinderat hat es in seiner gestrigen Sitzung demokratisch so beschlossen.

Warum ich fürs VP-Kabarett »Die Ampel« schrieb

Zweifellos läßt Sie, lieber Kabarettbesucher, die Frage nicht schlafen: »Warum schreiben sie eigentlich, die Kabarett-Texter? Und wenn sie schon unbedingt schreiben müssen, warum dann ausgerechnet für ein Kabarett der Verkehrspolizei?«
Die Antwort liegt nicht etwa auf der Hand. Wer da meint, die Ampel-Autoren könnten sich mit dem Schreiben von Sketchen und Chansons eine goldene Nase verdienen, der irrt. Verkehrspolizisten sind nämlich sehr arm. Sie haben derart wenig Geld, daß sie sogar kleine gelbe Zettel mit dem Aufdruck »Gebührenpflichtige Verwarnung« zum Verkauf feilbieten müssen und deshalb von der Allgemeinheit als »arm wie weiße Kirchenmäuse« stark bemitleidet werden.
Nein, die Texter des Verkehrspolizei-Kabaretts schreiben aus ganz anderen als finanziellen Beweggründen. Der Jo Hanns Schulz beispielsweise fährt miserabel Auto. Er kann sich also nur mit Hilfe einigermaßen spielbarer Kabarett-Manuskripte vor dem endgültigen Verlust seiner Fahrerlaubnis schützen. Bei Hans Harnisch liegt der Hase ganz ähnlich im Pfeffer. Harnisch hat einen noch nicht halbjährigen Sohn, den er verkehrswidrig auf dem Gepäckträger seines Mopeds befördert. Das ging eine Zeitlang gut. Doch schließlich hat sich der Skandal im Wohngebiet Berlin-Wendenschloß herumgesprochen, und die Verkehrspolizei machte mürrische Gesichter. Nur eine Handvoll eilig ge-

schriebener Ampel-Texte retteten Harnisch vor der grünen Minna.
Was nun indessen meine eigene bescheidene Person anlangt, so sind mir schnöde Wiedergutmachungsmotive völlig fremd, zumal ich mich auch durchs dichteste Verkehrsgewühl stets korrekt hindurchgesteuert habe und von der Verkehrspolizei immer entgegenkommend behandelt worden bin. Das Geheimnis meiner Liebe zur Ampel leitet sich her von meiner Sympathie für Wald und Flur im allgemeinen sowie für die gefiederten Freunde des Menschen im besonderen. Ich bin nämlich Amateur-Ornithologe und liebe alles, was da piepst und fleucht. Als nun vor vier, fünf Jahren zwei Männer im grünlichen Rock bei mir anklopften, hielt ich sie für weidgerechte Förster, und schon war mein Interesse an ihnen und ihrem Anliegen erwacht. Und da ich von ihnen schließlich erfuhr, daß sie Texte suchten für ein Kabarett mit anheimelnd vogelkundlichem Namen, kannte meine Schreibbegeisterung keine Grenzen mehr. Ich hatte mich verhört und »Kabarett ›Die Amsel‹« verstanden.

Sprechstunde
I
?
!

Das sechste Kapitel enthält eine Auswahl aus Hansgeorg Stengels in der Zeitschrift *Eulenspiegel* veröffentlichten Serien »Willi Wuschkes Wortschatzkammer« (1970-1972) und »Willi Wuschkes Stilbruchbude« (1971-1972).

Willi Wuschkes Wortschatzkammer

DIE GANZEN

»Guten Tag, lieber Herr Wuschke! Mir wird immer warm ums Herz, wenn ich Ihre schöne Wortschatzkammer betrete und die ganzen Schmuckstücke erblicke.«

»Das haben Sie schön falsch gesagt! DIE GANZEN ist im Plural nur zur Bezeichnung der Unversehrtheit, niemals zahlwörtlich verwendbar. Sie meinen gewiß alle Schmuckstücke und nicht nur die ganzen, die heil gebliebenen.«

»Ihre ganzen Argumente machen mich immer wieder unsicher!«

»Da Sie abermals Ihre ganze sprachliche Unsicherheit beweisen, appelliere ich an die Reste Ihres Sprachgefühls. Wie fänden Sie ein Volkslied, das so beginnt: ›Die ganzen Vögel sind schon da, die ganzen Vögel, die ganzen ...‹ Oder wie gefällt Ihnen ›Meine ganzen Entchen schwimmen auf dem See‹? Oder was empfinden Sie bei einer Nuancierung des Georg-Herwegh-Worts ›Die ganzen Räder stehen still, wenn dein starker Arm es will‹?«

»Mir scheint, Herr Wuschke, daß Sie im großen und in allem recht haben!«

»Sie dürfen ruhig ›im großen und ganzen‹ sagen. Aber Vorsicht bei allen Mehrzahlbildungen, ganz zu schweigen von den ganzen!«

DIE MEHRZAHL

»Guten Tag, lieber Herr Wuschke! Es wird für Sie sicherlich immer schwerer, mir ein interessantes Wortexemplar zu kredenzen, da ich die Mehrzahl Ihrer Ausstellungsstücke bereits besichtigt habe.«

»Peng, mein Lieber! DIE MEHRZAHL ist wieder mal ein Tiefschlag in die Magengrube meiner Wortschatzkammer!«

»Aber Herr Wuschke! Die Vokabel ›Mehrzahl‹ ist doch ein ganz normales Wort!«

»Gewiß. Ich berge in meiner Wortschatzkammer vorwiegend ganz normale Wörter, die aber sinnwidrig angewandt werden. DIE MEHRZAHL als Austauschprodukt für ›Die Mehrheit‹ ist ein Greuel!«

»Sind Sie da nicht zu pingelig?«

»Papperlapapp! DIE MEHRZAHL ist in Wirklichkeit ein grammatischer Begriff und dasselbe wie der Plural. Neulich las ich, DIE MEHRZAHL der grippösen Erkrankungen nehme einen harmlosen Verlauf. Ich möchte fragen: und die Einzahl?«

»Nicht die Einzahl, Herr Wuschke, sondern die Minderheit! Kein Mensch käme auf die Idee, statt Minderheit Einzahl zu sagen!«

»Bis jetzt noch nicht. Wenn ich aber aufhörte, pingelig zu sein, könnten Sprachkrankheiten bald umgekehrt verlaufen wie die Grippe, nämlich in der Mehrheit sehr ernst, und es bliebe uns am Ende nichts anderes übrig, als den Leichnam des treffenden Worts zu beweinen, sowohl in der Einzahl als auch in der Mehrzahl!«

VOLLKOMMEN

»Guten Tag, lieber Herr Wuschke! Sie sehen mich vollkommen außer Puste, da ich die Strecke von Gera bis in Ihre Wortschatzkammer ...«

»Sachte, sachte! Nichts auf dieser Welt ist vollkommen, es sei denn die Ehe nach van de Velde!«

»Habe ich mal wieder etwas vollkommen Falsches gesagt?«

»Nein, aber etwas völlig Falsches. VOLLKOMMEN ist nämlich als Synonym für ›völlig‹ völlig ungeeignet, ist Eigenschaftswort zum Substantiv ›Vollkommenheit‹ und mit dem Eigenschaftswort ›ideal‹ sinnverwandt!«

»Aber in der Geraer ›Volkswacht‹, Herr Wuschke, las ich vor meiner Abreise den Satz: ›Auch das Hotelrestaurant wurde vollkommen mit Teppichen ausgelegt ...‹«

»Ob die völlige Auslegung des Geraer Interhotels mit Teppichen tatsächlich eine vollkommene gewesen ist, mögen die Götter entscheiden. Jedenfalls ist VOLLKOMMEN im Zusammenhang mit einer Teppichverlegung genauso verschroben wie ein vollkommenes Versagen, eine vollkommene Erschöpfung oder ein vollkommenes Durcheinander!«

»Vollkommen Ihrer Meinung, Herr Wuschke! Ein vollkommenes Durcheinander wäre ja so etwas ähnliches wie ein ideales Chaos, stimmts?«
»Völlig richtig! Jedenfalls der Schluß Ihrer Bemerkung. Der Anfang ging mal wieder völlig daneben. Sie sollten nicht so oft VOLLKOMMEN, sondern korrekt ›völlig‹ sagen!«
»Einverstanden, Herr Wuschke! Dank Ihrer vollkommen einleuchtenden Hinweise machte es mir direkt Spaß, mich sprachlich zu vervölligen!«

SICHER UND SICHERLICH

»Guten Tag, lieber Herr Wuschke! Es fällt mir angesichts der blühenden Natur ein bißchen schwer, Ihre muffige Wortschatzkammer zu betreten. Sie werden das sicher verstehen.«
»Mit Bestimmtheit verstehe ich Ihren blühenden Unsinn nicht SICHER, allenfalls SICHERLICH. Aber feine Unterschiede, sind schließlich nicht Ihre Stärke.«
»Nur ein Beckmesser, Herr Wuschke, kann wie Sie reagieren. Für mich sind ›sicher‹ und ›sicherlich‹ gleiche Brüder und Kappen.«
»Solch oberflächliche Betrachtungsweise ist eines Wortschatzkammerdieners unwürdig. Das sehen Sie doch sicherlich ein?«
»Wieso sicherlich? Erscheint es Ihnen nicht sicher, wenn ich es sicher einsehe?«
»Nun, erstens bin ich mir Ihrer Einsicht gar nicht so sicher, und zweitens hoffe ich, daß Sie zur Einsicht keiner Sicherheitsvorkehrungen bedürfen.«
»Was soll Ihrer Rede dunkler Sinn, Herr Wuschke?«
»Ganz einfach: Wer SICHER sagt, obwohl er SICHERLICH, also ›vermutlich‹ oder ›höchstwahrscheinlich‹ meint, beschwört fortwährend Bilder von Sicherheitsgurten, Sicherheitsventilen und Versicherungsinspektoren herbei!«
»Für Sie sicher, Herr Wuschke. Normale Leute aber wissen sicher, daß ich ›sicherlich‹ meine, wenn ich ›sicher‹ sage.«
»Und was meinten Sie, als Sie mir neulich aus Schönefeld telegrafierten: ›Bin soeben sicher gelandet‹?«
»Hoppla, Herr Wuschke, Sie haben mich überzeugt. In Zukunft geh ich auf Nummer Sicherlich. Das richtige Wort am rechten Platz – dann kann mir an und für sicherlich gar nichts mehr passieren!«

ANSONSTEN

»Guten Tag, lieber Herr Wuschke! Der Schlüssel in Ihrer Hand beweist mir, daß Sie Ihre Wortschatzkammer soeben zu schließen beabsichtigen. Haben Sie noch etwas Zeit, mich zu empfangen? Ansonsten komme ich morgen wieder!«
»Dieses völlig blödsinnige ANSONSTEN zwingt mich geradezu, meine Wortschatzkammer extra für Sie noch ein paar Minuten offenzuhalten. Augenscheinlich können Sie ohne tägliche Sprachlektion gar nicht existieren!«
»Nehmen Sie diese Beleidigung sofort zurück, Herr Wuschke! Ansonsten telefoniere ich mit meinem Rechtsanwalt!«
»Tun Sie es meinetwegen, aber nicht ANSONSTEN. Der Rechtsanwalt könnte Sie für ungebildet halten.«
»Mich für ungebildet? Daß ich nicht lache! ›Ansonsten‹ ist ein rechtschaffenes Wort und steht in jedem besseren Duden, Herr Wuschke!«
»Dies ist leider der Fall. Aber nicht so sehr der Gebrauch des Wortes ANSONSTEN stört mich, sondern sein Mißbrauch. ANSONSTEN kann man notfalls auch für ›außerdem‹ und ›im übrigen‹, nicht aber für ›sonst‹ im Sinne von ›widrigenfalls‹ verwenden. Klar?«

»Sie sind bärbeißig, Herr Wuschke, ansonsten aber ein netter Kerl. Habe ich das richtig gesagt?«
»Bravo! ANSONSTEN ein letztes Wort: Verwenden Sie ANSONSTEN künftig korrekt und sparsam. Sonst annonciere ich in der Zeitung, daß ich für Ihre Sprachblödheiten künftig nicht mehr aufkomme!«
»Annoncieren? Unter welcher Rubrik, Herr Wuschke?«
»Unter der Rubrik ANSONSTIGES!«

BREIT

»Guten Tag, lieber Herr Wuschke! Wenn ich unsere bisherigen Begegnungen so überdenke, muß ich feststellen, daß Sie mich mit einem breiten Sortiment Ihrer Wortschatzkammer vertraut gemacht haben. Dafür danke ich Ihnen!«
»Nicht so voreilig, mein Lieber! Ihr BREITES Kompliment beweist mir die Notwendigkeit, noch BREITERE Bevölkerungskreise in meine Wortschatzkammer einzuladen.«
»Ich ahne, daß Sie mich wegen des Adjektivs ›breit‹ tadeln, aber es war vom Sortiment, nicht vom Kompliment und nicht von Bevölkerungskreisen die Rede.«
»Diesmal nicht, aber da eine BREITE Anzahl mir bekannter Bürger die Eigenschaftswörter ›groß‹ und ›weit‹ grundsätzlich durch BREIT zu ersetzen pflegt, fürchte ich auch aus Ihrem Mund das Schlimmste!«
»Keine Angst, Herr Wuschke. Ich spreche ein gepflegtes Zeitungsdeutsch!«
»Dann werden Sie mir gewiß noch während dieser Unterhaltung von BREITEN Aussprachen mit einer BREITEN Bevölkerung und deren BREITER Resonanz berichten wollen!«
»O nein, Herr Wuschke. Ihre Sprachsignale bewirken immer rasche Besserung und Heilung. Aber jetzt muß ich rasch meine Breitmutter vom Bahnhof abholen.«
»Ihre Breitmutter?«
»Verzeihung, Herr Wuschke. Ich meine: meine Großmutter. Sie will etwas Breitstadtluft genießen und uns übers Wochenende außerdem beim Breitreinemachen behilflich sein!«

DAFÜRHALTEN

»Guten Tag, lieber Herr Wuschke! Dies ist nach meinem Dafürhalten bereits der zwölfte Besuch, den ich Ihrer geschätzten Wortschatzkammer abstatte. Fast ein Jubiläum!«
»Und wie ich vernehme, begehen Sie es mit kakophonischem Pomp! Dieses DAFÜRHALTEN, das Sie mir da wieder mal unter die Weste jubeln, gehört schon seit längerem zu den Paradepferden meiner Wortschatzkammer!«
»Jedesmal, Herr Wuschke, haben Sie an meiner Ausdrucksweise irgendwas herumzumäkeln. Nach meinem Dafürhalten überschreiten Sie die Grenzen der Höflichkeit.«
»Und Sie überschreiten die Grenzen zumutbaren Quatsches. Ein Segen für die Weltliteratur und die Menschheit, daß der Geheimrat Goethe und nicht Sie den ›Faust‹ geschrieben haben.«
»Wieso ein Segen?«
»Aus Ihrer Feder wären ganz gewiß solche Mephisto-Sentenzen geflossen: ›Ich bin der Geist, der stets verneint! Und das nach meinem Dafürhalten mit Recht, denn alles, was entsteht, ist nach meinem Dafürhalten wert, daß es zu Grunde geht. Drum besser wär's nach meinem Dafürhalten, daß nichts entstünde …‹«
»Gnade, Herr Wuschke! Ich sehe ja ein, daß ich dieses dämliche Dafürhalten ausmerzen muß, aber wie fang ichs an?«
»Ganz einfach! Immer, wenn Ihnen dieses vermaledeite DAFÜRHALTEN entschlüpfen will, tun Sie das Umgekehrte!«
»Und was ist das Umgekehrte?«
»Dagegenhalten!«

HÄNGEN

»Guten Tag, lieber Herr Wuschke! Wundern Sie sich bitte nicht, daß ich Ihre geheiligte Wortschatzkammer so hemdsärmlig betrete. Meine Jacke habe ich angesichts so sommerlicher Temperaturen im Vestibül aufgehangen.«
»Das ist unzulässig!«
»Wie? Es stört Sie, daß jemand die Jacke an einen Ihrer Garderobenhaken hing?«
»Ihre Jacke ist mir Jacke wie Hose, aber Ihre Sprache zieht mir Jacke und Schuhe aus! Um es kurz zu machen: Hängen – hing – gehangen ist

intransitiv, also nicht zielend. Hängen – hängte – gehängt dagegen ist transitiv und antwortet auf die Frage ›wen oder was?‹«
»Demnach hätte ich meine Jacke nicht aufgehangen, sondern aufgehängt?«
»Sehr richtig! Und Sie hingen nicht, sondern hängten, die Jacke nämlich. Wenn Sie schon hingen, so bislang an Ihrem treuen Freund Wuschke, der die Hoffnung nicht aufgab und aufgibt, daß die Ihnen anhängenden Sprachschnitzer bald an den Nagel gehängt werden können!«
»Ich hing nicht nur, sondern ich hänge noch immer an Ihnen und Ihren lehrreichen Ausführungen! Darum werde ich mich immer bemühen, die korrekte Imperfekt- und Perfektform von ›hängen‹ zu bilden. Nur eine Frage noch, Herr Wuschke, die ich als Schachspezialist an Sie richte: Heißt die Vergangenheit einer Hängepartie nun eigentlich Hängtepartie oder Hingpartie?«

VERBESSERN

»Guten Tag, lieber Herr Wuschke! Nicht einmal ein sonniger Sommermorgen kann mich daran hindern, Ihrer Wortschatzkammer einen Besuch abzustatten und mich wie gewöhnlich von Ihnen verbessern zu lassen!«
»Ich werde mich hüten, Sie zu verbessern!«
»Aber das tun Sie doch jedesmal ausgiebig, Herr Schulmeister Wuschke!«
»Keineswegs, Sie kleiner Sprachschnitzbold! Ich kann zwar danach streben, Ihr mäßiges Deutsch zu verbessern, indem ich Ihre Fehler kritisiere und berichtige, aber die Verbesserung Ihrer werten Person überlasse ich Ihrem Friseur und Ihrem Masseur!«
»Also gut, Herr Wuschke: Ich komme zu Ihnen, um nicht mich, sondern meine Fehler verbessern zu lassen!«
»Wieder falsch! Fehler, Mängel und Schwächen sollte man um Gottes willen nicht verbessern, sondern korrigieren und beseitigen. Mit verbesserten Fehlern ist niemandem gedient, allenfalls mit berichtigten.«
»Ach, Herr Wuschke, immer haben Sie das letzte und richtige Wort. Glauben Sie, daß ich mich auf sprachlichem Gebiet noch erheblich berichtigen kann?«
»Ich berichtige: Sie werden sich nicht berichtigen, aber verbessern können, wenn Sie Ihre Fehler auch künftig von mir berichtigen lassen! Haaatschiiii!«
»Erkältet?«
»Nein – Heuschnupfen!«
»Na dann gute Besserung – äh, Richtigung, Herr Wuschke!«

ENGLISCHE KLEINKINDER UND DAMEN

»How do you do, Mister Wuschke! Sie wollen mir heute also, wie ich Ihrer gedruckten Einladung entnehme, angelsächsisch kommen!«
»Nur ein wenig, Sir. Ich möchte mit Ihnen lediglich über Babys, Ladys und ähnliche eingebürgerte Vokabeln aus merry old England plaudern.«
»Halt, eben kam es mir so vor, als hätten Sie die just ausgesprochenen britischen Kleinkinder und Damen gedanklich mit je einem Ypsilon geschrieben, obwohl die exakte englische Pluralbildung ...«
»Sie sind ein famoser Telepath! Es stimmt tatsächlich, daß ich nicht nur Babys und Ladys, sondern beispielsweise auch Rowdys, Partys, Teddys und Hobbys jedesmal mit Ypsilon statt mit IE am Ende schreibe, aber ich tue das *trotz* meiner zuverlässigen Informationen über englische Rechtschreibregeln.«
»Ich will Ihnen mal was sagen, Herr Wuschke! Sie werden sich darauf berufen, daß man importierte Fremdwörter deutschen Sprach- und Schreibregeln unterwerfen darf, ich aber verkünde: Alle diese eben genannten englischen Wörter und die ungenannten dazu sollten überhaupt ausgemerzt und durch deutsche ersetzt werden!«
»Machen Sie, was Sie wollen, Sie Reinigungsapostel! Mir jedenfalls gefallen Babys, Teddys und Hobbys so übel nicht. Mir sind auch die altgriechischen Fremdwörter ›Thema‹ und ›Komma‹ im deutschen Wortbestand willkommen, aber ich käme nicht auf die Idee, den Original-Plural mitzuübernehmen.«
»Themen? Kommas? Dürfen wir denn das, Herr Wuschke?«
»Wir dürfen und wir wollen, mein zögernder Zögling! Themata und Kommata tun mir weh wie Podagra und Rheuma, mehr noch: wie Podagrata und Rheumata.«

ERSCHRECKEN

»Guten Tag, lieber Herr Wuschke! Sie und Ihre famose Wortschatzkammer ziehen mich, wie Sie sehen, sogar während meines Urlaubs magnetisch an. Was empfehlen Sie mir heute Besonderes?«
»Hände hoch, aber dalli, mein Lieber!«
»Um Gottes willen, Herr Wuschke! Stecken Sie Ihre Pistole weg! Ich bin doch ganz harmlos und vor allem mittellos!«
»Was heißt hier Pistole! War ja nur meine Tabakspfeife und sozusagen ein Test.«
»Und ich habe mich so erschrocken!«
»Peng! Und ich habe diesen Test erfolgreich durchgeführt, denn wieder einmal hat sich gezeigt, daß erschrockene Menschen zu der Behauptung neigen, sich selbst erschrocken zu haben, obwohl eindeutig andere Leute das Erschrecken besorgten!«
»Dann formuliere ich eben richtig: Ich habe mich erschreckt!«
»Diese neue Formulierung ändert nichts an der Unkorrektheit Ihrer Aussage. Sie haben sich, als ich mein Schießeisen zog, weder erschrocken und erschreckt. Sie sind schlicht erschrocken!«
»So schlicht war mein Erschrecken nun auch wieder nicht, Herr Wuschke!«
»Wenn Sie so schreckhaft sind, wird es Ihnen jedenfalls leichtfallen, auch über die Verwahrlosung Ihres sprachlichen Rüstzeugs zu erschrecken!«
»Besonders nach Ihrem Schreckschuß, Herr Wuschke. Also auf Wiedersehen übernächste Woche in Ihrer Wortschatzschreckenskammer!«

SCHEINBAR UND ANSCHEINEND

»Guten Tag, lieber Herr Wuschke! Um es gleich vorwegzunehmen: Heute verzichte ich darauf, Ihnen mit einer umstrittenen Formulierung den Aufhänger für ein Wortschatzkammerkonzert mit Pauken und Trompeten zu liefern. Diesmal quält mich ein Problem! Es geht mir um ein taugliches, zuverlässiges Rezept beim Umgang mit den Wörtern ›scheinbar‹ und ›anscheinend‹. Obwohl ich kein Klippschüler bin, sehe ich überall Klippen!«
»Klipp, klipp, hurra, mein Lieber! Nicht verzagen, Wuschke fragen! Sogar Experten, die ANSCHEINEND, nein SCHEINBAR zehnmal gescheiter sind als Sie, fühlen sich bei Wortscheingefechten nicht minder unsicher. ANSCHEINEND ist die Anzahl der Menschen, die SCHEINBAR und ANSCHEINEND nicht auseinanderzuhalten vermögen, riesengroß, aber nur SCHEINBAR sind ANSCHEINEND und SCHEINBAR identisch. Soweit klar?«
»Allerdings, Herr Wuschke. Doch nun bitte das Rezept!«
»SCHEINBAR ist immer dann korrekt, wenn man genausogut auch NUR SCHEINBAR sagen kann. Das SCHEINBARE ist nämlich nie das Wirkliche, sondern eben nur das SCHEINBARE. Beispiel: Die Sonne dreht sich SCHEINBAR um die Erde!«
»Verstanden, Herr Wuschke. Und das ANSCHEINEND?«
»Das Wort ANSCHEINEND bezeichnet große Wahrscheinlichkeit und hat die Tendenz zur Tatsachenfeststellung.«
»Aha, anscheinend ist der Groschen bei mir jetzt gefallen!«
»Das will ich hoffen! Wäre er nur SCHEINBAR gefallen, würde sich Ihr Nimbus, mein ANSCHEINEND bester Wortschatzkammerdiener zu sein, als nur SCHEINBAR erweisen und ANSCHEINEND verblassen.«

BEINHALTEN

»Guten Tag, lieber Herr Wuschke! Wie ich sehe, haben Sie eine Neuerwerbung gemacht?«

»Meinen Sie den Pappkarton zu meiner Rechten?«
»Ja. Sicherlich beinhaltet er Zuwachs für Ihre Wortschatzkammer!«
»Gratuliere, Sie Hellseher! Es handelt sich nämlich just um jenes Wortexemplar, das Sie so skrupellos beim Schopf gepackt haben: um BEINHALTEN. Ein grausiges Gebilde!«
»Es erfreut sich jedoch regen Gebrauchs in Sprache und Schrift!«
»Das ist ja das Elend! Vor allem wenn ich BEINHALTEN lese, muß ich unwillkürlich an ein gehaltenes Bein und somit an eine Serie weiterer leibeigener Haltevorrichtungen wie Strumpfhalter, Hüfthalter und Büstenhalter denken!«
»Delikat, Herr Wuschke!«
»Ich stimme Ihnen zu, wenn Sie ›delikat‹ ohne A schreiben, denn BEINHALTEN ist und bleibt ein Delikt.«
»Ihre Ausführungen beinhalten einen vernünftigen Kern. Wie aber soll ich dieses ›Beinhalten‹ unschädlich machen?«
»Am besten, indem Sie sich seiner enthalten und es durch das Verbum ›enthalten‹ ersetzen!«
»Verstehe. Ihr Karton beinhaltet nichts, sondern er enthält etwas!«
»Und bei sprachlichen Formkrisen merken Sie sich den von mir abgewandelten Spruch eines Dichters der fünfziger Jahre: Man soll die Sprache rein halten, die Fehlerquote klein halten und unverzüglich einhalten, bevor man hinschreibt BEINHALTEN.«

ANBETREFFEN UND ANBELANGEN

»Guten Tag, lieber Herr Wuschke! Womöglich werden Sie mich schelten, weil ich Ihre Wortschatzkammer zu so später Stunde betrete, aber was meinen Klempner anbetrifft ...«
»Ich bin zutiefst anbetroffen! Lassen Sie sich, nachdem, wie ich vermute, der Wasserrohrbruch behoben ist, vom Klempner als nächstes Ihr verklemmtes Sprachrohr reparieren!«
»Was mein Ehrgefühl anbelangt, möchte ich von weiteren derartigen Beleidigungen verschont bleiben!«
»Sie haben meine Bemerkungen selbst provoziert. Die deutsche Sprache verfügt über einen reichen Wortbestand, aber ANBETREFFEN und ANBELANGEN kommen darin nicht vor!«
»Welch kühne Behauptung und Anmaßung, Herr Wuschke!«
»Mich wundert's, daß Sie nicht von ›Anbehauptung‹ und ›Anbemaßung‹ sprechen! Was nun Ihren Klempner betrifft und Ihr Ehrgefühl anlangt, so respektiere ich den einen wie das andere, sofern sie ANBETREFFEN und ANBELANGEN für immer aus Ihrem Sprachkatalog streichen!«
»Was diesen Appell angeht, so sage ich nicht nein.«
»Oho! Sie sind ja ein angehender Musterschüler. Tatsächlich sind ANGEHEN, BETREFFEN und ANLANGEN korrekt, wenn auch oft unnötiger Zierat!«
»Wie meinen Sie das nun wieder, Herr Wuschke?«
»Was den kühlen Grund betrifft, anlangt und angeht, so geht da ein Mühlenrad, und was mein Liebchen angeht, anlangt und betrifft, so ist es verschwunden! Wie gefällt Ihnen das?«
»Mir wird von alledem so dumm, als ging mir ein Mühlrad im Kopf herum!«
»Nur Mut, mein Lieber! Von der Anbetreffsicherheit über die Betreffsicherheit führt ein gerader Weg zur sprachlichen Treffsicherheit!«

WORTE UND WÖRTER

»Guten Tag, lieber Herr Wuschke! Nach unzähligen Besuchen in Ihrer vortrefflichen Wortschatzkammer drängt es mich, auch einmal die Frage nach Wuschkes Museumsbestand zu stellen. Mit einem Wort: Wie viele Worte sind in Ihrer Wortschatzkammer eigentlich aufbewahrt?«
»Worte? Keine!«

»Einer Ihrer berühmten Scherze, Herr Wuschke!«
»Durchaus nicht. Meine Wortschatzkammer enthält nämlich keine WORTE, sondern WÖRTER!«
»Jetzt weiß ich, worauf Sie alter Krümelkrämer hinauswollen! Worte haben strenggenommen eine etwas andere Bedeutung als Wörter und umgekehrt, aber …«
»Nichts aber! WÖRTER sind nun mal buchstäblich einzelne WÖRTER, wogegen WORTE eine Reihe zusammenhängender WÖRTER, einen Ausspruch oder auch eine längere Rede bezeichnen.«
»Wollte ich mich an Ihre Worte halten, Herr Wuschke, müßte ich mich künftig vor allen Sprichwörtern hüten!«
»Warum denn?«
»Weil es keine Sprichwörter, sondern Sprichworte geben dürfte – oder?«
»Logik ist in sprachlichen Bereichen kein zuverlässiger Ratgeber. Wir müssen uns schon an die in Jahrhunderten gewachsenen Sprachnormen halten und uns im übrigen auf unser Feingefühl und unser Ohr verlassen!«
»Ihre Worte in Gottes Ohr, Herr Wuschke. Und Ihre Wörter selbstverständlich auch!«

PLASTE

»Guten Tag, lieber Herr Wuschke! Nur mit Mühe konnte ich mich von meiner Frau loseisen, die mich bei ihrem Einkaufsbummel partout als Ratgeber an ihrer Seite sehen wollte und durch alle möglichen Läden mitschleifen mußte. Aber meinen wöchentlichen Wortschatzkammerbesuch lasse ich mir nicht nehmen!«
»Wie konsequent! Haben Sie und Ihre Gattin wenigstens einen guten Fang gemacht?«
»Doch, doch. Unter anderem waren wir in einem Plastegeschäft und fanden dort eine Menge Praktisches: Plastegeschirr, Plasteeimer und sehr schönes Plastespielzeug für die Enkel.«
»Erachten Sie es bitte nicht als Kränkung, wenn ich Ihnen mitteile, daß sich in Ihrem Bericht der Hölzerwurm tummelt!«
»Hölzerwurm, Herr Wuschke?«
»Ich bediene mich lediglich ihrer plasteischen Sprache!«
»Plastischen, Herr Wuschke!«
»Sie ahnen also, worauf ich hinauswill: Das ominöse Wort, mit dem Sie offensichtlich auf Kriegsfuß stehen, heißt PLAST, nicht Plaste. Zwar kann man zur Bezeichnung der Vielheit unterschiedlicher Plastsorten auch die Mehrzahl PLASTE verwenden und mit PLASTEN etwa so um sich werfen, wie man von Hölzern, Lacken, Porzellanen und Stählen spricht. Doch für den normalen Hausgebrauch empfehle ich PLAST jeglicher Farbe, Bestimmung und Zusammensetzung nur in der Einzahl!«
»Akzeptiert, Herr Wuschke! Lassen Sie mich als Dank für Ihre Plastitüden diese Plasttüte öffnen, damit wir uns nach des Tages Müh und Plast an einem Schlückchen kühler Milch erquicken!«

ZU STEHEN HABEN

»Guten Tag, lieber Herr Wuschke! Ich komme, um Ihnen zu melden, daß ich zwecks Bereicherung Ihrer Stilbruchbude einige hübsche Stilblüten für Sie gesammelt und in meiner privaten Raritäten-Vitrine zu stehen habe.«
»Hier spricht der Berliner!«
»Mein Geburtsort ist, bitte schön, Luckenwalde!«
»Na schön, nehmen wir's nicht so genau. Um so genauer sollten wir uns jene Leute ansehen, die in Berlin oder im umliegenden Stilbrachland beheimatet sind und alles mögliche ZU STEHEN, ZU LIEGEN, ZU SITZEN und ZU HÄNGEN haben.«
»Es scheint Sie mit Neid zu erfüllen, Herr Wuschke, daß ich an den Wänden meines Arbeitszimmers schöne Gemälde, darunter einen fast echten van Gogh, zu hängen und im Keller mehrere Säcke Holzkohle für meinen Bratwurstgrill zu liegen habe!«
»Nicht ZU HÄNGEN HABE, sondern HÄNGEN HABE, nicht ZU LIEGEN HABE, sondern LIEGEN HABE, nicht …«
»Protest! Als ich neulich ein paar Wochen im Krankenhaus zubrachte, wegen einer Rippenfellentzündung, mahnte mich die Ärztin: ›Sie haben zu liegen!‹«
»Schelm, der Sie sind! ›Haben zu‹ ist freilich immer dann richtig, wenn es für ›müssen‹ steht. Aber nur dann!«
»Wie schade, Herr Wuschke. Es klingt so gemütlich zu hören: ›Ich habe einen zu sitzen!‹«

»Ob jemand einen ZU SITZEN oder korrekt einen sitzen hat, erscheint mir in gleicher Weise ungemütlich. Jetzt entschuldigen Sie mich bitte. Ich habe zu arbeiten!«
»Das heißt, Sie müssen arbeiten. Schade, ich dachte immer, es macht Ihnen Spaß!«

DIE STATTGEFUNDENE VERSAMMLUNG

»Guten Tag, lieber Herr Wuschke! Denken Sie nur: Schon wieder war in der Morgenzeitung von einer STATTGEFUNDENEN VERSAMMLUNG die Rede. Ich habe sie flugs ausgeschnitten, um sie Ihrer Stilbruchbude gratis zur Verfügung zu stellen!«
»Sehr aufmerksam, mein Bester! Doch selbstverständlich habe ich dieses Stilbrechmittel längst meiner Stilbruchbude einverleibt.«
»Ich hätte es mir fast denken können. Immerhin sollten Sie, Herr Wuschke, die Gelegenheit meiner Initiative nutzen, um den immer wieder auflebenden STATTGEFUNDENEN VERSAMMLUNGEN den Todesstoß zu versetzen.«
»Das haben, leider vergeblich, schon andere versucht. Wie oft hat beispielsweise Walther Victor darauf hingewiesen, daß man von einem intransitiven, also nichtzielenden Verb nie und nimmer das Mittelwort der Vergangenheit bilden kann. Trotzdem erbt sich die STATTGEFUNDENE VERSAMMLUNG wie eine ewige Krankheit fort.«
»Wie erklären Sie sich dieses Phänomen, Herr Wuschke?«
»Die STATTGEFUNDENE VERSAMMLUNG ist die Ausgeburt eines Trugschlusses. Viele glauben, man könne mit dem Tätigkeitswort ›stattfinden‹ genauso umspringen wie mit dem Verb ›finden‹. Nun kann man aber etwas oder jemanden finden, stattfinden hingegen kann man nichts und niemanden!«
»Ich folgere: Es gibt eine stattgefundene Versammlung ebensowenig wie eine getagte Volkskammer, ein sich ereignetes Fest oder einen richtig argumentierten Herrn Wuschke. Wie aber formuliere ich die gestern stattgefundene Versammlung korrekt?«
»Entweder ›Die Versammlung, die gestern stattgefunden hat‹ oder ›Die gestrige Versammlung‹. So einfach ist das.«

NIVEAUVOLL

»Guten Tag, lieber Herr Wuschke! Schon beim Betreten Ihrer heiligen Gemächer gewahre ich eine Neuerwerbung. Dieses Stück links vom Fenster stand doch vorige Woche noch nicht dort?«
»Sie sind ein Luchs! Das Wort NIVEAUVOLL ist tatsächlich erst gestern geliefert worden. Ich hatte es jahrelang übersehen, und ein guter Freund, dem es seit eh und je auf den Wecker geht, stellte es mir mit ironisch NIVEAUVOLLEN Grüßen zur Verfügung.«
»Ich bin mal ganz aufrichtig, Herr Wuschke: Mir geht dieses Wort sehr leicht von der Zunge. Ich finde es sehr ausdrucksvoll.«
»NIVEAUVOLL ist eben nicht ausdrucksvoll und schon gar nicht NIVEAUVOLL, denn ein Niveau, eine Ebene, Fläche oder Stufe also, kann nicht voll, sondern hoch oder niedrig sein.«
»Das Theaterstück war niveauhoch – das klingt albern.«
»Was heißt hier ›niveauhoch‹ oder ›niveauniedrig‹! Man mag gefälligst schreiben: ›Das Theaterstück hatte hohes (oder niedriges) Niveau‹!«
»Ihre Ausführungen, Herr Wuschke, haben hohes Niveau, während sich meine sprachliche Qualität auf durchschnittlichem Niveau befindet.«
»Wenn Ihnen solche Erkenntnis reift, dann gehen Sie getrost noch einen Schritt weiter: Ersparen Sie der Menschheit außer dem Unwort

NIVEAUVOLL möglichst auch noch das vielstrapazierte ›Niveau‹. Dieses Wort hat entgegen weitverbreiteter Legende kein Weltniveau.«
»Ich verstehe den Wink und werde Ihre Wortschatzkammer nie mehr mit dem Wort Niveau in Verbindung bringen. Ich sage nur noch: Herr Wuschke! Was Sie da alles so angesammelt haben, ist die Höhe!«

REAL UND REALISTISCH

»Guten Tag, lieber Herr Wuschke! Es ist mir ja ein bißchen peinlich, aber heute besuche ich Sie nicht wegen Ihrer schönen Ausstellungsstücke, sondern um Sie anzupumpen. Können Sie mir hundert Mark leihen?«
»Freilich. Hundert Mark in die Hand. Rückzahlung morgen früh.«
»Das ist nicht real, Herr Wuschke!«
»Nonsens! Sie wollen sagen, dies sei nicht REALISTISCH!«
»Real oder realistisch – ich denke real und sehe keine Möglichkeit, Ihnen die hundert Piepen schon morgen zurückzuzahlen.«
»Noch haben Sie das Geld gar nicht. Außerdem sind REAL und REALISTISCH so weit voneinander entfernt wie etwa Gustav und Gasthof.«
»Sie übertreiben!«
»Nicht im geringsten. Denken Sie mal realistisch: Ein REALER Maler beispielsweise ist ein richtiger Maler, ein Maler also aus Fleisch und Blut und keine malende Fata Morgana. Ein REALISTISCHER Maler indessen orientiert seine Malkunst an der Wirklichkeit. Er ist wirklichkeitsbezogen und nicht nur schlicht wirklich.«
»Dann wäre es also falsch, von realen Plänen, realen Programmen, realen Perspektiven und Prognosen zu sprechen?«
»Ja! Man muß von realistischen Plänen, Programmen, Perspektiven und Prognosen sprechen, wenn nicht an ihre bloße Existenz, sondern an ihre Erfüllbarkeit gedacht wird!«
»Herr Wuschke, Ihr realistischer Vortrag läßt die Frage offen: Borgen Sie mir hundert Mark mit einer zweiwöchigen Rückgabefrist?«
»Aus pädagogischen Gründen nur fünfzig. Die übrigen fünfzig Mark verdienen Sie sich am besten selbst, indem Sie einen Monat lang täglich eine Schachtel Real weniger rauchen!«

GEZIELT

»Guten Tag, lieber Herr Wuschke! Ich finde Sie in einen Folianten vertieft. Offensichtlich unterziehen Sie sich gezielter Lektüre!«
»Passen Sie nur auf, daß ich Ihnen keinen gezielten Kinnhaken verabreiche, denn gezielte Schaumschlägerei entfacht meinen gezielten Zorn!«
»Ihre gezielte Polemik entbehrt jeglichen Motivs, Herr Wuschke. Immerhin gibt es ungezielte, spielerische Beschäftigung mit Literatur. Wieso sollte ich dann nicht auch von gezielter Lektüre sprechen dürfen?«
»Das will ich Ihnen sagen, Sie Erzeuger ungezielten Zielscheibenhonigs: Bei allen vernünftigen Tätigkeiten, seien es manuelle oder geistige, darf das Vorhandensein einer bestimmten Zielrichtung getrost vorausgesetzt werden. Ungezielte Arbeit, ja, selbst ungezieltes Spiel ist nur ausnahmsweise anzutreffen und kann dann meinetwegen als ungezielt gekennzeichnet werden.«
»Machen Sie da nicht wieder mal aus einer Mücke einen Elefanten, Herr Wuschke?«
»Wenn schon! Ein Elefant zertrampelt Ihr sprachliches Unkrautbeet jedenfalls nachhaltiger, als ein Insekt das könnte. Diese in allen Zeitungsspalten wuchernden gezielten Maßnahmen, gezielten Aufgabenstellungen und gezielten Projekte sind genauso einfältig wie etwa konsequente Schlußfolgerungen und wirkungsvolle Effekte!«
»Logisch.«
»Tautologisch!«
»Gut gezielt, Herr Wuschke! Sie sind und bleiben eine Koryphäe auf dem Gebiet der Sprache und Zielistik!«

VORWIEGEND UND BEISTIMMEN

»Guten Tag, lieber Herr Wuschke! Ich kann Ihnen eine erfreuliche Mitteilung machen. Bei unserer gestrigen Hausversammlung wurde meinem Vorschlag, Ihrer löblichen Wortschatzkammer einen gemeinsamen Besuch abzustatten, vorwiegend beigestimmt!«
»Zwar sind mir Ihre Hausgenossen persönlich nicht bekannt, doch schließe ich aus Ihrer Formulierung, daß ein kollektiver Wortschatzkammerbesuch dringend geboten ist!«

»Sie drücken sich sehr diplomatisch aus, Herr Wuschke. Wo ist der Haken?«
»Der Haken ist in meinem sprachlichen Leitfaden enthalten, der VORWIEGEND und BEISTIMMEN auf den Schrotthaufen jeder besseren Wortschatzkammer verweist!«
»Warum?«
»VORWIEGEND bedeutet nichts anderes als eine häßliche Promenadenmischung aus den Wörtern ›vorherrschend‹ und ›überwiegend‹. Beide Wörter bezeichnen ein plausibles Bild, was man von VORWIEGEND beim besten Willen nicht behaupten kann.«
»Aber ...«
»BEISTIMMEN ist eine nicht minder unglückliche Melange, nämlich aus den Vokabeln ›beipflichten‹ und ›zustimmen‹. Kapiert?«
»Ich möchte Ihnen herzlich gern beipflichten oder zustimmen, Herr Wuschke, doch beispielsweise die Meteorologen erklären gelegentlich es sei vorwiegend heiteres Wetter zu erwarten!«
»Damit haben sie doppelt unrecht!«
»Wieso doppelt?«
»Sowohl sprachlich als auch tatsächlich, denn leider überrascht uns Petrus mit überwiegend unbeständigem Wetter!«

KURSUS

»Guten Tag, lieber Herr Wusche! Meine Hausgemeinschaft ist brennend interessiert an einem neuen Wuschke-Sprachkurs. Dürfen wir hoffen ...?«
»Gestatten Sie mir eine kleine Kurskorrektur: Es wird keinen neuen Wuschke-Sprachkurs geben, mein sprachlicher Kurs ist der bewährte alte. Falls Sie aber, wie ich mißtrauisch vermute, an einen neuen Wuschke-Sprachkursus für Deutsch-Anfänger und Deutsch-Fortgeschrittene gedacht haben, stehe ich gern zur Verfügung.«
»Daß Sie Ihr freundliches Entgegenkommen aber auch jedesmal mit irgendeinem sprachlichen Rüffel verbinden müssen! Kursus oder Kurs – meines Wissens entspringen beide Wörter derselben Wurzel!«
»Sie sagen es! Die gemeinsame Wurzel ist das lateinische cursus. Aber zum Verdruß aller genialen Vereinfacher landeten zwei von einem Stamm gefallene Äpfel nicht auf demselben Fleck, so daß wir Kurs und Kursus heutzutage keinesfalls in einen Apfelmustopf werfen können.«
»Ich danke für Obst, Herr Wuschke! Im übrigen möchten die voraussichtlichen Kursusteilnehmer wissen, ob sie für Ihre geschätzten Lektionen irgendwelche Bücher als Lernhilfe benötigen.«
»Ich werde eine Liste von Büchern zusammenstellen, die in Frage kommen, damit niemand in Versuchung gerät, dieses ominöse Werk als Leitfaden meines Unterrichts zu betrachten.«
»Welches ominöse Werk?«
»Na, das Kursbuch!«

WENN ... WÜRDE

»Guten Tag, lieber Herr Wuschke! Ich möchte nur einen kurzen Blick in Ihre Stilbruchbude werfen, denn wenn ich ausgerechnet zur Geburtstagskaffeetafel meiner Schwiegermutter verspätet eintreffen würde ...«
»Wenn ich ein Vöglein sein würde und auch zwei Flügel haben würde, würde ich zu dir fliegen.«
»Wollen Sie mit Ihrem Vogelsang etwa ausdrücken, daß ich eine Unkorrektheit begangen habe?«
»Eine Unkorrektheit im engsten grammatischen Sinne vielleicht nicht, aber bestimmt einen Stilbruch. Wenn-würde-Sätze sind, außer im Passiv, geradezu eine Orgie der Stumpfheit und Häßlichkeit, wie das von mir falsch zitierte Volkslied beweist.«
»Herr Wuschke, wenn ich Sie nicht so gut kennen – also, wie bring ich zum Kuckuck nun wieder diesen Satz zu Ende? Kennte?«
»Verbiegen Sie sich nicht die Zunge! Ungebräuchliche und ungefügige Konjunktive machen das Wenn-Würde-Übel nur noch größer. Vorschlag: ›Herr Wuschke, wenn Sie mir nicht so gut bekannt wären‹!«
»Ich wäre wahrlich kein selbstkritischer Mensch, wenn ich Ihnen nicht recht geben wollte!«
»Bravo! In diesem Fall tut es das Wollen viel besser als das Würden. Und noch eins: Was für ›wenn-würde‹ gilt, das trifft auch zu auf ›falls-würde‹, ›sofern-würde‹ und ›ob-würde‹!«
»Aber das Dichterwort, Herr Wuschke! Der

Dichter sagt: ›Der Menschheit Würde ist in eure Hand gegeben‹.«
»In die Hand, mein Würdevoller, doch bitte nicht in den Mund!«

ARBEIT

»Guten Tag, lieber Herr Wuschke! Immer wieder nötigt mir Ihre an Wortschätzen reiche Wortschatzkammer Respekt ab. Wieviel Fleißarbeit haben Sie da reingesteckt!«
»Da es keine faule Arbeit gibt, hätte ich Grund, Sie einer tautologischen Übertreibung zu bezichtigen. Aber ich will mich nicht dabei aufhalten. Wichtiger erscheint mir, Ihr pompöses Wortgebilde zum Ausgangspunkt eines kleinen Kollegs über den weitverbreiteten Mißbrauch aller möglichen ›Arbeits‹-Kombinationen zu nehmen.«
»Bearbeiten Sie mich!«
»Was halten Sie beispielsweise von Lernarbeit?«
»Sehr viel. Also lehren Sie mich was, damit ich lerne.«
»Schon gut, aber finden nicht auch Sie ›Lernarbeit‹ eine Nummer zu groß? Mir ist jedenfalls einer lieber, der lernt, also einer, der Lernarbeit durchführt, verrichtet oder vollzieht.«
»Mir auch, Herr Wuschke. Andererseits kommt mancher vor lauter Lernarbeit nicht zur Öffentlichkeitsarbeit, Überzeugungsarbeit …«
»… und zur Kulturarbeit! Was dieses Wort mit Kultur, namentlich mit Sprachkultur, zu tun hat, ist mir schleierhaft.«
»Wenn die Wortbildungsarbeit nicht aufhört, wird wohl bald auch die Rede sein von Sportarbeit, Eßarbeit, Übernachtungsarbeit und Liebesarbeit!«
»Malen Sie nicht den Arbeitsteufel an die Wand! Mir ist sehr bange um den Bestand eines klaren, einfachen Begriffes, der allmählich aus der Mode zu kommen scheint: Arbeit.«
»Sie meinen, Herr Wuschke, daß dieses Wort am Ende kein Mensch mehr verwenden wird?«
»Im Gegenteil! Man wird es aufblasen zur Arbeitsarbeit!«

WENN ZWEI DASSELBE TUN

»Guten Tag, lieber Herr Wuschke! Vorhin traf ich meinen Freund Eisenbeiß, der dieselbe Krawatte trug, die ich besitze. Von mir darauf aufmerksam gemacht, nahm er mich so ungehörig in die Krawatte, daß mir die Luft wegblieb.«
»Kein Wunder, wenn Sie Ihren Freund als Dieb denunzieren!«
»Nichts lag mir ferner, als derartiges zu tun!«
»Sie taten's aber, indirekt. Herr Eisenbeiß hätte nämlich just Ihren ganz und gar personengebundenen Binder getragen, wenn dieser tatsächlich derselbe und nicht nur der gleiche gewesen wäre.«
»Es dämmert! Sie, Herr Wuschke, gehören offensichtlich zu jenen Wortklaubern, die scharfrichterlich zwischen ›dasselbe‹ und ›das gleiche‹ unterscheiden. Ich jedoch finde es müßig, darüber zu streiten, ob wir beide der gleichen oder derselben Ansicht sind.«
»Mir geht es da nicht anders. Bei abstrakten

Begriffen ist es auch mir egal, ob sich jemand für dasselbe oder das gleiche entscheidet. Sobald es aber konkret wird, erlaube ich weder mir noch Ihnen, gleiches mit demselben zu vergelten, auch wenn es sich um zwei Hühnereier handelt, die einander gleichen, als wären es dieselben.«

»Sie meinen also, ein konkreter Gegenstand ist nur dann derselbe, wenn er mit sich selbst identisch ist?«
»Ja, er muß identisch und darf keinesfalls ein anderer Gegenstand sein, so ähnlich oder gleich der auch sein mag. Es heißt mit Recht ›Gleiche Brüder, gleiche Kappen‹ und nicht ›Dieselben Brüder, dieselben Kappen‹!«
»Herr Wuschke, dieses schöne Gleichnis war beinahe ein Dasselbnis!«

PRAKTISCHE WUNKE

»Ein Mann, ein Wort, Herr Wuschke! Geht es Ihnen so wie mir? Immer wieder hören es meine peinlich berührten Ohren: gewunken!«
»Es gibt den Trunk, den Prunk, den Stunk. Dieser Wortkolonie hat sich der Wunk halt einfach zugesellt.«
»Lassen Sie Leute, die eifrig gewunken haben, etwa gelten?«

»Die Leute im allgemeinen schon, ihre Sprache freilich nicht. Ich kenne noch eine andere weitverbreitete Mißbeugung: frug.«
»Klingt etwas frugal, Herr Wuschke. Auch ich kann mit einer Beugung delikatester Schönheit dienen! Einen Kunden hörte ich neulich dem Meister einer Kfz-Werkstatt erklären: ›Es hörte sich in der Nähe des linken Hinterrads so an, als ob etwas geschliffen hat!‹«
»Immerhin – ›geschliffen‹ gibt es wenigstens, wenn auch nur in der Glas- und Scherenschleiferbranche. Diese Verwechslung erinnert mich an die verkorkste Wendung nach erfolgreichem Arbeitstag: ›So, das hätten wir geschaffen!‹ Natürlich kann, wer etwas geschafft hat, auch etwas geschaffen haben. Aber in diesem Fall hier sollte wohl nicht vom Schöpfungsakt, sondern von der Erledigung des Arbeitspensums die Rede sein.«
»Sie brauchen mich gar nicht so zu schulmeistern, Herr Wuschke. Ich kann Ihnen folgen und weiß sehr wohl, daß Sie nur ein einziges Mal geschaffen, doch von mir, meinen Fragen und Argumenten schon unzählige Male geschafft wurden.«

EIN HISTIVES EREIGNIS

»Hals- und Wortbruch, Herr Wuschke! Gleich zu Anfang unseres heutigen Gesprächs möchte ich eine etwas provokative Frage an Sie richten.«
»Oho! Ich hoffe, diese Ankündigung war nur rhetiv und allegiv gemeint, den...«
»Rhetiv und allegiv? Moment! Ganz gewiß meinten Sie ›rhetorisch‹ und ›allegorisch‹! Warum aber solche Wortmaskerade?«
»Weil Sie ›provokativ‹ statt ›provokatorisch‹ gesagt und damit, fremdwörtlich ausgedrückt, verbalchirurgischen Nonsens nachgeplappert haben. Oder sind Sie dafür, daß künftig beispielsweise nicht mehr von historischen, sondern von histiven Ereignissen gesprochen wird?«
»Um Ihrer Wortschatzkammer willen nein, Herr Wuschke. Ich trete nicht einmal dafür ein, daß umgekehrt von positorischen, attraktorischen und objektorischen Gegenständen die Rede ist statt von positiven, attraktiven und objektiven.«
»Das ist objektiv vernünftig, mein lieber Wort-

schatzbefohlener! Es ist ohnehin bedenklich, die deutsche Sprache mit Fremdwörtern zu überfüttern. Wenn nun aber schon ›herausfordernd‹ nicht gut genug erscheint, warum muß dann ein falsches Fremdwort importiert werden? Ich verwahre mich gegen Einreiseerlaubnis für Fremdwortausschuß!«
»Sie haben recht, Herr Wuschke! Man sollte diesem ›provokativ‹ oder auch dem, wie man gelegentlich hört, ›provokant‹ sprachbehördlicherseits das Visa verweigern!«
»Das Visum! ›Visa‹ ist Mehrzahl. Im übrigen wünsche ich Ihnen eine schöne, visumfreie Urlaubsreise!«

ÜBERWÖRTER

»Guten oder besser besten Tag, Herr Wuschke! Vermute ich richtig, daß Ihre heutige Lektion einigen unkorrekten Wortsteigerungen gewidmet ist?«
»Ja, Sie vermuten richtig. Den mir jovial gewünschten besten Tag betrachte ich als ebenso geeignete wie kuriose Einstimmung.«
»Ich habe eine einzigste Frage, nämlich …«
»Ihr ›bester Tag‹ war wenigstens nicht falsch, aber die ›einzigste Frage‹ ist ein Attentat wider meine Wortschatzkammer! Komparative und Superlative sind ganz allgemein mit Vorsicht zu genießen. Als ganz und gar unzulässig gelten jedoch Steigerungen von Adjektiven und Adverbien, die entweder dem Sinne nach nicht erhöht werden können oder über keine Steigerungsformen verfügen.«
»Wie zum Beispiel ›der einzige‹, stimmt's?«
»Es gibt Dutzende solcher Wörter: bisweilen, mittel, rechts, schon, endlich, neulich, zwar, manchmal, oben, draußen, gestern, tot, schwarz, sehr, zurück, fertig, innen, wahr, allmählich, völlig, gemeinsam…«
»Für Ihre Theorie, Herr Wuschke, sehe ich ziemlich schwarz, schwärzer, am schwärzesten, denn neulich hörte ich in einem Fernsehstudio den Kameramann zum Darsteller sagen: ›Bitte etwas rechtser!«
»Natürlich gibt es derartige Komparative im Branchenjargon – Maler sprechen tatsächlich von grüneren oder schwärzesten Tönen – und in der komischen Literatur, im allgemeinen Sprachgebrauch sind sie aber Störenfriede.«
»Ich kann mich Ihren sämtlichsten Argumenten in keinster Weise verschließen, Herr Wuschke!«
»Ich sehe: Sie steigern sich als Komiker hervorragend. Gratuliere!«
»Danke, Herr Wuschke, danke gleichfallst!«

NAHERHOLTES WARMWASSER

»Wort frei, Herr Wuschke! Ich entnehme der Überschrift Ihrer heutigen Lektion, daß Sie mal wieder ein paar Witz- und Spitzfindigkeiten auf Lager haben.«
»Absurder Verdacht!«
»Nun, was haben Sie eigentlich gegen Naherholung? Man hört und liest dieses Wort auf Schritt und Tritt – auch amtlich.«
»Um so schlimmer, mein Lieber! Es gibt zwar Erholung in nahegelegenen Gebieten, die abgekürzt ›Naherholungsgebiete‹ genannt werden, aber ›Naherholung‹ ist ein sinnloses Rumpfwort. Oder wissen Sie, wie man sich naherholt?«
»Nah weniger, aber gut. Warum indessen hadern Sie außerdem mit Warmwasser?«
»Ich hadere mit Warmwasser, Heißwasser, Kaltwasser, denn sie sind unglückliche Verwandte der Naherholung. Manche Leute meinen, weil es Heißwasserboiler, Warmwasserhähne und Kaltwassermassagen gibt, müsse es auch Heiß-, Warm- und Kaltwasser geben.«
»Und in Wahrheit gibt es nur warmes und kaltes Wasser. Alles andere ist Kaltkaffee, stimmt's?«
»Wie schnell Sie begreifen, teurer Wortspielgefährte! Bei zusammengesetzten Wörtern ist Vorsicht geboten. Das sagt Ihnen der mit allen Oberwassern gewaschene Willi Kalt- und Warmwuschke!«

Willi Wuschkes Stilbruchbude

WER WEN?

»Guten Tag, lieber Herr Wuschke! Was alles so passiert! Heute vormittag hat meine Frau so ein verdammtes Hundevieh gebissen. Das war vielleicht eine Aufregung: Krankenhaus, Spritze und so weiter. Nun bin ich aber doch noch zu Ihnen geeilt.«

»Ist der Hund arg verletzt?«

»Sie scherzen!«

»Ihrem Bericht mußte ich entnehmen, daß Ihre Gattin der Attentäter, der Hund jedoch das Opfer war.«

»Möglich, Herr Wuschke, daß ich meinen Satz etwas kraus formulierte, aber der Sinn meiner Worte ist sonnenklar.«

»Das sagen Sie so! Neulich las ich in derselben Ausgabe der ›Berliner Zeitung‹ diese zwei Meldungen: ›Schneefanggitter haben Handwerker in Ordnung gebracht‹ und ›Turmkräne wollen junge Bauarbeiter in eigene Verantwortung übernehmen‹. Nun?«

»Na ja, das ist natürlich kein sehr gutes Deutsch, aber der verantwortliche Redakteur wollte eben das Objekt an die Spitze stellen, um das Wesentliche zu betonen.«

»Schön und gut. Nur muß man in Fällen, wo Subjekt und Objekt das gleiche Geschlechtswort haben oder in der Mehrzahl verwendet werden, eine Passiv-Konstruktion oder eine andere unmißverständliche Formulierung wählen: ›Meine Frau ist von so einem verdammten Hundevieh gebissen worden‹, ›Schneefanggitter wurden von Handwerkern in Ordnung gebracht‹ und ›Turmkräne in eigene Verantwortung zu übernehmen, beschlossen junge Bauarbeiter‹. Können Sie mir folgen?«

»Diese Lektion versteht jedes Kind!«

»Umgekehrt: Jedes Kind versteht diese Lektion. Und nun kümmern Sie sich um Ihre geplagte Frau, bevor der Hund in mir erwacht und ich Sie wegen Ihres sprachlichen Rückfalls mit Sarkasmen beiße!«

MEHR ALS

»Guten Tag, lieber Herr Wuschke! Ich hoffe, daß Sie mein mehr als pünktliches Auftauchen in Ihrer mehr als wertvollen Stilbruchbude mehr als zu würdigen wissen und mir ein besonders hübsches Stilbruchstück vorstellen werden!«

»Da haben Sie MEHR ALS RECHT!«

»Sie machen mich mehr als neugierig, wiewohl ich stutze. Eben war so etwas in Ihrer Stimme, was auf leichte Ironie schließen läßt.«

»Da haben Sie den Nagel mehr als auf den Kopf getroffen. Die deutsche Sprache ist reich an Steigerungsformen, aber keine ist so albern wie dieses ›mehr-als‹-Modell, namentlich bei Eigenschafts- und Mittelwörtern, die dem Sinne nach überhaupt nicht steigerungsfähig sind.«

»Was Sie da sagen, Herr Wuschke, erscheint mir mehr als vernünftig!«

»Da haben Sie's: MEHR ALS VERNÜNFTIG, MEHR ALS RECHT, MEHR ALS PÜNKTLICH – was soll man sich bei so verrückten Mehrwert-Galoppaden vorstellen außer MEHR ALS BLÖDSINN? Neulich hieß es in einer Sportreportage, der Sieg der Lok-Elf sei MEHR ALS VERDIENT gewesen. Mir hätte es genügt, wenn er schlicht als verdient bezeichnet worden wäre.«

»Superlativismus ist eben so eine Modetorheit, Herr Wuschke, gegen die wenig auszurichten ist.«

»Wenig, doch nicht MEHR ALS WENIG, mein pessimistischer Freund. Die Hohlheit und Lächerlichkeit von ins Astronomische gesteigerten, etwas sowieso Absolutes bezeichnenden Vokabeln verurteilt sich selbst zum Tode – das begreifen immer mehr Menschen.«

»Mehr noch, Herr Wuschke: Mehr als mehr Menschen, wenn nicht gar die mehr als meisten!«

MIT IHM STARB

»Guten Tag, lieber Herr Wuschke! Was sehe ich da? Sie haben die Büste unseres jüngst verstorbenen Bürgermeisters Bruno Landbrodt schnöde in Ihrer Stilbruchbude aufgestellt?«

»Eine scheinbar pietätlose, aber stilfördernde Maßnahme, obwohl es mir leider nicht vergönnt war, eine Büste des gleichzeitig mit ihm heimgegangenen guten Freundes hinzuzufügen.«

»Wer soll denn das gewesen sein, Herr Wuschke?«

»Weiß ich nicht. Die Todesanzeige verschwieg seinen Namen. Es hieß da nur: ›Gestern verstarb Bürgermeister Bruno Landbrodt. MIT IHM verschied ein guter Freund ...‹«

»Herr Wuschke! Über Tote soll man nicht kalauern!«

»Sie zitieren die Lateiner etwas großzügig. Über Tote solle man, wird gemahnt, nur Gutes sagen, und das Gegenteil liegt mir fern. Ich wehre mich freilich gegen den Brauch, über Tote Falsches zu sagen.«

»Jeder Leser der Todesanzeige begriff natürlich ...«

»Dieses ›mit‹ in Sätzen wie ›MIT IHM stand ein hervorragender Torhüter zwischen den Pfosten‹, ›MIT IHM ergriff ein brillanter Redner das Wort‹ oder ›MIT IHR stand eine erstklassige Primaballerina auf der Bühne‹ suggeriert dem Leser eine Begleitperson, die in Wahrheit gar nicht vorhanden ist.«

»Wer sich mit Ihnen, mit dem Stilbruchbudenbesitzer und dem Wortschatzkammerbullen anlegt ...«

»Falsch! Da ich nur eine Person bin, genügt ein einziges ›mit‹ am Anfang.«

»Da denke ich anders, Herr Wuschke. Für mich sind Sie eine Art heiliger Dreifaltigkeit. Die Einfalt ist ganz auf meiner Seite!«

TEURE HEIMAT

»Guten Tag, lieber Herr Wuschke! Eigentlich wollte ich Ihnen anläßlich der fünfundzwanzigsten Wiederkehr des Tages unserer Bekanntschaft Orchideen zu Füßen legen, aber wegen der teuren Preise, die man für solche Blumen zahlen muß, habe ich Gänseblümchen gewählt.«

»Mir ist wohl bekannt, Sie billiger Jakob, daß Orchideen teuer sind, aber vom Phänomen TEURER PREISE höre ich erstmals aus Ihrem Munde!«

»Dann eben nicht teure, sondern hohe Preise, Herr Wuschke!«

»Sagen Sie das nicht so mürrisch und wegwerfend! Bedenken Sie lieber, daß Preise, Tarife, Gebühren, Porto und ähnliches Wertausdruck für Waren, aber nicht selber Waren sind. Nur Waren können teuer oder billig sein.«

»Und Mieten!«

»Eben nicht! Mieten sind hoch oder niedrig. Teuer oder billig dagegen sind die vermieteten Objekte: Wohnräume und Grundstücke etwa oder auch Leihwagen.«

»Und mein Lehrmeister Wuschke, den ich mit Vorzug einen TEUREN FREUND nenne.«

»Nicht zu vergessen die Scherze und Kalauer in Ihrer Produktion! Sie erscheinen mir gerade deshalb so teuer, weil sie so preiswert, um nicht zu sagen spottbillig sind!«

»Angesichts so kecker Spötterei antworte ich frivol: Sie können mich mal, Herr Wuschke! Mein preisgünstigstes Angebot lautet heute: im Dutzend billiger!«

AUTORITÄRES UND LETZTES

»Guten Tag, lieber Herr Wuschke! Sie können sich gratulieren, denn das Buch, das ich gestern abend las, ist eine wahre Stilbruchbuden-Fundgrube. Dem Autoren sind köstliche Stilblüten gelungen, die ich Ihnen gern zur Verfügung stelle.«

»Ich weiß Sie als gnadenlosen Zensoren der deutschen Sprache zu schätzen, aber so viel Humoren besitze ich nun auch wieder nicht, Sie für einen Triumphatoren der Stilistik zu halten!«

»Habe ich etwas falsch gemacht, Herr Wuschke?«

»Und ob! Deklinieren wir: ›Der Autor, des Autors, dem Autor, den Autor‹. Apropos Autor! Neulich formulierte eine Reporterin während ihres Interviews mit einem Autor: ›Ihr LETZTES Buch hat eine angeregte Diskussion ausgelöst!‹«

»Sie meinen, Herr Wuschke, ein Buch sei als Auslöser ungeeignet?«

»Doch, schon. Freilich kann ich mir denken, daß der Autor ob dieser Bemerkung erbleichte, denn wie kann man so vermessen und tolpatschig sein, das jüngste oder neueste Werk des Dichters als sein letztes zu apostrophieren!«

»Aber Sie selbst, Herr Wuschke, sagten mir letzte Woche ...«

»Vorige Woche, bitte schön! Gewöhnen wir uns doch daran, nur das tatsächlich Letzte als DAS LETZTE zu bezeichnen. Ich jedenfalls gedenke noch einige Wochen auf dieser schönen Erde zu wandeln!«
»Wie immer haben Sie, Herr Wuschke, das vorletzte Wort. Das letzte werden Sie hoffentlich als mindestens Hundertjähriger sprechen.«

GESINNUNGSFRAGEN

»Guten Tag, lieber Herr Wuschke! Eigentlich war ich heute nicht gesinnt, Ihre Stilbruchbude zu betreten, aber…«
»Aber Sie taten es zum Glück dennoch, um sich von mir ein taugliches Mittel gegen fortschreitende Stilbrüchigkeit verschreiben zu lassen. Statt ›gesinnt‹ hätten Sie nämlich ›gesonnen‹ sagen müssen!«
»Sie legen mich nicht rein, Herr Wuschke! Ich weiß schon, wann es ›gesinnt‹ und wann ›gesonnen‹ heißt. Beispielsweise ist mir mein Gartennachbar feindlich gesonnen. Stimmt's?«
»Den Grund seiner feindlichen Gesinnung könnte ich mir denken: Ihr Nachbar haßt Ihr laxes Verhältnis zur deutschen Sprache. Allerdings ist er Ihnen keinesfalls feindlich gesonnen!«
»Sind Sie Hellseher?«
»Nein. Ihr Nachbar ist Ihnen allenfalls feindlich gesinnt.«
»Vorhin, Herr Wuschke, sagten Sie genau das Gegenteil. Sie sind eben ein Stilbruchbudiker aus Quacksalberholz geschnitzt.«
»Solche Worte verraten nur, daß Sie nicht gesonnen sind, als objektiv gesinnt zu gelten. Versuchen Sie mir zu folgen: Wer gesinnt ist, hat eine Gesinnung. Wer gesonnen ist, hat eine Absicht.«
»Ein schönes Dilemma für diese Leute!«
»Für welche Leute?«
»Für Leute, die beabsichtigen, eine Gesinnung zu haben. Sind die nun gesinnt oder noch nur gesonnen?«

SCHEINVERHÄLTNISSE

»Glück und Sonnenschein, Herr Wuschke! Wie ich Ihrer Programmtafel entnehme, wollen Sie heute ein Scheingefecht mit mir veranstalten?«
»Dieser Schein, mein Teurer, trügt nicht. Lassen Sie Ihr Licht scheinen!«
»Ich warte auf Ihr Stichwort, Herr Wuschke! Aber haben wir uns nicht schon neulich über den Unterschied zwischen SCHEINBAR und ANSCHEINEND unterhalten?«
»Das haben wir. Heute soll es jedoch um eine Nuance unseres damaligen Gesprächsstoffes gehen.«
»Sie scheinen wohlvorbereitet, Herr Wuschke!«
»Und Sie scheinen kein gutes Deutsch!«
»Zu sprechen!«
»Aha! Und warum sagten Sie vorhin ›Sie scheinen wohlvorbereitet‹ und nicht ›Sie scheinen wohlvorbereitet zu sein‹?«
»Das ist doch etwas ganz anderes, Herr Wuschke! Müssen Sie das Kind denn immer gleich mit der Bude, mit der Stilbruchbude ausschütten? SEIN kann in Verbindung mit SCHEINEN getrost wegfallen. Der Sinn ist sowieso klar wie Kloßbrühe!«
»So? Also dann: Der Mond scheint. Nach Ihrer Logik bedeutet das: Der Mond scheint zu scheinen.«
»Sie scheinen im Recht …«
»… zu sein. Scheinen ist einerseits ein Synonym von ›strahlen‹, ›glänzen‹, ›leuchten‹ und kann ohne verbale Krücke auskommen. Andererseits …«
»Sie scheinen mich für dämlich zu halten, Herr Wuschke. Doch das scheine ich nur zu sein. Und was den Mondschein betrifft – wollen Sie mich nicht Ihrerseits mal besuchen, Herr Wuschke?«

DUNKEL WAR'S, DER MOND SCHIEN HELLE

»Einen zauberhaften Budenzauber wünsch ich, Herr Wuschke! Welchen Stil gedenken Sie denn heute übers Knie zu brechen?«
»Ich denke, wir werden ein bißchen über widersinnige Redewendungen philosophieren.«
»Ja, das hatten wir ziemlich sehr lange nicht. Da muß ich zögernd sofort an unseren Freund

Schlegelmilch denken. Der sagt meistens immer, wenn man ihn fragt, ob er den Kaffee mit Milch wünscht: ›Bitte mit ohne.‹ Paradox, so was!«
»Nun, ich vermute, Stilbrecher Schlegelmilch reagiert aufs Milchangebot nur im Scherz so. Bei Ihnen bin ich mir dagegen nicht so sicher!«
»Beleidigung! Können Sie mir auch nur einen einzigen Fall nachweisen, der solche Schmähung rechtfertigt?«
»Selbstverständlich! Wer ›ziemlich sehr‹, ›zögernd sofort‹ und unaufhörlich ›meistens immer‹ über die Lippen bringt, ist ein Widersinnsprüchemacher.«
»Nun, immerhin ...«
»Mich wunderts, daß Sie nicht ›meistensimmerhin‹ gesagt haben. Diese leider meistensimmergrüne Sprachblüte sollte mit Wurzel und Stengel ausgerottet werden, ›meistens‹ ist nicht ›immer‹, und ›immer‹ ist nicht ›meistens‹. Man muß sich schon fürs eine oder andere entscheiden.«
»Selbstkritisch gelobe ich, Herr Wuschke, daß ich Ihre genialen Lehren vielleicht bestimmt berücksichtigen werde!«
»Na schön! Vielleicht bestimmt – das ist mir fast völlig lieber als manchmal nie!«

ALLES ODER NICHTS

»Hochdeutsch sollen Sie leben, Herr Wuschke! Anläßlich Ihres heutigen fünfundzwanzigsten Stilbruchbudenkollegs grüße ich Sie namens der mit mir gemeinsam erschienenen Hausgemeinschaft, und ich...«
»Schreck laß nach! Mit allen diesen Leuten rücken Sie mir auf die Stilbruchbude?«
»Keine Panik, Herr Wuschke! Alle sind nicht mitgekommen.«
»Wie denn? Nicht ein einziger?«
»Wollen Sie mich zum Narren halten? Draußen warten einunddreißig Personen. Aber, wie gesagt, alle sind nicht mitgekommen. Es fehlen acht.«
»Gegen Ihre Stilbrüche helfen offensichtlich weder Schiene noch Gipsverband. Erst sagen Sie, alle seien nicht mitgekommen, und dann offerieren Sie mir einunddreißig Figuren!«
»Na schön. Ich korrigiere: Nicht alle sind mitgekommen.«
»Brav, brav, mein Lieber. Und nun lassen Sie Ihre Hausgenossen mal schön der Reihe nach eintreten, damit ich jedem ein Jubliläumsglas Blaustengler kredenze!«
»Alle trinken keinen Alkohol, Herr Wuschke!«
»Also niemand?«
»Ein Spiel mit Worten!«
»Kein Spiel, sondern Stil!«
»Nicht alle Bürger der Hausgemeinschaft nehmen Alkohol zu sich. Zufrieden, Herr Wuschke?«
»Na denn prost, Sie Stilosoph mit kleinen Fehlern. Doch trösten Sie sich. Sogar der weise Volksmund läßt ziemlich verquere Redensart gelten: Alles Gute ist nie beisammen.«

Journalismus I

Im siebenten Kapitel findet sich eine Auswahl von journalistischen Texten, die Hansgeorg Stengel von 1956 bis 1962 für den *Eulenspiegel* schrieb.

Satire und Kongreß

Das weiß man nun schon: Die Satire wird weder Hauptfigur noch (höchstwahrscheinlich) Charge des IV. Deutschen Schriftstellerkongresses sein, denn der Kongreß muß ein ganz und gar ernstes Gesicht machen, weil Themenplan und vorausgegangene Streitgespräche das Temperament der Dichtertagung bestimmen werden. Es hieße also, Wasser mit dem Sieb löffeln oder Zigarren nach

KUBA

tragen, wollte man der durchaus seriösen Konferenz irgendwelche Bitten, Winke und Ratschläge eulenspiegeliger Prägung unterbreiten. Speziell über Fragen der Satire und des Humors zu sprechen, muß einem I. Deutschen Kongreß für Satire vorbehalten bleiben, der – das walte Spott – noch stattfinden möge, bevor namhafte Satiriker müde geworden sind, das Schreiben mißverstandener und zurückgewiesener Satiren fortzusetzen. Es muß sich endlich einmal herumsprechen (und wo eher als im Vaterland Eulenspiegels?), daß der güldene

ZWEIG

der Satire überhaupt nicht dazu da ist, begutachtet oder lizensiert zu werden. Dennoch begegnet man hin und wieder dem Kinderglauben, daß, sagen wir, der Deutsche Schrebergärtner-Verband e.V. darüber zu befinden habe, ob eine Satire über den Laubenpieper Knülle zum augenblicklichen Zeitpunkt unter den besonderen Umständen und überhaupt gedruckt werden dürfe. Die lobenswerte Diskussion über die Satire in der kulturpolitischen Zeitschrift »Sonntag« hat in der Praxis leider noch gar nichts daran ändern können, daß zwischen Rostock und dem

RENN

steig seitens der Verleger und Redakteure eher noch Konzessionen an zu schlechte als an zu freche Literatur gemacht werden. Eine von wenigen Ausnahmen: Das Berliner Kabarett »Die Distel«. Im Programm »Wer einmal in den Fettnapf tritt…« wird stärker aufgetreten, als es – so würde man dereinst gesagt haben – »die Polizei erlaubt«. Das Gelächter des Publikums triumphiert über das Stirnrunzeln der Administratoren. Welch Labsal, endlich wieder einmal den Anspruch verwirklicht zu sehen und zu hören, daß wir's uns leisten können, über eigene Fehler und Mängel zu lachen. Welch konkrete Errungenschaft! Deshalb:

BRECHT

noch nicht in Tränen aus, ihr Aktiven und Aktivisten übelgenommener Heiterkeit! Es gibt der Tröste schon eine stattliche Anzahl, und es wird ihrer um so mehr geben, je härter, ja kipphärdter, wir uns das Einspruchsrecht stirnrunzelnder Beckmesser verbitten. Seid gewiß: So mancher hohe Funktionär hätte sich da und dort in einer fröhlichen Glosse, einem Couplet oder einer Karikatur ohne Groll zerrgespiegelt gesehen, aber er sah sich nie, weil so mancher mittlere Funktionär nicht davon wußte, daß so mancher niedrige Funktionär das Manuskript schon längst aus dem Verkehr gezogen hatte. Etwas blaß und

WELK

ist deshalb das Antlitz so vieler Bücher, Zeitschriften und Zeitungen. Leben und Papier scheinen zweierlei zu sein. Die muntere, oft kecke, manchmal drastische Umgangssprache hat kaum Platz in der zeitgenössischen Literatur. Alle für die Herstellung von Literatur Verantwortlichen haben die Mutprobe bisher nicht bestanden. Es ist Mode geworden, Mut und mehr Mut und noch mehr Mut zu fordern: In der Architektur, in der Malerei, in der Literatur und in der Mode selbst. Satiriker sollten nicht in dasselbe Horn stoßen. Für sie ist Mut keine Forderung, sondern Voraussetzung für eine andere, viel wichtigere Forderung: nach Übermut. Dem gebührt Eulenspiegels Gunst und ein

BECHER

funkelnden Weines, der es vermag, die Forderung der Satiriker nach Übermut erfüllen zu helfen. Und insofern hat dieser Artikel trotzdem etwas mit dem Schriftstellerkongreß zu tun: Alle in Berlin versammelten Delegierten werden, wie zu hoffen ist, Zeit finden, obige Zeilen gründlich zu studieren, vor allem jene Delegierten, die in diesem Artikel namentlich zu nennen dem Verfasser unterlaufen ist. Sie scheinen neben vielen anderen würdig und berufen zu sein, die Diskussion über Satire von der mittleren Ebene auf die höchste Ebene emporzuheben.

Ballade von der Reinemachefrau N. und dem nicht erwiesenen Staatsbewußtsein

Wir suchen zum sof. Antritt 1 Reinigungsfrau, 2 jüngere Boten, 1 jüngeren Beifahrer. Schriftl. Bewerbungen staatsbewußter Kräfte erbeten an
Buchhandlung Franz-Mehring-Haus
Leipzig C 1, Goethestr. 3/5
(Anzeige in einer Leipziger Zeitung, nachgedruckt im »Eulenspiegel«, Nr. 52/1956)

Da war Frau N. Sie hatte graues Haar,
und ihre böse Tat ist schnell umrissen:
Sie war, trotz ihres Alters, dienstbeflissen
und wußte nicht, was Staatsbewußtsein war.

Und neulich ging sie reinemachbereit
ins Werk (in L.) mit ihrer sehr robusten
Natur, doch nicht erweislich staatsbewußten
gesellschaftsorientierten Tätigkeit.

In ihr Bewerbungsschreiben schrieb sie rein:
»Ich kann gut putzen, schrubben, bohnern,
scheuern
und habe einen Sohn in Reichersbeuern,
das liegt im Westen, und bin ganz allein…«

Kaum hatte Personaldirektor Brand
den Fragebogen der Frau N. gelesen,
da rief er schon: »Reißt ihr den Bohnerbesen,
denn sie hat kein Bewußtsein, aus der Hand!«

Das Herz der Alten hat vor Schmerz geklirrt,
weil sie empört war über die Kabale,
wodurch selbst Dreck, der relativ neutrale,
zu einer Frage des Bewußtseins wird.

Keine Pokale mehr!

Einem bärtigen Wandererwitz zufolge findet ein Wettlauf statt. Das alte Mütterchen unter den Zuschauern fragt ihren Nachbarn: »Warum rennen die denn so?« Der Nachbar antwortet: »Der Erste erhält einen Preis!« Da kommt ein Wanderer des Wegs und fragt: »Und warum rennen die andern?«
Dieser Wandererwitz ist alles, nur nicht realistisch, nicht mit den Sorgen und Nöten unserer Werktätigen verbunden. Der realistische Wanderer nämlich hätte fragen müssen: »Und warum versucht dann noch einer, Erster zu werden?« Der realistische Wanderer kennt die Preise, wie sie auf Sportfesten verteilt werden, und er kann sich einfach nicht denken, daß sich ein Läufer ihretwegen auch nur die Hälfte eines Beines ausreißen würde. Der realistische Wanderer kennt sie alle, die Pokale, die süßen, die feinen, die lieblichen, die schrecklichentsetzlichen.
Es ist durchgesickert, daß zahlreiche Sportler bei sportlichem Wettkampf einen möglichen Sieg absichtlich verhinderten, weil sie sich von einem Pokal bedroht fühlten. Andere Aktive wieder, die ihren Sieg trotz eifriger Bemühung nicht mehr zu verhindern vermochten, nahmen den Pokal nur pro forma entgegen, um ihn später zu vernichten oder gar Verwandten zu schenken. Was folgt daraus? Die einfache Forderung muß lauten: Schafft realistische, volksnahe Ehrenpreise! Ich stelle mir als wesentliche Anreize für Teilnehmer an sportlichen Veranstaltungen etwa folgende Prämien vor:

(x) keinen Pokal
(x) ein Heft »Das Magazin«
(x) einen Sack Zement
(x) eine Apfelsine
(x) irgendein Ersatzteil für irgend etwas

Keinen Jux will er uns lassen

... so erscheinen z. B. auf den Veranstaltungsplänen noch sogenannte Karnevalsfeiern. Auch wird der Rosenmontag gefeiert. Der Bezirksvorstand – Abt. Kult. Massenarbeit – weist deshalb alle Klubleiter darauf hin, daß ab sofort Karnevalsveranstaltungen einzustellen sind. Wir sind der Meinung, ... daß dafür andere Veranstaltungen mit soz. Charakter unseren Werktätigen beim Aufbau des Sozialismus mehr Hilfe und Anleitung geben.
Mit gewerkschaftlichem Gruß!
Kühnemann
Abt. Kult. Massenarbeit
(Aus einem Brief der Industriegewerkschaft Metallurgie, Bezirksvorstand Halle, vom 6. Februar 1958 an alle Klubhausleitungen)

Der Faschingsschabernack ist einzustellen,
weil uns Prinz Karneval nicht helfen kann,
den Weg zum Sozialismus aufzuhellen...
Gezeichnet: Zwangsvollstrecker Kühnemann.

Der Rosenmontagsumzug ist zu ächten,
und Büttenreden werden untersagt.
Bei unsern Kumpels in den Kohlenschächten
sind Elferrat und Gaudi nicht gefragt.

»Mehr Sittsamkeit!« verlangt der
  Wismutknappe.
»Entmachtet Jux und Karnevalsgesang,
beseitigt das Regime der Narrenkappe
und macht euch frei von jedem Maskenzwang!«

So sprechen Kumpels, Dreher, Schlosser,
  Bauern,
so reden Lehmann, Schulze, Schmidt und
  Kraus.
Sie alle möchten gar zu gern versauern ...
... verordnet Kühnemann vom Schreibtisch aus.

Doch schont mir Kühnemann und seine Thesen!
Im nächsten Jahr zum Fasching laßt uns das
Verdammungsurteil Kühnemanns verlesen
als beste Büttenrede. Frisch vom Faß.

Die Leseeule (1)

Nicht nur in dicken Büchern ist der breite Strom unvergänglicher deutscher Volkspoesie aufbewahrt. Die Literatur der Nation sprudelt aus mannigfaltigen Quellen, und kein Tröpfchen sei zu gering, schnöde mißachtet zu werden – schon gar nicht im Heimatland der Dichter und Denker, im klassischen Land der »Minna von Barnhelm« auf der einen und der Wirtinnenverse auf der anderen Seite. Dichtung ist hierzulande überall. Laßt uns also zur Abwechslung mal in schmalen Druckschriften blättern, die als Kataloge und Festschriften zu besonderem Anlaß gedruckt und vervielfältigt wurden.

I. Rassehunde

Noch in den Herbst des Jahres 1958 fiel die Leipziger Siegerschau der »Spezialzuchtgemeinschaften in der Deutschen Demokratischen Republik«. Dieses Ereignis war dem Spezialzuchtgemeinschafts-Obmann Otto Steiger eine acht Strophen umfassende Ode wert, die unter der Überschrift »Allen Hundesportlern zum Gruß!« im Katalog der Siegerschau willkommene Aufnahme fand. Die Verse bestechen durch souverän gehandhabte Unbekümmertheit im Mißbrauch klassischer Regeln der Dichtkunst und reichen trotz brillant-unorthodoxer Metrik nicht entfernt an Klopstock heran. Neben vielen anderen Versen besticht der Autor mit folgenden poetischen Konfessionen:

Achthundertsiebzehn, zur Siegerschau eine sehr hohe Meldezahl!
Allein zweihundertneunundsiebzig stellt der Teckel mit der großen Zahl,
Boxer, Rottweiler, Colly und der Pudel ohne Wahl
brachten, je Rasse, über hundert an der Zahl.
So treu wie unser Hund soll unsre Kameradschaft sein!
Kein Rassenfanatismus soll uns je entzwein.
Niemals darf Zwietracht unsern Hundesport entweihn!
Seid Kameraden, trete einer für den andern ein.

Leider sind die Kameraden Zuchtfreunde nur ungenügend für Dichter und Steiger eingetreten. Sie vermochten ihn nicht davon abzuhalten, Verse zu machen, die keinen Hund, geschweige denn einen von Rasse, hinterm Ofen hervorlocken können.

II. Narrenrunde

Die Wasunger Karnevalsnarren fabrizieren alljährlich ein Faschingsprogrammheft, dessen 1959er Ausgabe zufällig in die Krallen der Leseeule geriet. Im Vorwort des Heftchens heißt es karnevalspatriotisch: *»Pflegen wir darum unseren Volkskarneval weiter als nationales Kulturerbe, und denken wir daran, daß noch Generationen nach uns Karneval feiern werden, was jedoch nur der Fall sein kann, wenn wir den Kriegstreibern die Brandfackel des Krieges aus den Händen schlagen und Frieden unsere Zukunft sichert.«* In diesem zum Quietschen humorlosen Vorwort des Wasunger Stadtrats fehlt eigentlich bloß noch die Erwähnung des XXI. Parteitags der KPdSU und die große Perspektive Westberlins als Freie Stadt. Aber immerhin: Durch die Wasunger Karnevalsbroschüre feiert Hans Sachs heitere Auferstehung. Die zahlreichen poetisch garnierten Inserate sind eine Quelle ungetrübten Vergnügens. Man lausche dem Klang zart-lyrischen Saitenspiels.

Ob Anzug, Weste, Kleider, Stoff,
bekommst Du alles bei Gustav Hopf.

*

Schweinsohren, Brezel, Brötchen
Gebäck und feine Törtchen,
ja, lauter solche feine Sachen
tun Rolf und Paul Mittelsdorf machen.

*

Bei Jubel, Trubel, Heiterkeit
gönnt man sich keine Ruh,
vorausgesetzt, man hat zu dieser Zeit
den Starken-Jobst-Gesundheitsschuh.

Die deutsche Irrlehre, immerfort und absolut dichten zu müssen, feiert in diesem Programmheft ihren entwaffnenden Triumph. Wer könnte den tapferen Laien aus den Reimschmieden der Narrenstadt Wasungen wegen ihrer poetischen Grenzen schon böse sein? Da ist das nächste und letzte Kapitel schon ernster!

III. Todesstunde

Eine Festbroschüre zum Jahrestag der Gründung einer Entbindungsanstalt mag komisch und einfältig sein, eine Jubiläumsschrift zum sechzigjährigen Bestehen des Jenaer Krematoriums indessen hat darüber hinaus einen gespenstisch-fatalen Beigeschmack, sofern von Geschmack hier überhaupt die Rede sein kann. Zwar ist das Druckerzeugnis – was noch gefehlt hätte – nicht in kunstvoller Metrik gehalten, sondern schlicht in reich illustrierter Prosa aufgeführt, aber der Tenor dieser literarischen Krematorheit läßt sich nicht beschreiben, sondern nur zitieren. *»Das Jubiläum eines Krematoriums ist kein Anlaß zu großen Feierlichkeiten. Es bietet aber Gelegenheit zu einem Rückblick auf die in vergangenen Jahrzehnten geleistete Kulturarbeit.«* So im Vorwort, das vom Leiter des »Dienstleistungsbetriebes Friedhof Jena«, einem Mann mit dem offenbar rein zufälligen Namen Kluge unterzeichnet ist. Auf Seite 13 wird der Verbrennungsunkundige, sofern er sich durch die Berge von Asche bis hierher durchgewühlt hat, auf die politische Quintessenz des Jenaer Dienstes an der sterbewilligen Kundschaft hingewiesen: *»Unser Dienstleistungsbetrieb ›Friedhof‹ sorgt heute als Teil des Staatsapparates für die Einhaltung aller mit der Bestattung zusammenhängenden gesetzlichen Bestimmungen und erledigt alle für die Bestattung erforderlichen Dienstleistungen. Darüber hinaus steigert er von Jahr zu Jahr seine Produktions- und Handelsaufgaben auf gärtnerischem Gebiet durch Erweiterung der Blumenzucht, des Sortiments an Särgen und Sargwäsche und der Binderei, um den gesteigerten Wünschen der Bevölkerung Rechnung zu tragen. Damit werden die Voraussetzungen geschaffen, daß anteilig die kulturellen Leistungen ebenfalls in einem Maße gesteigert werden, wie es in einer Haushaltsorganisation und in einem kapitalistischen Staat nicht möglich ist. Durch diese Organisationsform … wird der Weg für die weitere Entwicklung des Sozialismus gewiesen.«* Manchmal liest sich dieser gemüts- und geistlose Quark wie die Parodie des Betriebskollektivvertrags einer Puddingpulverfabrik. Da sieht man wieder mal, wie schwer es ist, den Sprung in die richtige große Dichtung zu tun. Für Herrn Kluge und seine Mannen sieht die Leseeule schwarz, so schwarz wie der pietätvolle Trauerrand des seit Januar 1959 grassierenden Krematorium-Prospekts.

Eine sozialistische Tropfsteinhöhle

In der Broschüre »Saalfelder Heimat«, herausgegeben von der Saalfelder Kreisleitung des Deutschen Kulturbunds, philosophiert Herr Paul Sperschneider unter der Überschrift »Der Märchendom im Lichte unserer Zeit« über die Saalfelder Feengrotten am zehnten Jahrestag der DDR und zu Beginn des Siebenjahrplans. Der Autor darf mit seinem Artikel als Begründer einer neuen Naturlehre gelten, die sich zum Ziel gesetzt hat, Stalagmiten und Sozialismus dialektisch zu vereinigen.

»Umgestaltungen überall!« jubiliert Herr Sperschneider im Präludium seiner Grottenstudie und fährt dann fort: *»Auch der Mensch erfuhr durch die ständige Erziehungsarbeit aller fortschrittlichen Organisationen eine neue Formung, wurde geistig gehoben … Er sieht die Welt mit anderen Augen an, nicht mehr mit einer*

überalterten, untergehenden, sondern in der neuen sieghaften sozialistischen Ideologie.« Dies also zunächst die Beschaffenheit des Menschen, der eine neue Formung erfuhr und die Welt mit anderen Augen ansieht. Und was sehen nun solche anderen Augen? Herr Sperschneider weiß es: *»Mit Verwunderung, überwältigt von seiner farbenfrohen, glitzernden Pracht, betritt der Besucher diese wunderbare Grotte und mag sie wohl im ersten Augenblick in traumhafter Verzückung beschauen, weltentrückt im Sinne der Romantik … Dann aber«*, springt Paul Sperschneider mit großem Spürsinn für das Zeitgenössische in die Gegenwart, *»wenn er sich mehr den Einzelheiten zuwendet, findet er bald heraus, daß es sich bei den merkwürdigen Tropfsteingestalten nicht um tote, gleichgültige Figuren handelt, sondern daß diese, realistisch betrachtet, gar viel zum Ausdruck bringen können.«* Die Frage nach der politisch nützlichen Substanz der Feengrotten beantwortet Herr Sperschneider spielend: *»Ihm* (dem Menschen) – *erfaßt von der sozialistischen Ideologie – gewährt das Wunderwerk der Natur … einen Einblick in die kämpferische Auseinandersetzung der Menschen mit ihren Widersachern … in der früheren Gesellschaftsordnung.«* Da Herr Sperschneider indessen diese sehr allgemeine Formulierung nicht als ausreichend erachtet, erklärt er am Beispiel eines Stalagmiten, der einer Rokokodame ähnlich sieht, Ursachen und Wirkung der Französischen Revolution, setzt die Rokokodame sodann in Beziehung zur lebendigen Gegenwart, gründet mit ihrer Hilfe unsere Republik und die sozialistische Gesellschaftsordnung und resümiert: *»Dies alles will uns die Rokokodame künden.«* Und das Fazit seiner Lektion formuliert Paul Sperschneider so: *»Wie vielseitig ist doch die Aussage des Märchendoms! Wie weit kann er als Kunstwerk der Natur in die sozialistische Ideologie hineingestellt werden!«* Hineingestellt werden. Wie weit. In der Tat: So weit ist vor Paul Sperschneider noch keiner gegangen.

Das Eulinterview mit Herrn Professor Dr. Preus, Direktor des Museums für Naturkunde zu Berlin

Eulenspiegel: Viele Leser unserer Zeitschrift, Herr Professor, bekunden in Zuschriften lebhaftes Interesse an einem Tier, das uns nur vom Hörensagen bekannt ist: am sogenannten Aal.

Preus: Ja, ich weiß schon. Es handelt sich offenbar um den Anguilla anguilla, eine zur Ordnung der Knochenfische zählende Tierart, die früher in den Seen und Flüssen unserer Heimat anzutreffen war.

Eulenspiegel: Der Aal ist demnach ausgestorben?

Preus: Offenbar. Man hat seit Jahren nichts wieder von ihm gehört. Gerüchte über den Fang eines lebenden Exemplars sind zwar gelegentlich aufgetaucht, aber nie bestätigt worden.

Eulenspiegel: Dürfen wir Sie dann bitten, Herr Professor, uns wenigstens einen ausgestopften Aal…

Preus: Bedaure. Ein Anguilla anguilla war trotz aller Mühen nicht zu beschaffen. Auch das Ministerium für Handel und Versorgung zeigte sich dieser Aufgabe nicht gewachsen. Immerhin kann ich Ihnen einige vom Körperbau her ähnliche Tiere zeigen: Ringelnattern, Klapperschlangen, eine Boa constrictor, überhaupt die seltensten Ophidiae, die Sie sich denken können.

Eulenspiegel: Aber Aale, Herr Professor, waren ja – wie gesagt – keine Schlangen, sondern wohlschmeckende Fische.

Preus: Das stimmt. Doch der Wohlgeschmack ist vielleicht Legende. Wer von uns käme je in die Lage, einen Anguilla anguilla als Aal grün oder als Räucheraal zu verspeisen? Das Tier soll derart schlüpfrig sein – oder besser: gewesen sein, daß man seiner praktisch nicht habhaft werden kann.

Eulenspiegel: Halten Sie es für möglich, daß der Aal unter Umständen deshalb verschwunden ist, weil er durch alle Maschen schlüpft und den Aal-Freunden immer wieder aus den Händen rutscht?

Preus: Durchaus. Der Anguilla anguilla scheint ein sehr elegantes und geschmeidiges Tier gewesen zu sein. Und deshalb konnten unsere Versorgungsverantwortlichen auf der einen und die Aale auf der anderen Seite nie zusammenkommen.

Eulenspiegel: Herr Professor, wir danken Ihnen für diese aalglatte Formulierung.

Leseeule (2)

Das Bedürfnis der lesenden Bevölkerung nach dicken Büchern ist besonders in den Jahreszeiten mit langen dunklen Abenden außerordentlich groß.

Eine Sensation auf dem Büchermarkt

bedeutet unter diesen Umständen das beinahe saisongerechte Erscheinen eines zweiteiligen Romans mit dem nüchternen Titel »Kursbuch des Verkehrswesens der Deutschen Demokratischen Republik«.

Wem verdanken wir dieses Buch?

Wie so oft schon im Verlauf der an Höhen und Tiefen reichen deutschen Literaturgeschichte handelt es sich bei diesem erstaunlichen Wurf um das Produkt eines noch namenlosen, ja, ungenannten Autorenkollektivs, das wie ein Komet am Dichterhimmel aufgetaucht und auf Anhieb – so hat es jedenfalls den Anschein – in die vorderste Reihe zeitgenössischen Literaturschaffens vorgestoßen ist.

Verpaßtes Messegeschäft

Als bedrückend empfindet man deshalb die leider zu verzeichnende Tatsache, daß es Herausgeber und Verleger des Buches versäumten, das Werk zur Leipziger Messe rechtzeitig einer interessierten Weltöffentlichkeit vorzulegen. Unzweifelhaft wäre das »Kursbuch« literarischer Messeschlager Nummer 1 geworden, denn es fehlt uns gar so sehr an zugkräftiger Prosaliteratur.

Zugkraft – ein Wesenszug des Neuen

Weil es die Verfasser des »Kursbuchs« hervorragend verstehen, ihr Anliegen in richtige Bahnen (ob es sich nun um dampf- oder elektrizitätsbetriebene handelt), Wege und Kanäle zu lenken, erlangt das Buch eine enorme Zugkraft, der sich kein Leser zwischen Saßnitz und Bad Brambach, Zittau und Ilsenburg entziehen kann, ohne geistig beziehungsweise auf dem Bahnsteig zurückzubleiben. Endlich bewährt sich im »Kursbuch« wieder einmal das Element der Zugkraft als entscheidender literarischer Kunstgriff zur Förderung und Beförderung des Menschen unserer Zeit.

Struktur und Gliederung des Werks

Aufbauend auf ähnliche, aber dünnbändige frühere Ausgaben, hat das Schriftstellerkollektiv im bisher reifsten und poetisch überzeugendsten Werk die vormals zu einseitige Darstellung des Verkehrs der Menschen untereinander wesentlich erweitert. Dadurch ist der Handlungsablauf vielfältiger und vielschichtiger geworden. Die lebensnahe Szenerie des Romans hat sich zu einer bunten Palette menschlicher Verkehrsbeziehungen zu Lande, zu Wasser und in der Luft erweitert. Auf nicht weniger als 936 Druckseiten spiegeln sich die planmäßigen Bewegungsgesetze der modernen Menschheit erregend wider. Die Autoren leiten ihr Buch mit einigen Vorworten ein, die sich trotz schmuckloser Formulierung Kennern und Bewunderern des Brechtschen Verfremdungseffekts als genialer Schlüssel zum Verständnis des Gesamtwerks erweisen. Dieses Buch, eine in unzählige kleine Kapitel reizvoll unterteilte literarische Montage, ist trotz unverkennbar surrealistischer Züge eine realistische Deutung unseres bewegten Lebens und mit seinem knappen, spröden Stil eine vernichtende Absage an literarische Geschwätzigkeit.

Grenzen der Abstraktion

Freilich haften der im großen ganzen lobenswerten Darstellungsmethode des Autorenkollektivs auch unübersehbare Schwächen an, die vor Herausgabe einer neuen, verbesserten Auflage im Frühjahr 1961 überprüft und korrigiert werden sollten. So gut es von den Verfassern auch gemeint sein mag, mit sparsamen Worten nur die wesentlichen Züge beispielsweise der Bevölkerung zwischen Weimar und Kranichfeld (Kapitel 188) herauszuarbeiten, so bleiben doch viele Fragen offen: Wie steht es, sagen wir, in Obergrunstedt mit dem Wettbewerb und das schöne Dorf? Sind alle Rüben gerodet? Gibt es noch Mängel und Hindernisse bei der Düngemittelversorung? Das Streben der Autoren nach Abstraktion wurde bedauerlicherweise so weit getrieben, daß man zwar mit einer unglaublichen Fülle von Schauplätzen, neuen Zügen und Verbindungen unserer Menschen vertraut gemacht wird, aber der Mensch selbst mit seinen Sorgen und Freuden in einem Meer abstrakter Formeln untergeht. Auch hätten Kapitel in unzulänglicher Gedichtform besser redigiert werden sollen. Im Kapitel 209 d ergeben die offensichtlich als Reimpaar benutzen Wörter Kuhfelde und Salzwedel einen sehr unreinen Reim, der bei Umformung in Prosa an Ausdruckskraft gewinnen kann.

Ausstattung und Illustration

Man sollte seitens des Verlages auch nicht davor zurückschrecken, das Buch zur Erbauung bibliophiler Kreise auch als Luxusausgabe in Ganzleinen oder sogar in Leder gebunden herauszubringen. Der bedeutsame Inhalt des Werks rechtfertigt hohe Liebhaberpreise. Die illustrative Gestaltung des »Kursbuchs« läßt zu wünschen übrig. Es ist zwar ein origineller Einfall gewesen, alle ganzseitigen Illustrationen und kleinere Vignetten im Anzeigenstil ausführen zu lassen, aber man vermißt Blätter von Kurt Klamann zu Verkehrsproblemen und Schabblätter Werner Klemkes, die besonders den in vielen Kapiteln anschaulich geschilderten Lokomotiven den letzten Pfiff gegeben hätten.

Ein Vorschlag zur Güte

Dem Autorenkollektiv gebührt für seine gute Arbeit hohe Anerkennung. Es sollte mit dem Heinrich-Gleis-Preis ausgezeichnet werden.

Zeitgenössische Fabeln

Die Individualisten und die Eier

»Mäh, mäh!« blökten die Schafe. »IA, IA!« stimmten die Esel ein. »Standardisierung paßt nicht für uns. Wir sind nun mal unserer ganzen Natur nach Individualisten!« »Nieder mit der Standardisierung! Wir lassen uns unsere differenzierte Redeweise und Körperfarbe nicht rauben!« »Ei, Ei! Wer denkt bei Standardisierung schon an euch blöde Hammel und Esel!« lachten die Hühner und legten fröhlich Eier der Größenklassen A, B und C.

Das Pferd und das Hufeisen

Ein Pferd wieherte: »Stahlwerke sind überflüssig. Hauptsache, ich habe meinen Hafer!« Man gab dem Pferd zu fressen, aber keine Eisen für die Hufe. Da brach sich das Pferd ein Bein und mußte totgeschossen werden. So geht es allen Pferden, die sich am Schwanz aufzäumen.

Die Katze und die Färberei

Die Katze ging zur Textilfärberei und wollte Winterkleidung für hunderttausend Katzen eingefärbt haben. »Wir haben«, sagte der Färbereidirektor, »Schwierigkeiten mit den Farbstoffen. Die Klagen häufen sich!« – »Sollen sich die Menschen beklagen«, miaute die Katze. »Wir Katzen legen auf hohe Farbqualität wenig Wert, denn bei Nacht sind alle Katzen grau!«

Der Elefant und seine Rache
Der Elefant wütete im Porzellanladen, aber er zertöpperte nur preisgünstiges Gebrauchsporzellan. Alles teure Material, wie Ziervasen, Blümchenservice, Pokale und so weiter, ließ er unangetastet. Er war nämlich im Zoo von den Menschen oft gehänselt worden und rächte sich nun an ihnen fürchterlich. So nachtragend sind Elefanten.

Die Spatzen und der Plan
Ein Schwarm Spatzen schaute durch die Fenster eines Verwaltungsgebäudes der Diskussion um die Planerfüllung zu. Mit harten Worten kritisierte der BGL-Vorsitzende soeben eine Reinemachefrau, die vor Wochenfrist zweimal fünf Minuten zu spät zur Arbeit gekommen war und dadurch die Erfüllung des Quartalsplanes aufs schwerste gefährdet habe. »Auf, Brüder!« schilpte der Spatzenälteste. »Wir müssen uns aus dem Staub machen. Es wird wieder mal mit Kanonen auf Spatzen geschossen!«

Der Hahn und der BKV
Die Hühner beschlossen ihren Betriebskollektivvertrag. Am Jahresende waren viele wichtige Verpflichtungen gar nicht oder nur teilweise erfüllt. Der Hahn, der sich dazu äußern sollte, winkte müde ab: »Nicht erfüllte BKV-Verpflichtungen? Danach kräht doch kein Hahn!«

Der Hecht und die Tonnenideologie
Der Hecht im Karpfenteich machte sich an Karpfen, Schleie, Plötzen und Welse heran und fraß sie alle. »Was schadet's?« sagte er zu sich selber. »Wenn ich die Fische fresse, fangen die Fischer zwar kein größeres Sortiment, aber mit mir Riesenhecht erfüllen sie ihr Soll mengenmäßig schließlich auch.«

Die Schwalbe und das Dienstleistungskombinat
Die Schwalbe begab sich stehenden Fußes zum ersten großen Berliner Dienstleistungskombinat und beantragte, man möge das Kombinat nach ihr benennen. »Dienstleistungskombinat Schwalbe?« erwiderte der Kombinatsleiter. »Warum das?«
»Weil«, erklärte die Schwalbe, »eine Schwalbe noch keinen Sommer macht!«

Der Hund und der Olm
Ein Pudel, der an der Leine seines Frauchens ins Innere der Rübeländer Baumannshöhle geraten war, kam mit einem Grottenolm ins Gespräch. »Ein schreckliches Dasein«, bemerkte der Pudel mitfühlend. Immer weltabgeschieden in einer Höhle dahinvegetieren – so möchte kein Hund länger leben!«
»Oh, ich kann eigentlich nicht klagen«, erwiderte der Grottenolm. »Ich treibe durchaus Nützliches, fertige kleinere Werkstücke, bastle kunstgewerbliche Artikel, bearbeite Rohstoffe aller Art und so weiter.«
»Aber wie bist du denn dazu in der Lage?« fragte der Pudel verblüfft. »Du hast doch von hier aus nicht den geringsten Überblick über den industriellen Weltstand, tapst nur immer im Finstern umher und murkst vor dich hin!«
»Ich verbitte mir diese Unterschätzung«, raunzte der Olm beleidigt. »Meine Produkte erfreuen sich größter Nachfrage. Ich bin Lieferant des volkseigenen Handels.«

Der Specht und die Meise
Die Meise, die bei einer Konferenz der Vögel den Vorsitz führte, referierte über die Notwendigkeit neuer Fragebogen und statistischer Erhebungen. Es gehe nicht länger an, wetterte sie, daß beispielsweise die Zugvögel im Herbst einfach losflögen, ohne daß zuvor dem Vogelflugbüro einhundertundachtzig Fragen über Schnabeldurchmesser, Gefiederfärbung, frühere Fußkrankheiten, Zugehörigkeit zu ornithologischen Massenorganisationen und dergleichen mehr beantwortet würden.
Der Sekretär der Meise, ein Specht, auf dessen Vernunft und Courage die Vögel große Hoffnungen setzten, widersprach dem Präsidenten leider nicht, sondern zog es vor, die absurden Vorschläge seines Herren und Meisters mit den resignierenden Worten zu unterstützen: »Liebe Kollegen! Was soll unsereins gegen solche Projekte schon einwenden? Stimmen wir getrost zu! Wir haben nun mal eine Meise.«

Ableistungsvergleich

Wir bitten davon Kenntnis zu nehmen, daß alle Kolleginnen und Kollegen, die ihren Jahresurlaub 1962 noch nicht genommen haben, diesen bis Ende des Jahres 1962 abgeleistet haben müssen.
Klietsch, Leiter der Abt. Arbeit
(Aushang im VEB Chemische Werke Berlin-Grünau)

Wenn ich zu diesem Anschlag mal eine Bemerkung ableisten darf, so möchte ich sagen, daß sich jeder Werktätige selbstverständlich freuen wird, seinen Urlaub künftig nicht mehr verbringen zu können, sondern ableisten zu müssen. Es ist ja auch ein herrliches Urlaubsgefühl, vierzehn Tage lang nach etwa folgendem Urlaubs-Tagesplan verfahren zu dürfen:

8 bis 9 Uhr Ableistung des Frühstücks
9 bis 12 Uhr Ableistung von Spaziergängen und allgemeiner Freizeit
12 bis 13 Uhr Ableistung des Mittagessens
13 bis 15 Uhr abzuleistende Bettruhe
15 bis 18 Uhr Ableistung von Spiel und Sport
18 bis 19 Uhr Abendbrot-Ableistung
19 bis 22 Uhr abzuleistende Geselligkeit
22 bis 7 Uhr Nachtschlaf-Ableistung

Nach solch ununterbrochener Urlaubs-Ableistung wird jedem Urlauber endlich klar, warum sich mit Urlaubsfragen der Werktätigen niemals ein Leiter der Abteilung Urlaub, sondern immer der Leiter einer Abteilung Arbeit befaßt.

Chanson de Berlin

Der Berliner, der – angeblich oder tatsächlich – »Musike liebt«, existiert, wenn man es recht bedenkt, eigentlich ohne innige Beziehung zum Lied. Gewiß, Musik ist überall. Sie kriecht aus den Kofferlautsprechern, den Tanzcafés und Musikautomaten. Jedoch, jedoch: Wer singt heutzutage schon mal ganz unschuldig und honorarfrei ein Lied vor sich hin? Allenfalls reicht es noch zu einem fragmentarisch geträllerten Schlager. Mehr ist nicht drin. Man geht dahin und singt nicht mehr.
Über den Rückgang der Sangeslust, besonders in der Hauptstadt Berlin, haben sich glücklicherweise auch Kulturministerium und Kulturbund Gedanken gemacht. Unbürokratisch ist infolgedessen der Beschluß gefaßt worden, das wenig ausgenutzte Theater im 3. Stück der »Volksbühne« am Luxemburgplatz in ein Kammertheater der Vokalkunst umzuwandeln und im April mit einer Gesangsmatinée zu eröffnen. Auf dem Programmzettel stehen zunächst drei Namen: Gerry Wolff, Manfred Krug und Karl-Wolf Biermann.

Gerry Wolff

kenn ich vor allem vom Bildschirm her, und ich muß bekennen: Der ist mir zehnmal lieber als alle sieben Geißlein zusammen. Ob er den Evergreen »Salome« parodistisch neu belebt oder einem der unvergessenen Comedian Harmonists seine Stimme leiht – Gerry Wolff macht uns bewußt, daß es noch Sänger gibt in Berlin.

Angesichts inflationärer Erscheinungen auf dem Gebiet lärmenden Ungesangs bei drittklassigen Estraden und Auftritten junger Nichttalente heißt uns Gerry Wolff auf wohltuende und wohltönende Weise hoffen. Sein knitterfreier Bariton empfiehlt sich ohne Effekthascherei, und nicht nur der Kehlkopf macht bei ihm den Ton, sondern jenes Menschenhirn, das bei Brachialsängern niemals mit von der Gesangspartie ist. Gerry Wolffs Beruf ist Schauspieler. Im Grunde singt Gerry also nur quasi nebenbei und ist dennoch einigen der viel zu vielen quäkenden Professionals hörbar überlegen. Die Lieder, die Gerry Wolff singt, gehen ins Blut wie – na eben wie Gerry Brandy. Ein Verwandter dieses Künstlers hinsichtlich des Repertoires, aber auch in der Art des Vortrags ist

Manfred Krug

alias Martin Hoff, der singende Gitarrist im ersten oder höchstens zweiten bis dritten DEFA-Lustspiel »Auf der Sonnenseite«. Wer ihn je in Aktion gesehen und gehört hat, kann sich beifälliger Reflexe um nichts in der Welt enthalten. Ob es nun präzis stimmt, daß Manfred Krug der »beste Jazzsänger Deutschlands« ist (Renate Holland-Moritz im »Eulenspiegel«), läßt sich mit Stoppuhr, Bandmaß und Tachometer kaum ermitteln. Fest steht aber: Manfred Krug ist kein tönernes, sondern ein tönendes Gefäß mit voller kräftiger Resonanz. Er wäre in anderen als unseren gesanglich unterentwickelten Breiten ganz gewiß schon altgedienter und altgefeierter Jazzkönig. In Berlin jedoch hat man sich erst vor kurzem amtlich dazu bequemt, Notiz von ihm zu nehmen. Dennoch war Krug nie ein gebrochener Krug. Er ging so lange zur DEFA, bis das Eis brach, und nun endlich ist der längst anerkannte Schauspieler (also wie Gerry Wolff) Manfred Krug, an dessen abgefeimte Intrige in »Bei Anruf Mord« sich jeder Fernsehzuschauer fröstelnd erinnert, auch der vielengagierte Sänger. Auf sein Auftreten im 3. Stock freut sich besonders die Berliner Jugend. Und nun kommt als dritter Mann

Karl-Wolf Biermann

– der komplette Berliner Troubadour unserer zweiten Jahrhunderthälfte. Die Vollständigkeit Biermanns ergibt sich aus seiner Fähigkeit, durch weitgehende künstlerische Eigenproduktion kulturell störfrei zu sein. Biermann braucht weder Texter noch Komponisten. Biermann dichtet und denkt sich die Noten dazu selber aus. Biermann ist das perfekte Einmann-Kombinat. So manche frühere und jetzige Tätigkeit, dicht neben seiner Amateur-Sängersphäre angesiedelt, befruchtet das Wissen und die Phantasie des quicklebendigen Mannes Biermann: Assistenz bei Brecht, Philosophie-Studium, Leitung des BAT (Berliner Arbeitertheater). Von Biermann ist zu sagen, daß er wunderschöne kleine Lieder gedichtet und komponiert hat, die er, beeinflußt von François Villon, Christian Morgenstern, selbstverständlich Brecht und vierhundertsiebzig anderen Leuten, schwulstfrei und in zeitgemäßem Ton vortragen kann. Wie man Wolff und Krug als ausgezeichnete Interpreten rühmen muß, so gehört Biermann der Ruhm des Schöpfers aktueller und sehr poetischer Chansons. Eins von einem halben Hundert geht so:

Es war so Mitte Dezember
rechts bei dem kleine Baum.
Da ging ein lauer Regen,
um alles aufzutaun.
Ein Blümchen hielt sich verborgen
rechts bei dem kleinen Baum.
Der Regen hatte ihm Lust gemacht,
den Frühling anzuschaun.
So blüht es im Dezember
rechts bei dem kleinen Baum.
Doch es erfror zur Nacht
bei einem kleinen Traum.
Ich klagte meiner Liebsten
vom Blümchen rechts am Baum.
Sie küßte mich und sagte,
mir sei nicht gut zu traun.

Dies ist, versteht sich, nur ein Scheibchen Biermann, der, wenn man seinen Worten Glauben schenken wollte, überhaupt nicht richtig dichten kann, sondern »nur so aus Spaß« ein bißchen schreibt und singt …

Gedichte II

Frühling, Sommer,
Herz und Kinder
Heitere Gedichte
VON HANSGEORG STENGEL
Alles Unsinn

Das achte Kapitel enthält neben verstreuten Versen eine Auswahl aus Hansgeorg Stengels Gedichtband »Frühling, Sommer, Herz und Kinder« (1970).

Unheimlichkeiten

Es gibt im Leben hin und wieder Sachen
(so sagt der Volksmund), die es gar nicht gibt
und die sogar oft jenem geistig wachen
modernen Menschen Kopfzerbrechen machen,
der Okkultismus schroff beiseite schiebt.

Man reist zum Beispiel von Malchin
nach Zeesen
und zwickt sich, glücklich angelangt, ins Knie
und ruft verdutzt: »Ich fresse einen Besen,
an diesem Ort bin ich schon mal gewesen!«
und war es doch in Wirklichkeit noch nie.

Ein andermal erwacht man früh um viere
nach regem Traum von einem güldnen Schatz.
Man kontrolliert des Gartens Obstspaliere
und findet, wenn auch keine Wertpapiere,
ein Foto Liesbeths am geträumten Platz.

Auch dies ist sonderbar: Man sitzt am Skattisch
und sieht im Spiegel Otto Lehmanns Blatt.
Und dann gewinnt man völlig automatisch.
Fortuna ist so rührend telepathisch,
selbst wenn man kein Vertrauen zu ihr hat.

Wie wiehert ihr frivol wie Zirkuspferde?
Hört auf! Ich sehe hell. Ich bin nicht blind.
Es gibt, wie ich euch bald beweisen werde,
noch Fälle zwischen Himmelszelt und Erde,
die sozusagen Zwischenfälle sind.

Virgo incognita

Gewiß, Herr K., genierlich war ich nie
und will es Ihnen keinesfalls verdenken,
daß Sie der Blöße meines Körpers die
ihr angemessene Beachtung schenken.

Ich hatte schließlich selber die Idee,
dem Aktbildmaler auf den Pelz zu rücken.
Die Neugier zog mich in Ihr Atelier.
Mit einem Wort: Ich kam aus freien Stücken.

Ein Punkt jedoch, gesteh ich frank und frei,
bereitet mir gewisse Herzbeschwerden:
Soll ich als Eulenspiegel-Nackedei
vielhunderttausendfach verbreitet werden?

Wird man mein Konterfei in Küchen, Bars,
Montagehallen, Wartezimmern, Spinden
als Schwerpunkt und als Clou des Inventars
zu jedermanns Entzücken wiederfinden?

Auf soviel Zuspruch bin ich nicht erpicht.
Gestatten Sie mir darum eine Bitte:
Verändern Sie ein wenig mein Gesicht,
damit nicht ruchbar wird: Es ist Brigitte.

So ist es recht. Jetzt bin ich irgendwer
für alle meine männlichen Verehrer.
Kein fröhlicher Gourmand erkennt mich mehr.
Vor allen Dingen nicht mein Klassenlehrer.

Gleichklang

Auf dem Berg
steht ein Zwerg –
ein Waldzwerg.
Vor dem Berg
liegt ein Werk –
ein Walzwerk.
Der Waldzwerg tanzt.
Es assonanzt.
Das Walzwerk stampft.
Der Schall verdampft:
Waldzwerg
Walzwerk …
Waldzwerg
Walzwerk …

Besser als Frühling

Ich seh den Februar – ich sag es offen –
als Monat erster Güteklasse an.
Man darf im Februar auf Frühling hoffen,
was man im Mai und Juni nicht mehr kann.

Ganz leise klopft zur Frühlingsouvertüre
Musikdirektor Lenz ans Notenpult,
und wenn ich auch den Lenzwind noch
nicht spüre,
erfaßt mich dennoch frohe Ungeduld.

Wann darf man je im Jahr vom Frühling
träumen
so plastisch und genüßlich distanziert,
da man statt unter Pfirsichblütenbäumen
noch pelzvermummt am Spreestrand
promeniert?

Krächzt nur recht rauh und winterlich,
ihr Raben!
Bleib mir vom Halse, Primelmonat März!
Die stille Freude, das noch nicht zu haben,
was ich bald haben werde, wärmt mein Herz.

Erspar mir, Chronos, Zephirs Schmeicheltöne!
Erquicke mich am spröden Februar!
Erwartung ist die Regung, der ich fröne.
Erfüllung ist nur halb so wunderbar.

Appell an eine Langschläferin

Die Himmelschlüssel blühn. Der Lenz ist da.
Verdrossen fliehen letzte Kaltluftmassen.
Raus aus dem Pappkarton, Kleopatra,
das Badewasser ist schon eingelassen.

Wer jetzt noch weiterschnarcht, ist Prügel wert.
Im Frühling muß man schweifen und nicht
schlafen.
Sogar das Heimchen hinterm Küchenherd
zirpt flügelklappernd Quinten und Oktaven.

Nun gib, Kleopatra, dir einen Ruck.
Riskiere einen Sprint zum Buddelkasten.
Hier noch die Milch. Wie schmeckt der erste
Schluck
nach hundertvierzig Tage langem Fasten?

Ich will dein Glück. Sei dessen ganz gewiß,
auch wenn ich dir zur Zeit die Nerven töte.
Wie lieb ich dich, du häßlich-schöne Miß,
dich von den Höhen der Akropolis
im Herbst zu mir geeilte Landschildkröte.

Bekenntnisse eines Suppermans

Solid und hausgemacht und infantil
sind meine kulinarischen Tendenzen:
Mein Leben ist ein Suppenwürfelspiel
aus Ketchup, Majoran und Ochsenschwänzen.

Ich pfeife auf Fleurons und Ananas,
auf Eisbein, Wiener Schnitzel und Forelle.
Mein Wahlspruch ist IN BINO VERITAS,
und mein Maskottchen ist die Suppenkelle.

Geht mir vom Leib mit Klops und Kaviar!
Vergebens investiert ihr Geld und Mühe
in meinen Gaumen. Mir ist völlig klar:
Nichts ist so klar wie eine klare Brühe.

Graf von Bouillon war schon mein
Kindheitstraum.
Gelb ist die Erbswurst, grau die Haferflocke
und suppengrün des Lebens goldner Baum,
an dessen Stamm ich suppelöffelnd hocke.

Frühling und Ökonomie

Manchmal bin ich mir nicht ganz im klaren,
ob du mich, Franzhelmut, wirklich liebst
oder ob du nur, um Geld zu sparen,
mir statt Schmuck, Konfekt und Miederwaren
ungezählte heiße Küsse gibst.

Ohne Liebe kann der Mensch nicht leben.
Doch du liebst mich brotlos und abstrakt.
Bargeld für Geschenke auszugeben
würde dir, so sagst du, widerstreben,
denn das wäre dir zu abgeschmackt.

Helmutfranz, du nagst an meinen Nerven!
Geh ich schon auf die Offerte ein,
mich mit letzten seelischen Reserven
einem Mannsbild an den Hals zu werfen,
muß der Hals dann gleich ein Geizhals sein?

Bitte schön, du darfst mich gratis küssen,
doch bedenke stets, du Muffelknilch:
Für das Endprodukt aus Lenzgenüssen
wirst du schließlich *doch* bezahlen müssen,
weil ein Baby Windeln braucht und Milch.

Mai Fair Lady

Im Mai, Brigitte, ist dein Teint viel weicher
als im Dezember oder im April,
und deine Seufzer sind nuancenreicher,
wie ich es mal diskret bezeichnen will.

Im Mai sind deine grünen Blicke tiefer.
Dein Herz schlägt höher als im Februar.
Und deine Küsse sind viel intensiver,
als es im März der Fall gewesen war.

Im Mai bist du bedeutend aufgeweckter
bezüglich Tändelei und Liebeslust,
und deine Zärtlichkeiten sind perfekter
als letztes Jahr im Juli und August.

Im Mai erfaßt dich niedliches Verlangen.
Du träumst von Schabernack in Wald und Flur.
Bin ich dir etwa schon ins Netz gegangen?
Sei brav, mein Kind! Mach erst dein Abitur.

Zwischenbilanz für einen kleinen Sohn

Das war nun deine erste Schuletappe.
Ich bin sehr stolz auf dich, Dreiachtelmann.
Wie schön: Du kamst mit einer Zeugnismappe
nach Hause, die sich sehen lassen kann.

Man billigt also dein »Gesamtverhalten«
und findet deine »Ordnung« einwandfrei.
Und dein Talent zu grafischem Gestalten
hat das Niveau der Güteklasse 2.

Im Rechnen bist du besser als im Schreiben,
die Heimatkunde geht dir vor Gesang.
Du wirst, vermute ich, nicht sitzenbleiben
bei soviel Fleiß und solchem Bildungsdrang.

Dein Eifer sprießt und läuft auf vollen Touren.
Wohlan, ich möchte nicht Kassandra sein.
Doch glaube mir: Du kriegst noch oft Zensuren
und nicht nur immer Einsen oder Zwein.

Das Leben gibt dir manchen Nasenstüber.
Es schmeckt nicht oft nach Zucker. Meist
nach Salz.
Ans Werk, mein Sohn. Die Ferien sind vorüber.
Und schreibst du wieder eine Vier, dann knallts.

Ein bißchen Vergangenheit

Die Kinderspielplatzseele eines Mannes,
der den Zenit des Lebens überschritt,
ist spinnwebzart wie Filigran und kann es
nicht leiden, wenn man sie mit Füßen tritt.

Verspotte nicht mit keck riskierter Lippe
den braven Mann am Kinderspielplatzrand,
wenn jener zwischen Karussell und Wippe
ein Stück verwehter Kindheit wiederfand.

Kein Mensch, nur Beelzebub grinst diabolisch,
wenn Männer auf den Kinderspielplatz gehn.
Wer älter wird, will manchmal melancholisch
die Zeiger aller Uhren rückwärtsdrehn.

Wird es schon Zeit, sich selber abzuwracken?
Ist man nicht mehr genügend stark und stramm,
aus Eierpampe Butterkeks zu backen
und rumzuhopsen wie ein Osterlamm?

Man steht im Herbst und an des Winters Pforte
und denkt: Wie schal das klingt und lächerlich!
Doch Wehmut prägt mitunter schale Worte.
Bedenk, mein Sohn, der brave Mann bin ich.

Willkommen und Abschied

Sie trafen sich auf Hiddensee, bei Vitte:
der Zahnarzt Paul Kaminski, braungebrannt,
und, blütenweiß wie eine Weißbrotschnitte,
die Filmschauspielerin Elvira Quandt.

Elvira lächelte. Er stand beklommen
wie ein Student beim ersten Rendezvous.
Es wäre fast zu einem Flirt gekommen,
doch ihre Farben ließen es nicht zu.

Die Farbe Weiß (das ist sehr leicht zu deuten)
verkündet den Beginn der Urlaubsfrist,
doch Paul Kaminski muß zurück nach Zeuthen,
weil braune Haut Symbol des Abschieds ist.

Sie tauschten, während wild die Ostsee
schäumte,
noch einen letzten Königskinderblick,
und in dem Bett, das Paul Kaminski räumte,
versank Elvira Quandt aus Köpenick.

Und schicksalhaft entrissen der Verführung,
empfindet Paul Kaminski als Gemahl
sich selbst bewundernd und mit tiefer Rührung
die Kraft und Stärke männlicher Moral.

Elegie eines Mückenbüßers

Von Europas Schädlingstieren,
die den Menschen schikanieren,
weigern sich primär die Mücken,
ihre Umwelt zu beglücken.

Ob wir sie mit Pech begießen,
ob wir sie mit Schrot beschießen,
ob wir ihren Ruf beschmutzen,
ob wir ihre Flügel stutzen,
ob wir sie in Fallen locken,
ob wir sie mit Hitchcock schocken,
ob wir sie in Kisten sperren
oder vor den Kadi zerren,
ob wir sie mit Streuselkuchen
schlau zu korrumpieren suchen,
ob wir sie in Fesseln legen,
ob wir ihren Zorn erregen,
sie beschimpfen und verachten –
Mücken sind nicht zu entmachten.

Ob wir sie am Kragen fassen,
ob wir sie verhaften lassen,
ob wir ihnen, statt zu streiten,
Kompromisse unterbreiten,
ob wir sie ins Sitzfleisch zwacken
oder an der Gurgel packen,
ob wir ihren Rumpf durchbohren,
ob wir sie wie Grünkohl schmoren,
ob wir sie im Meer ertränken,
durch Verbalinjurien kränken,
ob wir sie wie Hemden bügeln,
sie verleumden und verprügeln
und verhöhnen und verspotten –
Mücken sind nicht auszurotten.

Ihren Widerstand zu brechen,
hilft nur eins: Man muß sie stechen.
Betet, daß zwecks Prophylaxe
dir und mir ein Stachel wachse!

Lagebericht

Herr Hanspeter Grosse
aus Sieversdorf (Dosse)
und Monika Hagen,
sie lagen und lagen.

Sie lagen schon länger.
Der Abstand war enger
und dichter und kleiner
als sonst irgendeiner.

Nur drei Millimeter
getrennt von Hanspeter
lag Monika günstig.
Die Sache klingt brünstig.

Sie lagen im Jagen?
Im Strandkorb? Im Korn?
Mitnichten. Sie lagen
im Wettbewerb vorn.

Antwort eines befragten Affen

Als Affe bin ich gegen Fragebogen,
doch sage ich, wenn ich mich äußern soll,
daß mich die These eines Biologen
sehr schlüssig dünkt und sehr gedankenvoll.

Der Mister Darwin, habe ich erfahren,
behauptete als erster kurz und knapp
in einer Schrift vor etwa hundert Jahren:
Der Menschenaffe stammt vom Menschen ab.

Ich weiß schon: Viele kluge Artgenossen
aus meinem Affenstall und aller Welt
sind wegen dieser Ansicht sehr verdrossen,
doch bin ich philanthropisch eingestellt.

Ich zürne nicht dem englischen Gelehrten,
seitdem ich eruierte mittels Text,
daß sich der Mensch durchaus zum
Spielgefährten
von hoher Qualität entwickeln läßt.

Zwar wird der Mensch uns Affen niemals
gleichen,
doch glaube ich, daß sich der Mensch bestimmt
in mittleren zoologischen Bereichen
noch relativ am affigsten benimmt.

Prometheus im Garten

Gottfried Spitz, Gransee, Fontanestraße,
war ein kleiner unscheinbarer Mann.
Aber trotz geringer Körpermaße
klagte er nicht Gott und Menschheit an.

Leichten Minderwertigkeitskomplexen
schob er mit Talent und mit Humor
durch die Zucht von Kolossalgewächsen
kompensierend einen Riegel vor.

Gottfrieds Kirschen hatten Dimensionen,
wie sie sonst nur bei Tomaten und
Zwiebeln üblich sind, und seine Bohnen
wogen Stück für Stück ein Viertelpfund.

Erstmals glückte ihm die Züchtung einer
Riesenstachelbeere, die sogar
größer als ein Apfel und kaum kleiner
als ein Durchschnittswirsingkohlkopf war.

Gottfried Spitz verstarb beim Fruchtsaftpressen.
Ihm verblieb ein legendärer Ruf.
Dieser kleine Mann wird nicht vergessen,
denn er wird nicht an sich selbst gemessen,
sondern an Giganten, die er schuf.

Das ist die Liebe der Matrosen

Ich bin Beherrscher aller Ozeane,
in jedem Hafen winkt mir eine Braut.
Ich küsse Liesbeth, Hedwig und Juliane,
Walpurga, Rosmarie und Edeltraud.

Mich lieben Friederike und Johanna,
Luise, Hildegard und Adelheid
in Abadan, Massaua und Havanna,
in Honolulu, Riga und Port Said.

Mein Herz in Casablanca schlägt für Christel.
In Singapur umarmt mich Rosalind.
Lolott erwartet mich am Pier von Bristol,
und Agnes schickt mir Rosen aus Korinth.

Die Nächte in Marseille gehören Martha.
Mein Stern von Rotterdam heißt Ingeborg.
Ich bin verlobt mit Kitty in Djakarta,
mit Ruth in Kiel und Emma in New York.

Carola hat von mir das dritte Kindel.
Auch Grit in Skagen ist von mir behext.
Das alles ist zwar ausgemachter Schwindel,
doch mein Konzept für einen Schlagertext.

Kultur und Kompott

Von Hildburghausen bis zur Insel Rügen,
in allen Sälen unsres Vaterlands
folgt auf den Ernst das rhythmische Vergnügen:
Anschließend Tanz.

Am Dienstag spricht Professor Douglas-Fichte
im Klub zum Thema »Troja und Byzanz«.
Es ladet ein der Zirkel »Weltgeschichte«.
Anschließend Tanz.

Genossenschaftsversammlung: »Wie vermeiden
wir die Verminderung des Viehbestands
und Unkrautpflanzen auf den Futterweiden?«
Anschließend Tanz.

Der Chefarzt des Hygieneinstitutes
doziert im Hörsaal drei der Ambulanz
am Mittwoch über Transfusion des Blutes.
Anschließend Tanz.

Auf dem Garagenhof der Feuerwache
am Jahrestag des großen Scheunenbrands
der Vortrag »Brandbekämpfung Ehrensache!«
Anschließend Tanz.

Am Freitagnachmittag Bestattungsfeier
mit Predigt, Orgel, Chorgesang und Kranz
für den Geflügelfreund Paul Knödelmeyer.
Anschließend Tanz.

Es wäre sehr von Nutzen, mal zu testen,
ob unser Publikum noch Resonanz
bei Reden zeigt und kultivierten Festen
auch ohne Tanz.

Hypnopädie oder Die Kunst, im Schlaf zu lernen

Schlaf, Kindlein, schlaf.
Dein Vater ist ein Schaf,
doch du wirst Hochschullehrer sein,
Dozent für Griechisch und Latein.
Schlaf, Kindlein, schlaf.

Schlaf, Kindlein, schlaf.
Mit deinem Schlummer straf
die Lügner Lügen. Weise nach:
Wer schläft, studiert. Wer wacht, liegt brach.
Schlaf, Kindlein, schlaf.

Schlaf, Kindlein, schlaf.
Leis summt der Phonograph.
Er flüstert Formeln in dein Ohr
und spielt dir Loga-Rhythmen vor.
Schlaf, Kindlein, schlaf.

Schlaf, Kindlein, schlaf
schön fest, schön lang und brav.
Und schläfst du zehnmal um die Uhr,
erwachst du mit dem Abitur.
Schlaf, Kindlein, schlaf!

Kleines Märchen für Feuerwehrkinder

Die echte Feuerwehr-Karriere
beginnt, wie allgemein bekannt,
mit zehn Semestern Wärmelehre
in Brandenburg auf Feuerland.

Es folgen dann noch drei Lektionen
Sebastian Brant und Feuerbach
und »Die Struktur der Feuerbohnen«
als frei gewähltes Nebenfach.

Schon festigt sich beim Lehrling weiter
manch theoretischer Begriff,
und er besteigt die Feuerleiter
und (mit Diplom) das Feuerschiff.

Dort braut er emsig (sehr zum Wohle!)
mit Feuereifer und mit Spaß
die erste Feuerzangenbowle
und nippt ganz leicht am Branntweinglas.

Er sammelt schließlich Feuerfalter,
flickt seinen Feuerstuhl mit Leim
und zieht sich erst im Greisenalter
zurück ins Feuerabendheim.

Das Pferd im Manne

Wart ihr mal beim Pferderennen?
Der nur darf sich jederzeit
Philosoph und Weltmann nennen,
der dem Turf sein Leben weiht.

Herzen jubeln, Tränen rollen,
schiebt sich einen halben Kopf
Romadour vor Weihnachtsstollen,
Labyrinth und Wiedehopf.

Prescht Katarrh vor Katastrophe
nüsternschnaubend um die Bahn,
dicht gefolgt von Kammerzofe,
wird das Derby zum Vulkan.

Klarer Spurtsieg von Bulette,
vor Skalpell und Phänomen.
Die Bilanz der Einlaufwette:
einundzwanzig Mark für zehn.

Sieglos enden Pech und Schwefel,
Grabgesang und Nihilist,
was bei solchem Namensfrevel
völlig angemessen ist.

Intrige

Er hatte Shakespeares »Wilhelm Tell« gelesen,
beherrschte Zwinglis fünfundneunzig Thesen,
die Schwänke Klopstocks waren ihm geläufig,
aus »Faust« von Kleist zitierte er sehr häufig,
er kannte Wielands »Prinz von Homburg« gut
und mußte dennoch ohne Doktorhut
und unverstanden von der Uni scheiden.
Die Professoren konnten ihn nicht leiden.

Ausnahme

Er war Erzieher, Kompaß und Berater,
Panier des Fortschritts, Feind der Missetat,
Studentenvorbild an der Alma mater,
ein Pestalokarenko im Quadrat.

Er hat dem Rowdytum aufs Haupt geschlagen
und baute den Verführten Nest und Steg.
»Denn wo«, so pflegte er mit Witz zu sagen,
»ein Wille ist, ist auch ein Diesterweg!«

Er reformierte mit Geduld die Massen.
Nur seinen Sohn hat er vergammeln lassen.

Letzte Tips zum Fest

Vor Jahresfrist hast du dich schlecht benommen.
Dein Festtagsstil war wenig weihnachtlich.
Wenn diesmal liebe Gäste zu dir kommen,
sei nett zu ihnen. Sag: »Wie freu ich mich!«

Laß die Verwandten nicht vergeblich klingeln –
auch nicht beim Weihnachtsgänsebraten-
schmaus.
Und wenn sie dich zu Tausenden umzingeln:
Lad alle freundlich ein und keinen aus.

Zertritt nicht Tante Lottes Chrysanthemen.
Erkläre nicht dem guten Onkel Fritz,
er solle von Besuchen Abstand nehmen,
du legtest keinen Wert auf Slibowitz.

Sei Diplomat. Kassiere die Präsente.
Entschließe dich zum Frieden, nicht zum Streit.
Ertrage mit Humor die turbulente
Verwandtenweihnachts-o-du-Fröhlichkeit.

Bewirte Neffen, Nichten, Onkels, Tanten.
Dann hole aus zum Weihnachtsgegenschlag:
Nimm teuflisch Rache an den Blutsverwandten.
Besuche sie am zweiten Feiertag!

Zwischen Palmwedel und Palmström

Sie kehrten durstig nach der Trauerfeier
für Bäckermeister Arthur Ditscherlein,
voran Frau Ditscherlein im Witwenschleier,
im Restaurant »Zur Letzten Rose« ein.

Man nahm, die Tränen noch im Angesichte,
an sieben Tischen nah am Fenster Platz.
Da rief ein Herr: »Ich spreche nun Gedichte
von Kästner, Morgenstern und Ringelnatz!«

Es war der Rezitator Gustav Nolte,
der, vom Kulturbund eilig engagiert,
bei Kuchen und Kaffee bewirken sollte,
daß niemand den Kontakt zur Kunst verliert.

Und Nolte fing gleich an, sich zu entfalten
vermittels witzgewürzten Redeschwalls.
Indes: Frau Ditscherlein war ungehalten,
und die Verwandtschaft war es ebenfalls.

Nur ein paar Omas hörten Torte schmatzend
dem Rezitator zu mit halbem Ohr.
Herr Nolte tobte, schier vor Wut zerplatzend:
»Dem Volk fehlt die Antenne für Humor!«

Die jungen Alten

Des Menschen Leben währet hundert Jahre,
und in der Regel sind es hundertzehn.
Tatsächlich: Von der Wiege bis zur Bahre
kann eine Menge Lebenszeit vergehn.

Wer achtzig wird, hat noch genügend Eisen
im Feuer und ein hohes Lebenslicht.
Er zählt zur Jugend, doch nicht zu den Greisen
und ganz gewiß zum alten Eisen nicht.

Mit hundertdreißig wird es freilich kritisch.
Mitunter stellt sich eine Krise ein,
mag sie nun ihrem Ursprung nach arthritisch,
neurotisch oder spondylotisch sein.

Doch sind die hundertfünzig überschritten,
gewinnt man wieder Farbe und Gestalt
und wird ganz souverän und unumstritten
(und ohne Arzt) zweihundert Jahre alt.

Meeres-kunde

Im neunten Kapitel wird neben verstreuten Beiträgen eine Auswahl aus Hansgeorg Stengels Reisebüchern »Seegang, Satan, Sansibar« (1968) und »Als ich mal in Japan war« (1979) vorgestellt.

Mitternachtsballade

Fest entschlossen einzuschlafen,
hörte ich an Bord des Schiffs
zwischen Hull und Bremerhaven
das Ertönen eines Pfiffs.

Hurtig sprang ich aus der Koje,
lief aufs Deck. Der Mond schien kalt.
Aber außer einer Boje
sah ich keinerlei Gestalt.

»Na, wer hat denn da gepfiffen?«
sann ich fröstelnd vor mich hin.
Plötzlich hat mich was ergriffen.
Wie ich da erschrocken bin!

Zehn Pfund schwarze Stiefelwichse
freß ich, wenn ich übertreib:
Mir am Hals hing eine Nixe,
unten Fisch und oben Weib.

Und dann küßte mich der Engel –
nein, mein Wunschtraum war absurd.
Nixlein seufzte: »Was? Nur Stengel?
Ich bin scharf auf Klamanns Kurt!«

Weinend schlich ich in die Kammer
und begrub mit Whisky pur
den blamablen Katzenjammer
der verschmähten Kraftnatur.

Seegang, Satan, Sansibar

Drei ausgewählte Kapitel aus diesem Buch mit dem Untertitel »Enthüllungen eines überlebenden Frachtschiffpassagiers«, zu dem es im Klappentext heißt: »... ist nichts dazu angetan, Passenger Stengels Mut zu brechen und ihm diese einzigartig schöne Reise zu verleiden. Und so ist dieser Bericht mit all seinen kleinen und großen Flunkereien nichts anderes als eine heimliche Liebeserklärung an die Seefahrt.«

Mittelmeergefühle

In meine Gibraltar-Epoche fiel auch ein Sonntag, nämlich der 13. Dezember. Krumme, der Schiffskoch, hielt Wort. Es gab zum Mittagessen grüne Klöße und Sauerbraten. Vorsichtshalber hatte Krumme auch Salzkartoffeln auf die Tische stellen lassen. Zu meiner Überraschung und Freude wurden Klöße vorgezogen. Kapitän Ambach und sogar der 1. Offizier Neubert delektierten sich an der vogtländischen Ambrosia. Nur der Chefingenieur Zeise drückte, Kartoffeln mampfend, seine Empörung darüber aus, daß sich, wie er sich auszudrücken beliebte, »die Sachsen mausig machen«. Solche und ähnliche Unflätigkeiten änderten nichts am klaren Sieg der Klöße-Partei über die Kartoffelfraktion. Ich errechnete ein Stimmenverhältnis von siebzig zu dreißig Prozent zugunsten der Kloßisten. »Grünes Licht für grüne Klöße!« sagte ich zu Krumme, doch er gab mir keine entschiedene Antwort. Der Gedanke, daß Zeise fast souverän Länge und Qualität der Äquatortaufe bestimmen konnte, peinigte den Schiffskoch bei Tag und Nacht. So mußte ich wohl Sonntage einkalkulieren, an denen es keine Klöße zu essen geben würde. Man wird auf See zu Härte und unendlicher Geduld erzogen.
Zur Verabschiedung der »Chimborazo« hatte sich nach dem Ausfall der britischen Königin eine ansehnliche Streitmacht der amerikanischen Mittelmeerflotte mit Flugzeugträgern und Raketenzerstörern vor der Bucht von Gibraltar versammelt. Ich richtete das Teleobjektiv auf die waffenstarrende Flottille, konnte aber nur mäßige Fotos schießen, denn Gibraltar-Ultimo

war von Dunstschleiern begleitet. Neubert beobachtete meine Bemühungen nicht ohne Schadenfreude. Ich meinerseits delektierte mich an dem Umstand, daß die Reparatur der »Chimborazo« erst nach fünf Tagen abgeschlossen war und sich die dritte Woche auf See ihrem Ende zuneigte. Am späten Abend des 14. Dezember blies uns Gibraltar den Zapfenstreich. Ein Himmel voller Sterne und eine kleine Delegation glitzernder Delphine eskortierten den zurechtgeflickten und von den Deckmatrosen frisch gestrichenen Schiffsriesen auf seiner ersten Mittelmeer-Etappe.

Am Nachmittag wurde ich vom Chief-mate Neubert zu einer Parade seiner in Indien und am Persischen Golf zurechtgestümperten Farbdias eingeladen. Nicht nur, daß mich Neubert zwang, mehr als dreihundert Dias über mich ergehen zu lassen – er bot mir zudem einen geradezu mörderischen Weinbrandverschnitt an, die Flasche zu vier Mark, und erpreßte mich sogar zu beifälligen Äußerungen, indem er seine Frau als applaudierende Schrittmacherin benutzte. Ich hätte Neubert den Fusel samt den Dias, auf denen nichts zu sehen war als gelbe Wüste und abgeschnittene Köpfe, am liebsten um die Ohren gehauen, doch die anwesende Sphinx verbot mir, dem Kavalier, derart grobe Mißfallenskundgebungen. Neubert quälte mich länger als drei Stunden, aber ich blieb im wesentlichen unversehrt.

Es erübrigt sich nunmehr, des längeren und breiteren von der Schönheit eines sonnigen Mittelmeertages zu sprechen. Die »Chimborazo«-Tour bis Port Said war eine einzige Grußadresse St. Peters an Besatzung und Passagier. Ich fand allmählich Geschmack daran, einen Liegestuhl zu annektieren und mich von der Sonne bräunen zu lassen. Unmittelbar nach dem Mittagessen freilich suchte ich in meiner schattigen Kammer Zuflucht und gönnte mir kurzen, erquickenden Schlaf. So auch an diesem Tag, als wir das algerische Oran passierten.

Auf einmal, Punkt dreizehn Uhr, rasselte die Schiffsglocke. Ihrem Rhythmus konnte ich entnehmen, daß zum Bootsmamöver geläutet worden war. Was blieb mir übrig! Ich war wie der Blitz aus der Koje, zog mich manövergerecht an (Kopfbedeckung, Anorak, festes Schuhwerk), legte die Schwimmweste um und stürmte aufs Oberdeck in die Nähe des Rettungsbootes Nr. 2, wie mir laut Schiffsrolle vorgeschrieben war. Neubert inspizierte Personal und Ausrüstung, bemängelte die fehlende Übereinstimmung meiner Schwimmwesten-Nummer mit der Nummer, die in der Schiffsrolle verzeichnet war, mokierte sich über meine Kosakenmütze aus feinstem Persianer und natürlich über die unsachgemäß angelegte Schwimmweste. Der Stewart Amigo half mir mit ein paar geübten Handgriffen. Neubert lief ohne tiefere Bedeutung einmal hin, einmal her, nur weil es ihm Freude machte, mir die Zeit zu stehlen und mich in der Sonne schwitzen zu lassen. Nun müßte, dachte ich, eigentlich das Aussetzen der Boote kommen, denn so eine gemächliche Mittelmeer-Ruderregatta bei ruhiger See hatte ihre Reize. Aber der Chief-mate schien meine Gedanken zu erraten. Er entschloß sich, das Manöver für diesmal ohne krönende Vollendung vorübergehen zu lassen. Vielleicht plante er ein perfektes Bootsmanöver bei Windstärke neun. Auch damit würde ich fertig werden.

Die nordafrikanische Küste ist eine Marathonstrecke. Zeise ließ die Maschinisten auf Tempo drücken, und die »Chimborazo« erreichte bei günstigem Wind wirklich Spitzengeschwindigkeit. Siebzehn Knoten oder zweiunddreißig Kilometer in der Stunde sind zwar zuwenig, um einem Düsenjäger Konkurrenz zu machen, aber im Vergleich zum »Kyffhäuser«, einem fossilen Bananendampfer der Rostocker Reederei, muß man die »Chimborazo« als ernsthaften Anwärter aufs Blaue Band der mitteleuropäischen Frachtschiffahrt betrachten. Ich ärgerte mich immer die Platze, wenn die »Chimborazo« ungestüm die Wogen schnitt und Anzeichen von Altersschwäche nicht zu erkennen waren. Zeise las im Urgrund meiner Seele, sooft ich pikiert an der Reling stand und zusah, wie Sprinterin »Chimborazo« mal einen dicken Belgier, mal einen alten Griechen, mal einen müden Norweger hinter sich ließ. »Das Schönste an der Seefahrt sind die Lieder«, stichelte der Chief dann zum x-ten Male und tat so, als gingen wenigstens sechzehn der siebzehn Knoten aufs Konto einer von ihm ganz persönlich ersonnenen Technologie und Alchimie. »Im Februar sind wir wieder zu Hause!« eiferte Zeise. Die »Chimborazo« wieherte fröhlich, als wollte sie dem Chief beipflichten.

Der 2. Offizier Kraushaar rief mich nachts, als wir die tunesische Küste bereits im Rücken hatten, zur Kommandobrücke. Es gab ein Himmelsphänomen zu sehen, das mich sehr beeindruckte: eine Halo-Erscheinung. Der Mond hatte mit einem Monstrezirkel einen gelblichen Kreis um sich geschlagen, weiß der Kuckuck, warum. Im Grunde genommen hätte man angesichts dieser Erscheinung zur Tages- beziehungsweise Nachtordnung übergehen können. Aber ich war von dem unstillbaren Trieb besessen, alle Besonderheiten, Neuigkeiten und Unregelmäßigkeiten in mich hineinzusaugen. Kraushaar unterstützte mich in diesem Bestreben bis an die Grenze seiner Dienstvorschriften. Er hatte ein Herz für meinen Appetit auf Extrawürste, und wäre es nach ihm gegangen, hätte ich sicherlich noch den einen oder anderen zusätzlichen Abstecher abseits der »Chimborazo«-Route machen dürfen. Die Halo-Erscheinung verflüchtigte sich allmählich, doch ich verbrachte noch eine Stunde an Kraushaars Seite. Wir erörterten den Nachthimmel, bestimmten die wichtigsten Sternbilder und verfolgten den Kurs benachbarter Schiffe. Den Abschluß des Meetings bildete ein appetitlicher Mokka, den Rudergänger Schuchhardt hochbegabt zubereitet hatte.

Der himmelweite Unterschied zwischen Kraushaars und Neuberts Geisteshaltung kann auch an Pantelleria und den maltesischen Inseln verdeutlicht werden. Nachdem das kleine Pantelleria-Eiland unglücklicherweise bei Dunkelheit passiert worden war, konnten Malta zur Mittagszeit gerade so mit dem Fernglas und Maltas Schwesterinsel Gozo in kaum geringerer Entfernung nur undeutlich wahrgenommen werden. Es entging mir nicht, daß Wachhabender Neubert ständig Kursänderungen befahl, die Malta und Gozo immer weiter außerhalb des Blickfelds rückten. Kraushaar hätte da ganz anders gehandelt. Ein Wink von ihm – und die »Chimborazo« wäre mal eben in La Valetta kurz vor Anker gegangen. Kraushaar erschloß mir alle maritimen Möglichkeiten. Neubert versuchte sie zu vereiteln. Die stolze Genugtuung, das maltesische Inselpaar wenigstens schemenhaft wahrgenommen zu haben, verdanke ich allein Kraushaar, der vor seiner Wachablösung durch Neubert so konsequent Kurs auf die Inseln genommen hatte, daß Neuberts Korrekturen zwar einiges, aber nicht alles verpfuschten.

Das östliche Mittelmeer ist sozusagen nur ein Appendix des Atlantischen Ozeans. Hätte ich nicht den Seekarten entnehmen können, daß die »Chimborazo« stellenweise viertausend Meter Meerestiefe unter dem Kiel hatte, wäre ich kaum geneigt gewesen, dem blaugrünen Gewässer mehr Respekt zu zollen als dem Scharmützelsee. Das immer gegenwärtige Gestade Nordafrikas ließ ein Gefühl von Verlassenheit und Verlorenheit nicht aufkommen. Zur Not hätte ein Schiffbrüchiger das Festland, wenn auch erst nach Tagen, schwimmend erreichen können. Theoretisch. Praktisch war ich entschlossen, es nicht darauf ankommen zu lassen. In meinem Katastrophen-Katalog war der Untergang der »Chimborazo« nicht verzeichnet. Mir genügten kleinere Widerwärtigkeiten gibraltarianischen Ausmaßes.

Wenn ein Schiff mehrere Tage hintereinander auf See ist, treten zu den üblichen Vergnügungen an Bord Gesellschaftsspiele mit wenigstens fünfhundertjähriger Tradition. Sie gehen immer auf Kosten jener »Embryos«, die von Tuten und Blasen der christlichen Seefahrt so wenig Ahnung haben wie der »Chimborazo«-Bordhund »Whisky« vom Eiskunstlaufen. Eines dieser Spiele besteht im hinterhältigen Verstreuen des Gerüchts, in einer Dreiviertelstunde werde die Postboje von, sagen wir, Benghasi passiert, und es sei mithin höchste Zeit, Brief und Postkarten für die Lieben daheim zu Papier zu bringen und beim Kapitän zu hinterlegen. Zwei Embryos – auf der »Chimborazo« gab es ein halbes Dutzend Neulinge – schrieben tatsächlich Briefe, bis die Feder glühte, und wurden aller Illusionen beraubt, als Kapitän Ambach den Gelackmeierten sehr ernsthaft bedeutete, die Postboje sei wegen Personalmangels vorübergehend geschlossen, und es empfehle sich die Benutzung individueller Flaschenpost, wofür Amigo einige Kästen Hafenbräu-Leergut in der Anrichte, also in der »Pantry«, bereithalte.

Kräftezehrender für die Leidtragenden war das Kompaßschlüssel-Spiel. Seinem erstmals zur See fahrenden Gehilfen Schluppe, dem »Moses«, trug Amigo kurz vorm Einlaufen in den Hafen von Port Said auf, beim Chief im Maschinenraum den Kompaßschlüssel in Empfang zu nehmen und zum Lotsen auf die Kommandobrücke zu tragen, der die schmale Hafeneinfahrt ohne Kompaßschlüssel nicht finden könne. Schluppe war gehorsam. Er stieg auf schmalen Leitern tief hinab in den Orkus, wo brüllende Dieselmotoren ausreichende Verständigung nur durch Zeichensprache ermöglichten. Der Chief, in das oft exerzierte Ritual bestens eingeweiht, händigte Schluppe ein unförmiges, um die dreißig Kilogramm schweres Stück Eisen aus, geleitete den braven Lastensegler Schluppe die Treppe hinauf, damit ihm nicht wider die Arbeitsschutzverordnung ein Leid geschehe, und begab sich wenig später im Schleichschritt auf die Spur Schluppes, um zum Kreis derjenigen Schadenfreudenknaben zu gehören, die Zeuge der historischen Übergabe eines Kompaßschlüssels an den imaginären Lotsen sein wollten. Im Schweiße seines Angesichts wendelte sich Moses Schluppe zur Kommandobrücke empor, wo er sich einer Kohorte grinsender Chimborazoaner gegenübersah, die ihm zunächst einzureden versuchten, er habe in der Eile den veralteten Kompaßschlüssel ohne Mißweisung gegriffen und müsse sich schon bequemen, den Weg nach Canossa ein zweites Mal zurückzulegen, bis Osterhold dem grausamen Pokerspiel endlich Einhalt gebot. Zum Trost wurde Schluppe versichert, die Kompaßschlüssel-Aktion werde ihm auf die Äquatortaufe angerechnet, so daß er mit einem gewissen Wohlwollen Neptuns am Taufbecken rechnen könne. Dieses Versprechen, wie ich hier vorwegnehmen will, wurde schmählich gebrochen, woraus zu ersehen ist, wie weise ich handelte, als ich in vielen Fällen hartnäckig darauf verzichtete, mich mittels vorfristig erduldeter Mühen und Qualen von gewissen Torturen der Äquatortaufe freizukaufen.

Ein drittes, nicht ganz so althergebrachtes Spiel, wurde mit Hilfe Whiskys, des erwähnten Bordhunds, in Szene gesetzt. Whisky war ein völlig undefinierbares Tier, das so hieß, weil es einmal den Rest einer auslaufenden Whiskyflasche mit Behagen und ohne Anzeichen geringfügiger Trunkenheit von den Schiffsplanken leckte. Decksmatrose Kunze hatte Whisky in persönliche liebevolle Pflege genommen und wehrte sich seit Jahren erfolgreich gegen das Ansinnen einiger Hygieniker, dem Vierbeiner ein würdiges Seemannsbegräbnis zu bereiten. Kunze war aber nicht nur Tierfreund, er benutzte Whisky auch als Hauptakteur eines fast teuflisch zu nennenden Spiels, dessen Opfer einmal sogar ich, der nicht leicht zu düpierende See- und Weltmann, werden sollte. Hund Whisky war von Kunze so dressiert, daß ein jeglicher, der sich, um Whisky zu distanzieren, der Formel »Whisky! Platz!« bediente, nur um so wütender von Kunzes Liebling attackiert wurde. Natürlich suggerierte Kunze allen, die es noch nicht wußten, ausgerechnet diesen verhängnisvollen Befehl, damit das Spiel in gewohnter Weise über die Bühne gehen konnte. Bei meinem ersten Zusammentreffen mit Whisky zeigte sich das struppige Bündel von der besten Seite. Mir mißfiel lediglich, daß mich das liebe Bordhündchen fortwährend ansprang und seine klebrigen Pfoten an meinem Pullover abwischte. Da trat Kunze, der Heuchler, an mich heran und verriet mir das Simsalabim, das mich von allen Unannehmlichkeiten befreien würde. Ich

rief also: »Whisky! Platz!« und war nicht wenig verstimmt, als mich Whisky befehlswidrig und kräftig ins Bein biß. Ich wechselte zunächst die Gesichtsfarbe und später in meiner Kammer die Hose. Amigo brachte mir einen aromatischen Trostkaffee. Es habe sich, sagte Amigo, an Bord herumgesprochen, welches Unglück mir widerfahren sei, und Chief-mate Neubert wünsche gute Besserung.
Skatabende mit Struwe I und Struwe II waren immer ein besonderes Erlebnis. Sie dauerten sehr lange, verliefen keineswegs trocken und zeichneten sich durch zahlreiche Ramsch-Extrarunden aus, die dem individuellen Talent Grenzen setzen. Ramsch ist in hohem Maße Glückssache, um nicht Unglückssache zu sagen. Struwe II geriet gegen Wintersanfang in eine so permanente Pechsträhne, daß es einen Whisky-Hund jammerte. Wir versuchten den sichtbar Leidenden zu trösten. Er hielt das für Sarkasmus und revanchierte sich auf eine Weise, die mir noch viele Wochen Kopfschmerzen machte. Struwe II funkte nämliche von mir verfaßte, für Berliner Redaktionen bestimmte Mitteilungen und Sprüche an Rügen-Radio, und er legte es darauf an, vor allem gereimte Depeschen bis zur Unkenntlichkeit zu verstümmeln. Telegrafierte ich »Wir machen zirka siebzehn Knoten und nähern uns dem Meer, dem Roten«, improvisierte Struwe II »Wir lochen zirka siebzig Knoten und nähren uns vom Meer der Rosen«. Ich wunderte mich damals, daß Zeitungen und Zeitschriften sich weigerten, meine köstlichen Seefunkdichtungen abzudrucken, doch als ich später in Berlin den Wortlaut der von Struwe II frei bearbeiteten Telegramme zu Gesicht bekam, wunderte ich mich nicht mehr.

Vom Regenbogen in die Taufe

Der Geburtstag Amigos, der 9. Januar, deutete das Ende der saudiarabischen Episode an und bezifferte den Saldo meiner bisherigen Fahrenszeit auf sechs Wochen. Eine Ziffer, mit der ich zufrieden sein konnte. Die bekannte schiffsreisende Dokumentarfilmerin und Tagebüchnerin Anna Thornke, deren Notizen zwischen Antwerpen und Bombay zu einem dicken Buch gediehen, war dieser Zeitraum nicht beschert. Sie ging nach schnöden fünf Schiffsreisewochen im äquatorfernen Indien an Land und flog ungetauft zurück nach Berlin. Da war ich schon aus anderem Seemannsholz geschnitzt: Jetzt begann die ozeanische Expedition erst richtig! Es galt, die östlichen Gestade des afrikanischen Kontinents näher ins Auge zu fassen und bei dieser Gelegenheit den Beweis zu liefern, daß sogar ein multipler Bandscheibenschaden den unerschrockenen Odysseus nicht hindern kann, sein Matrosenabitur am nullten Breitengrad mit Glanz und Gloria zu bestehen.
Außer den Fliegen sind sogar arabische Regenbogen nicht anders als in Saalfeld und Pasewalk. Der Regenbogen von Jeddah begleitete das Echo Typhonhorns der südwärts stampfenden »Chimborazo« eine schöne Weile. Wir hielten Kurs auf den Bab el Mandeb, Straße der Tränen,

ehemaliges Golgatha verkaufter Sklaven, Korridor zwischen Rotem Meer und dem Golf von Aden. Das Insel-Terzett Abu Ail, unbewohnbare Gesteinsbrocken vulkanischen Ursprungs, hochragend und vermutlich von Böcklin erschaffen, forderte die Kamera zu immer neuen Schnappschüssen aus verschiedenen Perspektiven heraus. Backbord zeigten sich Konturen der jemenitischen Küste und der koffeinhaltigen Hafenstadt Mokka, die einem weitverbreiteten Genußmittel den Namen gab. Von Bab el Mandeb bis zum Erker Ostafrikas, dem Kap Guardafui, benötigte die »Chimborazo« kaum einen Vierundzwanzigstundentag.

Einen richtigen Hundertzentnerwal, einen Moby Dick womöglich, schimmelweiß und meilenweit nach Tran duftend, hatte mir der gute Kraushaar, dem nichts entging, bisher nicht offerieren können. Am Ras Hafun, nördlich des zehnten Breitengrades, war es endlich soweit. Es schien zumindest so. Eine glitzernde Fontäne, ausgeatmeter Geisir eines mächtigen schwimmenden Säugetiers, war in angemessener Entfernung dem unbewaffneten Auge deutlich sichtbar. »Ein herrliches Tier«, sagte Decksmatrose Kunze ergriffen, und Whisky, der Bordhund, schnaufte in höchster Erregung. Das zoologische Phänomen währte leider nur kurze Zeit, denn der Wal schwamm nach Britisch-Socotra, hielt also Gegenkurs und verhinderte somit die genaue Fixierung des Beobachtungsgegenstands.

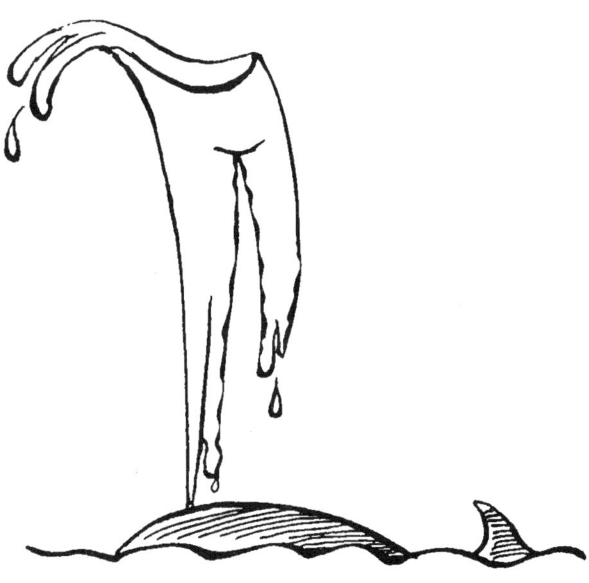

»An die Arbeit!« kommandierte Kapitän Ambach, dem die an Bord vorübergehend eingetretene Feiertagsstimmung mißfiel. »Es war sowieso kein Wal!« räsonierte der ewige Nörgler Neubert. »So was haben wir schon mal im Persischen Golf gesehen. Klarer Fall von Wasserhose!« Mir konnte dieser Chief-mate mit derartigen Vulgärtheorien natürlich nicht kommen. Ich wußte, daß Wasserhosen nur bei Sturm und Wellengang gedeihen können. Die geradezu pietätvolle Witterung dieser Tage ließ Umtriebe von Wasserhosen einfach nicht zu. »Ein Wal und nichts anderes als ein Wal ist das gewesen«, brabbelte ich leise vor mich hin, zog mich in meine Kammer zurück, vermerkte das große Ereignis in meinem Tagebuch und glaubte mir kein Wort.

Auf der Back, dem Deck des Vorschiffs, geschahen seit Tagen ominöse Dinge. Chief Zeise, Äquatortauf-Zeremonienmeister von Poseidons Gnaden, leitete und forcierte die Vorbereitungen für das große Kesseltreiben, das der halben Schiffsbesatzung und mir einen sehr konkreten Begriff vom oft besungenen schweren Seemannslos vermitteln sollte. Neubert hatte sich seit der Visite des Wasserhosen-Wals nicht mehr sehen lassen. Der Chief-mate schrieb und kolorierte Taufurkunden, darunter auch seine eigene, und versprach sich von dieser Tätigkeit Straferleichterung. Der Laie mag stutzen, wenn ich einen maritimen Festakt mit dem Wort Strafe in Verbindung bringe. Doch wer mir im Geiste auf die Back folgt und die hier installierten Folter- und Marterinstrumente betrachtet, wird zugeben, daß Zeise kein Lustspiel, sondern eine Tragödie schrecklichen Ausmaßes auf den Spielplan der »Chimborazo« gesetzt hatte.

Das obligatorische Taufbecken war unter allen Requisiten das kultivierteste und harmloseste – ja, es schien mir sogar einen tröstlichen Charakter zu haben. Wie mußte, spekulierte ich, der Täufling nach nerven- und körperzerrüttender Vorbehandlung danach lechzen, vom Bademeister Amigo endlich ins frische Naß gestukst zu werden! Aber wer überstand schon unversehrt den infernalischen Leidensweg, der von der Folterbank über die Imbißbar zum Frisiersalon und durch den großen Wasserschlauch führte? Die Gerüchte überschlugen sich. Einige Matrosen, denen kleinere Disziplinverstöße vor-

zuwerfen waren, hätten, hieß es, mit Sonderbehandlung zu rechnen. Der 3. Offizier Osterhold, pfiffen die Möwen vom Topp, sei an höchster Stelle vorstellig geworden und habe mit Kündigung gedroht, falls man ihm ein Haar zu krümmen versuche. An die Haare dachten die meisten Taufaspiranten mit Unruhe. Mutig und selbstbewußt klammerte ich mich an meinen Reederei-Beförderungsvertrag. Wer hätte es wagen dürfen, die Schere an mein Haupt zu legen? Immerhin, redete ich mir ein, mußten Zeise und seine Folterknechte mit für sie unbequemen Folgen rechnen, wenn der Pässentscher seine Qual in die Welt hinausschrie und der UN-Vollversammlung gar ein Weißbuch äquatorialer Schande zuspielte. Nein, man mußte sich vor mir schon in acht nehmen. Bordelektriker Flügel tat sehr gelassen, als er mir Funktion und Zweck seiner selbstkonstruierten Folterbank erläuterte. »Hier«, sagte er, »stecken Sie dann Ihre Arme ›rein, Herr Stengel, und bestimmen selbst Stärke und Anzahl der Stromstöße, die ich Ihnen freundlich zukommen lasse!« – »Elektrisch, Kollege Flügel?« erkundigte ich mich naiv. »Na, dachten Sie vielleicht mit Holzgas?« frozzelte Flügel. – »Und wenn ich nun selbst bestimme, daß ich auf ihre ganze Elektrik pfeife?« – »Dann«, erläuterte Flügel, »machen der Chief oder ich selber kulante Gegenvorschläge. Aber keine Bange! Mit ein paar Kästen Hafenbräu und zwei, drei Flaschen Knuff erreichen Sie bei mir allerhand!« Mit solchen Sätzen war hinreichend umrissen, daß die bevorstehende Taufaktion nichts anderes zu werden versprach als eine Orgie der Nötigung und Erpressung. Wer überleben wollte, mußte knuffen, war gezwungen, schäbigen Weinbrand-Verschnitt in einer Quantität zu spendieren, die den Erpressern angemessen erschien. Was war dagegen zu tun? Kapitän Ambach versicherte mir in vertraulichem Gespräch, es werde nicht zu Ausschreitungen kommen. »Dann notieren Sie, Kapitän«, sagte ich forsch, »ein weiteres Mal den Umstand meiner wenig stabilen Bandscheiben, die ich Ihnen bereits beim Antritt meiner Seefahrt ans Herz gelegt habe!« – »Ich selbst«, antwortete der »Chimborazo«-Allgewaltige, »überwache die Taufe und sorge für einen regulären Verlauf. Im übrigen, Herr Stengel, akzeptierte ich Ihre angeblichen Gebrechen keinesfalls!« – »Was heißt hier ›angebliche Gebrechen‹ und ›akzeptieren‹?« heulte ich auf. »Strenggenommen bin ich Patient. Das können Sie den Krankenblättern jedes besseren Krankenhauses entnehmen. Und ich war grundsätzlich nur in besseren Krankenhäusern, Kapitän!« – »Dann sind Sie also, Herr Stengel«, sagte Ambach mit hochgezogenen Augenbrauen, »gar nicht seetauglich, und ich muß mich nur wundern, daß Sie den Arzt, der Sie in Berlin untersucht hat, über Ihren tatsächlichen Gesundheitszustand wissentlich getäuscht haben. Ich könnte diesbezüglich bei der Reederei vorstellig werden. Aber ich will Ihnen keine Schwierigkeiten machen, vorausgesetzt, daß Sie auf Extrawürste verzichten!«
Meine Entmachtung war perfekt. Ich, der reinste Lazarus, durfte, wie mir Kapitän Ambach mit unbestechlicher Logik nachgewiesen hatte, zu eigenem Nutz und Frommen nichts anderes sein als ein Monument der Kraft und der Herrlichkeit, ein Muster an Seetauglichkeit, ein Täufling von echtem Schrot und Korn, ein Spielball des Satans, der sich euphemistisch Zeremonienmeister nannte und von Chief Zeise verkörpert werden sollte.
Die Galgenfrist der Täuflinge schrumpfte. Ich erinnerte mich jetzt, daß Kraushaar ganz besonders an meinem Wohl und Wehe interessiert sein mußte, denn er wandelte auf den Spuren des Hippokrates. Einen Arzt hatte die »Chimborazo« nicht aufzuweisen. Solchen Luxus leisteten sich nur Frachter mit mehr als fünfzig Mann Besatzung. Kraushaar war indessen mit medizinischen Künsten weitgehend vertraut. Er hatte genügend Erste-Hilfe-Kurse absolviert und verstand sich deshalb nicht nur auf die Bekämpfung von Seekrankheiten, sondern auch auf das Ethos der ärztlichen Wissenschaft. Nun ging ich zu ihm und ersuchte ihn höflich, das Seine zur Humanisierung der Äquatortaufe beizutragen. »Sie haben doch nicht etwa Angst, Herr Stengel?« entgegnete mir Kraushaar mit einem spöttischen Stirnrunzeln, als ich meine körperlichen und seelischen Gebrechen zur Sprache brachte. Es sei weniger Angst als mein moralisch orientierter Blick aufs Gemeinwohl, sagte ich, wenngleich eine gewisse Morbidität meiner Lendenwirbelsäule auch ein sehr persönliches Interesse am korrekten Verlauf der geplanten Veranstaltung begründe. Kraushaar sortierte

Verbandspäckchen und bemerkte mit ärgerlicher norddeutscher Gleichgültigkeit: »Tjä, da kann ich ja nun nicht allzuviel machen. Ich habe während der Taufe Dienst auf der Kommandobrücke, das muß ja wohl auch sein, nöch?« Zu dumm. Während ich noch überlegte, ob es überhaupt Sinn hatte, das Gespräch mit Kraushaar fortzusetzen, ermutigte mich der 2. Offizier mit den Worten: »Wenn ich am Ruder stehe, kann ich die Back jederzeit im Auge behalten. Sollte es zu unerlaubten Ausschreitungen kommen, greife ich zum Megaphon und erhebe Einspruch!« – »Dafür danke ich Ihnen, lieber Kraushaar, von ganzem Herzen«, quittierte ich das Versprechen meines potentiellen Lebensretters, begab mich frohgemut in die Messe, trank meinen nachmittäglichen Donnerstag-Seemannssonntagskaffee, stärkte mich an Heisingers Schokoladenamerikanern und Pflaumenkuchen und bekannte mich zu einem vorsichtigen Optimismus.

Am fünfzigsten Reisetag gegen sechs Uhr morgens tutete mich das Typhonhorn aus dem Schlaf: Die »Chimborazo« passierte nordöstlich von Kismayu den Äquator, und ich glaubte zu bemerken, daß die Temperatur augenblicklich um zehn Grad zugenommen hatte. Die große Taufprozession war vom Taufkomitee auf dreizehn Uhr festgesetzt worden. Ein vervielfältigtes Zirkular erinnerte Täuflinge und Teuflinge – wie ich Neptuns Handlanger einmal nennen möchte – an den Beginn der perfiden Feierlichkeiten. Ich mied während des Vormittags jeden Ausblick und Ausflug auf die Back, las ein bißchen, schrieb ein bißchen, meditierte ein bißchen und vibrierte so weit innen, daß man es außen kaum bemerkte. Das Mittagessen ließ ich mir bei Aufbietung aller Kräfte schmecken. Man mußte, wollte man dem barbarischen Taufmenü Stirn und Magen bieten, unbedingt prophylaktisch verfahren. Dazu gehörte ein kräftigendes Seemannsdinner: Kirschkaltschale, saure Klopse, Bohnensalat.

Ich kam nicht mehr dazu, Details und Ausmaß des bevorstehenden Spektakulums in aller Ruhe noch einmal zu überdenken. Fünf Minuten vorm festgesetzten Hinrichtungstermin ließ das Schrillen der Schiffsglocke uns ahnungsvolle Schlachtopfer aus den Kojen hüpfen. Noch zögerte ich ein paar Sekunden, die Back zu

betreten, denn ich wollte keinesfalls der erste sein, der mit den Geißeln der Häscher Bekanntschaft machte. Endlich eilte ich, fast unbewußt und wie einer, der sich durch eine Flucht nach vorn betäuben möchte, badebehost dem Ort allen Unheils entgegen.

Als Kind hatte ich klopfenden Herzens immer wieder im Bilderbuch »Hans Wundersam« geblättert und mir durch die Darstellung einer schaurigen Höllen-Apokalypse Entsetzen einflößen lassen: Da saß ein gehörnter Oberteufel, umringt von subalternen Beelzebuben und Beelzemädchen, die mit der Wartung brodelnder Kessel betraut waren, in denen sündige Menschen schmorten. Dieses Gemälde fiel mir sofort wieder ein, als ich in die aktuelle Hölle der »Chimborazo« vorstieß und es für unumgänglich hielt, alle Hoffnungen fahrenzulassen. Unter den Mitopfern war ich seit meinem Eintritt in dieses abscheuliche Inferno als individueller Passagier nicht mehr herauszufinden. Wir Täuflinge verloren im Handumdrehen Identität und Halt. Vom Kopf bis Fuß mit Separator-Ölrückständen, einer fürchterlich zähen, glitschigen Pampe gesalbt und eingepinselt, stolperten wir jener Ladeluke entgegen, in der wir uns, in fünf Meter Tiefe, bis zum Aufruf unserer Namen aufhalten sollten. Aber wer erreichte die Falltür der Luke schon ohne weiteres! Das Deck, auf dem wir uns vorwärts bewegten oder es doch wenigstens versuchten, war mit Schmierseife präpariert. Die meisten verloren den Boden unter den Füßen. Wer sich aufrecht hielt, wurde von den beflissenen Büt-

teln mit Gewalt in die horizontale Lage versetzt. Ich kroch auf allen vieren vorwärts, vorwärts und nie zurück, und erreichte schließlich die oberste Sprosse einer Leiter, die mich ins dumpfige unterirdische Antichambre der Hölle gelangen ließ. Hier hockten wir gedemütigt und geschwärzt auf Kisten und Fässern und taxierten jeder nach seinem Maßstab Reihenfolge und Pensum künftiger Torturen.
Der erste Aufruf galt der Gattin des Chiefmates, die sich freuen durfte, als Dame den Vortritt zu genießen. Sie entschwand nach oben, die Falltür wurde geschlossen. Wir Mannsvolk hatten einstweilen nichts anderes zu tun, als zu warten und mit gespitztem Ohr zu erhorchen, was sich weiter oben inzwischen tat. Doch kein Laut drang nach unten, kein Wimmern, kein Stöhnen, kein Schmerzensschrei. Wieder öffnete sich die Falltür, und diesmal war Koch Krumme an der Reihe. Die Henker hatten offensichtlich ein System. Sie brachten zunächst die Exekutionen des Küchenpersonals hinter sich, damit sich dieses unmittelbar nach Vollzug geistig und körperlich der Zubereitung eines kräftigen Abendbrotes widmen konnte. Das nächste Opfer wäre demnach Bäcker Heisinger gewesen, doch Heisinger war längst im Besitzt eines Taufscheins. Er präsidierte dem Tauftribunal als perfekt kostümierter Neptun. Amigo, der gleichfalls zur Schiffs-IG Nahrung und Genuß zu rechnen war, befand sich, wie ich schon mehrmals erwähnte, in ähnlich günstiger Lage. Er hatte seine Dissertation in der Tasche und hielt heute Wacht am Taufbecken.
Wer war der dritte Mann? Der Dritte Mann war kein geringerer als ich selber. Ich beurteilte meinen Rang nicht ungünstig. Da es ohnehin kein Entweichen mehr gab, mochte denn das Schicksal seinen Lauf wenigstens so schnell wie möglich nehmen. Couragiert kletterte ich nach oben, als ich meinen Namen rufen hörte. Man packte mich bandscheibenwidrig an Händen und Füßen, und ein dickleibiger Buddha, grinsend und gestikulierend – kein anderer als Zeremonienmeister Zeise – wies die Meute an, mich auf die Folterbank zu betten. Ich lag dort wie tot, eine Spur töter, als ich mich fühlte. Mitleid, dachte ich mir, ist eine weitverbreitete menschliche Empfindung. Warum sollte Zeise Menschliches fremd sein? Dann, während mir das Seewasser kübelweise übers Haupt geschüttet wurde, hörte ich Zeise unaufhörlich monologisieren: »So, so, so! Na, na, na? Nun, Herr Stengel, wieviel Flaschen? Sagten Sie zwei, drei? Ich verstehe nicht – na, na, na? Knuff? Nein? Weinbrand Edel – so, so, so!« Elektriker Flügel jagte mir auf ein Handzeichen Zeises zunächst mal an die zehn Megavolt durch die Anatomie. Ich nickte, so ich es noch vermochte, apathisch, bestätigte jede mir zugeflüsterte Schnapszahl, die ein emsiger Schreiber – ich glaube, es war Decksmatrose Finster – gewissenhaft notierte, und erkaufte mir auf diese Weise den sehr fragwürdigen Passierschein zum Betreten der Imbißbar. Dort bediente mich Bootsmann Petschke, ein, wie ich bis zu diesem Tag fest glaubte, reizender Kerl mit bestechenden Umgangsformen. Dieser Petschke ersuchte mich, auf einem Barhocker Platz zu nehmen, und wies seine vermummten Pikkolos an, mich während der folgenden Prozedur fest in den Griff zu bekommen. Solche Weisung war freilich notwendig, denn gegen das mir nun oktroyierte Äquator-Menü wird sich jeder Gourmet mit Händen und Füßen wehren, sofern er sie nur freibekäme. »Was beliebt?« fragte mich Petschke leutselig und deutete auf die mit undefinierbarer rötlicher Flüssigkeit gefüllten Bierseidel sowie auf schmuddlig aussehende Pasteten. Bedenkzeit gewährte mir Petschke nicht. Ehe ich noch so richtig in der Lage war, mein Ekelgefühl zu unterdrücken, quetschte mir des Teufels Lukull einen dieser penetranten Delikateßhappen zwischen die Zähne, und ich wußte mir, um alles nur schnell hinter mich zu bringen, keinen anderen Rat, als das Zeug zu zerkauen und teilweise herunterzuschlucken.
Chief und Zeremonienmeister Zeise, der die Stationen meiner Höllenfahrt begleitete und ständig von feixenden Kleinteufeln und einem Protokollführer umringt war, begann seinen stereotypen Sermon: »So, so, so – na, na, na?« Ich kaute, schluckte, würgte verzweifelt und spülte mit dem mir gereichten Getränk nach, das nicht ganz so diabolisch schmeckte wie der Klumpen aus Salz, Curry und Binowürze. Während ich das tat, spendierte ich wiederum Stapel von Bierkästen und edelsten Spirituosen. Weil ich mich so unterwürfig zeigte, begnadigte mich Zeise alsbald. Ich durfte den Rest der Pastete

ausspucken und den Frisiersalon betreten. Dieser bestand aus einer harten Sitzbank und dem Storekeeper Rinderer, der sich mit Schere, Mehlkleister und Papp-Rasiermesser brutal an den Häuptern der Täuflinge vergriff. Zunächst wurde ich rasiert. Ich nahm diesen Vorgang als durchaus humorigen kindlichen Scherz und hatte Grund zu einem wohlwollenden Lächeln, bis Rinderer mit der Schere auf meine schönen Haare losging. »Bei den Haaren«, brüllte ich, »hört die Gemütlichkeit auf! Wie soll ich als Passagier mit verstümmeltem Kopf in den Hafenstädten Ostafrikas unseren Staat repräsentieren, Seeleute?« Rinderer dachte nach, und während Zeise seinen alten Spruch zelebrierte, hüpfte ich, zum Äußersten entschlossen, von der Sitzbank und suchte mein Heil in der Flucht. Nun hätte man mich natürlich sofort wieder einfangen können, doch Kapitän Ambach, der neben Neptun Heisinger im Präsidium sitzend für einen einigermaßen regulären Verlauf der Festlichkeit zu sorgen gedachte, gab Zeise einen Wink. Ich durfte mich freuen, mit nur geringfügig verschandeltem Haarschopf davongekommen zu sein. Jetzt sollte ich eigentlich durch den etwa sechs Meter langen Schlauch kriechen, dessen Durchmesser dem durchwachsenen Seemannskörper nur bescheiden Spielraum ließ. Wer durch diesen Schlauch kroch, kam japsend und prustend am anderen Ende wieder heraus. Diese Etüde schien mir nicht die geeignete Therapie für Spondylotiker zu sein, und ich hob schon am Eingang der hinterhältigen Promenade protestierend die Hand. Dem Protest wurde vom Zeremonienmeister stattgegeben, wohl auch deshalb, weil ich an der Imbißbar so wacker meine Pille geschluckt hatte. Nun war mein Leidensweg fast beendet. Das abschließende Vollbad im Taufbecken empfand ich direkt als Erfrischung, obgleich Bademeister Amigo alles daran setzte, mir die Freude am fröhlichen Gepansche zu vergällen, indem er meinen Schädel immer wieder unter die Wasseroberfläche drückte. Zeise begleitete meinen Wasserfall mit pastörlichen Sprüchen und taufte mich auf den Namen Tintenfisch.

Als mich Amigo in die Freiheit entließ, legte ich die rechte Hand forsch an meine nicht vorhandene Kopfbedeckung und verabschiedete mich bei Zeise mit dessen Leib-und-Magen-Motiv:

»Das schönste an der Seefahrt sind die Lieder!« Vor den Duschkabinen trafen wir uns mit Kernseife und Bürsten wieder: wir, die Spitzenreiter der großen »Chimborazo«-Äquator-Premiere 1965, also Koch Krumme, die Sphinx und der zum Tintenfisch avancierte Passagier. Das war nun ein ganz und gar untaugliches Werkzeug, zu dem wir zwecks Wiederherstellung unserer Menschenwürde gegriffen hatten. So sehr wir auch schrubbten und scheuerten – die ölige, teerschwarze Pampe haftete unverwüstlich fest am Körper. Eine Beseitigung der zähen Folie schien ohne gleichzeitige Entfernung der Epidermis nicht möglich. Als ich nahe daran war, für den Rest meines Lebens zu resignieren und die abscheuliche Patina auf meinem Körper als schicksalhaft und unabänderlich zu betrachten, gab mir Maschinist Steudel, der mittlerweile ebenfalls seine schwere Prüfung bestanden hatte, einen fachmännischen Wink. Man müsse, sagte Steudel, mit Verdünnung, einer terpentinähnlichen Flüssigkeit, operieren. Das tat ich nun ausdauernd und gründlich. Tatsächlich gelang mir nun die Metamorphose von homo negrensis zum homo persilicus in verhältnismäßig kurzer Zeit. Die noch verbliebenen dunklen Flecken vertraute ich zur Weiterbehandlung meiner Badewanne an, die mich endgültig als das Menschenexemplar entließ, das ich vor der Taufe gewesen war. Wegen meiner angestrengten und anstrengenden Bemühungen, die Spuren erlittener Höllenqualen loszuwerden, hatte ich ganz vergessen, daß mir hundeübel war. Die Pastete lag mir im Magen wie ein gigantisches Salzbergwerk. Je mehr und je schneller ich Selters und Zitronenwasser durch die Kehle jagte, um so penetranter wurde mir zumute. Ich verriegelte meine Kammer. Falls ich ableben oder auch nur ernstlich erkranken sollte, durfte fürs erste kein Mensch Zeuge meiner Agonie sein. Das hätte Zeise und Neubert so passen können, mich leiden zu sehen und vielleicht gar jammern zu hören. Als ich noch überlegte, wie ich meine Passion am unauffälligsten und hübsch diskret durchleiden könnte, durchfuhr es mich wie ein Blitz: Auf der Back war ja die Taufe noch in vollem Gange, und ich besaß bis zur Stunde kein einziges fotografisches Dokument vom grausigen Panoptikum, das ja auch das Cannä des Chief-mates einschloß! Unverzüglich dispensierte ich Kopfschmerz und Brechreiz, griff zur Exa und kam gerade noch zurecht, Neubert in seiner tiefsten Erniedrigung zu erleben. Er konnte es offensichtlich nicht fassen, daß er trotz der von ihm am laufenden Band gefertigten Taufurkunden nicht drumherumkam, die Pastete zu schlucken. Er schnaufte und prustete wie eine mißvergnügte Robbe und konnte nur froh sein, daß seine Frau, die das Abendbrotgeschirr in der Mannschaftsmesse aufdecken mußte, nicht zusah.

Der Anblick des winselnden Chief-mates verschaffte mir eine tiefinnerliche Befriedigung, und ich registrierte mit wonnigem Behagen eine auffällige Besserung meiner Gesundheit. Das Abendessen genoß ich in ausgezeichneter Verfassung. Zu Neuberts großem Verdruß schlang ich ein halbes Dutzend Schinkenbrote in mich hinein und hielt herausfordernde Referate, die das äquatoriale Taufintermezzo als das reinste Zuckerlecken charakterisierten. Amigo, der wochenlang seine Erfahrungen als Täufling der »Monte Rosa« in den schrecklichsten Farben geschildert hatte, warf mir böse Blicke zu. Er war unbefriedigt. Sein jahrelang gespeicherter Unmut, den er an mir vergelten wollte, hatte sich eher vervielfacht als gemindert. Am meisten wäre Amigo mit einer doppelt radikalen Wiederholung der Taufprozedur gedient gewesen, aber ein juristischer Verstoß gegen das Taufreglement ließ sich nicht nachweisen, und das Motiv persönlicher Rachlust allein rechtfertigte nicht die Wiederaufnahme des Verfahrens.

Rauher Wind von Norden

Der Wasserweg Antwerpen-Aarhus führt entweder durch den Nordostseekanal oder durchs Skagerrak. Man muß schon Neubert heißen, wenn man sich für die kürzere Route entscheidet. Meinem Herzen lag das Skagerrak näher, weil es weiter weg lag. So oder so waren nun keine Blumentöpfe mehr, geschweige denn Palmen zu gewinnen. Zeises Maschinenmenschen tranken unbekümmert und zuversichtlicher als in heimatfernen Epochen und praktizierten einmütig das Alpha und Omega des Chiefs, der jetzt bis spät in die Nacht mit den Worten »Das Schönste an der Seefahrt sind die Lieder« den Auftakt zu ohrenbetäubenden Gesängen gab und die Richtung der Emotionen an Bord der »Chimborazo« bestimmte. Wer war nun eigentlich die vielgeschmähte Landratte? Konnten Kapitän Ambach, Zeise, Neubert, Amigo und alle anderen Maschinen- und Matrosenmenschen noch länger ausgerechnet mir dieses Prädikat unter die Weste schieben? Ich war, wenn wir schon im Tierreich bleiben wollen, Wasserschlange, Wasserbüffel und Wasserfloh in einer Person. Die Landratten hockten im Tagesraum und grölten sich euphorisch an die Ostseeküste heran.

Nun zählten auch die kleinen und ganz kleinen Gewinne. Da ich auf den Lottofünfer und -vierer nicht mehr hoffen durfte, konzentrierte ich mich darauf, wenigstens noch das Geld für zwei Richtige zu kassieren. Zwei Richtige – das waren also der Umweg durchs Skagerrak, ein Stürmchen, ein Nebelschleierchen, ein Defektchen und ein Schläfchen der, wie ich mir von Herzen wünschte, Aarhuser Hafenarbeiter. Kraushaars Mitteilung, das Unternehmen Aarhus nehme höchstens sechs Stunden in Anspruch, da in Dänemark nur vierzig Tonnen Fracht zu entladen seien, deprimierte mich außerordentlich. Nun hilf mir, Neptun! Wir fuhren nicht durch den Nordostseekanal. Die »Chimborazo« tat mir den Gefallen, das launische Skagerrak zu durchpflügen. Stürme und Nebel enthielten sich der Stimme. Die Nacht war kalt, klar und ruhig, als Matrose Finster vor der Nordspitze Dänemarks, bei Skagen, das Ruder auf Südkurs drehte.

Amigo, hafenbräugestärkt und bester Laune, lud

mich zu meiner letzten Flasche Whisky ein. Rosemarie (blond) und Ingeborg (brünett), Amigos reizendes Helfershelferinnen für den Rest der Reise, hatten in der Kammer des Chefstewards an einem weißgedeckten Party-Tisch bereits vor meinem Eintreffen Platz genommen. Das war nun endlich mal ein Quartett nach meinem Seemannsherzen! An die Tafel der landgierigen Meistersinger zog es mich nicht. Hier aber, wo Starkes sich und Mildes paarten, da gab es einen guten Gläserklang. Amigo führte das große Wort. Ich kannte seine Litanei: letzte Reise – endgültig – Berliner Kneipe – Heim und Herd – für immer – nie wieder – wenn der Mast auch bricht – davon abgesehen. Mich störten solche Sonntagspredigten nicht, nicht an diesem Ort. Rosemarie und Ingeborg waren schließlich mit von der Party. Sie würden, auch wenn sie womöglich gar nichts sagten, schon durch ihre Anwesenheit dafür sorgen, daß die Gedanken den Seeweg und nicht voreilig den Landweg einschlugen. Ich fragte Rosemarie und Ingeborg: »Wie geht Ihr Leben, das Sie dem Meere zugeeignet haben, weiter?« – »Nun …«, sagte Rosemarie. »Also …«, erwiderte Ingeborg. Und ihr gemeinsamer Refrain lautete: »Absteigen – so bald wie möglich!« Seliger Joachim Ringelnatz, hast du solches vernommen? Hält es dich noch länger in der Gruft? Da sitzen wir nächtens zu viert, ich mit der ungestillten Sehnsucht in den Eingeweiden, die auch die deine war, und an meiner Seite drei Heimchen am Herd. Ahoi, liebes Mädel, nimm dein Bett und gehe heim.

Jeder vierte Däne – das beweist die Statistik – wohnt in Kopenhagen. Die übrigen Städte und Dörfer dieses südlichsten aller skandinavischen Länder sind dünn besiedelt. Aarhus ist eine der ganz wenigen Ausnahmen. Ich lernte eine passable Großstadt mit hohen Häusern und einigermaßen breiten Straßen kennen. Nachts hatte es geschneit. Die »Chimborazo« lag von einem Schneeflaum bedeckt am Pier von Aarhus, und als die Planken der Ladeluke II beiseite geschoben waren, damit das Löschen der Fracht unverzüglich beginnen könne, setzte ein Schneesturm ein, wie ich ihn in Dänemark noch nie zuvor erlebt hätte, wenn ich schon einmal dort gewesen wäre. Nun war ein Ausgang fällig. Dänische Einwanderungsbehörden schien es in Aarhus nicht zu geben. Ich fragte niemanden, ob ich dürfe oder ob ich nicht dürfe. Kapitän Ambach hatte bekanntmachen lassen, daß die »Chimborazo« wenigstens noch einen Tag im Hafen zu bleiben gedenke und jedermann tun könne, wozu er gerade Lust habe.

Der Vormittag hatte gerade erst begonnen. Ich marschierte stadteinwärts, fand die hübsch geputzten oder geklinkerten Häuser und Häuschen rings um die City und vor allem die Feinkostläden recht appetitlich. Wer an Dänemark denkt, assoziiert sogleich Butter, Schinken, Eier und ein entsprechendes Äußere der Konsumenten. Ich widerspreche nicht und widerlege nichts. Nahrung und Genuß prägen viele Gesichter und Formen der Aarhuser Bevölkerung. Dänenherren und Dänendamen sind zwar nicht generell mollig, aber mehrheitlich schon.

Der Aarhuser Bahnhof zog mich magisch an. Der Leser kann sich schon denken, warum. Als Reiseziele kamen, wenn ich Kapitän Ambach keinen Ärger machen wollte, im äußersten Fall Odense oder Aalborg in Betracht. Doch die verhältnismäßig langen Reisewege versprachen da oder dort nur kurzfristigen Aufenthalt. So entschied ich mich für Randers, eine mittelgroße Hafenstadt, etwa fünfunddreißig Kilometer von Aarhus entfernt.

Während die von Koch Krumme an Bord bereiteten Mittagsbratkartoffeln in der Pfanne verschmurgelten, dinierte ich im Bahnhofsrestaurant zu Randers. Die Spiegeleier schmeckten ausgezeichnet, und da sich Petrus mittlerweile für Sonnenschein entschieden hatte, trampte ich bald fröhlich durchs liebliche Dänenstädtchen, dessen Optik, Ausdehnung und Bevölkerungszahl etwa an Wismar erinnerten. Ich drang tief in die Psyche und intellektuelle Beschaffenheit der Bewohner des Ortes ein und registrierte mit leichter Bestürzung vor allem dieses Faktum: Die Randers-Menschen sind dumm! Den Beweis lieferte mir ein Fischgeschäft. Beim Nur-so-Vorüberbummeln gewahrte ich hinter dem Schaufenster auf dem Ladentisch mehrere offene Kisten mit Räucheraalen! Niemand außer mir hatte von dieser Rarität Notiz genommen. Ich stürzte in den Laden, erwarb eines der herrlich duftenden Tiere und vergewisserte mich beim Verlassen des Fischgeschäfts, daß sich noch immer keine Schlage gewitzter Aal-Weid-

männer gebildet hatte. Wenn ich da an uns fixe Berliner denke! Schon das Gerücht eines in die Ostsee zufällig eingeschwommenen Aals macht den Spreeathener mobil. In Randers verdöst und verschläft man die wahren Sternstunden des Normalverbrauchers. Das konnte nur auf geistige Unterentwicklung schließen lassen.
Auf dem Postamt der Stadt Randers meldete ich ein Ferngespräch nach Berlin an. Ich wollte meiner Frau das Unvermeidliche, Unverschiebbare, Unabwendbare als Gruß an diesem 8. März, dem Internationalen Frauentag, durch den Draht zu flüstern: »Übermorgen läuft die ›Chimborazo‹ in Rostock ein!« Während ich noch an meinem Gesprächskonzept bastelte, war die Verbindung hergestellt. Ich hatte nur vierzig oder fünfzig Sekunden warten müssen, und ein bißchen unvorbereitet schwatzte ich drauflos: »Aus Randers – Dänemark – zehnter März – ja, in Rostock – wie geht's?« – Zabel mit dem Auto – ganz gut soweit – die Kinder auch? – tschüs!« So sprechen Dichter, wenn ihnen von vorwitzigen Postbeamten keine Zeit zu längerer Konzentration gelassen wird.
Der Zug von Randers nach Aarhus zurück hatte keine belgischen Allüren. Er jagte nicht die Schienen entlang, sondern schnaufte und quietschte, wie es sich gehört. Auf jedem Dorfbahnhof wurde brav gehalten, und der Lokomotivführer tauschte Anekdoten mit dem Stationsvorsteher. Aarhus empfing mich hell und betriebsam. Amigo wartete schon mit dem Abendbrot.
Ein paar Dänenkronen waren noch unterzubringen. Amigo und die ihm anvertrauten weiblichen Geschöpfe schlossen sich meinem Vorschlag, gemeinsam das Aarhuser Nachtleben zu studieren, gern an. Schneller, als uns lieb war, machten wir die bestürzende Erfahrung, daß es erstens gar kein Nachtleben gab in dieser Stadt und daß zweitens selbst frugale alkoholische Getränke wie Bier und Aquavit zu einem Fabelpreis gehandelt werden. Da ich mich nicht lumpen lassen wollte, gab ich wenigstens eine Lage Korn in einem halbwegs gemütlichen Restaurant. Ich legte zehn Kronen auf den Tisch und erhielt einen Öre zurück. Zabel stand grinsend an der »Chimborazo«-Reling, als die mürrisch und frühzeitig heimkehrenden Nachtlebemänner die Gangway hochkletterten, und provozierte mich mit der Bemerkung: »In Rostock gibt es gutes Bier!«
Nur mit der Ruhe, ihr Schnapshänse! Seht ihr, da liegt Aarhus. Wir schreiben den 9. März, und die »Chimborazo« will wohl gar nicht so recht. Noch ein Vormittag für den Pässentscher, noch eine letzte behagliche Promenade auf ausländischem Territorium. Ich machte Devisen-Kehraus. Aarhus bediente mich zuvorkommend. Die Apfelsinen waren billig, der Kaffee schmeckte. Die Reklame eines Kinos versprach ungeheure Sünden, und ich mußte an den Bericht Krummes denken, den er mir vorgestern von seinem Antwerpener Kinoabenteuer gab. Krumme wurde, wie er erzählte, von einem Kinokassenfräulein der belgischen Hauptstadt als Jugendlicher unter achtzehn Jahren eingestuft und zur Vorführung eines amerikanischen Schmachtfetzens nicht zugelassen. Doch Krumme wußte sich zu helfen. Pfiffig zog er einen Ausweis aus der Tasche, der das kinoreife Alter des Schiffskochs einwandfrei belegte, und Krumme durfte passieren. »Den Deutschen Personalausweis?« fragte ich naiv. »Ach wo«, sagte Krumme, »so was hat man als Seemann nicht bei sich. Den FDJ-Ausweis natürlich!«
Aarhus reichte der »Chimborazo« ihren einzigen Passagier gegen dreizehn Uhr zurück, und kurz nach fünfzehn Uhr gab der dänische Lotse das Abfahrtssignal.

Weil ich ein Seemann war …

Mit einem Gefühl des Unbehagens und der Verlegenheit denke ich an jene ersten Wochen zurück, da ich, zurückgekehrt von monatelanger Ozeanreise, wieder festen Boden unter den Füßen spürte.

Es erging mir wie einem vom Südpol nach Afghanistan verpflanzten Pinguin. Ich vermochte mich der neuen Umgebung nicht anzupassen, lebte in meiner maritimen Denk- und Lebensweise weiter und war als Außenseiter dem Spott, Mißtrauen oder gar der Verachtung meiner Mitmenschen preisgegeben.

Besonders die – niemals vorsätzliche, sondern völlig automatische – Übertragung seemännischer Lagebezeichnungen auf die mir ungewohnte festländische Umgangssprache stieß auf heftigen Widerspruch und untergrub meine Autorität erheblich.

Daß ich den über die Grenzen meines Heimatbezirks hinaus geschätzten Schauspieler Fritz Links spontan mit »Guten Tag, Herr Backbord!« begrüßte, wurde von ihm und seinem Freundeskreis noch mit Humor hingenommen. Doch als ich den Text eines weitverbreiteten Tanzliedes seemännisch zu variieren begann (»Allerdings, sprach die Sphinx, rück das Dings mehr nach Backbord, und dann gings«) und den bekannten Nationalfußballer Henning Frenzel als Backbordaußen bezeichnete, wurde mir von Schlager- und Lederkugelfans schlicht übelgenommen.

Aber wie hätte ich beweisen sollen, daß meine Fehlleistungen nicht böser Willkür, sondern eingekerbter Gewohnheit entsprossen? Ich war sozusagen in der schlimmen Lage, nicht mehr genau zu wissen, was hinten und vorn ist. Hinten schon gar nicht. Ich sagte statt dessen regelmäßig achtern.

Bei einer kleinen intimen Party plauderte ich arglos über meine Abenteuer in Achternindien und weit achtern in der Türkei. Plötzlich forschte Johann finster, ob ich ihn und die ganze Gesellschaft auf den Arm nehmen wolle. Ich verneinte fröhlich und beantwortete die nächste Frage nach dem Ursprung meines ausgezeichneten schottischen Whiskys schelmisch augenzwinkernd: »Den hab ich mir besorgt, achternrum!«

Da warfen sie mich aus dem Fenster. Wie fühlte ich mich in meinem Ehr- und Steuerbordempfinden aufs tiefste gekränkt, abgesehen davon, daß ich backbord achtern einen Bluterguß davontrug. Erst wollte ich schnurstracks zum Steuerbordanwalt eilen, dann fiel mir der steuerbordwidrige Whisky ein, den Johann womöglich gegen mich ausspielen würde.

So blieb zunächst alles beim alten. Die Leute ließen mich backbord liegen, und ich litt darunter.

Endlich, nachdem ein Frühling und ein Sommer ins Land gegangen waren, verdrängte ich das Matrosenvokabular nach und nach aus meinem Bewußtsein. Ich gewöhnte mich an die allerorts gebräuchlichen Begriffe und vermied es sogar, Wörter wie Backpulver oder Einkommensteuer in den Mund zu nehmen, weil sie zu stark an Backbord und Steuerbord erinnern.

Längst werde ich von meinen Mitmenschen wieder für normal gehalten. Freilich: Ein gewisser Furchtkomplex ist bei mir zurückgeblieben. Sooft beispielsweise in irgendeinem Zusammenhang von irgendwelchen Beobachtern oder Begutachtern die Rede ist, spreche ich grundsätzlich nur von Beob und Begut, denn hinten sind die mir zu achtern.

Als ich mal in Japan war

Drei ausgewählte Kapitel aus diesem Buch mit dem Untertitel »Schiffsreisenotizen auf und unter dem fernöstlichen Diwan«, über das im Klappentext folgendermaßen informiert wurde: »Vorliegendes Buch ist der Extrakt zweier Frachtschiffreisen, die Stengel 1971 (mit MS Quedlinburg) ums Kap der Guten Hoffnung, über Singapur und Hongkong nach Japan und 1974 (mit MS Stollberg) die westeuropäische Atlantikküste entlang nach Senegal und Sierra Leone unternommen hat. Dem kritischen Leser mögen die Notizen des Globetrotters da und dort chronologisch oder geographisch ungereimt erscheinen, doch verbürgt sich der Autor für prinzipielle Aufrichtigkeit und Tatsächlichkeit im Ganzen und im Detail. Sollten mitunter aus Gründen der Humorisierung gewisse Vorgänge unseriös geschildert und wissenschaftlich unhaltbar erscheinen, kommen für den möglichen Schaden weder der Eulenspiegel Verlag noch die Gesellschaft zur Verbreitung wissenschaftlicher Kenntnisse ›Urania‹ auf.«

Alle Seemannswege nach Japan

führen über Singapur, es sei denn, der Schiffer bedient sich einer anderen Route. Dann freilich geht es auch ohne Singapur. Wem aber könnte die Vermeidung Singapurs, der Löwenstadt, ernstlich am Seemannsherzen liegen?
Es gab in Singapur niemals wildlebende Löwen, und sie sind auch künftig nicht vorgesehen. Warum Singapur trotzdem Singapur heißt, ist ungeklärt. Dessenungeachtet ist es ein angenehmes Gefühl für den Löwengeborenen, eine so reizvolle Stadt in sein Tierkreiszeichen einbeziehen zu dürfen. Von allen nach dem König der Savanne benannten Wappenstädten, die ich je durchwandert habe, ist mir Singapur am liebsten, noch lieber als das fraglos malerische flandrische Löwen und sogar das zwischen Oranienburg und Gransee gelegene apart unauffällige Löwenberg.
Ich pausierte sowohl auf dem japanischen Hinals auch auf dem Rückweg für zweimal drei Tage in Singapur, und meine Devise lautete selbstverständlich: Löwen und löwen lassen.
Nach meiner ersten Singapur-Ankunft marschierte ich vom Hafen aus die Anson Road entlang in die City. Bei meinem zweiten Aufenthalt sollte nämliche Anson Road tiefe Wunden in mein Gleichgewichtsbewußtsein ritzen, aber das geschah sechs Wochen später, und wir werden weiter unten ausführlich darüber sprechen. Zunächst sah ich mich per pedes, per Auto oder Fahrradtaxi weitschweifig im Stadtstaat um.
Singapur ist eine chinesische Stadt mit einer starken Drittel-Minorität aus Malaien, Indern und ein paar Europäern. Wegen des scheinbar harmonischen Zusammenlebens dreier asiatischer Bevölkerungsgruppen haben Apercüniker Singapur die Schweiz Südostasiens genannt. Die Harmonie ist bei Licht betrachtet nicht lupenrein. Nach meinem Eindruck machen die Chinesen die Politik, die Inder die Geschäfte und die Malaien die Dreckarbeit. Wer freilich beim Eidgenossenschaftsvergleich an alpenrepublikanische Naturschönheiten, einschließlich weiblicher Anmut, denkt, der trifft ins Schwarze des Zifferblatts jeder Schweizer Kuckucksuhr.
Ich kann mir nach dem Abstand von Jahren noch immer keine Vorwürfe machen. Exotische Schönheiten können allenfalls Tropenbewohner oder meinen Freund Semmel unberührt lassen. Wer Singapurs grüne Wälder, Inseln, Gärten, Parks und die in ihnen enthaltenen Mädchen und Frauen ohne Entzücken mustern und passieren kann, setzt sich dem Verdacht aus, statt eines sinnbegabten Kopfes eine Kokosnuß auf den Schultern zu tragen oder wenigstens hart von einer solchen getroffen und am Dachgebälk beschädigt worden zu sein. Übrigens waren mir Kokosnüsse in Singapur, weil es sie reichlich gab, ziemlich gleichgültig. Auch das zwischen Berlin-Altglienicke und Luckenwalde – um mal willkürlich einen biederen Landstreifen in Mitteleuropa herauszugreifen – fehlende, dagegen in der Löwenstadt bereitgehaltene Laster-

Sortiment erregte mich nicht sonderlich. Opiumhöhlen, Erodrome und ähnliche Zitadellen homöopathischen Lustvollzugs sind meine Welt nicht, schon gar nicht meine Halbwelt.
Ich will es noch eine Spur ehrlicher formulieren: Die mir an der Südspitze äquatorialer Malakka-Halbinsel angebotenen Reizworte und Reizorte wurden desto stumpfer, je mehr meine Barschaft schrumpfte. Ein Paria kann nun mal nicht so leichtsinnig wirtschaften wie ein Nabob, und schon wegen dieser ökonomischen Faustregel war ich auf Bestreitung alltäglicher Bedürfnisse programmiert und bestreite energisch, nach kostspieligen Niederungen sinn- und leiblichen Menschenvergnügens geschielt zu haben. Wer mich dennoch in Zentren relativen Tugendverzichts gesehen hat, der hat mich dort nur bei einer Cola und in studierender Funktion beobachten können. Der mir zur Verfügung stehende knappe Etat hinderte mich sogar an völlig ungezielter alkoholischer Mitgift für aufdringliche sowie charmante Tanzmädchen.
Blieb, um dennoch ein Zipfelchen des Vorhangs vom Séparée der Sündenfallgrube beiseite zu schieben, die Hoffnung auf zufällige glückliche Begegnung mit Singapurs Mäzenatentum, plötzliches Auftauchen irgendwelcher irgendwie motivierter Gönner und Samariter, die mich, gedenkend meiner Ohnmacht, an der Hand nahmen, um mich ganz selbstlos, aus Freundlichkeit oder gar Liebe also, gratis an allem möglichen beteiligten, was mir neu, zu teuer und im Unterbewußtsein moralisch womöglich zuwider war.
Während der ersten Halbzeit meines Singapur-Sechstageumher-Rennens machte ich die angenehme Bekanntschaft des vielbesuchten Einkaufs- und Vergnügungszentrums »People's Park«, eines Mehr-Etagen-Ladenstraßen-Warenhauses, wie es sich als neuer Komplextyp allgemeiner Bevölkerungsbedarfsbefriedigung – einschließlich der Flaniergelüste – immer mehr auch in Europa herausbildet. Ein Bummel durch People's Park unterrichtete angesichts vieler Spezial-Importwaren-Shops auch über die verwirrend große Anzahl unterschiedlicher China-Territorien mit verschiedenen Gesellschafts- und Regierungsformen: Hier ein Laden mit Offerten aus dem volksrepublikanischen China, dort einer von inseltaiwanischer Herkunft, daneben die Filialen der britischen Kronkolonie Hongkong und der portugiesischen Zwergbesitzung Macao.
Was ich an Kleinigkeiten für Singapur-Dollars – damals waren das etwa dreißig USA-Cents – einkaufte, ließ sich als preisgünstig bezeichnen. Der große inflationäre Trend, der die ostasiatischen kapitalistischen Hochburgen Japan, Hongkong und Singapur längst erfaßt hat, war Anfang der siebziger Jahre noch ein Trendchen, und der Berlin-Tourist geriet beim Einkauf kleiner Textilien, knackiger Südfrüchte und souvenirträchtiger Jade-Schmuckstücke nicht in Verlegenheit.
Von Japan zurück, beim zweiten Löwenanteil, wurde ich, als ich mit der Grandezza und Saturiertheit eines Spieljungen (englisch: Playboy) über singapurischen Asphalt schritt, in der Anson Road wie ein guter alter Bekannter willkommen geheißen. Es war schon Abend, und ich hatte bei meiner Stadtpromenade nichts Besonderes vor. Die völlig unvermutete Umzingelung meiner Person durch einen, wie ich aufrichtig bekenne, bezaubernden Dreiklang chinesisch-indisch-malaiischen Charmes tat dem nach Anerkennung jungmännlicher Stabilität und Unverwüstlichkeit lechzenden seniörlichen Amateur-Fahrensmann wohl. Ich geriet so fest in die Hände des Damen-Terzetts, daß es mir schwerfiel, alle mir ins Ohr geflüsterten pikanten Offerten mittels deutlicher Gesten und Gebärden zurückzuweisen. Gleich drei fernöstliche Diwans auf einmal nahmen in den nachdrücklichen Einladungen der unabweisbaren Liebeswerberinnen visionär Gestalt an.
Was nützte es da schon, daß ich, mehr stammelnd als mit gebieterischer Strenge, die Litanei meiner Ohnmacht wie einen Rosenkranz herunterbetete: »Sorry – I'm a poor sailor indeed – no dollars, you understand, sorry…« Die drei Grazien, als gerade schichtfreie Tanzmädchen offenbar freischaffend um ein Zubrot bemüht, trauten solcher Argumentation nicht im mindesten. Sie hingen mir am Hals und nicht nur dort. Die reizende sowie massive Zudringlichkeit des exotischen Kleeblatts – eigentlich sollte ich präzis von Efeu und Lianen reden – hatte insofern einen mir ganz unriskanten und karitativen Akzent, als alle mir in diesem Stadium gewährten Umarmungen und Liebkosungen gratis und

franko gegeben wurden. Nur ein Stockfisch konnte bei so solider Geschäftsgrundlage mit größerer Entschlossenheit, als ich sie aufzubringen vermochte, gegen liebreizenden Würgegriff und delikaten Belagerungszustand ankämpfen. So begehrlich umworben und unterjocht fühlte ich mich schon lange nicht. Meine Befreiungsversuche waren demgemäß halbherzig. Überzeugend können die wiederholten Beteuerungen meiner Geldverlegenheit keinesfalls geklungen haben, denn noch deutete sich auf seiten meiner vielhändig operierenden Leibamazonen keine Rückzugsabsicht an. Ich fühlte mich stürmisch in die Arme genommen und genoß wie ein Pascha meine wohltuende Unterlegenheit.
So impulsiv, wie die drei Freischärlerinnen vorhin auf mich eingestürmt waren, so blitzartig stoben sie jäh auseinander, winkten eilends ein Taxis heran, warfen sich behende in dessen Polster und entschwanden, zügig hinwegchauffiert, am Anson-Road-Horizont meinen Blicken. Ich guckte mäßig verdutzt und perplex aus meinem Khakihemd, sinnierte bei langsamem Davonschreiten noch eine Zeitlang, wie sich der merkwürdige Vorfall bis hin zur plötzlichen Pointe wohl deuten lasse, und entschloß mich dann, die Turbulenz der vergangenen Viertelstunde durch einen Coca-Cola-Dämmerschoppen zu besänftigen. Um nicht zuviel Zeit zu verlieren, leerte ich mein Glas an der Theke eines dicht am Hafentor liegenden Nachtlokals. Als ich bezahlen wollte, traf mich der Schreck wie ein elektrischer Schlag bei ungeschicktem Berühren einer Glühlampenfassung: Dort, wo ich mein Portemonnaie vermutete, war nur noch inhaltlose Gesäßtasche. Die drei Damen, die mich so begehrlich umringt und dann im Stich gelassen hatten, waren, das war nun bestürzend offenkundig, niederträchtige Pickpockets, abgefeimte Taschendiebinnen.
Seltsam, wie einer in meiner Situation zunächst einmal, bevor er den Umfang der Katastrophe ermißt und bejammert, zunächst reflexiv das unaufschiebbar Nötigste hinter sich bringt: Da ich keinen Penny mehr hatte, um mein Getränk zu bezahlen, mußte ich, weil ich als Ortsfremder nie und nimmer plausibel hätte erklären können, daß ich Bestelltes nicht würde bezahlen können, mußte ich also dem vorhin geschehenen kriminellen Akt einen zweiten hinzufügen, mußte

somit die zwar geringfügige, aber jedenfalls vollzogene Zeche prellen, koste es, was es wollte. Wie einer, der nur eben mal schnell nach seinem parkenden Chevrolet sehen möchte, stürzte ich aus dem Restaurant und lief, als ich ein sicheres, verfolgloses Gefühl hatte, in gebremstem Spazierschritt meinem Schiff entgegen.
In meiner Kammer angekommen, eröffnete ich sogleich die Sondersitzung mit dem einzigen Tagesordnungspunkt: Ermittlung des Inhalts und Umfangs aller durch Taschendiebstahl eingetretenen Verluste.
Geld: Die Bilanz war nicht der Rede wert. Meine bei Schiffsweltreisen geübte Landgangspraxis, immer nur die für den Ausgangstag benötigte Finanzration bei mir zu führen, vereitelte ein umfängliches Kapitalverbrechen. Wenn ich sehr hoch greife, fielen den räuberischen Miezen fünfzig Singapur-Dollars in die Hände. Sei's drum. Aber – heißer Schreck durchfuhr mich, als es mir einfiel – das Dokument! Ich trug meinen Personalausweis in dem mir entwendeten Lederbehältnis mit mir herum. Warum ich's tat – der Teufel oder sein Psychiater mögen nach Beweggründen suchen, die mich veranlaßten, ein staatliches Papier zu exportieren und dort mit mir herumzuschleppen, wo kein Betriebsschutz und kein Polizist je auf die Idee kommen würde, meine Identität durch den PA besiegelt zu sehen. Als Reisender zum fernöstlichen Diwan besaß ich schließlich einen

ordentlichen Reisepaß, und der, wenn überhaupt, genügte den zuständigen oder auch nur neugierigen ausländischen Instanzen, wenn es darum ging, die Legitimität meiner Anwesenheit in fremdem Land zu erforschen. Glück im Unglück: Diesen hochwichtigen, für die Weiterfahrt unentbehrlichen Reisepaß hatte ich während meines Spaziergangs durch Singapur an Bord deponiert. Dem Personalausweis gewährte ich Ausgang. Grundlos. Sinnlos. Der Gedanke des singapurischen DDR-Reedereivertreters, auf erfolgreiche Polizeifahndung nach meinem Personalausweis zu hoffen, war nicht abwegig, machte mich indessen wenig zuversichtlich. »Den kriegen Sie wieder«, frohlockte unser Mann in Singapur, »denn nach unseren Erfahrungen entledigen sich Taschendiebe nach Sichtung der Beute allen Ballastes.«

Mag sein, daß die Löwenstadt-Miliz auf Grund unserer ordentlichen Anzeige den Müll sämtlicher Müllkästen Singapurs um- und umwühlte, doch mein Personalausweis hat sich bis zum heutigen Tag nicht wieder blicken lassen.
Ich hatte die mit Hilfe meines nicht sonderlich aktiven Gedächtnisses anberaumte Aufstellung einer Verlustliste abgebrochen oder zumindest unterbrochen, als mir dieser verdammte Personalausweis eingefallen war. Was immer noch sonst in dem stibitzten Portemonnaie gewesen sein mochte – im Augenblick hatte ich keine Lust mehr, über Vergängliches oder Vergangenes zu grübeln. Der Personalausweis war dahin. Nichts, was womöglich sonst noch zwischen die langen Finger des perfiden Dreibunds geraten war, konnte für den Bestohlenen heikler sein und war also im Augenblick kein tieferes Nachdenken wert.
Was ich damals dunkel ahnte, erfüllte sich Monate später nach meiner Heimkehr ins Heimatland streng und folgerichtig. Als ich bei dem für mich zuständigen Berliner Volkspolizeirevier den Diebstahl meines Personalausweises meldete und als Verlustort lakonisch Singapur angab, hatte ich das Gefühl, daß mich der protokollierende Genosse für einen abgefeimten Lügner hielt, zumal kein normaler Mensch, geschweige denn ein DDR-Bürger, mit dem Personalausweis nach Japan unterwegs ist oder, wennschon, denselben beim Ausgang – wohin, wollen wir gar nicht lang und breit recherchieren – mit sich führt und sich klauen läßt wie einen lumpigen Valutadollar.
»So – man hat Ihnen also, Bürger, angeblich Ihren Personalausweis in Singapur gestohlen?«
Dieser Satz, diese Formulierung verriet nicht nur Mißtrauen und Verachtung, sondern er ließ mich auch die Konturen einer nahezu kriminellen Schuld erkennen, die aus dem Tatbestand zu schließen ist, daß ein DDR-Bürger nicht mehr im Besitz seiner polizeilich dokumentierten Identität ist.
»Angeblich?« stotterte ich, fühlte aber die Fadenscheinigkeit meines Befremdens, zumal mein offizieller Zweifler gewisse Erwägungen, mißbräuchliche Veräußerung und Handel mit Dokumenten betreffend, ins Gespräch streute. »Haben Sie Zeugen?«
Des peinlichen Verhörs Fortgang und Ende hier zu schildern, widerstrebt mir bis ins Mark meiner Bürgerehre. Jedenfalls hatte ich auch vier Wochen später, als ich einen nagelneuen Personalausweis empfangen durfte, nicht den Eindruck, in den Augen und Köpfen zuständiger Amtspersonen amnestiert und rehabilitiert zu sein. Der von mir mehrmals poetisch farbreich geschilderte Dreimäderlcoup wurde, so spürte ich bei allen Reaktionen meiner offiziellen Zuhörer, eben doch nur als angeblicher und

nicht als wirklichkeitsgetreuer Sachverhalt angesehen.
Das Leben ging weiter. Was sollte ich mich wegen der Welle staatlichen Argwohns länger grämen.
Als ich die Sache mit dem Personalausweis schon vergessen und ein rechtschaffen freundliches Verhältnis zu allen Hütern von Ordnung und Sicherheit wiedergewonnen hatte, traf mich ein neuer Axthieb des Schicksals.
Nach einem größeren Einkauf in einer Berliner Kaufhalle, deren Träger nicht die HO, sondern der Konsumgenossenschaftsverband war, gab ich an der Kasse nach Begleichung der Warenrechnung zu erkennen, daß ich Wert auf die mir als Konsummitglied zustehenden Konsummarken lege.
Da passierte es: Die Verkäuferin fragte, wenn auch nur nebenbei, aber eben immerhin: »Ausweis?«
Es ist schon wahr: Konsumenten haben in den einschlägigen Filialen Anspruch auf Rabattmarken nur dann, wenn die Konsummitgliedschaft besteht und gegebenenfalls nachgewiesen werden kann. Aber wer fragt schon einen Kunden, der Rabattmarken begehrt, nach dem Ausweis, zumal nachweisbar gewisse Konsumkunden bei kleineren Einkäufen auf den legitimen Bonus verzichten. Die Verkäuferin fragte also: »Ausweis?«
Ich suchte ihn und konnte ihn nicht finden. Und weil ich die Frage der Verkäuferin für kleinlich und ungefällig hielt, brabbelte ich: »Machen Sie doch nicht soviel Wind wegen der paar Marken. Ich bin Mitglied, hab meinen Ausweis vergessen, und außerdem halten Sie mit Ihren Kontrollfragen den ganzen Betrieb hier auf!«
Die Verkäuferin dachte nun erst recht nicht mehr daran, auf den Einblick ins geforderte Dokument zu verzichten, und um die Mißlaune der Schlange hinter mir nicht zu vergrößern, ging ich erst mal in Richtung Ausgang, während ich erwog, den Verkaufsstellenleiter um ein Kundengespräch unter vier Augen zu bitten.
Mitten aus dieser Erwägung heraus dämmerte mir der ganze Jammer. Natürlich! Der unauffindbare Konsumausweis war nicht anders als mein Personalausweis Teil der dreidimensionalen Diebesbeute geworden. Mit dieser Erkenntnis stiefelte ich nun doppelt forsch ins Büro des Verkaufsstellenleiters.
»Sie wünschen?«
»Ich habe für achtzig Mark eingekauft in dieser Kaufhalle«, sagte ich sachlich, »und nur deshalb keine Konsummarken bekommen, weil ich den Ausweis nicht zur Hand hatte, bin aber Mitglied, was ich beschwöre, und finde die Haltung der Kollegin an der Kasse bürokratisch sowie kleinlich, nicht wahr.«
»Wo ist denn Ihr Konsumausweis?«
»Ich habe ihn verloren.«
»Verloren. Wo?«
»In Singapur.«
Der Verkaufsstellenleiter sah mich durchbohrend, fast feindlich an und bemerkte dann in sarkastisch zelebrierendem Tonfall: »Natürlich. In Singapur. Wie das Leben so spielt.« Dann ging er, leopardenhaft, langsam auf mich zu, stemmte seine Arme in die Hüften und schlug wortgiftig zu: »Verscheißern kann ich mich alleene! Hau'n Se ab.«
Mein Freund Lothar Kautz, zu dem ich mich, weil er neben der Kaufhalle wohnt, ratsuchend geflüchtet hatte, machte mir klar, daß die Unerbittlichkeit der Konsumkollegen im Grunde nicht zu tadeln sei. »Denn«, so argumentierte Kautz, »stell dir mal vor, hunderttausend DDR-Bürger, um nur mal irgendeine beliebige Zahl zu nennen, verlieren in Singapur ihren Konsumausweis…«
»Lassen ihn sich stehlen.«
»Oder so. Jedenfalls haben in diesem Falle hunderttausend Malaien, Chinesen und Inder die Möglichkeit, mit unrechtmäßig erworbenen Papieren auf das Konsumwarenangebot unserer Republik zu drücken, Lücken ins Warenangebot zu reißen und obendrein noch einskommasechs Prozent Rückvergütung zu kassieren. Können wir uns eine derartige Auspowerung leisten?«
Mir standen die Haare zu Berge. Asiatische Einkaufsbrigaden in den von Kautz beschriebenen Dimensionen stießen sich an inländischen Waren des täglichen Bedarfs, und nicht nur leider an denen, gesund. Galt der Raubzug aus Singapur am Ende nicht auch hochwertigen Industriegütern, wie Farbfernsehern, Tiefkühlschränken, Möbeln? Mich fröstelte.
»Weißt du«, sagte ich zu Kautz, der mir, um mich über meinen Verlust zu trösten, nonchalant zwei Konsummmarken im Gesamtwert von zehn Mark über den Tisch geschoben hatte, »ein

sehr relevanter ökonomischer Gedanke tröstet mich bei allen apokalyptischen Schreckensbildern, die du soeben an die Regalwände des Konsums gemalt hast: Wer auch immer mit meinem Konsumausweis mißbräuchlich einzukaufen versucht – es gibt zum Glück Waren, die nicht zum Sortiment des Konsums gehören und, weil nicht mit Rabattmarken belohnt, für illegale Kunden aus Singapur keinen Kaufanreiz bedeuten: Volvos, Diamanten und Einfamilienhäuser!«
»Das stimmt«, nickte Kautz, »und deshalb solltest du, ich meine bis zur Ausstellung eines neuen Konsumausweises, erst mal markenlos über die Runden zu kommen versuchen.«
»Ich verstehe, Lothar. Ich soll, meinst du, zunächst mal abwarten und Tee trinken.«
»Nicht Tee. Kaffee! Kaffee gilt in unserem Staat als Luxusartikel, und für so was Extraordinäres gibt es selbstverständlich keinen Rabatt!«

Heimweh nach Sannomya

war und ist die wohlklingend fernöstliche Überschrift einer Geschichte, die ich kurz nach meiner Rückkehr aus Japan schrieb und dem bekannten Humoranzeiger »Der Klamaukermann« zur Veröffentlichung anbot. Doch zu einem Abdruck kam es nicht aus Gründen, die ich im folgenden darzulegen versuche.
Mein Japanaufenthalt reichte von einem Donnerstag zum anderen – ganze sieben Tage, unterbrochen außerdem von der Versegelung Yokohama – Kobe. Summa summarum nicht mehr als hundertzwanzig japanische Festlandstunden, ein Stäubchen nur in meinem imaginären Reiseprospekt, durfte ich auf Nippons Diwan kauern. Ich nutzte die Zeit, die karge, in schwärmerischer Hingabe an erste Kirsch- und Pfirsichblütendürfte – auf immerhin subtropisch nordafrikanischen Breitengraden – des Frühlings zwischen Kobe und Yokohama.
»Was Sie da schreiben«, mäkelte der Fernostredakteur des »Klamaukermanns«, »ist eine kleinbürgerlich-sentimentale Schmonzette ohne jede Dialektik und Parteilichkeit. Schon die Überschrift ›Heimweh nach Sannomya‹ suggeriert dem Leser, den wir von Ihrem Traktätchen freilich zu verschonen gedenken, jenen süßlichen Japanmythos, der in schroffem Gegensatz zur Realität, beispielsweise zur bedrohlichen Umweltverschmutzung in Tokio steht.«
»Ich will die Umweltverschmutzung«, wehrte ich mich, »nicht im geringsten übersehen, geschweige denn überriechen. Sie kommt lediglich deshalb in meiner Geschichte nicht vor, weil dies erstens eine Kurzgeschichte ist und weil ich persönlich in der Kürze der Zeit keine Erfahrungen oder Recherchen in umweltverschmutzender Hinsicht habe machen können.«
»Argumente eines Mondkalbs!« höhnte der Redakteur. »Ich möchte, Himmel, Samurai und Kamikaze, einmal wissen, wieso!« bockte ich bildreich fernöstlich.
»Ganz klar: Sie haben Journalistik, Politische Ökonomie, Marxismus-Leninismus und was weiß ich sonst noch studiert. Und selbst wenn Ihnen unser Staat und seine Arbeiterklasse diese Chance nicht geboten hätten, müßten Sie auf Grund Ihrer täglichen journalistischen Praxis allmählich gefressen haben, wie ein kapitalistischer Staat mit feudalistisch-patriarchalischen Fundamenten beschaffen ist und auf welche Weise man ihn literarisch reflektiert. Schließlich haben Schiller über die Schweiz und Karl May über Amerika sogar ohne auch nur kürzeste persönliche Anwesenheit geschrieben. Am Beispiel der Umweltverschmutzung in Japan hätte der Leser…«
»Sie wiederholen sich.«
»Wiederholung ist die Mutter der Pressearbeit, schlechthin jeder progressiven Kunst, und weil Sie an der Wahnvorstellung leiden, Ihr ›Heimweh nach Sannomya‹ dürfe der belletristischen Kunst zugerechnet werden, gilt diese Regel auch für Sie. Was soll das übrigens heißen: ›Heimweh nach Sannomya‹? Dieses Sannomya kommt in dem ganzen Erguß nicht ein einziges Mal vor.«
»Sannomya ist eine gewöhnliche, ziemliche zentrale Bahnstation in Kobe. Ich habe die Überschrift aber ganz bewußt deswegen formuliert, weil sie einen Hauch von dem suggeriert, was sich in Gefühl und Gemüt des Touristen an Farben, Düften, Regungen, auch wehmütigen, regt und niederschlägt, wenn er seinen Fuß auf diesen von Exotik und vielen wundersamen Legenden geprägten Boden Nippons setzt. So ist das.«

»Ja, so ist das!« wütete mein Widersacher. »So ist das. Ich will Ihnen mal was sagen: Mit ihrer Kitsch-as-Kitsch-can-Metaphysik lullen Sie höchstens Kaffeetanten und Backfische ein. Und wenn Sie platzen: Die Umweltverschmutzung als ein typisches Merkmal der menschenmanipulierenden Ausbeutergesellschaft hat gerade in Japan – das können Sie unseren Zeitungen und Illustrierten entnehmen, ohne jemals in Tokio oder Osaka gewesen zu sein – katastrophale Formen angenommen. Sie wollen nicht gesehen haben, daß sich die Werktätigen dort in den Großstädten ohne Mundschutz, diese maskenähnlichen Gazebinden vorm Gesicht, nicht mehr auf die Straße trauen? Darüber hätten Sie schreiben sollen! Darauf kommt es an! So was wollen unsere Menschen lesen! Ihr großer Buddha von Kamakura, die Tempel und Goldfische ringsherum interessieren fortschrittliche Bürger einen feuchten Käse.«

»Ich habe in Osaka tatsächlich ein paar Leute mit Mundschutz gesehen, auch in Nagoya. Mit der Umweltverschmutzung, das ist, zugegeben, ein deprimierendes Problem in Japan. Andererseits, als ich neulich in Bitterfeld war, fand ich auch dort das Abgasaroma nicht gerade verführerisch.«

»Ich nehme Ihnen Ihren Vorwitz nicht einmal übel«, raunzte der Redakteur, »denn ich ahne, daß sich dahinter Unsicherheit, wenn nicht gar Hilflosigkeit gegenüber meinen Argumenten verbergen! Was Bitterfeld betrifft, so wissen Sie so gut wie ich, daß sich die Umweltverschmutzung im Sozialismus qualitativ von der Umweltverschmutzung im Kapitalismus unterscheidet. Unsere Umweltverschmutzung ist, vereinfacht gesagt, trauriger Überrest einer alten reaktionären Ordnung, während in den kapitalistischen Staaten Umweltverschmutzung zum System gehört. Der Himmel über Bitterfeld ist zudem schon viel sauberer geworden, und seine endgültige Säuberung entwickelt sich stürmisch vorwärts.«

»Würden Sie meine Geschichte drucken, wenn ich ein paar Striche machte und der Umweltverschmutzung Japans mittels einiger geschickt hineingearbeiteter Sätze gerecht würde?«

»Schelm, der Sie sind.« Der Redakteur kicherte mäßig amüsiert. »Die Geschichte ist ihrer ganzen idyllorientierten Tendenz wegen so oder so futsch, futschikato, futschijama!«

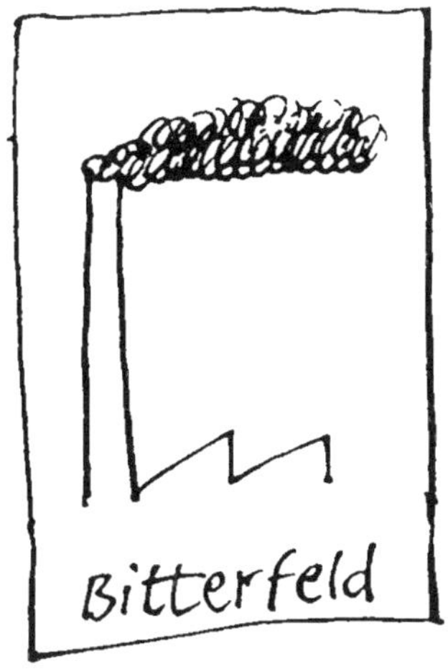

Na immerhin, wenigstens in dieser Gesprächsphase hatte der Klamaukermensch einen Funken Humor aufblitzen lassen. Ich griff das Stichwort auf: »Den Fudschijama, noch immer religiös verehrtes Heiligtum der Japaner, habe ich, das nur nebenbei, mit keiner Silbe erwähnt, obwohl er, wenn er Lava speit, was er seit einem Vierteljahrtausend gnädig unterlassen hat, ganz schöne Umweltverschmutzung anrichtet.«

»Jedenfalls sehe ich keine Möglichkeit, Ihren japanischen Eiapopeia-Schmarren durch irgendeinen Kunstgriff zu retten«, ignorierte der Redakteur meine halblauten Bemerkungen, »es sei denn...«

»Es sei denn?«

»Vergessen Sie's!« murmelte mein Gegenüber. »Nur so eine flüchtige Erwägung: Es sei denn,

wir drucken die Geschichte als Manuskript eines japanischen Autors.«
»Wie denn? Eines japanischen Autors? Und was ändert sich dadurch an der Substanz?«
»Nicht viel, genauer gesagt: gar nichts. Aber wenn ein Japaner das Dingsbums geschrieben hätte, brauchten wir uns wenigstens nicht damit zu identifizieren.«
»Das stimmt«, sagte ich.
»Nur der Haken ist der: Sie schreiben so ausgesprochen unjapanisch, daß jeder Leser unseren Schwindel sofort wittern würde. Sie sind von der Diktion her ein unverwechselbarer Zwischen-Warnow-und-Werra-Literat und nicht im geringsten Japaner!«
»Ich kein Japaner? Eine Woche Japan hat ausgereicht, mich als Mensch und Dichter fernöstlich perfekt zu assimilieren. Ich kein Japaner! Ich werde Ihnen beweisen, daß ich einer bin!«
Mit diesen Worten griff ich zum Brieföffner, der auf dem Schreibtisch des Redakteurs lag, und verübte Harakiri.
»Großartig!« rief der Zeitungsmann schmunzelnd, »jetzt können wir die Geschichte ›Heimweh nach Sannomya‹ wenigstens so drucken, wie sie ist. Bei Veröffentlichungen aus dem Nachlaß sind wir nie pingelig gewesen.

Antworten auf noch offene Japanfragen

wurden mir glücklicherweise am Ende einer Taxifahrt in Kobe zuteil. Schon halb aus dem Auto, hatte ich dem Fahrer, der die Transportkosten auf neunhundertfünfzig Yen bezifferte, mit dem in der übrigen Welt üblichen »stimmt so!« aufgerundete tausend Yen in die Hand gedrückt. Da es sich bei der japanischen Währung um eine Monowährung handelt, die keine zwei Währungseinheiten, also so etwas Ähnliches wie Mark und Pfennig, kennt, ahnt der nachdenkende Leser, wie gering mein Trinkgeld war: Ich gab – um es mit unseren Maßstäben zu messen – zehn Mark statt der geforderten neun Mark fünfzig.
Ich hatte merkwürdigerweise nicht die geringste Chance, den Fahrer zur Entgegennahme diese Zuschlags zu bewegen. Mein Pilot machte mir mit Gebärden und sogar mit deutschen Worten klar, daß es unüblich sei in Japan und unredlich, Trinkgeld, egal in welcher Höhe, zu akzeptieren. Schon hatte er die Verkäuferin eines nahen Zeitungskiosks am Wickel, ließ wechseln und gab mir korrekt fünfzig Yen zurück.
Das war mir noch nicht vorgekommen, nicht in Westeuropa, nicht in Afrika, nicht in Singapur, nicht in Hongkong, nicht in Leipzig, nicht in Budapest, nicht in Moskau, nicht einmal im Traum.
Ich war beschämt, weil ich das Gefühl hatte, einen Bürger Nippons mit meinem Trinkgeldangebot gedemütigt zu haben, und ging in der Überzeugung, irgendwas gutmachen zu müssen, zur Attacke über: »Darf ich Sie zu einem Drink einladen?«
Glück! Der Taxifahrer fuhr seinen Toyota in eine Parklücke und folgte mir in ein Restaurant, das einen dezenten Eindruck machte und nicht den Verdacht aufkommen ließ, dies sei eine Zuflucht für Habenichtse und Schotten. Diesem Taxifahrer galt es zu beweisen, daß ich ihn keinesfalls kränken wollte und daß ich ihm nur aus Gewohnheit ein bescheidenes Trinkgeld in die Hand gedrückt hatte.
»Was trinken Sie?« fragte ich meinen Gast, der sich ohne Zögern für ein Gläschen Sake entschied. Diese schnelle Entscheidung verblüffte mich weniger als seine deutschsprachige Gelenkigkeit. Es gab dafür eine überraschende Erklärung: Er war Student im fünften Semester und hatte, wenn auch nicht auf Germanistik spezialisiert, als zukünftiger Philologe ziemlich intime Beziehungen zur deutschen Sprache.
»Das trifft sich wunderbar«, sagte ich. »Ich habe noch ein dickes Bündel für mich ungelöster Japanfragen, und ich hoffe, daß Sie dank Ihrer Sprachkenntnisse etwas Licht in den Tunnel meiner diesbezüglichen Erkenntnis bringen.«
»Schießen Sie los«, sagte Herr Mikimoto, nachdem er sich namentlich artig vorgestellt hatte.
Wir stießen mit Sake an, und ich fragte: »Was ist das eigentlich?«
»Reiswein – sozusagen japanisches Nationalgetränk.«
»Na ja!«
»Schmeckt nicht besonders?«
»Reis mit Hühnerfrikassee ist mir lieber.«
»Mir auch«, pflichtete Herr Mikimoto meinem

Urteil bei. »Aber das eine Glas, das ich mir als Kraftfahrer genehmige, muß nicht außergewöhnlich schmecken, sondern der Gesundheit dienen!«
»Sake ist gesund?«
»Wir Japaner glauben fest daran.«
»Nicht aber an Trinkgeld.«
»Die Zahl der Gläubigen nimmt zu. Europa und Amerika sind uns seit Weltausstellung und Olympia näher gerückt. Doch, doch. Nicht immer und überall wird Trinkgeld zurückgewiesen. Das ist der Fortschritt.«
»Was den Fortschritt betrifft, so müssen, scheint mir, die Japaner noch allerhand lernen. Wir haben uns, Herr Mikimoto, an diesen Tisch gesetzt, ohne vom Oberkellner plaziert worden zu sein. In Magdeburg oder Cottbus ist man da bedeutend weiter!«
»Plaziert?«
»Der Gast, der ein Lokal betritt, wird eingewiesen. Er bekommt den Stuhl, den das Bedienungspersonal zur Verfügung stellt.«
»Aha. Ich gebe zu: In diesem Punkt sind wir unterentwickelt. Bei uns muß sich der Gast dorthin setzen, wo er will. Das ist…«
»… fast Anarchie, Herr Mikimoto.«
Mein Gast prostete mir zu, sozusagen von Schalk zu Schelm.
»Man sieht, um schnell noch ein paar Fragen zu stellen, bevor Sie wieder aufs Gaspedal treten, wenig Japanerinnen mit Kimono. Ist der Kimono zum Aussterben verurteilt?«
»Leider ja. Der Anteil der kimonotragenden weiblichen Bevölkerung liegt auf dem Lande unter zwanzig, in den Großstädten sogar unter fünf Prozent.«
»Kommt es noch oft zum Harakiri?«
»So gut wie gar nicht mehr. Auch in Japan hat sich die in anderen entwickelten Ländern moderne Bußregelung durchgesetzt. Man übt Selbstkritik, hat also eine Chance zur Besserung.«
»Das stimmt. Harakiri schließt wegen des damit verbundenen Ablebens Besserung leider aus. Apropos Ableben! Ist etwas dran an dem Gerücht, daß die Japaner ihre Toten in speziellen Toten-Hochhäusern bestatten?«
»Ja. Wegen der Bodenknappheit gibt es in Tokio, Osaka und auch hier in Kobe und anderswo solche Häuser. Der Ikko-Inn-Tempel in Tokio hat mehr als achttausend Krypten und 270 Urnen-Schließfächer.«
»Noch einmal, wenn Sie freundlich gestatten, Herr Mikimoto, zu den japanischen Damen: Ich sah in Tokio Blondinen. Könnte ich da und dort wohl auch legendären Luxusfrauen mit unter Bandagen verkrüppelten Minifüßchen sowie meterlangen ungeschnittenen Fingernägeln begegnen? Und tragen eigentlich noch viele japanische Mütter ihr Baby auf dem Rücken?«
»Der Reihe nach: Echte japanische Blondinen gibt es nicht. Blonde Perücken sind aber modisch im Vormarsch. Verkrüppelte Füße und ungeschnittene Fingernägel beeinträchtigen die selbstverständliche Werktätigkeit moderner Japanerinnen und kommen nur noch in historischen Filmen vor. Und das japanische Baby ist ziemlich allgemein vom Rücken der Mutter auf den Rücken der Großmutter umgesiedelt, denn Frauen, die mitten im Leben stehen, betrachten menschliche Rückenfracht als hinderlich. Vor allem Rückenschwimmerinnen.«
»Das versteht jeder«, räumte ich verständnisvoll ein. »Eine letzte Frage an Sie, Herr Mikimoto, meinen liebenswürdigen und geduldig auskunftswilligen Gast: Warum sind die Japaner eigentlich so höflich?«
»Vermutlich, weil es«, antwortete Herr Mikimoto nachdenklich, »wie Bert Brecht beim Anblick eines Grimassen schneidenden Dämons begriff, anstrengend ist, unfreundlich zu sein.«

Vision Berlin

Wir lagen im Herbst bei Brunsbüttelkog.
Der Lotse blieb mürrisch an Bord.
Die Möwe vom Dienst, Tante Emma, flog
drei Runden ums Schiff und dann fort,

Die Stunden verrannen. Wir frühstückten
stumm
und stierten durchs Fenster wie blind.
Da sagte der Steward: »Ick jäbe wat drum,
mit Frieda'n bei Zennern zu sind!«

Da lösten sich Wehmut und Nebel auf,
und plötzlich erschien uns die See
intim und vertraut wie der Wasserlauf
der fast schon exotischen Spree.

Die Luft roch nach Kiefern, Asphalt und
Benzin,
nach Spatzen, Buletten und Bier.
Wir dampften gen Brest, doch der Bär von
Berlin
saß achtern als Passagier.

Ich sag euch als Mensch (nicht als
Galgenstrick)
und Feind jedes Seemannslateins:
Entschwindet Europa auch unserm Blick,
mein Herz schlägt für Treptow und Köpenick
wie Steward Karl Sturzbecher seins.

Epigramme II

Das zehnte Kapitel bringt eine Auswahl aus Hansgeorg Stengels Epigrammbänden »Der rettende Stengel« (1974) und »Die feine stenglische Art« (1976).

In Stellvertretung

Ja, wenn wir alle Engel wären,
beschützte jeder sich allein.
Doch Engel sind nun mal Schimären,
drum springt in erdballnahen Sphären
als Freund und Retter Stengel ein.

Gehen, nicht laufen!

Laß dich auf keine Gangart ein,
die Mißerfolg verspricht.
Das Leben soll ein Lehrgang sein,
ein Leerlauf aber nicht.

Stimmungswandel

Er hat des Freundes Frau umsorgt
vom Abend bis zum Morgen.
Erst fühlte sie sich nur geborgt,
doch dann durchaus geborgen.

Bedenkliche Wandlung

Wenn du auch zäh und robust erscheinst,
bald kriegst du Seelen- und
Magenbeschwerden,
falls aus den sanften Feinden von einst
deine erbitterten Freunde werden.

Grüße von Haus zu Haus (1)

Man grüßt sich in britischen
Neidhammelkreisen,
wie Chroniken englischer Schäfer beweisen,
seit Jahr und Abend zur Schlafenszeit:
»Good Neid!«

Grüße von Haus zu Haus (2)

Ein Heupferd, passionierter Leichtmatrose
und ausnahmsweise gar nicht wasserscheu,
trinkt Whisky pur, schlüpft in die Wasserhose,
trabt flink an Bord und wiehert:
»Schiff, ah, Heu!«

Grüße von Haus zu Haus (3)

Man grüßt sich respektvoll im Kreis von
Auguren,
die Täve verehren oder auch nur
von dessen Kämpfen und Siegen erfuhren:
»Bon Schur!«

Grüße von Haus zu Haus (4)

An seine Braut schrieb Fritz N.:
»Mein Entschluß
ist unumstößlich. Die kleinbürgerlichen
Floskeln am Briefende werden gestrichen.
Mit sozialistischem Kuß!«

Grüße von Haus zu Haus (5)

Wie grüßen sich die Zeichner und die Maler?
Wer's rät, kriegt als Belohnung einen Taler.
Ihr ratet's nie, sofern ihr nicht genial seid:
Der Gruß der Pinsulaner lautet »Malzeit!«

Sommernachtstraum

Der Juni singt ein Abschiedslied. Und jetzt
zeigt sich die Widersprüchlichkeit auf Erden:
Es hofft die Braut, daß man sie nicht versetzt,
das Schulkind aber hofft versetzt zu werden.

Versetzungsgefährdet

Man kann sich schon denken,
wieso und warum
der stinkfaule Schüler Bernd Heigert
vergnatzt und wie eine Makrele stumm
die Zeugnisaussage verweigert.

Nicht von Dauer

Ein Wellensittich und eine Forelle
liebten sich innig, doch wurden kein Paar,
weil sie Amateurin der langen Welle,
er aber ein Kurzwellensittich war.

Ausgefallen

Eine Blattlaus aus Langenhessen
hatte ihr Manuskript vergessen.
Drum fand das Referat nicht statt,
denn Blattläuse lesen nur vom Blatt.

Konservativ

Die Stute Liese ist ziemlich verstockt.
Sie wiehert: »Her wird nicht
toupiert und gelockt!
Ich pfeife auf modischen Firlefanz!
Grundsätzlich: Ich bleibe bei Pferdeschwanz!«

Immer nur du!

Er nahm es mit der Ehe sehr genau.
Er mochte Bigamie partout nicht leiden.
So kam's, daß er sich nur von seiner Frau
erobern, streicheln, küssen ließ und scheiden.

Nicht einfach so

»Nein«, sagte zu Herrn Quitte
das Quittenfräulein Brigitte,
»ich gebe mich Ihnen mit Herz und Sinn
grundsätzlich nur gegen Quittung hin.«

Eine Nummer kleiner

Formuliere besonnen,
spar-, wirk- und einfühlsam.
Schreib keine Epitonnen.
Höchstens ein Epigramm.

Kleines Haus am Wald

Karlheinz warb intensiv um Rosamunde,
bot Immobilien an samt Inventar.
Kein Wunder, daß sie ihm aus diesem Grunde
sehr zugeneigt und ganz zu Villen war.

Über die Brauchbarkeit eines Vorbilds

Ich will dir den Elan nicht rauben,
doch falls du mir den Tip erlaubst:
Du solltest nur an Götter glauben,
an die du auch nach Dienstschluß glaubst.

Heuschnupfen

Geh sparsam um mit Liebestrieben,
Elisabeth, du süßes Biest.
Gefährlich ist's im Heu zu lieben:
Dein Mann wird stutzig, wenn du niest.

Selbstbedienungsanleitung

Erprobt nicht, ihr Kunden, im Warenhaus
die Sitten barbarischer Ahnen.
Streckt nie eure Finger nach Beute aus
wie die alten Kleptogermanen.

Eines schickt sich nicht für alle

Die Architekten haben's gut,
bauen für andre mit Schöpfermut
Wohnsilos kosmischer Dimensionen
und dürfen selber vernünftig wohnen.

Nachträglich Bekleiderscheinung

Am FKK-Strand lernten sie sich kennen,
verliebten sich und wurden Frau und Mann.
Doch bald beschloß er, sich von ihr zu trennen:
Zu Hause hatte sie die Hosen an.

Tischgebet eines Schwerathleten

An meinem Tisch soll nie ein Zweiter sitzen.
Ich brauche Platz und möchte einsam sein
beim Gabeln und beim
Soße-um-mich-Spritzen.
Der Starke ißt am mächtigsten allein.

Im Kollektiv

Verbände und Bünde sind sehr modern
bei allen Schichten und Ständen.
Selbst Autoraser vereinen sich gern
in Gips- und in Streckverbänden.

Heros

Der Löwenmaulheld prahlt in Referaten
mit stolzen kriegerischen Heldentaten,
daß alles bangt, er werde noch Geschichten
von seinem eignen Heldentod berichten.

Statt Karten

Da ich nicht alle zehntausend Bekannten,
die mir zum Fest keinen Glückwunsch sandten,
persönlich zu schmähen die Absicht hege,
geschieht dies summarisch auf diesem Wege.

Grenzen der Technik

Auch Farbfernsehern (den besten sogar)
ist nicht das Talent zu eigen,
den roten Faden des Dramas zu zeigen,
der niemals vorhanden war.

Für jeden etwas

Die Ehe bringt viel Fröhlichkeit
bei trautem Miteinanderwandern.
Und gibt es doch mal Zank und Streit,
dann schadenfreuen sich die andern.

Müßiggängers Perspektive

Versäumst du dein Leben lang Mühe
und Pflicht
und nährst dich auf anderer Leute Knochen,
glaub nicht, daß dich einst jemand
selig spricht.
Nein, saumselig wirst du gesprochen.

Begrenzte Lebenserwartung

Man wird seines Lebens als Greis nicht
recht froh,
denn etwa im hundertsten Lebensjahr
erhöht sich fortschreitend die Lebensgefahr.
Das ist so nach Adam Risiko.

Große Form

Ich habe Respekt vor meinen Kollegen,
die dicke Wälzer zu schreiben pflegen,
sofern die voluminösen Folianten
Substanz enthalten und nicht nur Quanten.

Kriterium

Daß wir Binnenländer sind,
merken wir Bürger und Bürgerinnen,
wenn ein Behördenbrief barsch beginnt:
»Wenn Sie nicht binnen ...!«

Kettenreaktion

Ganz klar, daß in Betrieben jedermann
mit Schärfe jeden kritisieren kann:
Der Chef zum Beispiel den Abteilungsleiter.
Der seine Sekretärin. Und so weiter.

Frisch von der Leber

Der Redner sagte in lauerndem Ton:
»Ich bitte um offene Diskussion!«
Die Frage kam prompt, doch sie war
nicht bequem.
Da rügte der Redner: »Kein echtes Problem!«

Zwei Schichten

Verlieb dich jeden Tag aufs neue
in Hilde, Ruth und Adelheid.
Und für die eheliche Treue
hast du zur Nacht noch reichlich Zeit.

Rundreise

Daß man gar oft auf kurvenreichen Pfaden
nicht schlechter wandelt als auf schnurgeraden,
bestätigt jeder, der am Kurvenrand
des Busens der Geliebten Zuflucht fand.

Größere Lebenserwartung

Du darfst dir dein Phlegma nicht nehmen
lassen.
Komm ruhig bisweilen ein Stündchen zu spät.
Du solltest absichtlich den Dampfer verpassen,
der pünktlich in See sticht und untergeht.

Böse Folgen

Spiel dich nicht auf im Kreise von Bekannten.
Geschwätz und Prahlsucht sind ein
leerer Wahn.
Mach aus der Mücke keinen Elefanten,
denn der zertrampelt dir dein Porzellan.

Ausgleichende Gerechtigkeit

Den Zuchtexperten Wruck aus Niederwiesen
mißlang total die Zucht von Bullenriesen.
Doch wurde er prämiert als der Erfinder
des Wettbewerbs »Wir züchten Mini-Rinder!«

Immer sachte

Beherrsch dich, Freund! Du sollst nie stur
und voller Ingrimm um dich schlagen.
Man darf die Haut, aus der man fuhr,
nicht obendrein zum Markte tragen.

Hokuspokus

Zwei mögen sich. Das ist des Schicksals Lauf.
Sie teilen unverdrossen Wohl und Wehe.
Ja, ja, die Liebe höret nimmer auf,
es sei denn, man verwandelt sie in Ehe.

Wahre Worte

Meßt Kunstgenuß nicht unbedingt
am Wohlklang von Kantaten.
Just eine Gans, die scheußlich singt,
gibt einen guten Braten.

Stillschweigenacht

Viel schenkt man sich zum Fest aus Sympathie
an Nippes, Plunder, Naschwerk und Getränken.
Man schenkt und schenkt. Sogar die Ironie
muß der sich, der mit Kitsch beschenkt wird,
schenken.

Weihnachtslied

O Tannenbaum, o Tannenbaum,
wie immergrün dein Ast ist!
Wie sauber glänzt der Gabentisch,
du nadelst nicht, bleibst ewig frisch.
Gesteh, daß du aus Plast bist.

Fallobst

Der Apfel fällt nicht weit vom Stamm,
das Erz nicht weit vom Engel.
Und fällt ein gutes Epigramm
ins Wasser, fiel's vom Stengel.

Die feine englische Art

»Dienst ist Dienst, und Schnaps ist Schnaps!«
Wer so was sagt, hat einen Klaps.
Längst näseln die Lords zwischen Ruhla und
Niesky:
»Sörvis ist Sörvis, und Whisky ist Whisky!«

Schwarzes Schaf

Kein Staatsmann reichte ihm die Hand,
kein Trainer und kein Leiter.
Es rügte ihn der Sportverband.
Warum? Er wurde Zweiter.

Fernsehdirektübertragung

Längst war er eine bleiche
Leiche.
Da fuhr der Kameramann
den toten Leichnam an:
»Liegen Sie nicht so steif!
Wir senden live!«

Turteln gestrichen

Wie Turteltauben lebten sie im Mai.
Jedoch nach zwanzig Jahre langem Wandern
sind sie nur wie die Tauben, diese zwei.
Tatsächlich: Keiner hört mehr auf den andern.

Zweierlei Maß

In Rezeptionen der Interhotels
stehn oft Empfangschefs massiv wie ein Fels,
verweigern Verliebten gemeinsame Nächte,
es sei denn, die zwei sind von gleichem
Geschlechte.

Zeugendes Argument

Den Winter traf der Schlag. Bald ist April.
Geizt, Bürger, mit Minuten!
Wer dieses Jahr noch Babys haben will,
der muß sich tüchtig sputen.

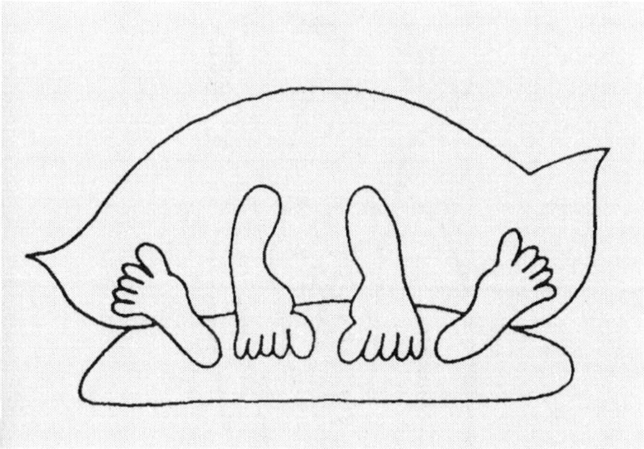

Sohn, soeben 16 geworden

Erst schwante mir: Der wird vergammeln!
Nun aber scheint er sich zu sammeln.
Ich habe mich mit ihm versöhnt:
Er hat sich das Rauchen abgewöhnt.

Es sei denn

Auch Raben werden, das ist klar,
geliebt von ihrem Elternpaar.
Sogar die kleinen Raben,
die Rabeneltern haben.

Unwiderlegbar

Dies ist kein Spruch von alters her,
obwohl er wahr ist und gediegen.
Auch Wilhelm Busch hat ihn verschwiegen:
Wer Sorgen hat, hat auch Malheur.

Geschlossen

Erschüttert stehen wir vorm Sarkophag
des Gastwirts Gottlieb Gakenholz und weinen.
Er hatte mon- und dienstags Ruhetag.
Nun hat er täglich einen.

Hausgemachter Urlaubsvorgeschmack

Bei Panteleits herrscht höllischer Rabatz:
Aus Babys und Recordern tönt Gewimmer.
Im Takt der Hausmusik vibriert das Zimmer,
und Oma strahlt: »Wie auf dem Campingplatz!«

Irrtümliche Auslegung

»Irren ist menschlich« – das klingt so, als seien
Fehler, weil menschlich, pauschal zu verzeihen.
Laßt euch von Kürzeln den Kopf nicht verwirren:
Irren ist menschlich? Auch Unmenschen irren!

Nuance

»Unersetzlich bist du!« schwor er laut
seiner jungen attraktiven Braut.
Später wurde ihm allmählich klar,
daß sie vielmehr unersättlich war.

Hellhörig

»Die Nachbarn im Hochhaus«, sprach
Hauswart Paul Huth
zu Bürgermeister Max Sander,
»verstehen sich untereinander sehr gut,
doch leider auch übereinander.«

Gerichtsverfahren

Da schießen sie, dort drängen sie zum Lichte:
Marone, Steinpilz, Brätling, Hasenohr.
Doch meide Knollenblätterpilz-Gerichte,
denn Freispruch kommt bei denen selten vor.

Spielregel

Sind rauhbereift die Tannenzapfen,
ist's herrlich, durch den Wald zu stapfen.
Und kommt kein Reh, dann solltest du nicht
grollen.
Du hättest eben kontra sagen sollen.

Altersweisheit

Alt zu sein ist gar nicht so trist.
Welk darfst du sein und ranzig,
falls du schon hundert Jahre alt bist.
Schlimmer ist: alt sein und zwanzig.

Bedingung

Der Griesgram Amadeus Sprotte
bewarb sich bei der Weißen Flotte,
doch Käptn Kringel sagte: »Nein!
Wer schiffen will, muß fröhlich sein!«

Diskretion Ehrensache

Vermeide es, Freund, dich bei Interviews
und Vorträgen in die Nesseln zu setzen.
Es gibt zwar bekanntlich keine Tabus,
doch hüte dich, sie zu verletzen.

Einer unserer vornehmen Tennisspieler

Er gilt von klein auf im weißen Sport
als Knigge der Tennisplätze,
verlor beim Ballwechsel selten ein Wort,
nur leider zu viele Sätze.

Erwägung eines Seemanns

Uns ist ein Haifischbaby zugeschwommen.
Wir haben es kulant an Bord genommen.
Gehört im Licht der Meereszoologie
die Mannschaft nun zur Hai-Society?

Karriere

»Wie schafften Sie den Anschluß an die Spitze,
Kollege Lerm, im Schlaggitarrenfach?«
»Nun ja, den Gipfelpunkt, auf dem ich sitze,
den schaffte ich«, sprach Lerm, »mit Ach
und Krach!«

Warmblüter

Wenn im Spätherbst auf den Bänken
Liebespaare sich verschränken,
staunt der Wandersmann und spricht:
»Junge Liebe frostet nicht!«

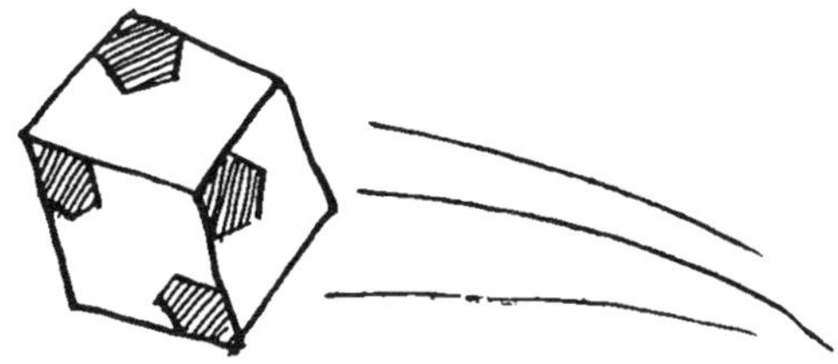

Gegenargument

Stichhaltig klingt aus Sportreporters Mund
der Leib-und-Magen-Satz: Der Ball ist rund.
Doch prüfend diese Redensart, entdeck ich:
Sie stimmt nicht ganz. Der Eckball,
der ist eckig.

Depression

Man teilte als Diagnose Herrn Schmidt
»Hypochondritis difficile« mit.
Nun leidet Herr Schmidt an der Einbildung, kein
nur eingebildeter Kranker zu sein.

Banknotenschlüssel

Als notenkundiger Musikexperte
schrieb er die schönsten
Kammerstreichkonzerte
und klagte dennoch: »Der Erlös ist mager!«
Jetzt hat er umgesattelt. Er macht Schlager.

Opfer der Behörde

Man hat Herrn Zunk seit Jahren angeschrieben,
statt einfach Briefe an ihn adressiert.
Kein Körperteil ist unverschont geblieben,
und folglich fühlt sich Zunk wie tätowiert.

Selbsttor

Er war ein Freund von faulen Kompromissen,
benutzte jede List und jeden Trick,
doch eines Tages war er aufgeschmissen:
Ihm widerfuhr ein Kompromißgeschick.

Novemberelegie

Zehn Tage lang hing Fritz an Ihren Lippen.
Er liebte sie. Dann traf ihn fast der Schlag:
Ihr Anblick ließ ihn aus den Latschen kippen.
Es war der erste nebelfreie Tag.

Reizbare Patienten

Gallenmenschen recht getan,
ist eine Kunst, die niemand kann.

Wink mit dem Zaunpfahl

Dies hübsche Epigramm hat nur vier Zeilen.
Wo ist der Regisseur, der unverblümt
ein Fernsehspiel draus macht
   aus sieben Teilen?
Dann wäre ich vermögend und berühmt.

Wortspiele

12
2
wir sind dabei
Max und Moritz
die zwei Bengel
SUPER STRUWELPETER
Hansgeorg Stengel • Rolf Felix Müller
Die
WORT
SPIEL
WIESe
Ottchen
Tante Mascha
Theo und das Auto Tüt
ABC Buch

Im elften Kapitel findet sich eine Auswahl aus Hansgeorg Stengels Kinderbuch »Die Wortspielwiese« (1979).

Erstes Wortspiel

Spielen mit dem Wort, Spiel mit Worten und Spiel mit Wörtern

Wir kommen nicht drumherum, dem Titelhelden unseres Buches und dem Spielleiter der Wortspielwiese, nämlich dem Wort, auf den Zahn zu fühlen, ohne freilich eine wissenschaftliche Abhandlung über das Wort WORT in Gang zu setzen.

Wenn auf einer Versammlung ein Bürger ums WORT bittet und danach das WORT ergreift, dann weiß jeder: Weder das vom Bürger erbetene noch das ergriffene Wort ist in Wirklichkeit nur ein einzelnes Wort, sondern eine mehr oder minder große Anzahl von Wörtern. Es gibt also das Wort WORT in zwei Bedeutungen: Erstens als Baustein eines Satzes (Mehrzahl: die Wörter) und zweitens – wie im Falle des Redners – im Sinne eines Ausspruchs, einer kurzen Darlegung, eines Bekenntnisses, einer Botschaft oder auch einer geistvollen dichterischen Anmerkung, von der manchmal gesagt wird, sie sei ein GOLDENES WORT. Der Unterschied zwischen WORT und WORT, zwischen dem grammatischen Begriff und dem WORT im übertragenen Sinne, ist in der Einzahl nicht ables- und hörbar. In der Mehrzahl dagegen unterscheiden wir Wörter und Worte, und mit Worten hat dieses Buch weit weniger zu tun als mit Wörtern, mit Buchstabenzusammensetzungen also, von denen gesagt wird, sie fügten sich zu einem Wort.

Dieses WORT nun (wir wiederholen: das WORT mit der Mehrzahl WÖRTER) wird in wissenschaftlichen Büchern gar nicht so eindeutig und überzeugend beschrieben. Wie müssen eigentlich Buchstabenzusammensetzungen beschaffen sein, damit wir zu dem Urteil gelangen: »Dies ist ein Wort!«? Niemand wird einen Streit darüber entfachen, daß »Bahnhof«, »Eierkuchen«, »links«, »ausverkauft«, »Gewürzgurke«, »dunkelgrün«, »Ferien«, »hürdenlaufen« Wörter sind, wie sie in sinnvoller Weise ausgesprochen werden und im Buche stehn. Aber da stutzen wir schon: Sind die oben aufgezählten Wörter nur deshalb tatsächlich Wörter, weil sie sinnvoll sind?

Ist der Nachweis des Wort-Sinns unumgänglich nötig, um irgendeine Buchstabenzusammensetzung WORT zu nennen?

Wortspieler hätten nur ein begrenztes Wortspielfeld, wenn sie immer daran denken müßten, von wo bis wohin ein Wort noch ein Wort genannt

werden darf und wie ein Wort beschaffen sein müsse, um als Wortspielzeug in Betracht zu kommen.
Einigen wir uns so: Das Wort im Sinne unserer Wortspiele sei jegliche Zusammensetzung von Buchstaben, die entweder einen allgemein gebräuchlichen und geläufigen Begriff ergibt oder die auch (nur) einen malerischen, musikalischen, komischen Sinn, Neben-Sinn und Un-Sinn erkennen läßt.
So gesehen, ist auch das aus sehr merkwürdigen, phantastischen Buchstabenkombinationen zusammengesetzte Gedicht Christian Morgensterns ein durchaus willkommener Beitrag für unsere Wortspielwiese:

Das große Lalula

Kroklokwafzi? Semememi!
Seiokrontro - prafriplo:
Bifzi, bafzi; hulalemi:
quasti basti bo ...
Lalu lalu lalu lalu la!
Hontraruru miromente
zasku zes rü rü?
Entepente, leiolente
klekwapufzi lü?
Lalu lalu lalu lalu la!
Simarar kos malzipempu
silzuzankunkrei (;)!
Marjomar dos: Quempu Lempu
Siri Suri Sei ( )!
Lalu lalu lalu lalu la!

Quatsch? Meinetwegen. Jedenfalls schöner, gar melodiöser Quatsch. Dieses Gedicht macht seit sieben Jahrzehnten die fröhliche Wortspielrunde. Viele Wortspieler können es im Schlaf.
Wen packte nicht hin und wieder die Lust, Sätze oder Verse zu erfinden und aufzusagen, deren Wörter in keinem Lexikon zu finden sind! Der Wortschatz des Wortspielers ist riesengroß und deshalb vortrefflich geeignet zu schöpferischem, wortschöpferischem Spiel. Przwatitzrehfw? Ebw? Nugwtrjhteu! Diplomierte Wortspieler wissen schon, was das bedeutet, zumindest ahnen sie's.

Drittes Wortspiel

Rüttelleimschere

In diesem Wortspielwiesenkapitel ist von geschüttelten Reimen die Rede.
Verständigen wir uns zunächst darüber, was unter einem Reim, der in vielen Gedichten angewandt wird, zu verstehen ist. Die in der Versliteratur üblichen Reime sind Endreime wie Herz-Schmerz, Haus-Maus, Jugend-Tugend, Mutter-Butter, Wallenstein-Gallenstein und so weiter. Es handelt sich also um die Wiederholung des am Versende stehenden letzten Wortes oder – bei mehrsilbigen Wörtern – der letzten betonten Silbe bei gleichzeitiger Veränderung des am Anfang der betonten Silbe stehenden Mitlauts. Schüttelreime entstehen dann, wenn man die Köpfe der beiden Reimwörter oder, genauer, die Köpfe der beiden betonten Reimsilben über Kreuz vertauscht. Das klingt komplizierter, als es ist. Hier das Beispiel eines klassischen Schüttelreims:

Heut essen wir den Suppenhahn,
(S-H)

den wir noch gestern huppen sahn
(H-S)

Oder:

Drei Stunden sie am Meere lagen.
(M-L)

Jetzt treibt sie heim der leere Magen.
(L-M)

Wenn man das Schüttelprinzip einigermaßen begriffen hat, liebäugelt man gewiß mit noch kniffligeren Lektionen der Rüttelleimschere (= Rüttelreimlehre). Die bei einfachen Schüttelreimen geübte Überkreuzvertauschung der Anfangslaute kann auch doppelt erfolgen:

Die Boxer aus der Meisterklasse
(Mei-Kla)
zerschlugen sich zu Kleistermasse,
(Klei-Ma)
und aus dem großen Massenkleister
(Ma-Klei)
erhob sich dann der Klassenmeister.
(Kla-Mei)

Oder so:

Ein Tor singt jede Liederweise,
bisweilen laut, dann wieder leise.
Dagegen gibt der Weise Lieder,
die er nicht kennt, nur leise wieder.

Da Reime und ebenso Schüttelreime klanglichen und nicht buchstäblichen Merkmalen folgen müssen, gilt

Und weil er Geld in Menge hatte,
lag er stets in der Hängematte

als Schüttelreim, auch wenn der Buchstabe E in einem Fall gegen den Umlaut Ä ausgetauscht wird. Ähnliches trifft zu für den Schüttelreim

So mancher Hirt, wenn er sein Vieh gezählt,
bemerkt mit Schreck, daß eine Ziege fehlt.

Oder:

Bei einem Stück von Richard Strauss,
da kriegt man nie die Strichart raus.

T und d – genaugenommen wird ein derartiger Reim nur in sächsischen Gefilden unbeanstandet durchgelassen. Doch seien wir bei Schüttelreimen niemals kleinlich. Spaß kann auf strenge Rechtschreibung allemal verzichten. Darum keine Angst vor diesem schüttelgereimten Umgrabspruch:

Nachdem du mit dem Spaten wühltest,
wär's Zeit, daß du die Waden spültest.

Ganz zugespitzt sächsisch schließlich:

Ziehst du dort an der Bimmel, Gretchen,
bringt dir der Gellner Gimmelbreetchen.

Das Schüttelreimspielvergnügen kann in einer Gesellschaft dadurch angeregt und gesteigert werden, daß ein – möglichst leicht reimbares – Wort (schwer reimbare Wörter sind zum Beispiel: Mensch, Volk, Dorf) vorgegeben wird und alle gefundenen einigermaßen sinnvollen Schüttelreimereien mit Punkten prämiert werden.
Wäre, sagen wir mal, das vorgeschlagene Wort etwa das Wort WIESE, so ist mit einem hohen Ertrag an brauchbaren Schüttelreimfabrikaten zu rechnen. Beispiele:

Max überstieg die Riesenwand,
da lag vor ihm der Wiesenrand.

Geh stets spazieren, Liese, weise:
Betritt stets eine Wiese leise!

Hör meinen Ratschlag: Niese, Wicht,
auf einer Blumenwiese nicht!

Was soll mich an der Wiese reizen?
Hier sät bestimmt kein Riese Weizen.

Wer Würste auf der Wiese brät,
ist froh, wenn keine Brise weht.

Viel Platz ist auf der Liegewiese
für eine Baby-Wiege, Liese.

Die Ziegen auf den Wiesen meckern.
Der Ärger kam von miesen Weckern.

Wir werden diese Wiesen meiden:
Sie sind gesäumt von miesen Weiden.

Die Fülle der Schüttelreimmöglichkeiten mit dem Wort WIESE ergibt sich aus der großen Anzahl von reimbaren Wörtern (Wiese-Liese-diese-Brise-Riese-miese-Krise-niese). Wörter solcher und ähnlich großer Reimergiebigkeit lassen sich eine Menge finden. Auch das Wort MENGE gehört dazu. Schon haben wir den ersten Schüttelreim gefunden:

Die Mutter sprach mit Strenge: »Max,
schäl die Kartoffelmenge stracks!«

Aber – wie schon gesagt – es gibt auch zahlreiche Wörter, auf die sich Reime gar nicht, kaum oder nur mit Mogeln finden lassen. Vor fünfzig Jahren veranstaltete eine deutsche Illustrierte ein Preisausschreiben unter der Überschrift »Wer findet den besten Reim auf Mensch?«.
Es gab Tausende Einsendungen mit Reimangeboten dieser Art:

Merk dir für alle Zeit, geliebter Mensch:
Das Mittelstück vom Lampenschirm heißt
Pensch.

Ich weiß den einz'gen Reim auf Mensch:
Der Mensch ist manchmal wetterwend'sch!

Noch sterbend rief er:
»Wenn schon, dennsch...«
Bis hierher kam er,
und dann starb der Mensch.

Da sieht man wieder: Der Mensch ist findig. Sogar einen Reim auf sich selber findet er.

Neuntes Wortspiel

Gleich und gleich und doch verschieden

Auf die Wandtafel schreibt der Lehrer das Wort ARM. Ute soll erklären, was das Wort bedeutet. Was immer Ute antwortet – die Antwort wird falsch oder unvollständig sein, wenn für das Wort ARM nur EINE Begriffsdeutung gegeben wird. Denn: Das Wort ARM kann, je nachdem, in welchem Zusammenhang es gebraucht wird, ENTWEDER einen Körperteil bezeichnen ODER das Gegenteil von reich.

Ein ganzer Satz wie »Wer kein Geld hat, der ist arm« oder »Ich habe mir den Arm gebrochen« läßt keine Zweifel über die Bedeutung eines Wortes aufkommen, doch das vom Zusammenhang gelöste Wort läßt uns immer dann rätseln, wenn es sich um ein doppelsinniges oder gar um ein Wort mit vielfacher Bedeutung (griechisch: Homonym) handelt.

Homonyme – wer sich das Fremdwort nicht merken will, sage einfach »Teekessel« – gibt es in unserer Sprache so viele wie Birkenpilze in einem feuchtwarmen Sommer.

Bauer = Landmann oder Vogelkäfig? Schimmel = Pilzbelag oder weißes Pferd? Strauß = Laufvogel, Blumengebinde oder ein mittelalterliches Gefecht? Geschoß = Munition oder Stockwerk? Schloß = Sperre oder herrschaftliches Prunkgebäude? Tor = Pforte, Dummkopf oder Fußballtreffer?

Weil ein Wort so oft zwei oder mehrere Bedeutungen hat, gibt es beispielsweise beim »überholten« Auto drei sinndeutende Möglichkeiten: Die erste wäre, daß es sich um ein Auto handelt, das auf der Autobahn von einem anderen Auto überholt wurde. Die zweite: Das Auto ist ein Uralt-Auto, ein Oldtimer, der deswegen als veraltet, überholt zu bezeichnen ist. Die dritte: Das Auto wurde in einer Werkstatt gründlich repariert und teilweise erneuert, überholt also.

Die Bedeutungsvielfalt zahlreicher Wörter ist im Leben jedoch kaum ein Problem. Mißverständnisse sind selten. Für den Wortspieler aber sind Homonyme eine fast unerschöpfliche Fundgrube voller Witze und Späße.

Teekessel-Witz Nummer eins: Ein Mann mit spärlichem Haarwuchs fragt den Frisör: »Entschuldigen Sie bitte, wären Sie wohl so freundlich, meine Haare zu locken?« Antwort des Frisörs: »Ich will es gern versuchen, aber ob sie kommen?« (Für Spätzünder: Das Wort LOCKEN hat zwei Bedeutungen, nämlich KRÄUSELN und HERAUSFORDERN).

Teekessel-Witz Nummer zwei: Ein Junge zum Verkäufer in einem Schokoladengeschäft: »Ich möchte Rumkugeln!« Der Verkäufer: »Dies ist ein Laden und keine Zirkusmanege, hier wird nicht rumgekugelt!«

Die Zeitungsüberschrift STAHL IN GROSSEN MENGEN läßt uns zweifeln, ob in dem Artikel von Stahlproduktion oder von einem Raubüberfall die Rede ist.

Ein Wachstuch – fördert es das Wachstum?

Manche Teekessel entfalten sich erst, wenn man das Wort in einen bestimmten Fall oder in eine bestimmte Zeitform bringt. HERD und HERDE sind zunächst zwei auffällig unterschiedliche Wörter, aber wenn ich sage »Der Mann versteht allerhand von Herden«, dann könnte es sich bei diesem Fachmann ebenso um einen Schäfer wie um einen Ofenbauer handeln. Auch ÜBERDENKEN und ÜBERDACHEN sind in der Grundform ganz ungleich. Sobald ich aber von jemandem mitteile, er habe etwas ÜBERDACHT, muß ich schon deutlich machen, ob der Herr Jemand ein Überdenker oder ein Dachdecker ist.

GESCHICKT – ausgesandt oder fingerfertig? Ein Witz dazu aus dem neunzehnten Jahrhundert: Ein ausländischer Diplomat, wegen gelegentlicher Taktlosigkeiten in Berlin nicht gerade beliebt, äußerte bei einem Diplomatenempfang: »Die deutsche Sprache ist aufgebläht. Viele Wörter sind überflüssig. Zum Beispiel drücken die Wörter ›senden‹ und ›schicken‹ das gleiche aus. Eins von den beiden würde genügen.« – »Da irren Sie, Exzellenz«, antwortete ein deutscher Diplomat, »Sie sind zwar ein Gesandter, aber kein geschickter!«

Wo ein Mangel ist an Wäsche, dort könnte man von Wäschemangel reden. Aber ganz gewiß ist das Wort WÄSCHEMANGEL anders gemeint, wenn wir es irgendwo an einer Hauswand entdecken: Es bedeutet einen Hinweis darauf, daß in diesem Haus eine Vorrichtung zum Mangeln ungebügelter Wäsche besteht. Wenn eine Ausschußsitzung einberufen wird, handelt es

sich bei den zu erwartenden Sitzungsteilnehmern bestimmt nicht um Abfall, um Murks, sondern um einen Ausschuß im Sinne einer Abordnung.

Was ist ein Star? Dreierlei: ein prominenter Künstler, ein Singvogel und eine Augenkrankheit. Das Wort ALLE kann soviel wie »sämtliche« bedeuten, aber auch ausdrücken, daß eine bestimmte Ware vergriffen ist (»Weintrauben sind alle!«).

Teekessel (der Ursprung dieser volkstümlichen Bezeichnung für Wörter mit verschiedener Bedeutung ist unbekannt) begegnen einem also auf Schritt und Tritt, und man sollte deshalb nicht gleich an Sprengstoff denken, wenn man erfährt, daß die Straße, in der man wohnt, gesprengt wurde. In Wirklichkeit hat ein Sprengwagen die Straße, damit es nicht so staubt, mit Wasser besprüht.

Achtzehntes Wortspiel

Riesenschlangenwörter

In einem Dorf befand sich ein Brunnen. Er war so weit ab von allen Häusern und Bäumen, daß er nie Schatten bekam. Deshalb wurde er der Sonnenbrunnen genannt. Da sich die Laute der Umgebung aus dem Sonnenbrunnen mit Kannen und Wannen ihr Wasser holten, nannten sie ihn auch den Kannenwannensonnenbrunnen. Der Kannenwannensonnenbrunnen hatte die Form eines mittelalterlichen Burgturms, und aus den Zinnen plätscherte das Wasser heraus. Es plätscherte in steinerne Rinnen hinein und versickerte dann. Ein Heimatforscher nannte den Brunnen deshalb den Kannenwannenzinnenrinnensonnenbrunnen. Da die Schwäne und Hühner am Kannenwannenzinnenrinnensonnenbrunnen zu trinken pflegten, wurde er bald Kannenwannenzinnenrinnenschwanenhahnensonnenbrunnen genannt. Wegen dieses Namens gab es im Dorf Streit. Einige Leute meinten, er sollte lieber Kannenwannenzinnenrinnenschwanenhennensonnenbrunnen heißen. Eine dritte Partei war wieder ganz anderer Meinung. Sie trat für den Namen Kannenwannenzinnenrinnenschwanenhühnersonnenbrunnen ein. Nach langem Streit einigte man sich gütlich auf den Namen Kannenwannenzinnenrinnenschwanenhahnenhennenhühnersonnenbrunnen ...

Bis hierher eine Wortspielspaßgeschichte des Autors Manfred Bartz, die noch ein schönes Stückchen weitergeht und mit dem Riesenschlangenwort Kannenwannenzinnenrinnenschwanenhahnenhennenhühnersonnenbrunnentonnenfinnenleinenpannenbannerkenner endet. Der riesenschlangenwortgewaltige Dichter Hans vom Gumppenberg schrieb eine Gedicht unter der Überschrift »Sommermädchenküsseauschelächelbeichte«, dessen erste Strophe hier zitiert sei:

An der Murmelrieselplauderplätscherquelle
saß ich sehnsuchtstränentröpfeltrauerbang,
trat herzu ein Augenblinzeljunggeselle
in verwegenem Hüfteschwingeschlender-
gang,
zog mit Schäkerehrfurchtsbittegrußverbeu-
gung
seinen Federbaumelriesenkrämpenhut –
gleich verspürt' ich Liebeszauberkeimenei-
gung,
war ihm zitterjubelschauderherzensgut!

Lange Wörter, Schlangenwörter, Riesenschlangenwörter, zu nahezu endlosen Wortzügen zusammengekoppelte Wortwaggons sind in der deutschen Laut- und Schriftsprache nicht ungewöhnlich, wenn natürlich auch die von Bartz und Gumppenberg ausgeheckten Schlangen wesentlich länger sind, als Polizei, Sprach- und Schreibgewohnheiten im allgemeinen erlauben. Zusammengesetzte Wörter (Komposita genannt, wie wir uns längst gemerkt haben) sind der deutschen Zunge tägliches Brot. Im Englischen hat der Bindestrich den Vortritt. Das deutsche Vergißmeinnicht wird im Englischen zum forget-me-not.

Wir bilden Schlangenwörter, ohne sie im geringsten merkwürdig zu finden: Schienenersatzverkehrsverordnung, Naherholungsgebietserschließung, Unterstufenlehrerweiterbildungskurs, Ungezieferbekämpfungsmittel, Autoschnellreparaturwerkstatt, Lebensmittelbetriebsverkaufsstelle, Landwirtschaftsausstellungsbesucherandrang.

Zwanzigstes Wortspiel

Widerspruchweisheiten

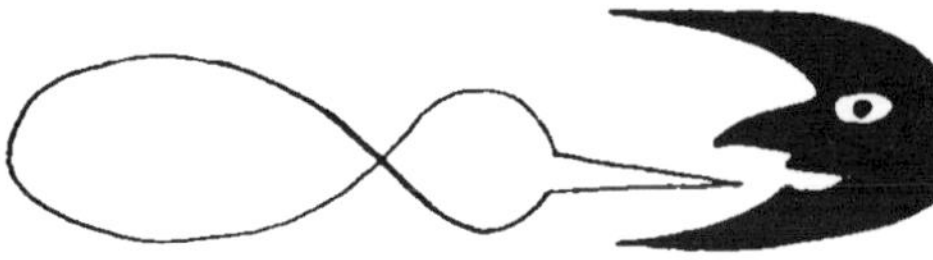

Vielleicht kennt der eine oder andere von euch dieses mit Widersprüchen gespickte Gedicht, das so beginnt:

Dunkel war's, der Mond schien helle,
als ein Wagen blitzeschnelle
langsam um die Ecke fuhr ...

Es ist klar: Helligkeit und Dunkelheit, Blitztempo und Schneckentempo – so unvereinbare Widersprüche kommen nur im Reich des Unsinns vor.
Von anderer Art ist der Widerspruch, der in dem Satz steckt: »Der Güterzug fuhr hart über eine Weiche«. Es handelt sich um einen Widerspruch, der nur scheinbar einer ist, einen Widerspruch, der in Wahrheit ein nur aus dem sprachlichen herrührender Widerspruch ist, ein Widerspruch, der sich im Falle des Güterzugs aus dem zweideutigen Sinn des Wortes Weiche ergibt. Weiche – hart: das klingt widersprüchlich, ohne es wirklich zu sein.
Wir nennen solche trügerisch widersprüchlichen Sätze, Feststellungen und Redensarten Paradoxa (Eigenschaftswort: paradox).
Paradox ist, wenn ein Oberkellner Unterhosen trägt, wenn ein Hund Katzenjammer hat und einer Katze hundeelend zumute ist, wenn der Augenarzt dem Patienten auf den Zahn fühlt, wenn die Mutter ihren Sohn unverwandt anblickt, wenn ein Stubenhocker ganz aus dem Häuschen ist, wenn ein Vetter sich dünn und ein Nackter sich auf die Strümpfe macht, wenn ein ausgeladener Gast geladen ist, wenn ein Steuermann nie eine Steuererklärung abgibt, wenn ein Rinderzüchter sein Schäfchen ins trockene bringen möchte, wenn sich ein Porzellanmacher große Sprünge leisten kann, wenn ein Langfinger Kurzwaren stiehlt, wenn eine Weiße Maus für einen Schwarzfahrer rot sieht, wenn ein Fliesenleger aus allen Fugen gerät, wenn ein Glatzkopf etwas haarsträubend findet, wenn jemand ein eingefleischter Vegetarier ist, wenn der Besitzer einer Gasheizung wie auf Kohlen sitzt, wenn eine Frau ihren Mann steht, wenn ein Automobilist immer auf dem laufenden ist ...
Wortspieler können paradoxe Sätze verhältnismäßig zahlreich bilden, wenn der Ausgangspunkt für das zu prägende Paradoxon eine Redewendung oder ein Sprichwort ist mit einem Wort, das im übertragenen oder jedenfalls in einem anderen als dem üblichen Sinn gebraucht wird. So ist beispielsweise ein Angeber oder ein Schwätzer einer, von dem die Leute sagen, daß er »ins Horn stößt« oder »auf die Pauke haut«. Niemand stellt sich bei solchen Redewendungen vor, daß einer, der ins Horn stößt und auf die Pauke haut, Musiker in einem Orchester ist. Wollen wir jedoch ein Paradoxon zimmern, dann rücken wir den Angeber in den musikalischen Bereich und behaupten kühn, es sei paradox, wenn ein Geiger laut ins Horn stößt und auf die Pauke haut.
Oder: Jemand wird in die Enge getrieben. Wir fänden es sprachlich ganz lustig, wenn dieser Jemand einer wäre, der das Gegenteil von Enge darstellt. Also sagen wir: »Der Weitspringer wurde in die Enge getrieben.« Paradox so was.

Einundzwanzigstes Wortspiel

Kraut und Rüben

Erst fiel ein Schuß, dann eine Tür zu. Er ergriff sein Gepäck und mit diesem die Flucht.

Komische Sätze. Gewiß. Aber warum eigentlich? Hören wir uns, bevor wir auf die Ursache der Komik solcher Sätze zu sprechen kommen, noch ein paar ähnliche Stilblüten an: Er zog die Jacke aus, tüchtig vom Leder, den kürzeren und sich dann zurück. Er stimmte die Geige und dann den Vorschlägen seines Kollegen zu. Erst packte sie ihm das Frühstück ein und ihn dann an der Gurgel.

Das sind nun wirklich und wahrhaftig Kraut-und-Rüben-Sätze in Vollendung. Da wird was zusammengekocht, was keinesfalls in denselben Topf gehört. Wir nennen die Unterordnung mehrerer Vorgänge (zum Beispiel das Ausziehen der Jacke, das Vom-Leder-Ziehen, das Den-kürzeren-Ziehen und einen Rückzug) unter ein doppel- oder vielsinniges Bestimmungswort – Zeugma. Meistens ist das Bestimmungswort ein Tätigkeitswort, dessen – wie schon gesagt – verschiedenartige Bedeutung die Zuordnung einer Reihe von Aussagen nur zuläßt, wenn wir dem Satz einen humoristischen Charakter verleihen wollen.

Das Zeugma ist also eindeutig eine Spielart für den Wortspielwiesenausflügler. In der guten Sprache und Schrift – und selbstverständlich auch im Schulaufsatz – wäre das Zeugma ein schlimmer Verstoß gegen alle Sprachregeln.

Wollte man die am Anfang dieses Kapitels stehenden Sätze »vernünftig« formulieren, so müßten sie so lauten: »Erst fiel ein Schuß, dann fiel eine Tür zu« (denn das Fallen mit Bezug auf den Schuß hat einen ganz anderen Sinn als das Zufallen einer Türe, und man müßte deshalb das Tätigkeitswort mindestens wiederholen) und »Er ergriff sein Gepäck und ergriff mit dem Gepäck die Flucht«. Freilich: Besonders schön hören sich unsere Sätze auch nach erfolgter Reparatur nicht gerade an. Deshalb nämlich: Die Wiederholung eines mehrdeutigen Gleichworts, eines Homonyms, wirkt hölzern. Unsere beiden Sätze sollten im Schulaufsatz also etwa lauten: »Erst fiel ein Schuß, dann schlug eine Tür zu« und »Er ergriff sein Gepäck und suchte damit das Weite«.

Da wir uns auf der Wortspielwiese tummeln, können wir uns drollige Zeugma-Wendungen leisten, ohne im geringsten zu erröten. Wie wäre es damit: »Als leidenschaftlicher Rostbratwurstesser liebte er die Zubereitung auf Grillen, besonders wenn sie im Sommer vom lieblichen Zirpen derselben begleitet war.« Ein toller Satz! Hier werden das Grillen (Braten auf dem Rost) und die zirpenden Grillen ruchlos in einen Topf, besser: auf einen Grill geworfen.

Frank leistete den Anordnungen der Eltern nicht Folge und sich vom letzten Geld ein Eis. Er übte Klavier und auf den angebotenen Kuchen Verzicht. Der Einbrecher brach in die Wohnung ein und sich dabei ein Bein. Er setzte seinen Kopf durch und sich in die hintere Reihe des Kinosaals.

Ein womöglich noch ulkigeres Zeugma: Herr Oswald pflegte seinen Rasen und sich niemals in ein Gespräch mit seinem Nachbar einzulassen.

Oder das da: Er ging auf die Vorhaltungen des Bademeisters nicht ein, ins Wasser und unter. Er ließ keine Zweifel an seiner Entschlossenheit, den Hund los und im übrigen alles seinen Lauf.

Frau Kowalke machte einen guten Eindruck, stets die Betten selber und wenig Aufhebens davon.
Vielleicht noch ein Zeugma mit dem dreisinnigen Wort Paß (Reisedokument, Ballabgabe, Bergstraße): »Der Fußballspieler K., durch manchen bildschönen Paß bei den Zuschauern bekannt und beliebt, gelangte mit demselben neulich über einen solchen von einem Land ins andere.«
Lustig ist wohl auch: Er ging durch den Regen mit Hut und fühlte sich dabei in guter. (Gemeint ist: in guter Hut.)
Bildung witziger Zeugma-Sätze wird bei fleißiger Übung jedem Wortspielgesellen möglich sein. Ein gutes Zeugma-Zeugnis zu empfangen, sollte der Ehrgeiz möglichst vieler pfiffiger Kinder sein, denn wer sich auf diesem Wortspielfeld auskennt, der findet leichter Zugang zur höheren und höchsten Wortspielakrobatik.

Gedichte III

Das zwölfte Kapitel enthält eine Auswahl aus Hansgeorg Stengels Gedichtbänden »Kleiner Vater, großer Sohn« (1975) und »Strophe muß sein« (1977) sowie aus dem gemeinsam mit Henry Büttner veröffentlichten Buch »Patente + Talente« (1986).

Kleiner Vater – großer Sohn

Großer Vater, kleiner Sohn –
das gabs vor tausend Jahren schon.
Doch heutzutage – seht euch um! –
ist es nicht selten andersrum:
Die Söhne groß, die Väter klein
von Seelow bis Benneckenstein,
von Grevesmühlen bis Oybin,
von Sonneberg bis Eggesin.
Doch nicht nur hier in unserm Land
ist scharfer Wettbewerb entbrannt:
In vielen Ländern und Familien,
in Japan, Polen und Brasilien,
in Holland, Kanada, Marokko,
am Don, am Nil, am Orinoco
gibts Söhne, die mit Kopf und Kragen
des Vaters Scheitel überragen.

Seht euch ein solches Zwiegespann,
gezeichnet von Karl Schrader, an.

Erster Tag

Küchendienst

Die Mutter ist auf reisen.
Nun müssen die zwei beweisen,
daß beide, der Vater und das Kind,
der Arbeit am Spültisch gewachsen sind.

Auf los gehts los: Sie fassen
vierhändig in die Tassen,
putzen Teller und Schüsseln blank.
Was funkelt, landet im Küchenschrank.

Plötzlich macht Vater Pause
und sagt: »Ich muß mit Herrn Krause
mal fix was bereden. Sicherlich
schaffst du den Aufwasch auch ohne mich.«

Da läßt mit trotziger Miene
der Sohn die Suppenterrine
absichtlich fallen, daß es klirrt
und Vater so rot wie ein Truthahn wird.

Statt sich beschämt zu zügeln,
fängt Vater an, wild zu prügeln,
und trifft dabei mit blindem Wahn
zwar nicht den Sohn, doch das Porzellan.

»Wärst du kein Drückeberger,
wir hätten nicht halb so viel Ärger!«
belehrt mit schadenfrohem Ton
den Vater der diplomatische Sohn.

Der Vater schmollt verdrießlich,
doch überlegt er sich schließlich:
Der Sohn ist ein Schlingel, ein schlauer Hecht,
doch wo er recht hat, hat er recht.

Sie spülen Geschirr wie besessen.
Gespräch mit Herrn Krause? Vergessen.
Na also. Fertig. Die Sache ging glatt.
Ein Glück, daß der Sohn so ein Vorbild hat!

Zweiter Tag

Volkssport

»Gesundheit«, sagt der Vater ernst,
»wie du bestimmt begreifen lernst,
fällt nicht vom Himmel wie der Regen,
den Grundstein muß man selber legen,
und zwar zum Beispiel durch Hygiene,
das heißt auf deutsch: putz dir die Zähne,
wasch täglich Füße und Gesicht ...«

»Das stimmt! Und warum tust du's nicht?«
quäkt der verflixte Sohn dazwischen.

»Hör endlich auf, dich einzumischen«,
braust Vater auf, »sei mäuschenstill,
wenn ich dir was erklären will!
Punkt zwei: Geh sparsam um mit Pillen.
Vor Kreislaufschäden und Bazillen –
das gilt für Kinder wie für Greise –
schützt die gesunde Lebensweise.
Dazu gehört, dies zur Erklärung,
vor allem richtige Ernährung:
Nie Tabak oder Alkohol!
Iß Quark, Spinat und Wirsingkohl,
doch warne ich vor Süßgebäck,
vor fettem Schweinefleisch und Speck ...«

»Jawohl, das ist ein guter Rat!
Doch warum kneifst du vor Spinat,
trinkst Schnaps, ißt Eisbein, schluckst Tabletten
und rauchst am Tag zwölf Zigaretten?«
quäkt wiederum der Sohn dazwischen.

»Hör endlich auf, dich einzumischen,
sonst koch ich dir Spinat mit Ei«,
knurrt Vater bös, »und jetzt Punkt drei!
Um kräftig und gesund zu bleiben,
ist es sehr wichtig, Sport zu treiben!
Tagtäglich, nicht nur ausnahmsweise.
Das ist gesunde Lebensweise!«

»Ich nehm dich«, quäkt der Sohn, »beim Wort!
Die Sonne scheint. Wir treiben Sport!«

Seht, wie sie stolz im Sattel sitzen
und hurtig durch die Gegend flitzen
im Fünfzehnkilometerschnitt,
bis Vater auf die Bremse tritt
nach einem Anstieg, einem schwachen,
und prustet: »Erst mal Pause machen!
Mir klopft das Herz, mich ziepts im Bein.
Ich schwörs: Ich stellt das Rauchen ein!«

Vierter Tag

Tag des Spaßes

Wenn Vater auf die Tüte haut,
daß es von der Veranda laut
bis hoch hinauf zum Dachfirst kracht,
dann kräht der Sohn: »Hat Spaß gemacht!«

»Hat Spaß gemacht!« – das klingt nach Flachs,
nach hundert Sorten Schabernacks.
Drum schlägt der Vater mehr Humor
und einen »Tag des Spaßes« vor.

Schon nehmen sie im Affenzahn
die Kurven einer Achterbahn.
Es folgen dann, nicht ganz so schnell,
zehn Runden auf dem Karussell.

Dem Sohn wird mulmig, doch er lacht:
»Hat Spaß gemacht! Hat Spaß gemacht!«

Der nächste Spaß: Sie spielen Streit.
Der Vater ballt die Faust und schreit:
»Mein Geld hast du gestohlen, Strolch!
Ich bring dich um mit einem Dolch!«
Der Sohn dagegen fletscht die Zähne
und faßt dem Vater in die Mähne,
bis ringsherum
das Publikum
mit rechtem Sinn für Bürgerpflichten
sich Mühe gibt, den Streit zu schlichten.

Laut ruft ein Mann: »Hier haun sich zwei!
Schnell, alarmiert die Polizei!«
Die Polizei? Nun aber fort!
Sie rennen los. Fast Weltrekord.

Der nächste Spaß: Sie irren quer
und kreuz herum im Stadtverkehr,
sie sprechen Leute an und lallen:
»Wir beide sind vom Mars gefallen.
Gestatten Sie, wir wüßten gern:
Wo sind wir hier? Auf welchem Stern?«
Gar mancher staunt und stutzt: »Potzblitz!
Ist das nun Wahrheit oder Witz?«

Doch viele denken: »Die zwei Fremden
in knöchellangen weißen Hemden
und Federbüschen auf den Köpfen,
die ähneln kosmischen Geschöpfen!«
Als Vater fragt, wie man geschwinde
den Weg zum Marsschiffshafen finde,
glaubt jeder, auch der Lehrer Kneifel:
»Die sind vom Mars. Da ist kein Zweifel!«
Doch schon nach wenigen Sekunden
sind beide im Gewühl verschwunden.
Und sehr beklagt der Rat der Stadt,
daß er kein Gästefoto hat.

Der letzte Spaß heißt Äpfelklaun!
Sie springen übern Gartenzaun
und dringen keck bei Mondenschein
ins eigne Gartengrundstück ein.
Dort mausen sie das Obst wie Diebe,
doch nur dem Schabernack zuliebe,
denn Äpfel stehlen würden sie
ganz wirklich und beim Nachbar nie.
Dann warten sie, bis jemand laut
vorm Zaun krakeelt: »Hier wird geklaut!«
Tatsächlich kommt auf den Radau
herbeigeeilt der ABV,
doch der sagt »Guten Appetit!«,
als er die braven Sünder sieht,
und läßt sich erst mal nach dem Schrecken
den allergrößten Apfel schmecken.

Da liegen sie, die zwei, und schlafen
und träumen schön vom Marsschiffshafen,
vom Streit, bei dem sie sich erhitzten,
und von dem Obst, das sie stibitzten.
Wir wünschen ihnen gute Nacht
und sagen auch: Hat Spaß gemacht!

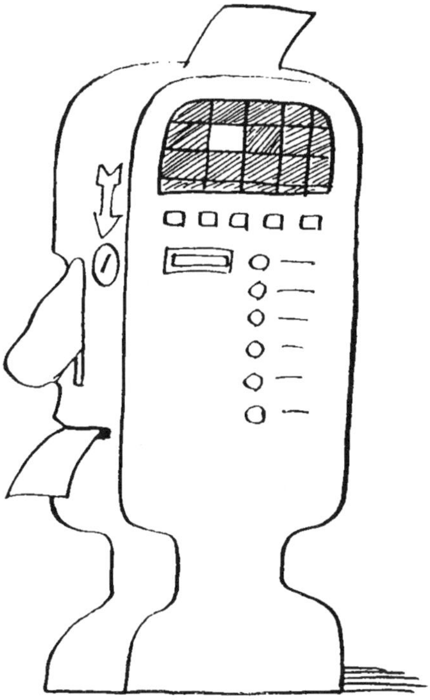

Der perfekte Poet

Man müßte eine Maschine erfinden,
ein Supergehirn für den Dichtersmann,
das Wörter und Verse zu Strophen verbinden –
kurz: eine Maschine, die dichten kann.

Ein Inland-Komputer genügte mitnichten.
Es muß ein Produkt der Exportserie sein,
muß groß und gediegen wie Hölderlin dichten
und nicht wie ich selber. Das schaff ich allein.

Natürlich würde ich nirgends verraten,
daß ich nur ein Dieb bin, ein Mondlichtpoet.
Die feinsten Terzinen, die schönsten Kantaten,
ich rühmte mich ihrer und schwiege diskret.

Wie nett, mir ein Testmodell zuzusenden!
Nun wirf, Aggregat, kühne Rhythmen aufs
Blatt!
Was soll ich noch selbst meinen Grips
verschwenden?
Du, Sklave, hast Zeit, das Gedicht zu
vollenden,
damit es Substanz und Pointe hat.

Zwiespältige Liebeserklärung an eine Schaufensterpuppe

Mannequin aus Pappmaché,
wenn ich dich so vor mir seh,
schlankfigürlich, dreißigpfündig,
lieblich-reizvoll, hintergründig,
faßt mich als vitalen Mann
glühendheiße Sehnsucht an,
denn ich fühle, deine Stummheit
ist nicht Kälte oder Dummheit,
sondern Ausdruck der Bestrebung
unterwürfiger Ergebung
und das Faustpfand, all mein Fühlen
nicht durch Starrsinn abzukühlen.

Freilich will ich nicht verhehlen,
daß dir Attribute fehlen,
wichtiger als Holz und Gips:
nämlich Fleisch und Blut und Grips.
Seufzend zieh ich den Zylinder.
Tschüs. Wir bleiben Königskinder.

Vom wahren Wert eines Automobils

Weil die Lust, den Erdball zu erwandern,
dem Gebot der Technik widerspricht,
nimmt Luise Falk wie alle andern
Wandermüden Fahrschulunterricht.

Fehlt ihr auch das Geld zu einem Skoda,
hurtig rast sie wie ein Kosmonaut
von Johannisthal nach Zeulenroda,
was ihr niemand zu verwehren traut.

Und sie träumt, als der Herr Fahrschullehrer
die Funktion des Bremspedals beschreibt,
welches ihr als nur sehr ungefährer
Eindruck im Gedächtnis haften bleibt.

Träumend fährt Luise ins Examen
und beschädigt eine Weiße Maus,
scheidet also aus dem Kreis der Damen,
welche Auto fahren dürfen, aus.

»Halb so schlimm!« Das ist Luises Motto,
doch das große Herzeleid beginnt,
als Luise Falk im Zahlenlotto
einundzwanzigtausend Mark gewinnt.

Und sie kauft trotz mancherlei Bedenken
einen Skoda, ochsenblutgetränkt,
welcher, darf sie ihn auch niemals lenken,
alle Blicke neidvoll auf sie lenkt.

Leise, Brüderchen, leise …

Da war das Fräulein Heidenreich
aus Niederschöneweide,
die hatte eine Stimme, weich
wie Samt und dünn wie Seide.

Auch wenn sie noch so lauthals sprach,
man hörte sie nicht reden,
worauf die Menschheit mit ihr brach,
denn das schockierte jeden.

Das Fräulein war ganz deprimiert.
Dies nämlich war das Schlimme:
Sie wurde nirgends engagiert,
zu schwach war ihre Stimme.

Sie hat sich vor der Welt versteckt
und litt an Seelenkrisen,
doch plötzlich wurde sie entdeckt
und amtlich hochgepriesen.

Wie Seide dünn und weich wie Samt
haucht sie nun alle Tage
diskret und still im Fernsprechamt
auf Band die Zeitansage.

Personalien des Helikopters

Dir sagt das Fremdwort »Helikopter« nix?
Das ist ein Riesen-Archaeopteryx:
ein wenig Vogel, aber nicht zuviel,
ein bißchen irdisch auch wie ein Reptil,
kurz, ein Koloß, dem Äther zugewandt,
doch immer in Kontakt zum festen Land.

Der Helikopter kroch nicht aus dem Ei
wie Salamander oder Papagei.
Der Windmühlflügler (unbekannt im Zoo)
entstand in einem Konstruktionsbüro.
Wer ihn aufs Reißbrett warf, ist nicht ganz klar.
Man glaubt, daß es Frau Heli Kopter war.

Gemäßigt flink, weil ohne Düsenstrahl,
brummt er, der Dickwanst, über Fels und Tal.
Man trifft auf Helikopter hie und da,
nur nicht in Mittel- und Ostafrika.
Längst hat man sich in diesem Teil der Welt
auf Suahelikopter umgestellt.

»Das Schönste auf der Welt sind kleine Kinder!«

– ein Satz, den niemand widerlegen kann.
Drum schafften sich Frau Frida Gerstenbinder
und Ludwig, ihr Gemahl, drei Gören an.

Das Glück mit Kinderchen ist stets das gleiche:
Man spürt, daß nun das Leben leichter ist,
sofern man Rücksicht übt und die Bereiche
des Lebens nicht zu extensiv bemißt.

Wo Rechte sind, ergeben sich auch Pflichten,
besonders im Verkehr der großen Stadt.
Auf Bus und Straßenbahnen kann verzichten,
wer Kinder und ein eignes Fahrzeug hat.

Ein Elternpaar muß stets Verständnis haben,
falls ein Frisör in Streit mit Fritzchen liegt,
zumal ein Figaro von einem Knaben
nur äußerst selten fünf Mark Trinkgeld kriegt.

Auch ist den Kinderreichen vorzuschlagen:
Bleibt schön zu Haus, dann habt ihr Geld
gespart.
Den Chef des Ferienheims packt Unbehagen,
falls ihr zu fünft nach Warnemünde fahrt.

Soliden Eltern prägt sich die Devise
des progressiven Handelslebens ein:
Kein Platz für Hunde und Marieluise!
Wer Schrippen kauft, hat Mensch, nicht Kind
zu sein.

Und welche Mutter könnte es befremden,
wenn für die umfangreiche Kinderschar
das Sortiment an Blusen, Kleidern, Hemden
zu spärlich ist? Es klappt schon nächstes Jahr!

Wer liebte nicht die kleinen Galgenstricke!
Gewiß, sie zehren sehr an unsrer Kraft.
Jedoch der Umwelt liebevolle Blicke
sind schönster Lohn für treue Elternschaft.

Frühlingsgedicht vom Frühlingsgesicht

Wie sieht der Frühling aus? Seriös?
Euphorisch?
Hüpft er durchs Buschwerk wie ein
Springinsfeld?
Das ist der wahre Frühling: allegorisch
von einem hübschen Mädchen dargestellt.

Der Frühling ist formell zwar maskulinisch,
doch faktisch zart wie Seide und Batist,
so sonnig, lieblich, mild und florentinisch,
daß er nur weiblich zu begreifen ist.

Selbst wenn der Frühling, den ich heiß ersehne,
verlorenginge wie ein kurzer Hauch –
in deinen Armen, Monika-Irene,
erlebte ich des Frühlings Zauber auch.

Junger Ehemann spricht mit seiner Frau über Nachwuchsprobleme

Dein Denken und Fühlen ist seltsamer Art,
dämonische weibliche Seele!
Wir haben noch nicht mal ein Auto gespart,
und du willst schon ein Kind, Gabriele?
Ein Kind – schön und gut.
Aber nicht aus dem Hut!

Du hast heimlich Mützchen und Jüpchen
gestrickt –
ein Kniff, den ich gnädig verzeihe.
Ich gebe gern zu: du taktierst sehr geschickt,
doch ein Kind ist noch nicht an der Reihe.
Schön und gut – ein Kind.
Aber nicht so geschwind!

Beneidest du Lisa, das blutjunge Ding,
kaum zwanzig, die Tochter und Sohn hat?
Und trägt erst seit März einen Ehering!
Wie??? Du bist schon im sechsten Monat??
Ein Kind – muß wohl sein.
Aber vorfristig? Nein!

Versteh, Gabriele, mir geht das zu flott.
Man muß sich doch erst etablieren!
Wir deckten den Tisch, und du greifst zum
  Kompott.
Zu dritt bald! Und dann gar zu vieren?
Ein Kind – ist das wahr?
Noch in diesem Jahr?

Du lachst nicht, du weinst nicht, du hörst gar
  nicht zu.
Ich wette, dir blieb nicht verborgen,
worauf ich mich freue genauso wie du.
Ein Kind – lieber heute als morgen!
Ein Kind für uns! Doch:
Drei Monate noch?

Mein Gründonnerstag

Petersilie und Kamille
sind mein liebster Brotbelag,
Wenn ich meinen Hunger stille
heute am Gründonnerstag.

Holt mir Schnittlauch aus dem Garten
und die Binsen aus dem Sumpf.
Eisbein muß bis morgen warten.
Suppengrün ist heute Trumpf.

Kresse und geschabte Möhrchen
sind Gründonnerstagsdiät.
Jedem wachsen Eselsöhrchen
der Spinat und Klee verschmäht.

Nein, wer will schon existieren
mit entstelltem Angesicht.
Meinetwegen Wandernieren,
aber Eselsohren nicht.

Ärgerlich quittiert mein Magen
das Karnickelstallmenü,
und er lauert mit Behagen
auf die Bratwurst morgen früh.

Aussage einer Kronzeugin

Wie ungerecht doch Ehefrauen sind!
Mir sagte neulich Frau Karola Kiesel,
ihr Günter sei ein Muffel und ein Stiesel,
und seine Liebe sei wie Spreu im Wind.

Ihm, Günter, fehle jedes Feingefühl.
Ihn lasse jeder Herzschlag seines Weibes
und die Struktur des femininen Leibes
rein körperlich sowie auch seelisch kühl.

So weltfremd, subjektiv und unkonkret
beurteilt ihren Gatten Frau Karola.
Wild braust sie auf wie eine Vita Cola,
obwohl kein objektiver Grund besteht.

Denn Günter Kiesel – das beschwöre ich –
versteht sehr wohl, mit nuancierten Tönen
die Damen seines Herzens zu verwöhnen.
Zum Beispiel mich.

Buchwoche *oder* Einzug der Gladiautoren

Macht hoch die Tür! Es kommen die Autoren
und lesen teils mit Pathos, teils Humor
dem Publikum auf tausend Leseforen
Novelle, Epigramm und Drama vor.

Nun kann man aufs intimste Fühlung nehmen,
wenn der Poet vor breitem Leserkreis
mit nagelneuen glitzernden Poemen
das Ohr der Masse aufzuschließen weiß.

Und reizt euch mehr zum Weinen als zum
  Lachen,
was einer vorliest – spart nicht mit Applaus!
Denkt tolerant: »Das waren schwache Sachen,
doch Stengel sah mal wieder blendend aus!«

Vater aller Dinge

Vatertag ist alle Tage,
jeder Tag ist Vatertag.
Herbe Freude, schöne Plage:
alt und jung vom gleichen Schlag.

Einmal, früher oder später,
sehen alle Männer ein:
Männer sollten lieber Väter
als nur einfach Männer sein.

Vater sein ist nicht so schwierig,
wie es Wilhelm Busch beschrieb.
Kinder, brav und lernbegierig,
sind problemlos. Im Prinzip.

Wenn sich Vatis Kinder streiten –
sei's die Tochter, sei's der Sohn –
sträubt sich Vater einzuschreiten:
Mutter, denkt er, schafft das schon.

Das Neueste aus Klapp Horn

Zwei Knaben spielten mit viel Talent
und großem Eifer ein Instrument.
Doch lobte sie nicht Lehrer Salisch.
Der war nämlich unmusikalisch.

Zwei Knaben zogen beim Unterricht
»Das deutsche Volkslied« ein langes Gesicht.
Sie mußten viel Lehrstoff verschlingen,
doch durften sie leider nicht singen.

Zwei Knaben waren im ganzen Land
auf Suche nach einem Reclamband.
Sie mußten ergebnislos wandern,
da kauften sie sich einen andern.

Zwei Knaben waren athletisch gestählt
und wurden zum Leitbild der Klasse erwählt.
Nicht aber Fritz Fiedler, der zeigte
nichts sportlich Brillantes. Er geigte.

Zwei Mädchen wollten ins Schauspielhaus.
Dort brachte man »Woyzeck« von Büchner raus.
Der Lehrer sprach: »Habt ihr 'ne Meise?
Im Lehrplan steht ›Nathan der Weise‹!«

Zwei Knaben suchten zur Malkunst Kontakt.
Sie malten mit Schwung einen weiblichen Akt,
sogar mit richtigen Busen.
Da seht ihr das Unheil der Musen.

Ordentliches Anliegen

Ganz unter uns: Es gibt zuwenig Orden.
Ein ziemlich umfangreiches Publikum
ist ehrenamtlich ausgelassen worden
und krabbelt schmucklos im Gelände rum.

Es ist (mal von den ganz besonders guten
und allerhöchsten Orden abgesehn)
nicht ritterlich, den Leuten zuzumuten,
mit kahler Jacke durch die Stadt zu gehn.

Das halbe Hundert Broschen und Medaillen,
vom Schießabzeichen bis zum Lessing-Preis,
aus Bronze, Gips und ähnlichen Emaillen,
erfaßt nur einen kleinen Kundenkreis.

Man sollte deshalb (und sofort) erwägen,
von Ende Juni oder Juli an
ein paar Medaillen für das Volk zu prägen,
die man per Fließband produzieren kann.

So mancher Bürger schriebe sich von Adel
und fühlte sich – rein psychologisch – stark,
bekäme er die Gottlieb-Schulze-Nadel
mit einer Dotation von zwanzig Mark.

Das hieße, Neid und Mißgunst niederschlagen.
Denn jedermann empfände es als Glück,
ein paar Medaillen am Revers zu tragen,
im Durchschnitt bis zu fünfundzwanzig Stück.

Und so ein Fortschritt wirkt sehr vielgestaltig,
wobei ein Faktum unerhört besticht:
Familiennamen werden titelhaltig
und nehmen zu an Umfang und Gewicht.

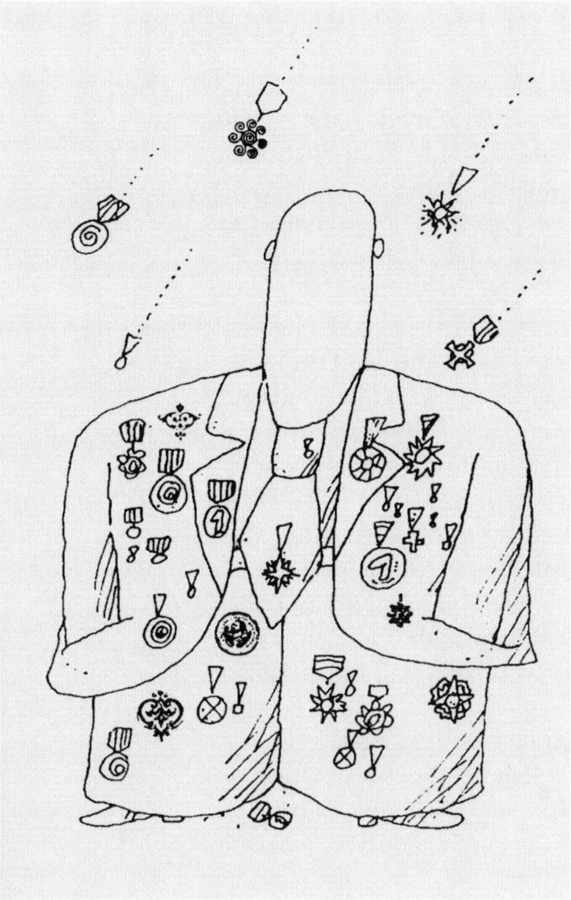

Ein Mann des schlichten Namens
Ohlenschläger
verändert plötzlich Nimbus und Fasson:
»Max Ohlenschläger, Mineralpreisträger
mit Kunstdarm und Heinz-Quermann-
Medaillon.«

Die Welt wär wieder neu wie nach Gewittern.
Tropft auch der Regen unters Chemisett
und mag der Sonntagsanzug noch so knittern,
ein schöner Orden macht das wieder wett.

Zum Guten wandeln sich Moral und Sitte,
wenns Orden schneit. Drum schwört:
Wir wollen ein –
nun ja – ein Volk von Brüdern? Mehr noch
bitte:
ein einzig Volk von Ordensbrüdern sein!

Es grünt so grün

Man sieht den Wald vor lauter Unrat nicht –
behaupten skrupellose Meckerfritzen.
Sie sehen lauter Schatten und kein Licht
und müssen überall ihr Gift verspritzen.

Doch wer mit Andacht durch die Wälder
streift,
wird Spöttern leidenschaftlich widersprechen,
weil jeden die Natur zutiefst ergreift,
wenn Sonnenstrahlen durch die Zweige
brechen.

O Waldeslust! O ewig junger Born!
Begleitet mich nach Ferch und Niederlehme,
nach Prieros, Hangelsberg und Richtershorn,
denn Waldeslust frißt Sorgen und Probleme.

Die Kiefern rauschen sanfte Melodien
und sorgen für Entspannung und Belebung.
Ich preise euch, ihr Wälder von Berlin,
sowie die grünen Lungen der Umgebung.

Erquickung spenden Forsten noch und noch.
Man kann sich an des Bächleins Wasser laben
und sieht den Wald vor lauter Unrat doch!
Man muß nur eine starke Brille haben.

Zwischenfall im Standesamt

Nun steckt er Ruth den Trauring an den Finger.
Ein Tag der Wonne ohne Ehekrach.
Das Tonband zelebriert »Die Meistersinger«,
vielleicht auch was von Händel oder Bach.

Den Mann scheint irgend etwas abzulenken.
Ist es die Furcht vorm Eheparadies?
Ach wo. Er muß nur an den Brautstrauß
denken,
den er bei Magdalene liegenließ.

Lückenhafte Ballade

Wartburg-Fahrer Hartmut Klinger
wechselte als Frohnatur
und perfekter Lückenspringer
liebend gern die Fahrbahnspur.

Hartmut prahlte im Bekannten-
kreis mit diesem Werbevers:
»Lückenspringer sind Garanten
eines flüssigen Verkehrs!«

Und so sprang der legendäre
Lückenspringer Hartmut, bis
Unfalltod in die Karriere
Hartmuts eine Lücke riß.

Leider nicht mehr schön genug

FKK, wie jeder Kenner weiß,
ist die Kurzbezeichnung des Verbandes
körperkultivierter Nackedeis
mit dem Schwerpunkt längs des
Ostseestrandes.

Mitglied des Verbandes kann nur sein
(das bestimmen die Verbandsstatuten),
wer zu schön ist, um Betrachtern ein
Badehosenzerrbild zuzumuten.

Darum bleibt das FKK-Revier
als Dorado herrlichster Gestalten
Spottfiguren, wie zum Beispiel mir,
bis zum Lebensende vorenthalten.

Schön zu sein – welch oft geträumter Traum!
Bin ein armer ausgesperrter Schlucker.
Neidvoll stehe ich am Waldessaum,
treibe FKK per Operngucker.

Ein Herz und eine Seele

Hört nun, Freunde, die Ballade
vom Behördenmenschen King,
welcher niemals Zickzackpfade,
sondern stets nur schnurgerade
Wege zu den Massen ging.

King war freundlich. Nie verdrossen.
Hing nicht stur am Formular.
Immer war er aufgeschlossen,
wenn den Bürgern und Genossen
Rat und Mut zu geben war.

Lange vor der offiziellen
Amtslokaleröffnungszeit
pflegte King in tausend Fällen
sich dem Publikum zu stellen.
Er war flink und hilfsbereit.

Keinen hat er abgewiesen.
Jedem neigte er sein Ohr.
Alle, die ihn kannten, priesen
Kings so wundervoll präzisen
Arbeitsstil und Kings Humor.

King versprach mit kecker Lippe
Rheumakur, Gewerbeschein,
Steuersenkung, Kinderkrippe
und mehr Wohnraum. Keine Klippe
machte King, dem Schirmherrn, Pein.

Er vermochte es tatsächlich,
daß ein Mensch, der Kummer litt,
mürrisch, stumpf war oder schwächlich,
krötig, grämlich und gebrechlich,
wieder froh durchs Leben schritt.

King verstand es, Sorgenfalten,
Depressionen, Leid und Schmerz
durch Versprechen auszuschalten.
Zwar: Er hat nie Wort gehalten,
doch er war ein Mensch mit Herz.

Philatelisten

Der Suggestion von Postwertzeichen
kann kein Magnet das Wasser reichen.
Millionen Sammler aller Länder
sind passionierte Marketender.
Der eine sammelt Ersttagsbriefe,
der zweite Weltraumfahrt-Motive,
ein dritter sammelt Weinbergschnecken,
ein vierter Marken mit drei Ecken,
ein fünfter schließlich scheffelt Märchen,
ein sechster hamstert Zwillingspärchen.
Doch mögen Sammler auch in ihren
Motiven deutlich divergieren –
nach einem Fehldruck, rar und teuer,
lechzt jeder Sammler ungeheuer.
Man sieht aus solchem Fehl-Verhalten,
daß Fehler manchmal Glück entfalten.
Drum toleriert die kleinen Mängel!
Mit Sammlergruß:
Hansgeorg Stengel

Vom Decken und vom Denken

Dachdeckermeister Ulrich Benda
war Menschenfreund und Philosoph.
Sein Firmenschild hing in Geschwenda.
Das liegt nicht weit von Oberhof.

Er wollte alle Dächer decken
von Gehlberg bis Luisenthal.
Doch fehlte ihm an allen Ecken
geschultes Handwerkspersonal.

Ihn machten mürbe Dächer grübeln.
Es waren viel. Er war Solist.
Wer mochte es dem Mann verübeln,
daß er ein Schelm geworden ist?

Mit tiefem In-sich-selbst-Versenken
hat er so machen Tag verbracht.
Er hatte viel zu überdenken,
doch hat er wenig überdacht.

Standpunkte

Kopfschüttelnd stand ein Agronom
im Herbst vorm Magdeburger Dom
und grübelte, was Architekten
mit dem Koloß aus Stein bezweckten.

Ein Architekt hingegen stand
vor einem Stückchen Ackerland
und rühmte Anmut, Nutz und Größe
der Basis für Kartoffelklöße.

Mit diesem Beispiel wird erklärt:
Kunst geht nach Brot. Nicht umgekehrt.

Glücksfall allererster Sorte

Eine Haupt- und Weltstadt wäre
nur ein Torso, ein Fragment
ohne jene Atmosphäre,
die man die intime nennt.

Hohe Türme, Riesenbauten
hätten nur beschränkten Reiz,
gäbs nicht auch noch die vertrauten
Miniaturen andrerseits.

S-Bahn-Schienen, Großbetriebe,
Fußballpublikumsgebrüll,
und daneben alte Liebe
zum arkadischen Idyll.

Tausend liebliche Vignetten,
Ballhaus, Spatz und Lindenblatt,
Bärenzwinger und Buletten,
schmücken das Porträt der Stadt.

Schönster Wohnort aller Orte,
wo intime Lüfte wehn.
Glücksfall allererster Sorte:
Bürger sein von Spreeathen.

Der Pinguin

Sympathisch und ulkig ist, muß man bekennen,
das drollige Vieh, das wir Pinguin nennen.
Doch wenn wir auch gönnerhaft über ihn
lachen,
er liebt es nicht, größere Sprünge zu machen.
Er hat, sieht man nicht auf die Chaplin-Pedale,
die Würde verdienstvoller Großadmirale,
hat Wissen und Weisheit mit Löffeln gefressen
und predigt: »Die Welt wird an mir gemessen!«
Es stimmt schon: Der Pinguin, strebsam und
fleißig,
hat tüchtig studiert. Aber kaum ist er dreißig,
da latscht er gemächlich, schätzt hohe Gehälter
und schnattert: »Mir reicht es. Ich werde nun
älter.«
Er läuft kaum Gefahr, einen Rüffel zu kriegen.
Er wird nicht gefeuert. Er kann ja nicht fliegen.

Es fängt ja alles erst an

Kinder, grade erst geboren,
sind noch winzig klein,
haben aber schon zwei Ohren,
linkes Bein, rechtes Bein.
Können atmen schon und schlucken,
fangen langsam an,
staunend ihre Hände zu begucken,
dann
weinen Kinder allererste Tränen,
haben Magenknurren, Weh und Ach,
schlafen viel und werden mit den Hähnen
und viel früher als die Muttis wach.
Später, wenn die ersten Zähnchen sprießen,
ist der Tag nicht fern,
da die Kinder Purzelbäume schießen,
stundenlang und gern.
Vieles können Kinder nun schon machen,
spielen mit Papier und Sand und Holz.
Und am schönsten ist: Sie können lachen.
Na, da sind die Eltern aber stolz!

Keine Bürgschaft und auch nicht von Schiller

Zu Pegasus, dem Kulturfunktionär,
schlich Possenreißer Fips Kühne.
»Ihre Possen«, sprach jener, »sind zu vulgär.
Ich lasse Sie nicht auf die Bühne!«

»Ach, gebt«, schluchzte Kühne, »ein Ventil
meinen zeitnahen Geistesblitzen
und meinen im sozialistischen Stil
geschneiderten Stottererwitzen!«

»Nein, ich verbiete«, entgegnete streng
der kulturelle Fungierer,
»niveaulose und im Souterrain
gebastelte Rohrkrepierer!«

Ein Wort gab das andre. Fips Kühne wich
vom Fleck nicht und von der Stelle.
Schon wurde Paul Pegasus ärgerlich
und wies dem Besucher die Schwelle.

Da zog Fips Kühne, scharf wie ein Hai,
den Mörderdolch aus dem Gewande.
Doch Pegasus brüllte: »Ich bleibe dabei!
Sie treten nicht auf, nein! niemals! – es sei,
es sei denn, Sie Strolch, auf dem Lande!«

Das traurige Ende einer alten Motte

»Mal herhören, Motten!« rief Lieselotte,
die kleiderschrankälteste Urgroßmotte,
»Ich sage es, wie so oft schon, ganz offen:
Schluß mit den chemischen Kleiderstoffen!«

Die Motten saßen im Halbkreis herum,
spitzten die Ohren und nickten stumm.

»Die Menschen haben das schlimme
Bestreben,
Textilien aus Baumwoll- und Wollgeweben
mit Hilfe von chemischen Kleidungsstücken«,
so sprach Lieselotte, »zu unterdrücken.«

Die Motten saßen im Halbkreis herum,
klatschten Beifall und nickten stumm.

»Es stimmt zwar: Die bösen Chemieprodukte«,
rief Lieselotte und keifte und spuckte,
»sind haltbar und leicht. Man kann sie indessen
als Motte nicht riechen, geschweige den
fressen!«

Die Motten saßen im Halbkreis herum,
ballten die Fäuste und nickten stumm.

»Dem Menschen, speziell dem
Chemiearbeiter«,
spann Lieselotte den Faden weiter,
»gebührt unser Haß, weil sie unverfroren…«
Da hatte sie plötzlich den Faden verloren.

Die Urgroßmotte lag tot da und stumm.
Die Motten schwirrten im Halbkreis herum.

Was lehrt die Geschichte? Am allerbesten
sind, Bürger, die form- und knitterfesten
die bügelfreien und pflegearmen,
bei Hitze kühlen, bei Kälte warmen,
die mottenechten, in allen Familien
mit Recht so beliebten Chemie-Textilien.

Balkons der Großstadt

Ein Mensch mit Bildung strebt nicht nach
Domänen
wie die von Donnersmarck und Itzenplitz.
Ein Sanssouci mit Hühnern und zwei Hähnen
genügt dem braven Mann als Grundbesitz.

Zehn Sträucher Beerenobst, zwei Spargelbeete
und Anmut eines frischen Rasenstücks
gewähren Onkel Max und Tante Grete
das Hochgefühl perfekten Siedlerglücks.

Nur wer das grüne Glück nie kennenlernte,
dem bleibt der Kern des Weltalls unentdeckt,
der eingebettet zwischen Saat und Ernte,
des Laubenpiepers Lebensgeister weckt.

Seid nicht vermessen, Häuserblock-Barone!
Euch täte eine Spur von Demut wohl.
Der saure Fruchtsaft der Importzitrone
ersetzt nicht Pfirsichbaum und Wirsingkohl.

Ich schwöre, Mini-Siedler stets zu achten.
Sonst lädt mein Nachbar, Laubenpieper Klein,
mich nie zu einem Gläschen Selbstgemachten
Johannisbeer Tarnave Riesling ein.

Berlin am Ende der Saison

Untern Linden, Untern Linden –
ach, der Sommer ist verblüht.
Und sich damit abzufinden,
ist zuviel fürs Frohgemüt.

Furchtlos wagten sich die Stühle
auf den Gehsteig vors Café.
Eiskrem milderte die schwüle
Atmosphäre der Allee.

Und nun fallen Lindenblätter
kraftlos-welk auf den Asphalt.
Nebel. Kaltluft. Hundewetter.
Und der Weihnachtsmann kommt bald.

Spatzen tschilpen Klagelieder
und zersprengen mir das Herz.
Lieber Sommer, komm bald wieder.
Möglichst schon am 1. März.

Das Ende des Individualismus

Zum ICHSING sprach das Obstspalier:
»Du bist blasiert und egoistisch.
Sooft du singst, singst du solistisch.
Wann findest du vom Ich zum Wir?«

Der ICHSING reagierte stumm.
Dann rief er: »Volks- und Schlagerlieder
im Kollektiv sind mir zuwider,
es sei denn, man benennt mich um.«

Und so geschahs. Wie nie zuvor
gedeiht nun durch Gemeinschaftswirken
in allen Vitaminbezirken
dank WIRsing der Gemüsechor.

Keine Angst vor strengen Frösten

»Ein Kaltluftstrom kommt vom Ural
ins Oderbruch gezogen!«
So lautete das Warnsignal
der Meteorologen.

Da mischten Angst und Sorge sich
in Laubenpieperträume,
denn strenger Frost beißt fürchterlich
ins Mark der Pfirsichbäume.

Nur Laubenpieper Hauschild pfiff
gelassen »La Paloma«
und sprach, was niemand recht begriff:
»Ich hab doch eine Oma!«

Da kicherte die Nachbarschaft,
einschließlich Huhn und Kater:
»Was Hauschild spinnt, ist schleierhaft.
Der muß mal zum Psychiater!«

Doch Hauschild lächelte: »Mir steht
kein Irrenanstaltskittel.
Ich sag euch: »Omas sind konkret
das beste Frostschutzmittel!«

»Des Volkes weises Sprichwort laßt«,
sprach Hauschild, »mich zitieren:
Wenn du noch eine Oma hast,
dann kann dir nichts verfrieren!«

Der Stifter

Ein großer Wohltäter war Fritz Krahl,
das steht ganz außer Frage.
Er stiftete freudig im Ecklokal
»Zum Grünspecht« so manche Lage.

Er stiftete dies, und er stiftete das:
Buletten, Hemden und Perlen.
Er stiftete immerzu irgendwas,
sogar den miesesten Kerlen.

Am liebsten aber stiftete er
in außergewöhnlichem Rahmen
die allerschönsten Sachen den sehr
ihn lockend umschwirrenden Damen.

Im Bann ihrer Kurven verließ er sein Nest
und fuhr auf die Insel Rügen
und stiftete kurz vor dem Weihnachtsfest
im Damenstift Heil und Vergnügen.

Er blieb ohne Nachricht acht Wochen dort.
Die Gattin befiel ein Bangen.
Doch Freunde fanden ein tröstendes Wort:
»Der Fritz? Der ist stiftengegangen!«

Klauspeter Müller (5) hat so seinen Kummer

Herr Stengel, treten Sie doch bitte näher
und schauen Sie sich mal mein Spielzeug an!
Ich habe alles, was ein Europäer
im Vorschulalter sich nur wünschen kann.

Mein Spielzeugland ist mit Raketenbasen
und Mechanismen aller Art bestückt
sowie mit Autos, die durchs Zimmer rasen,
wenn man auf den Elektroschaltknopf drückt.

Hier riecht es fetzig nach Atomzeitalter.
Nicht wahr, verehrter Herr, jetzt staunen Sie!
Ich bin zum Teil Dispatcher, teils Verwalter
der Spielzeugautomatenindustrie.

Mein Elternpaar, Frau Müller und Herr Müller,
das rührend meine Phantasie beschnitt,
kauft jährlich nagelneue Superknüller.
Nur eins ist dumm: Ich spiel nicht mehr damit.

Ich möchte lieber feilen, hämmern, kleben,
selbst wenn das meinen Perspektivblick trübt,
und Teddys einen Gutenachtkuß geben,
doch bin ich darin völlig ungeübt.

Mein Seelenleben ist schon leicht verschlissen,
mein Kinderspielzeugtraumboot ist zerschellt.
Doch lassen Sie's nicht meine Eltern wissen,
denn die sind polytechnisch eingestellt.

Das ganz Besondere an der Berlinerin

Merk dir, lieber Mitmensch, und vergiß es
nie für deines Lebens kargen Rest:
Die Berlinerin hat was Gewisses,
was sich nicht in Formeln pressen läßt.

Analysen sind her nicht am Platze,
doch ich sage, weil ich kundig bin:
Das gewisse Etwas, ja das hatse,
die patente Spreeathenerin.

Wollte ich versuchen zu beschreiben,
wie man das Gewisse definiert,
müßte manches unerläutert bleiben,
was Berlinerinnen schmückt und ziert.

Also fasse ich mich kurz, ihr Leute,
und erkläre höchsten Lobes voll
dieses: Die Berlinerin von heute
ist – ich weiß nicht, wie ich's sagen soll.

Nun, mit einem Wort: Berliner Frauen
haben einen höchst charmanten Hauch
wie die holde Weiblichkeit in Nauen,
Rostock, Erfurt, Cottbus, Leipzig, Plauen,
Stendal, Zerbst und Anklam eben auch.

Frühlingserwachen

Der Lenz ist da. Ich kann es noch nicht fassen.
Der Lenz ist das. Er schüttelt mir die Hand.
Er hat sich knapp ein Jahr nicht sehen lassen.
Der Lenz ist da. Ich stehe wie gebannt.

Der Lenz ist da. Mir ist, als ob ich träume,
doch vis-á-vis bei Schmidts der Ehekrach
und Schmetterlinge im Geäst der Bäume
verscheuchen jeden Zweifel: Ich bin wach.

Der Lenz ist da. So blau war nie ein Himmel.
Nie roch die Luft so würzig nach Muskat.
So wonnig schrillte nie die Haustürbimmel
wie heute, als der Lenz um Einlaß bat.

Der Lenz ist da. Ich hoffte nicht vergebens.
Es schlägt mein Puls mit doppelter Frequenz.
Der Lenz ist da, Erfüllung meines Lebens:
Der Klempnermeister August-Gottlieb Lenz.

Geleitartikel

Hör auf meinen guten Rat,
nicht nur zu Silvester:
Sei kein Vorsichtskandidat.
Trau dich was, mein Bester!

Bleib nicht stumm am Wegrand stehn.
Kämpf mit Kopf und Tatzen!
Um den heißen Brei zu gehn,
schickt sich nur für Katzen.

Tragödie

Es starb bettelarm Gottlieb Besenbinder,
ein großer (womöglich der größte) Erfinder.
Von seinen Produkten zehrten Millionen,
naschten davon wie vom Honig die Drohnen,
grienten und ließen ihr Zwerchfell rotieren,
doch für den Erfinder gab's nichts zu kassieren.
Was er erfand, war einsame Spitze:
Witze.

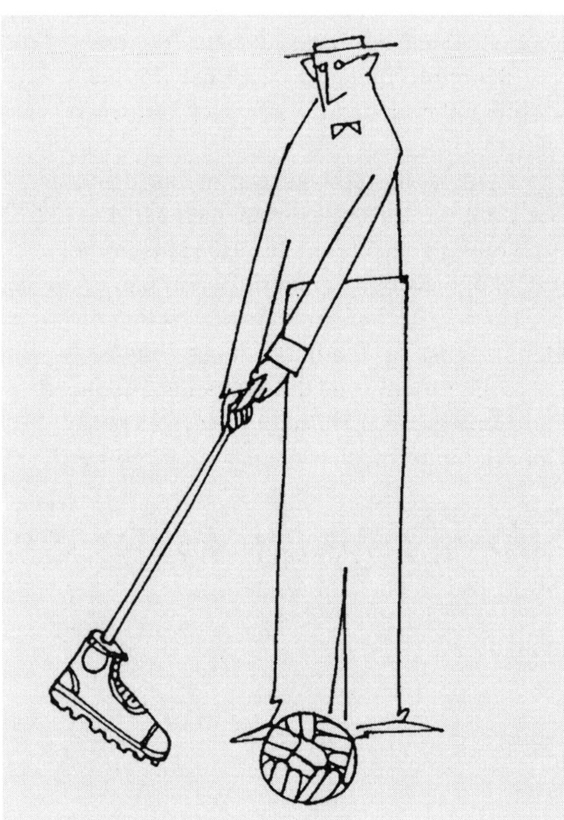

Pulver

»Du hast das Pulver nicht erfunden!«
Ein Vorwurf – dumm und hirnverbrannt.
Erklär den Spöttern unumwunden,
daß auch Max Planck es nicht erfand.

Nicht besser sah's bei Rudolf Diesel,
Graf Zeppelin, Carl Friedrich Gauß
sowie dem Kies-Erfinder Kiesel
in puncto Pulvermachen aus.

Selbst Einstein scheiterte nicht minder
als Hufeland und Friedrich List.
Dies zeigt, daß du als Nichterfinder
des Pulvers ein Normalfall bist.

Am Leben vorbei

Sechshundertfünfzigtausend Stunden
hat er gelebt – und nichts erfunden:
kein Lied, kein Bild und kein Gedicht.
Gelebt hat er, sagst du? Er lebte nicht.

Prosa II

Im dreizehnten Kapitel wird eine Auswahl von Prosatexten vorgestellt, die Hansgeorg Stengel in den Jahren 1964 bis 1984 für eine Reihe von Zeitschriften und Zeitungen verfaßte.

Schnarche wohl

Die Welt hätte auf diese kühne Streitschrift wohl oder übel verzichten müssen, wenn nicht vor wenigen Tagen ein Anrufer meine Aufmerksamkeit gefesselt hätte, dem wahrscheinlich durch eine Verwechslung mein unüberhörbares Dauerschnarchen zu Ohren gekommen sein muß. Gleichviel, ob er mich nun für einen Interessenten an seiner gewiß nicht ungenialen Erfindung oder aber für einen geeigneten Verfechter seiner Ideen gehalten hat, erfuhr ich, daß dem Ministerium für Gesundheitswesen seit geraumer Zeit ein Verbesserungsvorschlag für eine sogenannte Schnarcherbinde vorliegt. Diese Binde, durch drei Gummilochbänder über Nacken, Kopfmitte und Stirn gehalten, soll das Herabsinken des Kinns verhindern und dadurch jedwedes Schnarchen radikal vereiteln. Je mehr ich mich jedoch des Schnarchens und seiner Prophylaxe in Gedanken annehme, um so weniger kann ich mich mit dem Plan einer Anti-Schnarchkampagne befreunden.

Obwohl ich die unter Umständen verhängnisvollen Auswirkungen des Dauerschnarchens auf Innenmuskulatur und Schleimhaut der Nase keinesfalls verkenne, habe ich dem Schnarcheffekt während meines vierzigjährigen Lebens so viele liebenswerte Seiten abgewinnen können, daß ich ihn nicht mehr missen möchte.

Als Jüngling war ich drauf und dran, mich mit einem gewissen Fräulein Adelheid M. zu verloben. Sie hatte trotz ihrer jungen Jahre eine kleine gemütliche eigene Wohnung, und einmal, als ich die letzte Straßenbahn verpaßt hatte, mußte ich bei Adelheid übernachten. Doch wer beschreibt mein Entsetzen? Das gute Kind schnarchte, schnarchte, daß mir Wachen und Träumen verging. Also trennte ich mich von ihr. Später erfuhr ich, daß Adelheid M. wegen wiederholter Taschendiebstähle zu sechs Monaten Gefängnis verurteilt worden war. Welch glückliche Fügung! Hätte Adelheid seinerzeit nicht so unüberhörbar geschnarcht, wäre ich Ehemann einer Taschendiebin geworden.

Ein andermal hat mir ein Schnarcher sogar das Leben gerettet. In einem Landgasthof unweit Pritzwalks wurde ich vor Jahren gegen vier Uhr morgens plötzlich durch ein sägewerkähnliches

Geräusch geweckt, das von einem Dienstreisenden verursacht worden war, der ganz gewiß ohne Schnarcherbinde im Zimmer nebenan selig dahinschlummerte. Noch schlaftrunken, gewahrte ich erschrocken, daß der rechte Flügel meines Zimmerfensters, das ich beim Zubettgehen sorgfältig verschlossen hatte, augenscheinlich von einer heftigen Bö aus den Angeln gehoben worden war und nun sperrangelweit offenstand. Rascher beherzter Zugriff beseitigte die Gefahr. Nicht auszudenken, was mir widerfahren wäre, wenn mich dieser Schnarcher nicht eben zu diesem Zeitpunkt aus dem Schlaf gerissen hätte. Bei meiner empfindlichen Gesundheit mußte ich ständig auf schlimme Erkältung, ja, auf eine tödliche Lungenentzündung gefaßt sein.

Die Popularisierung und Einführung einer Schnarcherbinde ist auch aus einem weiteren Grunde nicht zu empfehlen. Wenngleich ich persönlich, was ich einem diskreten Leserkreis gern anvertraue, nicht im mindesten zum Schnarchen neige, so hat mir doch meine oft erfolgreich verbreitete Behauptung, ich sei ein

hochgradiger Schnarcher, in allen Hotels stets ein Einzelzimmer eingebracht. Sogar dann, wenn eigentlich keins mehr vorhanden war. Sollte in naher Zukunft meine Forderung nach einem Einzelzimmer vom Hotelportier mit einem Kopfschütteln sowie der Aushändigung einer Schnarcherbinde beantwortet werden, bliebe mein Verlangen nach individuellem Schlaf unerfüllt, und mein Reisedurst wäre für alle Zeiten gestillt.
Ich glaube, daß in der Menschheit frühesten Zeiten nicht nur eine Arche Noah, sondern auch eine Schnarche Noah zu Wasser gelassen wurde, um späteren Epochen alle wichtigen und lebenstüchtigen Kreaturen unverfälscht zu erhalten. Die Ausrottung des Schnarchfaktors mittels humanitär getünchter medizinisch-prophylaktischer Kniffe wäre ein biologischer Frevel ohnegleichen.
Wer selbst schnarcht, hört es nicht. Wer dagegen des Schnarchens unkundig ist, der mag es gefälligst lernen. Sollte jedoch ein Schnarcher dieser persönlichen Note überdrüssig sein, dann mag er beim Ministerium für Gesundheitswesen, Büro für Erfindungswesen, Berlin N 4, seinen Bedarf anmelden.

Vom Zahnstein der Weisen

Unter ernsthaften Wissenschaftlern besteht kein Zweifel, daß es sich bei den sogenannten Weisheitszähnen um rudimentäre Organe handelt. Um so verwunderlicher ist ihre Benennung. Was, fragen sich viele Leute, mögen sich die Namensgeber wohl gedacht haben, als sie etwas in Rückbildung Begriffenes ausgerechnet mit der Weisheit verknüpften? Soll man aus der ironisch anmutenden Bezeichnung etwa schließen, daß den unbekannten Wortschöpfern Weisheitszähne für Gleichnisse und Symbole nachlassender und mit der Zeit ganz und gar aufhörender menschlicher Denkfähigkeit galten?
Ich möchte das nicht glauben.
So fühlte ich dem Ursprung des Namens »Weisheitszähne« grübelnd und forschend auf den Zahn, um im Bilde zu bleiben. Ich biß mich gewissermaßen in Geschichte, Mythologie, Etymologie und so weiter fest, bis ich schließlich die Wahrheit in Gestalt einer dreiästigen Wurzel fest am Zahnhals packte. Es gelang mir, die Entstehung des hier in Frage stehenden Begriffs auf dreierlei Weise zu deuten. Natürlich wird sich nur eine dieser drei Deutungen im Endeffekt als vollständig richtig und unumstößlich erweisen, doch wenigstens hat es ein späterer Sprachforscher nunmehr verhältnismäßig leicht, unter drei Varianten die plausibelste oder gar zutreffende auszuwählen.
Der erste Ast am Baum meiner Erkenntnis ist der sozusagen salomonische Ast. Bekanntlich genießt Salomo, eine bemerkenswerte biblische Gestalt, legendären Ruhm als Prediger der Weisheit. Weniger bekannt indessen ist Salomos sechster Spruch aus dem sechsten Kapitel seines »Hohelieds«, wo es heißt: »Deine Zähne sind wie die Herde Schafe, die aus der Schwemme kommen, die allzumal Zwillinge haben, und es fehlt keiner unter ihnen.« Liegt es nicht nahe, zu vermuten, daß die von Salomo besungenen Zähne als Weisheitszähne in die Chronik der Jahrhunderte und Jahrtausende eingegangen sind?
Der zweite Ast nahm vor meinem geistigen Auge Gestalt an, als ich mich eingehend mit der Eigentümlichkeiten der Lautverschiebung und

mit Verballhornungstendenzen im deutschen Sprachbereich beschäftigte. Mir wurde dabei immer klarer, daß Weisheitszähne, die ja wegen ihrer Kurzlebigkeit einen frischen, hellschimmernden Schmelz besitzen, früher einmal Weißhautzähne genannt worden sein müssen und allein sprachlicher Tücke ihren heutigen Namen verdanken.
Der dritte Ast schließlich ist spekulativer Natur. Schon immer wurde die unauffällige, bescheidene, im Hintergrund spielende Tätigkeit eines Menschen, die von Eitelkeit, Prahlerei und Effekthascherei freie Aktivität vom Volk als Inbegriff der Weisheit angesehen. Sind nicht aber gerade die so unaufdringlich im Verborgenen wachsenden und wirkenden Weisheitszähne im Gegensatz zu den koketten, schaugeschäftigen Schneidezähnen ein ideales Sinnbild für Würde und Weisheit?
Von Freunden werden meine Erwägungen und Ermittlungen allgemein hoch geachtet. Nur meine gelegentliche Begleiterin Ingeburg zeigt keinen Respekt. Sie meint, die von mir gefundenen Resultate seien nicht der Weisheit letzter Schluß. Doch bitte ich Ingeburg um milde Beurteilung. Unter den augenblicklichen Umständen habe ich gegen ein schweres Handikap anzukämpfen: Ich bin längst über vierzig und besitze noch keinen einzigen Weisheitszahn.

Licht aus, Messer raus!

Mit einem Brotmesser schneidet man Brot. Mit einem Obstmesser Obst. Mit einem Belichtungsmesser kann der dünne Faden einer Ehe mittendurchgeschnitten werden.
Ein Mensch, plötzlich aufgefordert, mit Bewußtsein zu atmen, kam aus dem Rhythmus, rang nach Luft und erstickte. Was mich betrifft, so gelangen mir die schönsten Schnappschüsse, solange ich mein Fotolaienhandwerk unbekümmert und ohne Belichtungsmesser betrieb. Eines Tages aber sagte meine Frau: »Wir sollten uns einen Belichtungsmesser kaufen.«
»Wozu«, erwog ich zaghaft, »brauchen wir einen Belichtungsmesser? Ich belichte instinktiv, und ich bin, muß ich sagen, gut dabei gefahren.«
»Daß ich nicht lache!« wieherte meine Frau sardonisch. »Die guten Aufnahmen stammen von mir. Deine sind alle unterbelichtet.«
»Das Gegenteil ist der Fall«, protestierte ich gekränkt. »Sogar das Grabmal Timurs in Samarkand ...«
»... habe ich selber geknipst«, entschied meine Frau, »sonst wäre garantiert keen Foto zustande gekommen.«
»Kein«, korrigierte ich giftig. Doch meine Widerstandskraft war so oder so gebrochen. Ich kaufte einen Belichtungsmesser.
Als wir ihn das erstemal ausprobierten, äußerte meine Frau kopfschüttelnd: »Blende vier und eine fuffzigstel bei schönstem Sonnenschein? Dieser Belichtungsmesser macht mich ganz verrückt. Ich nehme einfach Blende acht und eine hundertstel.«
So verfuhren wir hinfort immerdar: Wir lasen vom Belichtungsmesser Blende und Belichtungsdauer ab, multiplizierten oder dividierten ganz nach Gefühl mit zwei oder drei und erzielten entweder gute oder schlechte Resultate.
»Nun«, wagte ich nach vier Wochen einen mutigen Vorstoß, »was sollen wir uns noch länger quälen mit diesem Dingsda Belichtungsmesser, da wir uns ja ohnehin nicht danach richten?«
Ihr hättet meine Frau sehen sollen! »Haben wir nicht eine vorzügliche Berechnungsgrundlage, wie?« fragte sie mich aufgebracht. »Wie sollten wir multiplizieren und dividieren ohne Belichtungsmesser? Außerdem hat er mich viel Geld gekostet!«
Ich widersprach lieber nicht, sondern fügte mich. Ich benutze den Belichtungsmesser treu und ergeben, freilich nur zum Schein. Während ich so tue, als ob ich Zahlen ablese und umrechne, halte ich die Kamera längst schußbereit. Sie ist unveränderlich auf dieselben Werte eingestellt: Blende acht und eine hundertstel.
»Siehst du«, sagte meine Frau neulich, »mit Belichtungsmesser machst sogar du einigermaßen anständige Bilder.«
Vorläufig denken wir noch nicht an Scheidung. Doch wenn es soweit kommen sollte, beabsichtige ich, großmütig zu sein. Ich werde meiner Frau die Exakta überlassen. Allerdings nur unter einer Bedingung: einschließlich des Belichtungsmessers.

Geflügelte Worte

1.
»Gestatten Sie ...« – »Ach, nein, macht nichts!« – »... aber keine Ursache!« – »Dürfte ich Sie um Feuer bitten?« – »Danke sehr!« – »Bedienen Sie sich bitte ...« – »Nach Ihnen!« – »Nein, durchaus nicht, meine Dame!« – »Wenn Sie so freundlich wären, mit mir zu tauschen ...« – »Behalten Sie nur. Ich habe die Zeitung ausgelesen ...« – »Falls die beiden Herren so nett sein könnten ...«

2.
»Ich sage kontra!« – »Du hast wohl nicht alle Tassen ...« – »Klar, Willy!« – »Hände weg von meiner Frau ...« – »Ich ruf dich morgen an!« – »Mal weg vom Fenster – aber dalli!« – »Bei dir piepts wohl?« – »Hansjürgen, die Leute!« – »Moment mal, das ist mein ND!« – »Der unterste war meiner ...« – »Ich schmatze, wie es mir paßt!« – »Otto, alte Pflaume! Ich sitze doch mit dem Kreuz-As in der Hinterhand!«

*

Es handelt sich beide Male um die exakt selben Personen. Sogar das Milieu, das Innere einer IL 18 der Deutschen Interflug, ist haargenau dasselbe. Die Differenz des Dialogs ergibt sich lediglich aus dem Umstand, daß es sich in dem einen Fall um den Hinflug, im anderen Fall aber um die Rückflug nach achtzehn in Warna gemeinsam verlebten Urlaubstagen handelt.

Quiz am Abend

Frau Dürrkopf ist eine liebe gute Seele von Mensch, pflichtbewußte Hüterin des Hauses und perfektes Dienstleistungskombinat in einer Person. Ihr darf man anvertrauen, was es bei stunden- oder tageweiser Abwesenheit der Familie anzuvertrauen gibt: Schlüssel, Speisekammer, Sparkassenbuch. Und das Telefon schließlich.
Doch zu letzterem ist eine Anmerkung zu machen. Frau Dürrkopf hat, sooft sie den Hörer in die Hand nimmt, einen, wie der Volksmund sagt, kleinen Mann im Ohr. Sie versteht, um es ebenfalls mit einer populären Redensart auszudrücken, immer nur Bahnhof, und nicht selten verbrachten meine Frau und ich Abende rätselratend über Aufzeichnungen, die Martha Dürrkopf als Bulletin ihres telefonischen Abhördienstes hinterlassen hatte.
Allmählich wurden wir gewitzt. Routine und ein hinzutretender sechster Sinn für Marthas skurrile Antenne ließen uns die Lösung auch der mystischsten Niederschriften ohne größere Schwierigkeit finden. Ein Zettel wie dieser machte uns kaum Probleme:

Thea Z. anrufen
Sofort das Kontor in West-Syrien
anrufen wegen des Fasses
Ulk-Amüsier-Werkstatt!
Herrn Seefunk und Verwaltung anrufen
Ferngespräch aus Köpenick

Wir entschlüsselten im Handumdrehen Thea Z. als DHZ, errieten, daß das Kulturministerium anzurufen sei wegen des Passes, tippten bei »Ulk-Amüsier-Werkstatt« nicht leichtsinnig auf Eulenspiegel, sondern richtig auf Vulkanisierwerkstatt, telefonierten mit dem Fernsehfunk, Unterhaltung, und stutzten lediglich angesichts des Ferngesprächs aus Köpenick, das wegen des Berliner Selbstwählbetriebs wenig glaubhaft war. Wir verwarfen also Köpenick als zutreffende Ortsangabe einstimmig, wußten aber nicht auf Anhieb, ob wir sie durch Kröpelin oder Pößneck ersetzen sollten. Endlich dämmerte mir, daß wir Tante Trude in Königsbrück um die Gefälligkeit gebeten hatten, ein Hotelzimmer in Dresden zu reservieren. Damit war auch dieses Rätsel gelöst. Einmal allerdings scheiterten wir kläglich. Auf

Frau Dürrkopfs Telefonzettel waren nur drei lakonische Wörter notiert: »Rosi stellt aus.«
Wir konnten und konnten uns keinen Vers daraus machen, schlossen aber nach angestrengtem Grübeln, daß der Klartext »Rosié stellt aus« lauten müsse und einen Hinweis des uns befreundeten Künstlers auf eine beabsichtigte, empfehlenswerte Ausstellung seiner gesammelten Grafiken und Karikaturen bedeutete.
»Frau Dürrkopf«, sprach ich sie am nächsten Morgen an, »kann es bei dem gestrigen Telefonanruf statt Rosi auch Rosié, also mit einem accent aigu am Schluß, geheißen haben?« – »Na klar«, bestätigte die Gute, »jetzt fällt es mir wieder ein: Rosjee!«
»Sieh da«, sagte ich beim Mittagessen zu meiner Frau, »der Paule macht eine Ausstellung. Da gehen wir nächste Woche hin.«
Am Nachmittag fuhr meine Frau in die Stadt. Als sie gegen Abend zurückkehrte, zog sie ein Gesicht. »Ist was passiert?« forschte ich zaghaft. »Schlamperei«, bemerkte sie grimmig, »ich bin ganz umsonst gefahren. Der Russischlehrer ist krank.«
»Heureka!« rief ich aus, »daß wir nicht gleich daraufgekommen sind!«
»Worauf gekommen?«
»Nun, auf den Telefonanruf gestern, mein Kind«, entgegnete ich verschmitzt.
»Es hat jemand angerufen, und du hast es mir nicht gesagt?« argwöhnte meine Frau.
»Du bist nicht ganz schuldlos an der Sache«, erklärte ich sanftmütig, »Rosiés Ausstellung war unser gemeinsamer Übersetzungsfehler. Natürlich besagte Frau Dürrkopfs hinterlassene Notiz eindeutig: Russisch fällt aus.«

Der Mond ist schuld

Wir müssen uns da, glaube ich, mal ganz ernsthaft unterhalten. Es kann doch nicht so weitergehen, daß über den Einfluß des Mondes auf die menschliche Gesellschaft im allgemeinen und jedes einzelne Individuum im besonderen nur im Kreis von Scharlatanen oder Witzbolden diskutiert wird. Der Mond als nur teilweise erforschter Regulator der humanen Physis und Psyche verdient Respekt und sachliche Analyse. Allgemein bekannt ist die lunarische Influenz auf die äquilibristisch akzentuierte Touristik, das heißt: auf die somnambule Dachfirst-Wandertätigkeit. Vor vielen Jahren steuerte ich zu diesem gezielten Phänomen einen bedeutsamen lyrischen Sechszeiler bei, den ich mir hier zu zitieren gestatte:

Schlafwandelnd wandelt die Somnambule
rund um den Schornstein der Handelsschule.
Schon werden die Hähne munter.
Sie wandelt entlang den Dachfirst –
warte nur, wenn du wach wirst,
fällste runter!

Diese Ballade zielt, wie man zugeben wird, auf das Wesentliche, ohne freilich den Komplex, den es zu erörtern gilt, annähernd vollständig zu behandeln. Der Einfluß des Mondes beschränkt sich nämlich keineswegs auf Somnambule, die Schornsteine – ob sie nun auf den Dächern von Handelsschulen oder anderen Gebäuden angebracht sind – kreisend umwandern, nein, er ist nicht einmal auf Schlafwandler schlechthin reduziert, sondern erstreckt sich auf Menschen aller möglichen Generationen und Beschaffenheiten. Und die Wirkungen, die er, der Mond, auszulösen vermag, sind in der Tat sowohl kosmischer als auch komischer Natur.
Bei den vier Phasen des Mondes fängt es an. Vier Phasen! Nicht drei, zwei oder gar nur eine Phase markieren den Rhythmus des Erdtrabanten. Warum ist das so? Das ist deshalb so, weil jene Vier die wichtigste Zahl ist, die es gibt. Nicht von ungefähr hat die Automobilindustrie einen Personenkraftwagen mit dem sehr bezüglichen Namen »Trabant« herausgebracht, welcher vier Räder, vier Sitzplätze und vier Jahre

Wartezeit hat. Kein Zweifel, daß – um es bei diesem einen Beispiel bewenden zu lassen – die auffällig häufige Verwendung der Vier dem Einfluß beziehungsweise der Verhaltensweise des Mondes zugeschrieben werden muß.

Außerordentlich ist der Einfluß des Mondes aufs Wetter. Der Leser wird meiner Erfahrung beipflichten, daß während der Periode, da der Mond im Zunehmen begriffen ist, hauptsächlich drei Wetterlagen zu beobachten sind: schönes Wetter, veränderliches Wetter und schlechtes Wetter. Diese Mannigfaltigkeit ist der Sonne nicht gegeben, denn bei zunehmender Sonne ist immer schönes Wetter. Darum gibt die Sonne dem Menschen keine Rätsel auf, der Mond dagegen eine ganze Menge. Doch befassen wir uns lieber mit den längst gelösten, wenn auch nicht allerorts freimütig erörterten Mondrätseln.

Alten Überlieferungen zufolge beherrscht der Mond den Hals, den Magen, den Bauch und den linken des Teil Körpers und verursacht eine ganze Menge Krankheiten, unter anderem Abszesse, Katarrhe, Hautkrankheiten, Augenfehler und Frauenkrankheiten, letztere freilich nicht bei Männern. Vom Standpunkt der modernen Wissenschaft muß solchen mechanistischen Thesen freilich mißtraut werden. Als ich mir neulich am ungarischen Balaton auf der linken Körperhälfte einen respektablen Sonnenbrand einhandelte, mutmaßte der mich behandelnde Arzt, daß möglicherweise weniger der Mond als die Sonne das Übel verursacht haben könnte. Immerhin scheint mir die Schuld oder wenigstens die Mitschuld des Mondes an plötzlich auftretenden Erkältungskrankheiten außerhalb jeden Zweifels zu liegen. Mondscheinspaziergänge – erst recht Ausflüge Mondsüchtiger in dünnen Pyjamas – haben schon manchen Schnupfen verursacht. Und warum sollte ein Augenfehler nicht die konsequente Quittung für jemanden dafür sein, daß er sich darauf spezialisiert hat, immerfort in den Mond zu gucken?

So lückenhaft der Wissenskatalog unserer mondforschenden Ahnen auch sein mag – ein Zusammenhang zwischen Vollmond und Vollnarkose, Halbmond und Halbschlaf sowie Neumond und Neuralgie liegt auf der Hand, die wir freilich dafür nicht ins Feuer legen sollten.

Ein ganz und gar alter Hut, den ich der Vollständigkeit halber jedoch noch erwähnen möchte, ist die Bedeutung des Mondes für die menschliche Stimmung oder auch für die sogenannte »Laune« (das Wort ist, sagen die Etymologen, vom lateinischen »luna« abgeleitet). Tatsächlich ist mir ein Bürger bekannt, der – es muß 1965 oder in einem anderen Jahr gewesen sein – bei Vollmond (im April) wundervolle Laune hatte, bei Neumond (im Januar) dagegen nicht. Allerdings fiel die Aprillaune zusammen mit einem Lotto-Fünfer und die Januarlaune mit einem Wasserrohrbruch.

Trotzdem gibt der Fall zu denken und beweist, daß es noch Dinge gibt zwischen Himmel und Erde, die dem Wissenschaftler manche Nuß zu knacken geben. Der Siegeszug der modernen Wissenschaft könnte gefährdet sein, wenn der mondbewußte Arzt künftig nicht beide Instrumente gleichermaßen virtuos zu bedienen weiß: Skalpell und Mondsichel.

Der Seifenblasenmaler und andere seltsame Berufe

Es ist uns gelungen, einige seltsame Berufe ausfindig zu machen und mit deren Vertretern Interviews zu führen.

1. Der Pfifferlingsdistributator

»Die wenigsten wissen, daß nicht das Wetter oder gar der Zufall Wachstum und Standort der Pfifferlinge bestimmen, sondern Ihr seltener Beruf, Herr Korbmantel. Nach welchen Gesichtspunkten projektieren und distribuieren Sie Nist- und Ballungszentren der Pfifferlinge?«

»Jetzt ist die richtige Zeit für die Grobstreuplanung. Im Mai erfolgt die optimale Flächenbepilzung, und gegen Sommeranfang können erste Bedürfnisse der pilzophilen Bevölkerung befriedigt werden.«

»Ich vermute, daß Ihr Beruf außerordentlich stark an Personalmangel leidet, denn es gibt viele Wälder, die von einer kontinuierlichen Bepilzung völlig ausgeschlossen zu sein scheinen.«
»Wir haben tatsächlich Nachwuchssorgen – sowohl in unserem Beruf als auch seitens der Pilze.«
»Und darunter leidet die Distribution, die ökonomische Verteilung.«
»Stimmt. Aber die Pfifferlinge sind selber ein bißchen schuld daran. Statt sich kooperativ zusammenzuschließen, wächst jeder isoliert vor sich hin. Deshalb sind sie auch so mickrig, und der Volksmund sagt mit Recht: Dafür geb ich keinen Pfifferling.«

2. Die Streichholzrepassiererin

»Von Ihrer Tätigkeit, Fräulein Grimm-Schafberg, höre ich zum erstenmal. Was machen Sie eigentlich?«
»Ich repassiere Streichhölzer, die mir die Kunden bringen.«
»Was sind denn das für Streichhölzer, die Sie repassieren?«
»Abgebrannte, abgebrochene, beschädigte und so weiter.«
»Und wie repassieren Sie dieselben?«
»Ich fädele zerrissene Holzfasern zusammen, leime Bruchstellen und setzte neue Zündköpfe auf. Das ist eine mühselige Arbeit. Manches Streichholz ist in acht Stunden nicht zu schaffen.«
»Respekt, Fräulein Grimm-Schafberg! Was kostet denn so ein repassiertes Streichholz?«
»Im Durchschnitt fünfzig Pfennig, aber komplizierte Fälle bis zu fünfzig Mark!«
»Was Sie nicht sagen! Und so viel Geld bezahlen die Kunden? Für fünfzig Mark kriegt man doch fünfhundert Schachteln neue Streichhölzer.«
»Das stimmt schon. Aber von mir kriegen die Kunden nicht nur das repassierte Streichholz!«
»Sondern?«
»Fünfjährige Garantie!«

3. Der Seifenblasenmaler

»Ihr schöner Beruf, leider viel zu selten gewürdigt, ist die Freude aller Kinder!«
»Das kann man wohl blasen!«
»Sie blasen mir das Stichwort! Wieviel verschiedene Farben blasen Sie eigentlich, Herr Rosenhafer?«
»Nun – genaugenommen blase ich nicht, sondern ich glase, aber nicht durchsichtig, verstehen Sie, sondern eben farbig, weil alles obendrauf kommt.«
»Das begreift jeder, Aber Sie benutzen ganz besondere Farben, nicht wahr?«
»Selbstverständlich müssen die Seifenblasenfarben elastisch und waschecht sein, sonst platzen sie ab oder verschießen.«
»Wo haben Sie das Seifenblasenmalen erlernt, Herr Rosenhafer?«
»Das ist eine alte Familientradition. Wir machen auch Farben für Offsetblasen, obwohl, unter uns gesagt: Schwarzweiß bleibt Schwarzweiß, wie schon Rembrandt einschätzte.«
»Sie sprechen von Familientradition. Also sind Sie nicht der einzige Seifenblasenmaler?«
»Doch. Mein einziger Bruder ist ein bißchen aus der Art geschlagen. Er hat es nicht so sehr mit dem Optischen. Er liebt mehr das Akustische und leitet ein Seifenblasorchester.«

4. Der Fotozellentüröffner

»Ohne offene Türen einzurennen, Herr Prokriep, muß ich sagen: Dies ist ein historischer Augenblick!«
»Wie meinen Sie das?«
»Nun, Ihre Tätigkeit ist so segensreich, und dennoch hatte ich bis heute keine Gelegenheit, ein persönliches Wort des Dankes an Sie zu richten.«
»Schon gut. Meine Existenz ist ja nicht so wichtig.«
»Das Gegenteil ist der Fall, Herr Prokriep. Bitte erzählen Sie unseren Lesern einiges über Ihren Beruf!«
»Das ist schnell getan: Ich öffne die Eingangstüren der vornehmeren Etablissements. Eins davon ist das Berliner Interhotel Berolina.«
»Aber Herr Prokriep! Das Hotel Berolina hat doch Türen, die sich automatisch öffnen, wenn sich ein Gast von draußen oder drinnen ihnen nähert. Das kommt, wie ich erfuhr, daher, daß eine Fotozelle …«

»Ein weitverbreiteter Irrtum! Die Fotozelle hat mit der Öffnung der Türen nicht das geringste zu tun. Die Fotozelle fotografiert lediglich die Hotelgäste. Das sagt ja schon der Name!«
»Warum denn in aller Welt werden die Gäste fotografiert?«
»Ein probates Mittel gegen Zechprellerei. Was aber das Öffnen der Türen betrifft, so stehe ich persönlich täglich acht bis zehn Stunden im Wind- und Lichtschatten der Pforte und öffne sie, sobald sich ein Gast nähert.«
»Eine Mordsstrapaze!«
»Es geht. Wenn ich müde werde, lege ich mich ein Stündchen unter den Abstreicher und öffne von dort aus. Ich muß allerdings aufpassen, daß kein Gast über mich stolpert oder mich entdeckt. Das soll nicht sein in einem diskreten Haus.«
»Und welche Ihrer zweifellos zahlreichen Tugenden wird in Ihrem Beruf am meisten geschätzt?«
»Absolute Offenheit!«

5. Der Litfaßsäulenplakatbieger

»Mit einer Zange machen Sie das, Herr Schreykorn?«
»Wie sonst? Sehen Sie, Litfaßsäulen sind nach außen gewölbt – konvex, wie der Fachmann sagt. Daraus folgt, daß auch die Plakate, die an die Säulen geklebt werden, auswärts gewölbt sein müssen, damit sie kleben und nicht überstehen.«
»Die Säulen?«
»Unsinn! Die Plakate.«
»Es geht doch aber auch, wenn die Plakate nach innen gewölbt sind.«
»Eben nicht. Wenn sie konkav wären, müßte man sie rumdrehen. Aber wer soll in diesem Fall den Text auf der Litfaßsäule lesen? Die Passanten lesen von außen. Innerhalb der Säule kommt niemand vorbei.«
»Das leuchtet ein, Herr Schreykorn. Sie biegen die Plakate mit der Zange also konvex. Wo haben Sie das gelernt?«
»Auf der Litfaßsäulenplakatbiegerschule in Säulenroda und bei meinem Vater. Der bog so ausgezeichnet, daß ich sagen muß: Er war mir mehr als ein Vater. Er war mein Biegervater.«
»Sie hängen sehr an Ihrem Beruf?«
»Auf Biegen und Brechen! Wenn es mich nicht gäbe, müßten alle Litfaßsäulen verschrottet werden.«
»Dann könnten Sie auf Litfaßsäulenverschrotter umschulen!«
»Nie und nimmer! Ich denke nicht daran, meine Perlen vor die Säulen zu werfen!«

Das Sportbrevier

Tischtennis

Der besonders in dicht besiedelten Gebieten zu beobachtende Mangel an Sportstätten hat zu einer weitgreifenden Rationalisierung und ökonomischer Reduzierung sportlicher Nutzflächen geführt. Geniale Neuerer fanden heraus, daß statt eines herkömmlichen Tennisplatzes mindestens ein Dutzend Tennis-Tische auf gleichem Areal aufgestellt werden können.

Tischtennis wurde erstmals von den Brüdern Ping und Pong praktisch vorgeführt und erfreut sich mittlerweile weltweiter Beliebtheit. Wer vom Tennis zum Tischtennis überwechselt, muß völlig umlernen. Schmetterbälle dürfen am Tisch nicht mit gleicher Wucht geschlagen werden wie auf dem Tennisplatz. Das verstößt gegen gute Tischsitten. Auch muß man sich eine neue Zählweise sowie Terminologie angewöhnen. Was auf dem Platz der Rivale, ist am Tisch der Tischnachbar.

Es gibt beim Tischtennis verschiedene Tische: den Mittagstisch für Spiele zwischen 12 und 14 Uhr, den Schreibtisch für Spiele, deren Verlauf von einem Schreiber protokolliert wird, den Katzentisch für mäßig gute Spieler, die bei Niederlagen großer Katzenjammer befällt, und schließlich den grünen Tisch für Tischtennisfunktionäre. Die beiden Spielhälften des Tischtennisfeldes werden durch ein Netz markiert. Das Netz wird angeschlossen (Netzanschluß) und gespannt (Netzspannung). Die Sportgeräte der Tischtennisspieler bilden ein Tischbesteck, welches aus Schlägern mit Schaumgummibelag, den sogenannten Schaumschlägern, und mehreren Zelluloidbällen besteht.

Gezählt wird bis 21, doch auch ältere Jahrgänge sind beim Tischtennis willkommen, sofern sie die Spieltische nicht ausschließlich als Spültische benutzen und trockene Kehlen mit hochprozentigen Getränken spülen. Meistertischtennisspieler haben ähnlich wie Meisterboxer einen Sekundanten. Während aber der Boxer-Sekundant für seinen Schützling bisweilen das Handtuch wirft, wirft der Tischtennis-Sekundant das Tischtuch.

Der Sprint

Sprint ist Kurzstreckenlauf. Die klassische Sprintstrecke geht – nein: sprintet über eine Distanz von hundert Metern. Der Weltrekord beträgt 9,9 Sekunden, doch inoffiziell wurden schon Zeiten erzielt, die weit darunterliegen. Allerdings nicht auf der Aschenbahn, sondern beim morgendlichen Sprint zur Straßenbahn, bei Löwenjagden und beim Einkauf von Auto-Ersatzteilen. Sprinter benutzen als Starthilfe Startlöcher, die sie sich selber schaufeln. Von einem maßgerechten Startloch hängen bisweilen Sieg und Niederlage ab. Unzweckmäßig sind zehn Meter tiefe Ausschachtungen, weil der Sprinter unter Tage den Knall der Startpistole womöglich überhört. Wichtig ist die Start-Devise: »Keine Schuhe ohne Dornen!« Dieses schöne Wort besagt, daß man nicht in Holzpantoffeln oder Filzlatschen auf Rekordjagd gehen sollte. Sofern der Sprinter jedoch nicht über Spikes verfügt, gilt es die Regel zu beherzigen: »Besser barfüßig als überhaupt kein Schuhwerk«. Über Sieg und Plazierung bei Hundertmeterläufen entscheidet ein Schiedsgericht oder das Zielfoto. Sieger ist, wer als Erster mit der Brust das Zielband berührt, nicht aber derjenige, der den besten Laufstil vorweisen kann. Somit ist ein wesentlicher Mangel des Sprints aufgezeigt: die von keiner Jury vorgenommene Benotung des künstlerischen Laufwerts, wie er etwa bei Eiskunstläufern eine wesentliche Rolle spielt. In weiten Kreisen wird deshalb schon lange die Forderung erhoben, als neue sportliche Disziplin den Kunstsprint einzuführen. Kunstsprinter wären in der Lage, das, was sie nicht in den Beinen haben, durch ästhetische Faktoren weitgehend auszugleichen. Dabei könnte musikalische Untermalung zur Abrundung der sportlichen Kür herangezogen werden. Eine harmonisch gesprintete Mondscheinsonate böte Siegeschancen auch dann, wenn es dem Athleten an Schnelligkeit gebricht. Im übrigen sind Sprinter Menschen mit vorzüglichem Orientierungssinn. Sie verlaufen sich niemals. Sie versprinten sich höchstens.

Dreisprung

Eine Weiterentwicklung urzeitlichen Weitsprungs ist der Dreisprung, auch Dreierhop genannt. Da Weitspringer ohnehin einen langen Anlauf nehmen müssen, um Rekordweiten zwischen acht und neun Metern zu erreichen, kam der Frührationalisator Professor Dreikorn-Hupfer in den zwanziger Jahren auf die Idee, die ungünstige Relation zwischen Anlauf und Sprungweite durch die Erfindung des Dreisprungs positiv zu verändern. Beim Dreisprung werden bei gleichem Anlauf sechzehn bis siebzehn Meter und mehr ersprungen – eine um hundert Prozent höhere Sprungseffektivität! Dreispringer dürfen die angestrebten etwa sechzehn Meter Gesamtsprungweite nach Gutdünken auf drei Sprungphasen verteilen. Es gibt verschiedene Dreiersysteme: 6-5-5, 6-4-6 oder 7-4-5. Wenig beliebt sind so extreme Varianten wie 16-0-0 oder 0-4-12, weil sich der Dreispringer im ersten Fall meist zu stark verausgabt und im zweiten Fall einen Bremsfallschirm benötigen würde, welcher sich jedoch bereits in der zweiten Sprungphase als hinderlich erweisen müßte. Laien könnten nun die Frage stellen, warum sich der Dreisprung auf nur eine einzige Dimension beschränkt. Das hat teils physikalische, teils moralische Ursachen. Der Drei-Hochsprung ist gelegentlich versucht worden, doch zeigte sich, daß Drei-Hochspringer nach Bewältigung der ersten Phase (bei zwei Metern) nichts mehr zuzusetzen hatten und durch die Erdanziehung auf den Boden der Tatsachen zurückgeworfen wurden. Günstiger schnitten Versuchspersonen ab, die den Drei-Seitensprung ausprobierten. Indessen verbot sich eine Förderung der Seitensprünge aus Gründen der Ethik. Anregungen, die darauf hinauslaufen, den Dreisprung durch Viersprung oder gar Fünfsprung zu ersetzen, werden von einer alten Volksweisheit durchkreuzt, welche besagt: Aller guten Sprünge sind drei.

Rugby

Diese Sportart ist eine Mischung aus Fußballspiel und Eierlaufen. Vom Fußballspiel wurde der unstillbare und ungestillte Drang zum Foulspiel entliehen, wogegen das Eierlaufen die Eier als Modell für den Rugby-Ball abgab. Beim Rugby kommt es vor allem darauf an, sich des Balles gemeinschaftlich und gleichzeitig zu bemächtigen. Während es beim Fußball als erstrebenswert gilt, die Lederkugel einzeln oder in mehr oder minder ritterlichem Zweikampf zu treten, stürzen sich die Rugby-Spieler derart massiert ins Kampfgetümmel, daß der Ball, der ursprünglich rund war, allmählich ein eiförmiges Aussehen bekam und nicht mehr die Fähigkeit besitzt wegzurollen, es sei denn, er hätte Rollschuhe unter den Füßen, die er jedoch nicht besitzt. Der Laie hat Mühe, Rugby auf Anhieb als sportliche Darbietung zu erkennen. Auf den ersten Blick ähnelt dieses Spiel eher dem Ansturm auf den fahrplanmäßigen D-Zug nach Wolgast, auf den zweiten Blick einer Autogrammstunde mit Gilbert Bécaud und auf den dritten Blick der Jagd fanatischer Philatelisten nach einem seltenen Sperrwert. Trotzdem klärt sich der wirkliche Charakter des Geschehens auf dem grünen Rasen meistens dadurch von selber auf, daß, trotz vorherrschender Haufenbildung der Rugby-Kämpfer, dann und wann für Bruchteile einer Sekunde jener eiernde Ball sichtbar wird, dessen tiefere Bedeutung allerdings nur wenig erschlossen ist. Es soll vorgekommen sein, daß die Teilnehmer an einem Rugby-Spiel derart mit sich selber beschäftigt und ineinander verstrickt waren, daß sie den Verlust des Balles erst viele Stunden nach dem Abpfiff des Schiedsrichters bemerkten. Wegen der relativen Entbehrlichkeit des Balles ist von westlichen Rugbylogen eine Art Rugby entwickelt worden, die auf das Vorhandensein eines ledernen Spielgeräts völlig verzichtet: das Catchen.

Tontaubenschießen
Es ist gar nicht so, wie blutige Laien mitunter annehmen, daß die Tontauben selber Akteure des Tontaubenschießens sind. In Wirklichkeit schießen die Tontauben nicht, sondern sie werden geschossen. Das ist ähnlich wie mit dem Scheibenschießen, das ja auch nicht von den Scheiben veranstaltet wird, sondern vielmehr auf dieselben. Da Tauben bekanntlich nichts hören (wenn sie hörten, wären es keine Tauben), könnte man sich fragen, warum ihnen ein Ton beigegeben ist. Das geschieht aber keineswegs um der Tauben willen, sondern zu Nutz und Fromm des Tontaubenschützen, der das Objekt zwecks besserer Anvisierung zugleich sehen und hören soll. Indessen vergeht dem Schützen mitunter Hören und Sehen, wenn er aus dem Mund des Kampfrichters erfährt, daß von zehn Tontauben neun das Schießen überlebt haben. Vom Standpunkt des Weidmanns ist das Tontaubenschießen unergiebig, denn Tontauben sind so zäh, daß man sie nicht einmal mit Messern und Stimmgabeln, die auf die entsprechende Tonart abgestimmt sind, zerkleinern und verspeisen kann. Weicher als die Tontaube ist dagegen die Dontaube, die in der Gegend von Rostow vorkommt und als Delikatesse geschätzt wird.
Bei internationalen Veranstaltungen werden Tontauben als Wurftauben bezeichnet. Ein Wurf Tauben besteht aus 200 Wurftauben. Der Abschuß von mindestens 195 Wurftauben verheißt eine gute Plazierung. Schützen, die 201 und mehr Wurftauben zur Strecke bringen, haben sich überworfen. Vor allem mit Adam Riese.

Thüringisch-vogtländische Klöße

Es gibt Leute, die machen grüne Klöße – und von irgendwelchen anderen Klößen zu sprechen als von grünen, verbietet mir der gute Geschmack – ohne Rösteln. Da ich aber mit Kloßmuffeln überhaupt nicht rede, wende ich mich nur an Produzenten und Konsumenten richtiger Thüringer Klöße, also an jene, die den grünen Klößen Rösteln hinzufügen, wie es sich gehört. Die besten Thüringer Klöße werden im Vogtland erzeugt, das, wie allgemein bekannt, nicht vollständig zu Sachsen gehört, sondern mit dem Kreis Greiz einen thüringischen Akzent aufs Vogtland setzt. Es ist demzufolge keine ethnologische Verirrung, von thüringisch-vogtländischen Klößen zu sprechen. Im Gegenteil: Die ganz richtigen Thüringer Klöße sind die Thüringer Klöße aus dem Vogtland, und meine Tante Lene, die vor drei Jahren verstorben ist, beherrschte die thüringisch-vogtländische Grüneklößerezeptur so perfekt, daß seither alle mir offerierten Klöße daran gemessen und oftmals leider für zu leicht befunden werden. Zum Glück hinterließ Tante Lene eine Schwester Gertrud, die, obwohl schon in den dreißiger Jahren nach Dresden übergesiedelt, das kulinarische Erbe ihrer Greizer Heimat sorgfältig verwaltet und auch nicht im Traum daran denken würde, grüne Klöße anders zuzubereiten als so, wie es die Tradition gebietet. Es liegt mir fern, die Machart echter thüringisch-vogtländischer Klöße im Detail aufzuzeichnen, aber die Geister scheiden sich an der Frage, ob Idealklöße mit einen Anteil gekochter oder pur mit ausschließlich rohen Kartoffeln gefertigt werden dürfen. Selbstverständlich ist nur letztere Art der Zubereitung korrekt, und auch die Verwendung einer eisernen Kartoffelpresse muß als obligat bezeichnet werden. Das Kriterium optimaler thüringisch-vogtländischer grüner Klöße enthüllt sich schließlich im Verlangen des Essers, auch dann noch um Atzung zu betteln, wenn er längt statt ist.
Mehr über Klöße zu schreiben verbieten mir die Eulenspiegelredakteure. Sie schieben Platzmangel vor. Ich vermute jedoch, daß sie grüne Klöße ohne Rösteln machen.

Die Wahrheit über Christoph Kolumbus

Am 15. Mai 1486 begegneten sich Christoph Kolumbus und die Verkäuferin Anneliese Kötteritzsch (oder hieß sie Bärbel?) im Genueser Teilselbstbedienungsladen »Neptun« – eine Begegnung, die sich für Christoph und Bärbel (ihr Name mag auch Charlotte gewesen sein) später als höchst bedeutungsvoll erweisen sollte. Charlotte Kötteritzsch bzw. Dagmar (so wurde sie gelegentlich genannt) verliebte sich nämlich in den jungen schönen Christoph, der Klaus-Dieter Henkler nicht unähnlich sah und ein Kilo Bootslack erwarb. Erika Kötteritzsch, vorwendend, sie wolle den Bootslack mittels FKK (Freihaus-Kraftfahrzeugkundendienst) direkt an den Käufer senden, erbat sich die Anschrift Christophs und hatte damit einen wesentlichen Schritt zur Verknüpfung zweier Seelen getan.

Am 24. Oktober 1491 wurden Christoph Kolumbus und Elisabeth Kötteritzsch nach fünfjähriger Verlobungsfrist in Genua getraut. Die jungen Eheleute bezogen eine bescheidene Altbauwohnung in der Straße der Französischen Revolution und waren eine Zeitlang sehr glücklich. Christophs Frau Gabriele (über den authentischen Vornamen der Frau Hildegard Kolumbus, geborene Kötteritzsch, ist endgültige Klarheit leider nicht zu gewinnen) ging auch nach ihrer Verheiratung dem vorehelichen Beruf im Teilselbstbedienungsladen »Neptun« nach. Das heißt, sie hatte weiterhin kommerziellen Umgang mit Wassersportartikeln aller Art, einschließlich Bootslacks, der seinerzeit eine gewissermaßen ehestiftende Rolle gespielt hatte, aber in dieser Geschichte nun nicht mehr vorkommen wird.

Was Christoph Kolumbus selbst betrifft, so verdiente er sich ein paar Lire als freischaffender Bootsarchitekt, und dank der Mitwirkung seiner Frau Ilse, die manches von Christoph beim Schiffsmodellbau benötigte Ersatzteil zu günstigen Großhandelspreisen erwarb, konnte jener tun, was er vornehmlich im nicht übertragenen Sinne sehnsuchtsvoll anstrebte: sich über Wasser halten.

Einmal eröffnete Christoph seiner jungen Gemahlin Lieselotte nach dem Abendbrot: Er sei des ewigen Konstruierens seegängiger Fahrzeuge überdrüssig und trage sich mit dem Gedanken, das große Kapitänspatent zu erwerben, um eine historische Entdeckerrolle zu spielen. Margarete dachte bei sich, dies sei dem Christoph wohl zu gönnen, aber kaum zuzutrauen, denn sie wußte, da aufs intimste von Gebrechen und Unzulänglichkeiten ihres Gatten unterrichtet, daß er sich zum Seefahren und zum Entdecken noch weniger eigne als sizilianische Blutapfelsinen zum Tischtennisspielen. Christoph Kolumbus war nämlich nachtblind, orientierungssinngeschädigt, wasserscheu und darüber hinaus hypochondrisch wie dieses bekannte literarische Geschöpf Molières.

Wer beschreibt Mariannes (auch dieser Vorname ist nicht präzis verbürgt) Schrecken, als sie, zurückgekehrt vom Schichtdienst im »Neptun«, einen Tag vor Weihnachten auf dem Küchentisch in ihrer Neubauwohnung (die befand sich, wie gesagt, am Guiseppe-Garibaldi-Platz) einen Brief vorfand, der die Nachricht plötzlicher Abreise ihres Gemahls nach Madrid enthielt. »Sei nicht traurig«, stand in dem Schreiben, »ich bin nun mal von der Geschichte dazu ausersehen, Amerika zu entdecken. Also versuche ich, den König von Spanien für meine Mission zu gewinnen und ihn zu löchern, die nötigen Peseten lockerzumachen. Nach erfolgter Entdeckung Amerikas kehre ich in unseren hübschen kleinen Genueser Bungalow am Giacomo-Puccini-Damm zurück. Dein Christoforo. PS: Es wird mindestens Ostern werden …«

Damit keine Mißverständnisse entstehen: Die Gattin des potentiellen Entdeckers Kolumbus wurde, als ihr diese Epistel unter die Augen geriet, weder von Eifersucht noch von Panik ergriffen. Roswitha (vielleicht war das ihr wirklicher Name) hatte nur grenzenloses Mitleid mit ihrem Christoph und dachte mit Schaudern an die Möglichkeit, ja, Wahrscheinlichkeit eines Scheiterns der Entdeckung Amerikas durch den physisch und auch psychisch ziemlich labilen Ehemann.

Als nun Susanne so überlegte und sinnierte, fiel ihr plötzlich »Neptun« ein. War diese Spezialverkaufsstelle nicht ein Dorado für Wasserwegwanderer? Ja, die Exquisit-Überseeyacht »Lollobrigida« – das wäre, sofern die Betriebs-

kasse für gegenseitige Hilfe den Kaufpreis von fünfundzwanzig Millionen Lire vorschösse, Lösung und Rettung für Christoph und dessen abenteuerliches Unternehmen.
Die Zeit drängte. Morgen würde das Jahr 1492 beginnen, und es war nicht auszuschließen, daß just dieses Jahr transozeanische Qualen und anderes Ungemach für Christoph Kolumbus mit sich brächte. Dorothea Kolumbus war, um es kurz zu machen, viel Glück bei Durchsetzung ihrer sanftmütigen Intrige beschert. Die Gattin stach am 3. Februar 1492 – vor genau 480 Jahren also – mit der »Lollobrigida« in See, gelangte am 24. März nach Puertorico und harrte dort der Ankunft ihres Ehemanns. Margot Kolumbus (in einer standesamtlichen Urkunde wird unter anderen auch dieser Vorname erwähnt) hatte, wie man leicht erraten kann, nur ein Motiv für die vorweggenommene Entdeckung Amerikas: Sie, Waltraut, wollte ihren nach strapaziöser Überfahrt zweifellos zu Tode erschöpften Gatten mit einem warmen Mittagessen, einem frischen Trunk und einem bequemen Bett laben. Fast täglich war Frau Kolumbus (ihr Vorname ist leider nicht überliefert) mit dem Stricken von Fäustlingen und Pullovern sowie mit dem Bau einfacher Laubhütten beschäftigt, um dem in Kürze zu erwartenden Ozeanbezwinger und seiner Mannschaft ein behagliches Aufenthalts-Provisorium in der neuen Welt zu bieten.
Mürrisch entschloß sich, als die Ankunft der »Santa Maria« immer länger auf sich warten ließ, Frau Kolumbus im August 1492, nach Genua zurückzukehren, wo sie bei Herbstbeginn eintraf und die Legende verbreiten ließ, sie, Frau Kolumbus, habe eine Mittelmeerkreuzfahrt zwischen Beirut und Tarifa, Rijeka und Tripolis absolviert, sei da und dort ein wenig länger als geplant ins Plauschen gekommen und werde die versäumte Arbeitszeit durch verdoppelten Einsatz schon wieder auswetzen.
Christoph Kolumbus und seine Flotte erreichten unterdessen am 12. Oktober 1492 die Bahamas (südöstlich der USA) und hätten wegen dieser Zielabweichung Frau Kolumbus auch dann verfehlt, wenn dieselbe noch eine Weile am Ufer des Karibischen Meeres hocken geblieben wäre.
Im Mai 1493 – die Kunde von der Entdeckung Amerikas durch Christoph Kolumbus hatte sich nur mäßig verbreitet – kehrte der kühne Seefahrer in die Arme seiner Gattin zurück, und es entspann sich in der Kolumbus-Villa zu Genua (unweit der Andrea-Doria-Allee) etwa folgendes Gespräch:
»O Christoph!«
»Meine liebe Gemahlin!«
»Geschafft?«
»Si, si! Amerika ist entdeckt!«
»Mein großer Held! Nur dir, wem sonst, konnte dieses Meisterstück gelingen!«
Gibt es etwas Schöneres auf der Welt als einen Menschen, der mit asketischer Bescheidenheit in den Schatten tritt, um die Sonne des Ruhms aufs Haupt des geliebten Mitmenschen scheinen zu lassen? Wir Nachgeborenen können viel von der edelmütigen, altruistischen Frau Kolumbus lernen, auch wenn wir ihren Vornamen nicht kennen.
Sie begriff, daß es am Ausgang des Mittelalters töricht gewesen wäre, Frauenemanzipation zu praktizieren und einem Manne das Recht auf kontinentale Entdeckung streitig zu machen. Sie begriff auch, daß Kolumbus viel zu eitel war, um leichten Herzens seinen Nimbus als Amerika-Entdecker aufs Spiel zu setzen. Mit ihrer Philosophie realisierte Frau Kolumbus auf virtuose und rührende Weise eine Erfindung, die Christoph Kolumbus bei einem Bankett ganz zufällig unterlaufen war: das Ei des Kolumbus.

Hans im Glück

Dies Märchen, notiert von den Brüdern Jacob und Wilhelm Grimm, ist bekannt. Leider fehlt der vor mehr als hundert Jahren aufgeschriebenen Story der aktuelle Bezug. Der soll nun endlich hergestellt werden. Wir erinnern uns: Hans im Glück hatte in einem Dienstleistungsbetrieb sieben Jahre lang gute Arbeit geleistet und als Prämie einen Klumpen Gold bekommen. Mit dem zog er fröhlich von dannen. Unterwegs vertauschte Hans seinen Goldklumpen gegen ein Pferd, den Rappen etwas später gegen eine Kuh, die Kuh am nächsten Tag gegen ein Schwein, das Schwein – wir haben mitgezählt: vierte Tauschaktion – gegen eine Weihnachtsgans und den weißen Vogel schließlich gegen einen Schleifstein. Rechte Zufriedenheit aber wollte sich bei Hans im Glück noch immer nicht einstellen. Er empfand – der Schleifstein war bannig schwer – vielmehr typische Ballastgefühle.
»Wenn ich den mörderischen Brocken doch nur endlich los wäre«, stöhnte Hans im Glück. Da kam er an einen Brunnen und auf die Idee: Weg mit dem Plunder. Und mit kühnem Schwung warf er den Stein ins Wasser, wo der gurgelnd unterging. Hans jauchzte. Da kam ein Wanderer des Wegs, ließ sich Hansens Geschichte erzählen und fragte verwundert: »Und warum solche Umständlichkeit? Hättest du da nicht gleich den Goldklumpen ins Wasser werfen können?«
»Das wollte ich ja«, erwiderte Hans im Glück, »aber ich hatte einen Vertrag mit Adlershof. Die wollten aus dem Stoff unbedingt ein sechsteiliges Fernsehspiel machen.«

Epigramme III

Das vierzehnte Kapitel bringt eine Auswahl aus Hansgeorg Stengels Epigrammbänden »Der Unschuldsstengel« (1978) und »Mit Stengelsgeduld« (1980).

Untermaß

Es war ein Zwerg aus Sachsen,
dem glückte nie
die Fahrt per Ski.
Er lernte nicht das Wachsen.

Verschlußfolgerung

»Der Mond ist aufgegangen…«
Klein-Jule fragt mit Bangen
die Klassenlehrerin: »Nanu?
Macht ihn denn keiner wieder zu?«

Blütenweißheit

Gewiß, ich habe Fehler, Schwächen, Mängel.
Doch bin ich unbescholten im Prinzip,
bin weder Strauch- noch Strunk- noch
Stengeldieb.
Mit einem Wort: Ich bin ein Unschuldsstengel.

Etwas frühreif

Das geht zu weit,
Brigitte, verzeihe:
Im Umstandskleid
zur Jugendweihe!

Frauentag

Des Mannes Schicksal ist verhängnisvoll.
Die Praxis offenbart das Diffizile:
Obwohl er alle Frauen ehren soll,
knurrt seine Gattin: »Aber nicht zu viele!«

Intershop

Vater Staat, fiskalisch Realist,
läßt uns ungern auf Valuta hocken,
sondern er versucht mit Interlist,
uns in einen Interhalt zu locken.

Betriebsunfall

Er hängte sein Mäntelchen in den Wind
und folgte dem Luftzug gehorsam und blind,
geriet aber dennoch in Schleudergefahr,
als desorientierende Windstille war.

Sitzfindig

Ich schlage vor, daß man Interviews
mit Sitzungsaposteln korrekt ohne Schmus
beschließen sollte ganz sitzfleischgemäß:
»Ich danke Ihnen für dieses Gesäß!«

Experte

Der Krümelkacker, den wir alle kennen,
hält nur die Laus im Pelz für relevant.
Sein Sachverstand ist minimal zu nennen,
doch mächtig ist sein Nebensachverstand.

Aus dem Tierreich: Drosseln

Die Drossel, schon ein bißchen alt,
beschimpfte haltlos eine Trappe.
Da gab die Trappe Kontra: »Halt!
Halt endlich deine Drosselklappe!«

Motivation

Schnulzig die Lieder des Sängers, indes
achtet des Künstlers Motiv nicht gering:
Wes' Schmalzbrot ich eß,
des' Lied ich sing!

Unbekannt verzogen

Männer gibt es, die zeugen gern gratis,
und die Mütter bleiben allein mit dem Kind
und seufzen die Frage diskret in den Wind:
»Quo Vatis?«

Deutschmeister

Er fuhr den Phraseuren über den Mund.
Drum gab es in Sprachpflege-Kreisen
und Lyriker-Zirkeln triftigen Grund,
den Phrasenlatscher zu preisen.

Kalkulierte Heldentat

Als Mut ihn entflammte, war niemand zugegen.
Da disponierte er eilfertig um:
beschloß, die heroische Tat zu verlegen
auf einen Marktplatz mit Publikum.

Liebe

Sie liebten sich. Der Satz ist nicht gelogen.
Sie liebten sich. Das war nicht Schall
und Rauch.
Sie liebten sich. Der Schein hat nicht getrogen:
Sie liebten sich. Er sich. Und sie sich auch.

Zweifelhafter Fortschritt

Sein gutes Wissen, sein klarer Verstand,
sie wurden behördlich nicht anerkannt.
Man schulte ihn gründlich. Nun isser
endlich ein Besserwisser.

Mit dem Brecheisen

Red nicht dazwischen, verkanntes Genie!
Läßt sich dein Schwall nicht vermeiden?
Brechreiz bereiten mir Leute, die
an Unterbrechreiz leiden.

Saure Reaktion

Ich weiß, was das Publikum verdrießt:
Wenn der Sprecher, der hochhonorierte,
keine placierten Pointen verschießt,
sondern statt dessen blasierte.

Insofern

Student Hanspeter M. ist nach Belieben
den Uni-Seminaren ferngeblieben,
und in der Hochschulchronik kann man lesen,
er sei perfekter Fernstudent gewesen.

Sinnen-Wandel

Einst war es typisch, daß Leute den Leuten
bisweilen Sand in die Augen streuten.
Doch neuerdings streuen uns unverfroren
Diskos zur Schlafenszeit Sound in die Ohren.

Aus dem Tierreich: Dromedare

Ein Dromedar aus Karakum
trieb sich in Hippodromen rum,
hielt still beim Pferdsprung und gebar
ein kleines Hippodromedar.

Kunststück

Als Kompromißler war er gewiß
eine geniale Erscheinung.
Er schloß sogar einen Kompromiß
mit seiner zweiten Meinung.

Aus dem Tierreich: Bären

Man griff zur Seife, Spray und Puder.
Vergebens: Das verflixte Luder
stank unbeirrt und ordinär.
Er war nun mal ein Camembär.

Zwei Worte

Er hat seiner Gattin das Jawort gegeben
und fühlt sich gebunden daran bis ins Grab.
Doch führt er bisweilen ein Zweiteheleben
mit Monika, der er sein Fremdwort gab.

Kein Bedarf

Die Damen waren in Rudi vernarrt,
weil der so verheißungsvoll blickte.
Doch ist er gescheitert an Hildegard:
Die kam und sah und zickte.

Liebeserklärung

Er liebte Sophie. Aber nur platonisch.
Zu Intimitäten kam es noch nie.
Er sagte halb ernsthaft und halb ironisch:
»Ich liebe von Herzen die Philo-Sophie!«

Grenzen des Faktotums

Sei nicht so ungestüm beim Aufwärtsstreben.
Sich weise zu beschränken täte not.
Der Mensch stirbt auch nach einem
Doppelleben
doch nur den einen singularen Tod.

Handikap

Der Radsportler P. sprach perfekt
skandinavisch.
Ihm fielen Norwegisch und Dänisch nicht
schwer.
Auch Schwedisch beherrschte er mündlich und
grafisch.
Nur im Finish versagte er.

Kreisverkehr

Dem Mangel deutlicher Effekte
ist mancher kühne Plan erlegen.
Es gibt sogar Bezirksprojekte,
die sich im Kreis bewegen.

Aus dem Tierreich: Neunaugen

Das Neunauge A sprach zu Neunauge B:
»Wir sollten die Sache, um jeden
Skandal zu vermeiden, im Séparée
unter achtzehn Augen bereden.«

Rennstrecke

Nicht pathologischer Verfolgungswahn
trieb den Verfolger auf die Radrennbahn.
Er suchte nur vom Start bis zum Begräbnis
nach einem täglichen Verfolgserlebnis.

Ordensverleihung

»Ich«, sagte der Staatsmann, »verleihe Ihnen
den Orden für Arbeit und treues Dienen!«
»Verleihen?« entfuhrs dem Geehrten beklommen.
»Ich dachte, ich soll ihn geschenkt bekommen!«

Beförderung

Das Schicksal, ein Prominenter zu sein,
hat ihn, den Dramatiker Kowski, ereilt.
Einst traf er ganz harmlos am Zielort ein,
doch neuerdings steht in der Zeitung: Er weilt.

Begriffsbildung

Dein Treueschwur ist für die Katz,
dein Lobhudeln Spreu im Wind.
Begreif, daß Bekenntnisse kein Ersatz
für fehlende Kenntnisse sind.

Melde gehorsamst

Blind zu gehorchen – ein Schreckensgebot
für Frauen und Männer und Kinder.
Kadavergehorsam trainiert der Helot.
Palavergehorsam nicht minder.

Wort für Wort

Das Wortgefecht, die gezüngelte Schlacht,
beliebt bei zahlreichen Ehepaaren,
erweckt beim Zuhörer den Verdacht:
Die sind in den Wortwechseljahren.

Stichwort

Ließ ein Knab ein Röslein stehn,
denn er hatte eingesehn,
daß die Maid mit Hieb und Stich
einem Rigoröslein glich.

Nicht nur

Um Christel bewarben sich viele Knaben,
doch immer wieder schmollte sie: »Nein!
Ich möchte nicht nur einen Freier haben,
es muß schon ein Einwandfreier sein.«

Fußkalter September

Es klappern Familien am rauschenden Bach.
Sie klappern im Zelt unterm Segeltuchdach.
Sie klappern so laut, daß den Hirsch, welcher
  röhrt,
die Hirschkuh, weil alles so klappert, nicht
  hört.

Es grünt so grün

Mythen gibts ohne Ende,
die nie dem Gedächtnis entfliehn.
Die biblische Schöpfungslegende:
Ein Adam- und Evagreen.

Positiv

Er gilt nicht als Schinkel in
  Baukünstlerkreisen,
der Chefarchitekt Erich-Eberhard Kraus.
Doch ist ihm was Löbliches nachzuweisen:
Er reißt keine Bäume aus.

Carpe diem

Die Ewiggestrigen sind uns verhaßt.
Die Ewigmorgigen sind eine Last.
Entschließen wir uns, um den Tag zu nützen,
uns auf die Ewigheutigen zu stützen.

Programm

Gelingt mirs, was Pfiffiges niederzuschreiben,
erspart mir Honneurs und Personenkult.
Ein Stengel will nichts außer Blüten treiben
und wartet drauf jetzt schon mit
  Stengelsgeduld.

Auf die Journalisten

Ich habe die Hausmannskost niemals verfemt.
Mir genügt es, Kollegen, bitte, notiert es,
wenn ihr mit Wasser kocht, aber nehmt
quellfrisches Wasser, kein destilliertes.

Unwohltäter

Er wurstelte mit Aspirin und Äther:
Patientenschreck Max Klopfer, Sanitäter.
Man konnte auf ihn zählen, auf Max Klopfer.
Wer aber zählt Max Klopfers Saniopfer?

Jelängerjelieber

Ich liebe es, mehrmals am Tag in die heißen
Würstchen (im Englischen: hot dogs) zu
  beißen.
Man würde in angelsächsischen Welten
mich, ahne ich, Hotdogmatiker schelten.

Phonotheismus

Die Tonkunst ist ein mächtiger Magnet.
Musik begeistert alle jungen Leute.
»Frau Musica«, ertönt ihr Stoßgebet,
»unser diskotheklich Brot gib und heute!«

Appell

Bleib nicht stumm am Wegrand stehn.
Kämpf mit Kopf und Tatzen!
Um den heißen Brei zu gehn,
schickt sich nur für Katzen.

Einschulung

Nach Lollis, Dropsen, Marzipan, Lakritze
steht Zuckertütenkindern nun der Sinn.
Nur der schon frühgereifte kleine Fritze
ist scharf auf eine süße Lehrerin.

Landeskultur

Chemie beschert uns vorteilhafte Dinge:
Tabletten, Flatterhemden, Einweckringe,
Benzin und Latex für Fassadenputz
sowie den Anstoß für den Umweltschutz.

Epitaph

Hier ruht Paul Täubling aus Niederspringe,
hielt Schwefelköpfe für Pfifferlinge.
Ihm wurde – seid klug, imitiert ihn nicht -
sein jüngstes Gericht zum Jüngsten Gericht.

Weihnachtspsychologie

Dem Kind, das immer artig war, nie bös,
winkt nur recht karger Festgeschenkerlös.
Das böse Kind wird reich beschenkt hingegen,
um es zum Artigwerden anzuregen.

Tragischer Verlust

Der Meteorologe Dr. Klein
gerät jetzt ernstlich in Prognose-Not:
Er hatte einen Frosch mit Rheumabein,
und der ist tot.

Lösung

Satire, störend oft empfunden,
weil stets sie mit Kritik verbunden,
bringt nur bei strikter Unterlassung
Gekränkte nicht mehr aus der Fassung.

Stereotyp

Albert, der Hahn, sprach zur Henne Sophie
bei lässigem Überdenhühnerhofwandern:
»Dir fehlt kreative Phantasie.
Deine Eier gleichen sich alle wie
quasi ein Ei dem andern.«

Kontaktlos

Die Tänzer tanzen in heutiger Zeit,
ohne sich anzufassen.
Tanzpaare sind eine Seltenheit.
Distanzpaare gibt es in Massen.

Pressenotiz

»Herr M. erhielt«, so las ich beklommen,
»seine Fahrerlaubnis weggenommen …«
Wie schön, so fühlte ich fröhlich gestimmt,
daß einer was kriegt, wenn man einem was
nimmt.

Gouvernante

Fräulein Frömmel unterließ es nie,
jeden Furz im Kiez zu überwachen.
Stets auf Sittenwacht, vermochte sie
aus der Tugend eine Not zu machen.

Horchposten

Was nützt denn schon millionenfaches Lachen,
wenn die drei Leute saure Miene machen,
die dafür sorgen, daß sich in Bereiche
der Staatsmacht kein morbides
Lachen schleiche.

Pendler de luxe

Parteinahme hätte sein Ego verletzt.
Prinzipien empfand er als Fessel.
Doch hat er als Mensch, der Vulgäres nicht
schätzt,
sich niemals zwischen zwei Stühle gesetzt.
Er setzte sich zwischen zwei Sessel.

Zuverlässig

Man sagt von ihm, dem dreißig Jahren alten
Fritz M., er habe immer Wort gehalten.
Doch das Malheur: Er hat seit tausend Wochen
zu keiner Stunde irgendwas versprochen.

Axiom

Ist Redlichkeit mit Mißerfolg verbunden,
bleibt ihr Applaus versagt und Stellenwert.
Erfolg jedoch wird als Erfolg empfunden,
auch wenn er jeder Redlichkeit entbehrt.

Errechnung der Lebensmitte

Kein Taschenrechner sagt dir (das ist dumm):
»Jetzt ist, mein Freund, dein halbes
Leben rum!«
Erst auf dem Sterbebett errechnet man:
Mit Vierzig fing die zweite Halbzeit an.

In alle Winde

Er hat sein Guthaben durchgebracht,
in einer Nacht,
eh mans gedacht,
aus dem Guthaben ein Guthatten gemacht.

Zustimmer

Manchen, der stets in Manegen steigt
mit Treueschwüren, geschwinden,
bin ich immer zu fragen geneigt:
Wie ist Ihr Jawohlbefinden?

Stimmt

»Mein wissenschaftlicher Wetterbericht
ist immer exakt, aber stimmt er mal nicht«,
sprach Chefwetterkundler Balduin Jung,
»dann stimmt meine Wetterberichtigung.«

Lebensknick

Es hat von Geburt an als unbescholten
Großvater Fuchs (94) gegolten.
Jetzt ist er umstrittenster Opa Berlins:
Er trägt keine Jeans.

Sprechstunde II

Im fünfzehnten Kapitel findet sich neben verstreuten Beiträgen eine Auswahl aus Hansgeorg Stengels in der Zeitschrift *Eulenspiegel* veröffentlichten Serien »Willi Wuschkes Geredeschuppen« (1974-1976) und »Willi Wuschkes Wischiwaschisalon« (1982-1985) sowie aus der Serie »Wortadella« in der *Ostthüringer Zeitung* (1994).

Über den Umgang mit der Sprache, über Umgangssprache sowie über das Umgehen der Sprache

»Guten Jahrestag, lieber Herr Wuschke! Aus Anlaß des …«

»Ich weiß schon, mein viel- und stilverehrter Mitsprachlehrling, weshalb Sie mich nach Äonen endlich mal wieder in meiner dreifaltigen Behausung besuchen, zumal …«

»Dreifaltigen Behausung, Herr Wuschke?«

»Nun ja. Dies ist so eine saloppe Bezeichnung für das von mir bewohnte Ensemble aus Wortschatzkammer, Stilbruchbude und Geredeschuppen.«

»Wie oft haben wir, Herr Wuschke, in Kammer, Bude und Schuppen früher zusammengesessen. Heute, anläßlich des Hundertjahre-Duden-Jubiläums, drängt es mich, Erinnerungen an unzählige Wortscharmützel und Vorsatzgefechte wachzurufen und mit Ihnen ein bißchen über Konrad Dudens Segen und Fluch zu plaudern.«

»Wenn ich die hundertjährige Geschichte des Dudenschen Sprach- und Schreibregelwerks überblicke, so sehe ich ringsum mehr Segen als Fluch.«

»Ohne Ihnen grundsätzlich widersprechen zu wollen, Herr Wuschke, haben mich einige Beobachtungen im Presse- und Volksbildungsbereich stutzig, um nicht zu sagen besorgt gemacht.«

»Zum Beispiel?«

»Ihr im Eulenspiegel kritisierter Fernsehfilm-Satz ›Wir können keinen Ärger gebrauchen‹ wurde vom Leser Werner K. mit der erstaunlichen Bemerkung verteidigt, dies sei eben Umgangssprache, und er, Werner K., schätze eine derartige Ausdrucksweise höher als die ausgeklügelte Formulierung eines Germanistikprofessors.«

»Offenbar – was ich sehr bedaure – hat Herr K. völlig übersehen, daß der von mir gerügte Satz nicht nur unschön, sondern falsch ist, denn BRAUCHEN und GEBRAUCHEN sind dem Sinne nach ähnlich weit voneinander entfernt wie etwa HÖREN und GEHÖREN. Im übrigen finde ich die Behauptung, es liege im Sprachverbrechensfall Umgangssprache vor, sehr ermutigend und anspornend für Sprach-Hasardeure. Umgangssprache ist schließlich vereinfachte, auf Verkürzung und Einsparung zielende richtige Sprache. Mit anderen Worten: Falsches Deutsch, also das Umgehen der Sprache, ist keine Umgangssprache, sondern Stümperei, Murks, Quacksalberei und …«

»Duden-Fledderei, Herr Wuschke. Aber das gebrauchen Sie mir gegenüber gar nicht zu betonen, weil ich ja immer richtigen Brauch von der Sprache mache, wie ich einmal schalkhaft umgangssprachlich formulieren möchte.«

»Von allen Geistern, die sprachlich verunglücken, war mir der Schalk schon immer am wenigsten verhaßt, mein Bester. Doch kommen wir zurück zum Duden-Punkt, oder sind Sie mit Ihrer Presse-Beispielsammlung schon an einem duden Punkt angelangt?«

»Nicht doch, großer Wortspielmeister! Ich las in einer Bezirkszeitung die groteske Meldung: ›Die Fahrerlaubnis erhielt wegen Trunkenheit der Kraftfahrer M. M. entzogen.‹ Wie beurteilen Sie Sprachdelikte dieser Art, Herr Wuschke?«

»Ich vermute, der vorhin zitierte Herr K. nennt auch solche Havarien statthafte Satzbildwerke umgangssprachlicher Art. Im genannten Schadensfall liegen aber unsinnige Widersprüchlichkeit und verdächtiger Tautologie-Geruch vor. Wenn sich die Leute doch, namentlich die Journalisten, merken wollten: geschenkt bekommen, verliehen bekommen, ausgehändigt erhalten oder – schlimmer noch – weggenommen bekommen, verweigert erhalten – alles Quatsch mit Soße.«

»Mich wundert, daß Ihnen, Herr Wuschke, für ihre Sprachverdienste nicht längst schon die Goldene Sprechbohne am Stengel verliehen wurde – oder umgangssprachlich ausgedrückt: daß Sie dieselbe noch nicht verliehen erhalten bekommen haben, sondern daß sie Ihnen verweigert erhalten worden ist.«

»Genug geumgangsradebrecht, mein geredlicher Dudenverarbeiter. Aber nun zur Volksbildung.«

»Ach ja, Herr Wuschke. In Schülerkreisen wird geklagt, daß viele Deutschlehrer an Rechtschreibfehlern einen zu strengen Maßstab anlegen und daß sprachliche und stilistisch gute bis sehr gute Aufsätze wegen orthographischer Mängel zu niedrig zensiert werden.«

»In aller Kürze bemerke ich zu diesem Problem: Es ist ein Jammer, daß wir im deutschsprachigen Bereich noch nicht weitergekommen sind mit einer der Zeit angemessenen Rechtschreibreform. Duden, lebte er noch, hätte sich bestimmt dafür eingesetzt, daß unnütze Buchstaben wie Q, V und Y aus der Schrift verschwinden und daß sich die phonetische Schreibung stärker durchsetzt – Foto und Filosofie, Schofför und Kontrollör, Kautsch und Schäslong. Andererseits: Solange die Reform auf sich warten läßt, muß der aktuelle Duden Orthographie-Normenkatalog bleiben, und die Deutschlehrer sollten rechtschreibliche Duden-Verstöße kritisieren, ohne Schüler-Fehlleistungen zu kriminalisieren.«

»Ich verstehe, Herr Wuschke. Sie fordern, daß das gestörte Verhältnis zur reformbedürftigen Rechtschreibung nicht zum springenden Punkt oder zum Schlagloch auf der Laufbahn des zu deutschsprachlichen Höhen stürmenden Schülers werden darf.«

»So ist es. Sonst noch irgendeine Wichtigkeit in volksgebildeten Volksbildungskreisen?«

»Es gibt, Herr Wuschke, zu viele Fachlehrer, die sich hauteng an ihren speziellen Lehrauftrag halten und die deutsche Sprache – beim Selbersprechen oder auch im Blick auf Schülerformulierungen – vernachlässigen oder gar mißachten.«

»Das ist ein trübes Kapitel.«

»Neulich, Herr Wuschke, sagte mir ein Geographielehrer, dessen Namen ich nobel verschweige: ›Ich unterrichte Erdkunde, und da kommt es mir auf Fakten drauf an. Es ist mir, wenn die Schüler wissen, wo was liegt und so weiter, vollkommen egal, wie die das ausdrücken oder schriftlich schreiben. Schon meiner Mutter ihr Bruder, der Geographielehrer war wie ich, hat gesprochen, wie ihm der Schnabel gewachsen war, und war als Lehrer vielleicht noch besser wie ich.‹«

»Ein Fachlehrer mit einer derart laxen Sprach-Philosophie kann kein guter Fachlehrer sein, mein umsichtiger Sprachkundschafter. Sprache ist nämlich ein Lehrfach besonderer Qualität. Sprache ist Fundament und Voraussetzung jeder x-beliebigen Spezialwissenschaft. Sprache ist Denken. Ich zögere deshalb keine Sekunde, einem sprachgestörten Fachlehrer ein gewisses Denk-Defizit vorzuwerfen.«

»Herr Wuschke, ich danke Ihnen für unser Gespräch.«

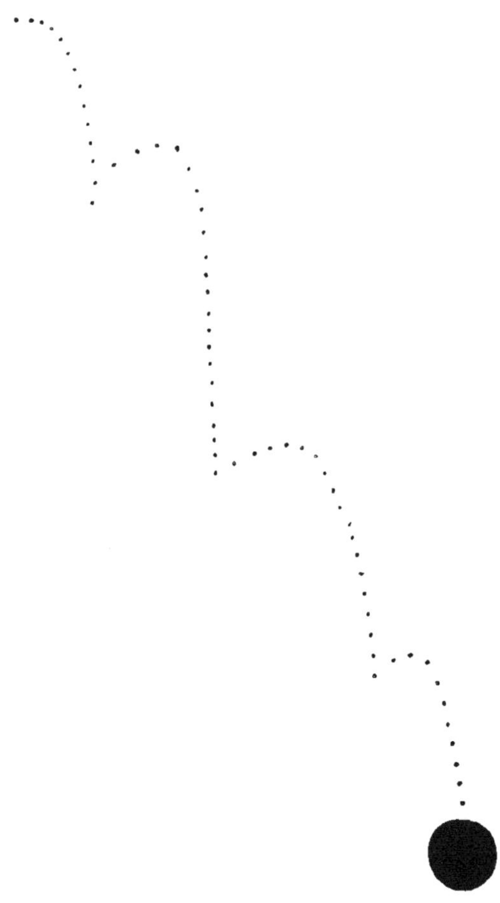

Willi Wuschkes Geredeschuppen

ANSCHREIBEN UND ANSPRECHEN

»Üb immer Treu und Geredlichkeit, Herr Wuschke! Da bin ich also wie angekündigt!«

»Angekündigt?«

»Nun ei freilich! Ich hatte Sie doch extra angeschrieben!«

»Oho! Ich verbitte mir, von Ihnen angepinselt zu werden. Für Tätowierungen jeglicher Art habe ich gar nichts übrig.«

»Sie mißverstehen, Herr Wuschke. Ich hatte Sie brieflich angeschrieben, um Ihnen meinen Besuch zu signalisieren, und nun bin ich da, weil wir doch über die neulich angesprochenen Themen weiterdiskutieren wollten.«

»Worüber diskutieren?«

»Erinnern Sie sich gefälligst: Wir hatten die künstlerische Ausgestaltung Ihres Geredeschuppens, den bevorstehenden Winterurlaub und die Reihenuntersuchung angesprochen.«

»Und was hat sie geantwortet, die Reihenuntersuchung?«

»Sie verdrießen mich mit Ihren Spitzfindigkeiten, Herr Wuschke. Ich spreche eben, wie mir der Schnabel gewachsen ist, punktum.«

»Und ich widerspreche Ihrem Dahergerede energisch. Übrigens berechne ich Ihnen für diese Deutsch-Nachhilfestunde zehn Mark. Wenn Sie nicht gleich bezahlen können – machen Sie sich deshalb keine Kopfschmerzen. Bei mir wird angeschrieben!«

IN DEN GRIFF KRIEGEN

»Griff ahoi, lieber Herr Wuschke! Ich komme nur mal auf einen Sprung bei Ihnen vorbei, um mit Ihnen ein wenig über den neuesten Allerweltsbe-Griff zu plaudern.«

»Was das begrifft – pardon: betrifft, so können wir uns jeden Disput sparen: Die Kritik am inflationären Gebrauch der Geredewendung ›in den Griff kriegen‹ greift offensichtlich nur zögernd.«

»Dabei finde ich die Redensart sehr anschaulich, und…«

»Das ist ja der Jammer! Zu sagen, daß man eine Sache allmählich in den Griff kriege, und daß eine Maßnahme zu greifen beginne, ist bildlich einleuchtend, aber das schönste Bild verblaßt, wenn es fortwährend zitiert wird, zum Klischee.«

»Was Sie sagen, Herr Wuschke, ist sehr griffig. Seien wir zuversichtlich, daß Ihre gelehrten Ausführungen unverzüglich wirken, nicht aber bloß greifen, und daß alle Menschen die Sprache besser und besser beherrschen, statt nur in den Griff bekommen!«.

ECHT UND VOLL

»Einen echt fröhlichen Morgen, Herr Wuschke! Ich bin echt überzeugt, Sie mit meinem Besuch nicht zu belästigen, denn …«

»Es will einfach nicht in Ihren Kopf, daß ich echt ärgerlich bin über Ihre gezinkte Ausdrucksweise. Gegen die inflationäre Echtheitswelle im allgemeinen will ich ein weiteres Mal gar nicht vom Leder ziehen, denn das habe ich ausgiebig schon früher getan. Aber …«

»Ich entsinne mich, Herr Wuschke, Sie haben eine Abneigung gegen alles Echte außerhalb von Numismatik und Philatelie.«

»Aber, um meinen von Ihnen unterbrochenen Satz zu vollenden, besonders scheußlich finde ich den abverbialen Dauersprachgebrauch solcher Eigenschaftswörter wie ›echt‹, ›voll‹ und ›glatt‹.«

»Sie möchten also nicht, Herr Wuschke, daß ich wegen Ihrer Strafpredigt voll steif oder echt sauer bin und glatt irre werde.«

»Nein, das möchte ich nicht. Wenn Sie sich hinsichtlich Ihrer Geredschaften echt besserten, wäre ich echt froh.«

»Oder, Herr Wuschke, noch jugendgemäßer ausgedrückt: Sie fänden mich dann urst fetzig.«

ALLERHAND GETUE

»Fröhliche Pfingsten Herr Wuschke! Sie sehen, wenn ich diesen Pfingstgruß auch verspätet darbringe, so ganz und gar vergessen tue ich ihn nicht.«

»Damit tun sie mir aber eine große Freude machen.«

»Aha – was reden Sie denn da für ein betuliches Deutsch, Herr Wuschke? Fast möchte ich spötteln: Sie taten aber schon besseres Deutsch sprechen.«

»Sie reingefallener Tatverdächtiger! Haben Sie nicht bemerkt, daß ich lediglich an Ihren Anfangssatz parodistisch anknüpfte?«

»Wieso denn? Ich hätte tatsächlich …? Nein. Verneinungssätze nach englischem Muster bilden, das tu ich nicht!«

»Nur eben gerade wieder, mein lieber Geredekünstler. Leider scheuen sich Hunderttausende nicht, wiewohl sie in positiven Sätzen hilfszeitwörtlich nichts tun, taten oder getan haben, in Verneinungssätzen nach englischem Prinzip zu verfahren.«
»Herr Wuschke, Sie haben mich überzeugt. Wenn ich schon tue, dann allenfalls mein Bestes. Aber falsches Deutsch reden tun, das tue ich Ihnen versprechen, das tu ich nie wieder!«

MIT SACK UND SCHLUCK
»Prost Neujahr, Herr Wuschke! Seit Silvester sind wir uns nicht begegnet. Gut reingerutscht? Ich für meine Person habe zirka zwei Fässer Bier, zwanzig Gläser Sekt und fünfzig Schlucke Grog getrunken sowie drei Stücken Torte und zwei Kilos Pfannkuchen verdrückt.«
»Kein Wunder, daß das alles noch jetzt auf Ihren ohnehin schwach entwickelten Sprachnerv drückt.«
»Ich verbitte mir das! Wollen Sie nicht wenigsten im neuen Jahr etwas taktvoller mit Ihren Mitmenschen umgehen, Herr Wuschke, statt täglich ein Dutzend Schüsse Dynamit auf dieselben abzufeuern?«
»Schluck, Stück, Kilo, Schuß! Merken Sie sich doch endlich: Die meisten Maßeinheiten kommen nur im Singular vor. Es sei denn, sie werden nicht als Maßeinheiten, sondern als gleichnamige konkrete Gefäße zitiert. Man kann also zum Beispiel zwei Säcke kaufen, das Pferd aber frißt zwei Sack Hafer, man kann zehn Gläser in die Vitrine stellen, aber zehn Glas Limonade trinken, und man kann zwanzig Benzinfässer einlagern, aber nur zwanzig Faß Benzin abfüllen. Ähnlich verhält es sich mit ...«
»Ich weiß, ich weiß, Herr Wuschke. Man kann sich nicht zwei Schüsse Himbeersirup in die Berliner Weiße machen, sondern zwei Schuß. Man kauft auf dem Gemüsemarkt keine fünf Bünde, sondern fünf Bund Radieschen.«
»Gut, mein gelehriger Freund! Doch jetzt müssen wir uns trennen. Denn ich muß zu einem Seminar, welches zehn Uhr beginnt, nicht aber zehn Uhren.«

IM FALL DASS
»Im Falle eines Falles klebt Willi Wuschke alles ... – Guten Tag, Herr Wuschke! Ich habe wieder ein paar Geredeschuppenfragen, die von Ihnen beantwortet werden sollten, im Fall, daß Sie es können.«
»Im Fall, daß Sie diesen Satz nicht schleunigst korrigieren, kriegen Sie von mir die gelbe Karte, im Fall, daß Sie nicht sogar die rote bekommen.«
»Aber Herr Wuschke, Sie sind ja ganz aufgebracht! Aber schimpfen Sie ruhig im Fall, daß ich etwas falsch gemacht habe.«
»Es ist mir völlig unerklärlich, daß viele Formulierer lieber zu verschraubten Wendungen Zuflucht nehmen als zu einfachen, falls ich richtig informiert bin. Sie würden natürlich sagen: im Fall, daß ich richtig informiert bin.«
»Falls Sie, Herr Wuschke, im besagten Fall darauf anspielen, daß ich ein Im-Fall-daß-Fan bin, versichere ich Sie sowie auch Ihnen: Ich werde künftig nur noch ›falls‹ und nie mehr »im Fall daß‹ sagen, wenn, sofern, falls beziehungsweise im Fall, daß Sie mein gestrenger Gesprächspartner sind.«

OPTIMAL
»Allerbesten Tag, Herr Wuschke! Wie geht es Ihnen denn heute bei diesem hervorragend optimalen Wetter?«
»Ich weiß, was Sie hören wollen oder zumindest zu hören verdienen: Es geht mir optimalst.«
»Als Optimist – um nicht ›Optimalist‹ zu sagen – finde ich, Herr Wuschke, die sprachliche Optimierung des optimalistischen Optimalismuses sowohl akustisch als auch optisch optimal.«
»Gewiß, Sie haben allen Grund, übertriebener

Optimalsprachflut zu spotten. Doch im Prinzip ist das Wort so optimal übel nicht.«
»Ich weiß, Herr Wuschke, daß Sie sehr tolerant sind. Doch etwas mehr Unerbittlichkeit in diesem Fall stünde Ihnen gut.«
»Sie behaupten, ich sei in sprachlichen Angelegenheiten optimal pflaumenweich. Eine Beleidigung!«
»Halblang, Herr Wuschke! Die Rolle der gekränkten Leberwurst steht Ihnen nicht besonders gut zu Gesicht. Denken Sie an Goethe: ›Wer sich nicht selbst zum Optimalen halten kann, der ist bestimmt nicht einer von den Optimalsten.‹«

BANDWÜRMER
»Ein Bekannter, Herr Wuschke, hat mir neulich die vervielfältigte Einladung zu einer Hausbrandschutzverantwortlichenschulung zugeschickt. Drollig, wie?«
»Im Prinzip sind Langstreckenwörter für Wort- und Schriftdeutsch typisch und gegen eine Hausbrandschutzverantwortlichenschulung wäre genausowenig einzuwenden wie gegen den klassischen Donaudampfschiffahrtsgesellschaftskapitän, wenn das vom Trossiner Gemeinderat ausgeheckte Wortungetüm nicht voller unfreiwilliger Komik wäre.«
»Komisch? Eben doch zu lang das Wort, was?«
»Nein, die Komik liegt in der ungelösten Frage, ob es sich um eine Schulung der Verantwortlichen für den Brandschutz des Hauses handelt oder um eine Schulung der Verantwortlichen für den Schutz des Hausbrands. ›Hausbrand‹ ist ein zwar häßliches, aber gebräuchliches Wort für Heizmaterial. Oder …«
»Was halten Sie, Herr Wuschke, von einer Schulung der Brandschutzhausverantwortlichen?«
»Daran wäre ich brennend interessiert. Noch mehr freilich an einer Muttersprachschutzverantwortlichenschulung.«

TROTZDEM
»Nichtsdestotrotz einen schönen Tag, Herr Wuschke!«
»Sie Schelm! Bestimmt wissen Sie, daß ›nichtsdestotrotz‹ nichts anderes ist als die Verballhornung von ›nichtsdestoweniger‹. Obwohl weder das eine noch das andere Wort Anspruch auf poetischen Ruhm erheben kann.«
»Ich spreche, Herr Wuschke, wie mir der Schnabel gewachsen ist, trotzdem Sie manchmal Ihre Stirn drohend in Falten legen.«
»Obwohl!«
»Trotzdem ich nicht weiß, worauf Sie jetzt schon wieder hinauswollen, bleibe ich dabei. Ich rede meinen ganz persönlichen Stiefel, trotzdem er Ihnen nicht paßt.«
»Trotzdem hören Sie mal gut zu, Sie unverbesserlicher Trotzkopf! Nebensätze, also Sätze mit umgekehrter Normalwortstellung, sollten niemals mit ›trotzdem‹, sondern mit ›obwohl‹, ›obgleich‹, ›obschon‹, ›wenn auch‹ und so weiter eingeleitet werden. Ihr geliebtes ›trotzdem‹ taugt nur als Auftakt eines Hauptsatzes.«
»Naja, Herr Wuschke, Sie meinen es gut mit mir. Obwohl – werde ich mich nicht danach richten.«

WIEDER ZURÜCK
»Melde mich von Ski-Urlaub wieder zurück, Herr Wuschke!«
»Schön, schön. Aber diesen Wiederrückfall in unangemessene Geredekünste muß ich Ihnen mürrisch ankreiden.«
»›Wieder zurückgekehrt‹ zu sein, das ist für Sie so eine Art Doppellaus, die doppelt gemoppelt auf ihre werte Doppellehre losmarschiert?«
»So ähnlich. Jedenfalls sollten Sie sich in Ihr siebartiges Gedächtnis einprägen, daß ›wieder‹ und ›zurück‹ sinngemäß das gleiche, also aus-

tauschbar sind. Mir genügt es beispielsweise, wenn Sie mir die Ihnen gepumpten dreihundert Mark zurückzahlen oder wiedergeben, wieder zurückzuzahlen brauchen Sie das Geld hingegen nicht.«

»Ha, ha, ha!«

»Sie lachen mich aus, Ihren geduldigen Gläubiger?«

»Nein, Herr Wuschke, ich lache keinesfalls über Ihre wertbeständigen Sprachlektionen, sondern über Ihre Austauschthese und stelle mir vor, die Berliner S-Bahn-Fahrdienstleiter rufen künftig ›Wiedertreten von der Bahnsteigkante, wiederbleiben!‹ In diesem Sinne auf Zurücksehen und Zurückhören, Herr Wuschke, bis zu unserer nächsten Zurückbegegnung!«

DATIVTÜCKEN

»Vom ersten bis zum vierten Fall preist man Herrn Wuschke überall.«

»Hübsch gereimt! Aber zur Sache: Bringen Sie frohe oder betrübliche Botschaft?

»Eher betrübliche, Herr Wuschke. Denken Sie nur: Ich verliere meine Garage. Der Hauswirt hat mich gekündigt.«

»›Mir gekündigt.‹«

»Nicht Sie, sondern mich.«

»Ein Mißverständnis. Ich meine nur, es muß heißen ›mir gekündigt‹, denn ›kündigen‹ wird personenbezogen mit dem Dativ verbunden.«

»Und das schlimmste, Herr Wuschke, ist: Dieser verrückte Mensch wird assistiert von seinem rechtskundigen Sohn, einem Rechtsanwalt.«

»›Ihm‹ wird assistiert, nicht ›er‹.«

»Ihm, oder er ... Jedenfalls hat mich dieser Hauswirt mit seiner Kündigung lange vor Weihnachten ganz schön beschert.«

»›Mir beschert‹, nicht ›mich beschert‹. – Im übrigen weiß ich schon, was ich Ihnen zum nächsten Fest bescheren werde: einen Fallschirm, damit Sie sich auf alle Fälle gut abschirmen können – vor allem gegen falsche Fälle.«

GESCHEHEN

»Gutes Morgengeschehen, Herr Wuschke! Wie ist Ihr wertes Gesundheitsgeschehen?«

»Um ganz im Stil ihres Geisteshaltungsgeschehens zu sprechen: Es geschieht mir gut und recht.«

»Famos reagiert, Herr Wuschke! Oder noch geschehensgemäßer ausgedrückt: Ihr Reaktionsgeschehen ist hervorragend.«

»Genug gefloskelt, mein lieber Schuppenkasper! Ich weiß längst, daß Sportreporter nicht mehr von einem Spiel, sondern vom Spielgeschehen, Städteplaner nicht mehr vom Verkehr, sondern vom Verkehrsgeschehen, und Meteorologen statt vom Wetter lieber vom Wettergeschehen reden.«

»Eigentlich ein amüsantes Perspektivgeschehen, sich vorzustellen, daß Liebe künftig durch Liebesgeschehen und etwa die Post künftig durch eine Art Brief- und Beförderungsgeschehen ersetzt werden.«

»Nur Mut, mein Lieber! Derartige Sprachgewohnheiten sind zum Tode verurteilt. Das lehrt die Geschichte.«

»Genauer, Herr Wuschke: Derartiges Sprachunartgeschehen ist zum Ablebensgeschehen verurteilt. Dies lehrt das Geschichtsgeschehen.«

LÄSTIGE FALLEN

»Wuschke zum Gruß, Herr Wuschke! Hoffentlich fällt Ihnen mein überraschender Geredeschuppenbesuch nicht lästig.«

»Ich weiß nicht, ob meine Meinung über Ihr Auftauchen gewichtig fällt.«

»Ich muß Sie korrigieren, Herr Wuschke. Es heißt ›ins Gewicht fällt‹.«

»Und daß Sie mir mit lästigen Fallen ins Haus fallen, das stört Ihr Sprachempfinden nicht im geringsten?«

»Ach ja, mir geht ein Licht auf, womit ich Ihnen nervlich falle. Natürlich kann man jemandem nicht lästig, sondern allenfalls zur Last fallen oder auf die Nerven, aber keineswegs nervlich.«

»Ich ergänze: Ich kann Ihnen wohl in den Arm fallen, nicht aber ärmlich.«

»Da bin ich ganz sicher, Herr Krösus Wuschke. Wenn mir nur ein Zehntel Ihres Sparkontos zufiele, würde ich vor Freude bestimmt ohnmächtig fallen.«

GEBRAUCHSANWEISUNG

»In höchster Not, Herr Wuschke, und in einer bestimmten Sprachangelegenheit eile ich zu Ihnen. Ich gebrauche dringend ihre Hilfe.«

»Bitte sehr. Aber formulieren Sie Ihre Bitte erstmal in leidlich gutem Deutsch!«

»›Bräuchte‹?«

»Noch schlimmer! Ihr Anliegen also?«

»Sie haben es mit Ihrer unwirschen Reaktion schon getroffen: Wann heißt es ›brauchen‹ und wann ›gebrauchen‹?«

»Entnehmen Sie die Gebrauchsanweisung meinem Beispielsatz: ›Wir brauchen ein entwickeltes Sprachgefühl, um die Sprache richtig und angemessen zu gebrauchen.‹«

»Aha, die Vokabel ›brauchen‹ steht für ›benötigen‹, das Wort ›gebrauchen‹ jedoch für ›verwenden‹. Stimmt's?«

»Ich brauchte – nicht bräuchte – Ihrer Formulierung nichts hinzuzufügen, wenn ich nicht den Wunsch hätte, Sie angesichts ihrer selbstgewonnenen Erkenntnisse zu einem Fläschchen keltertrüben Apfelwein einzuladen.«

»Ich ahne auch, warum, Herr Wuschke. Sie wollen mir bei dieser Gelegenheit die falsch formulierte These entlocken, daß bei keltertrüben Getränken mit dem alten Gebrauch nicht gebrochen werden darf: ›Vor Brauch zu schütteln!‹«

STELLUNGSKRIEG

»Melde mich zur Stelle, Herr Wuschke, mit der Zielstellung, Ihre Einstellung zu folgender Fragestellung …«

»Ich unterbreche Sie wegen Infragestellung der Zulässigkeit derartiger Stellungnahmen.«

»Keine Aufregung wegen meiner unernst gemeinten Wortstellung, Herr Wuschke! Ich wollte Ihren werten Geredeschuppen lediglich um ein paar Blüten bereichern.«

»Um Taubnesseln, wie ich präzisieren muß. In der Tat wird viel zu oft von Zielstellungen, Frage- und Problemstellungen geredet, wenn viele Fragen und Probleme gemeint sind.«

»Da haben Sie selbstverständlich recht, Herr Wuschke. Das Gespräch mit Ihnen war mir wieder mal ein Fest und nicht etwa fälschlich eine Feststellung.«

GRUND UND URSACHE

»Hier bin ich also doch noch, Herr Wuschke. Beinahe hätten Sie Ursache gehabt, meinetwegen den Weg zum Friedhof antreten zu müssen, denn ich hatte einen Autounfall. Und der Grund desselben war, daß …«

»Halt! Kaum haben Sie einen Autounfall glücklich – wie ich sehe – überstanden, laufen Sie Gefahr, erneut, und zwar sprachlich, zu verunglücken.«

»Wieso denn bitte?«

»Erstens hätte ich nicht Ursache, sondern Grund gehabt, zum Friedhof zu pilgern, und zweitens hatte die Autokarambolage vermutlich keinen Grund, sondern eine Ursache.«

»Moment mal! Ich verwende den Grund und die Ursache ganz willkürlich, eben so, wie es hundertprozentigen Synonymen zukommt.«

»Hundertprozentige Synonyme! Also da protestiere ich energisch! Merken Sie sich: Wo es einen Grund gibt, hat immer der Mensch seine Hand – besser: seine Gedanken – im Spiel, Ursachen aber kommen von außerhalb, von den Dingen, auch von den Tieren, jedenfalls von der außermenschlichen Natur und Materie.«

»Reingefallen, Herr Wuschke! Der Autounfall hatte demnach einen Grund, denn es waren Menschen daran beteiligt.«

»Reingefallen, mein Freund! Es waren offensichtlich keine Menschen, die ihre Gedanken im Spiel hatten, sondern gedankenlose Lenkradbanausen.«

RUND UMS RISIKO

»Ich habe, wie von Ihnen angeordnet, brav gezählt während der heutigen Rundfunkfußballreportage: sechsmal ›risikovoll‹ und elfmal ›risikolos‹.«

»Risikolossal, um nicht Risikohl zu sagen.«
»Herr Wuschke, ich habe mich Ihrer Anordnung zwar gefügt, aber so richtig verstehe ich Ihre Abneigung gegen Fremdwörter eigentlich nicht.«
»Nur keine Mißverständnisse, mein getreuer Risikokollege! Ich habe nichts gegen sinnvoll angewandte sinnvolle Fremdwörter. Aber warum muß irgendwas ›risikovoll‹ oder ›risikolos‹ sein, wenn es besser ›gefährlich‹, ›gewagt‹, ›harmlos‹, ›vorsichtig‹ oder meinetwegen ›riskant‹ und ›unriskant‹ sein könnte?«
»Ihre These, Herr Wuschke, erscheint mir etwas riskant.«
»Sie ist vernünftig – sonst nichts. Oder gefällt Ihnen die folgende Modifikation: ›Risikolosigkeit ist die Mutter der Weisheit‹?«
»Riskieren Sie nicht solche Abscheulichkeiten, Herr Wuschke, denn Sie wissen ja: Risikovoll ist's, den Leu zu wecken!«

MACHBAR
»Schöner unser Geredeschuppen, Herr Wuschke, mach mit! Oder sind Sie der Ansicht, dies sei nicht machbar?«
»›Machbar‹ – da haben wir es, mein modetorheitlicher Machiavelli! Heutzutage ist alles mögliche ›machbar‹: das Essen, das Trinken, das Husten, das Lieben und nicht zuletzt das Machen.«
»Das Machbare ist eben eine Macht, Herr Wuschke. Mich wundert's, daß das Machbare nicht auch noch als etwas Zunichtemachbares, Zunutzemachbares, Verächtlichmachbares, Schulden- und Urbarmachbares, Bekanntmachbares und Wehrlosmachbares in Umlauf gerät.«
»Um Gottes willen! Wehren wir uns, daß das Machbare als allzu breitmachbar angesehen wird!«
»Und wie konkret, Herr Wuschke, kann man das Machbare außer Kurs setzen?«
»Indem man Sprache und Stil als etwas Machbares begreift, und zwar als etwas Großreinemachbares!«

WENN SIE SO WOLLEN
»Guten Tag oder, wenn Sie so wollen, hallihallo oder, wenn Sie so wollen, Mahlzeit, Herr Wuschke!«
»Sie sind ein Schlingel oder, wenn Sie so wollen, ein Provokateur! Natürlich versuchen Sie, mit Ihren Redensarten meine Proteste oder, wenn Sie so wollen, meinen Ingrimm herauszufordern.«
»Ja, Herr Wuschke, oder, wenn Sie so wollen, jawohl!«
»Wissen Sie überhaupt, daß die Häufigkeit der Phrase ›Wenn sie so wollen‹ seit 1970 um einhundertsiebenundneunzig Prozent – Sportreporter Wolfhard K. gar nicht mitgerechnet – zugenommen hat?«
»Schlimm, schlimm. Aber, Herr Wuschke, wie läßt sich der Prozentsatz solcher Steigerungsrate eigentlich derart exakt oder, wenn Sie so wollen, präzis bestimmen?«
»Das, mein Lieber, ist mein, wenn Sie so wollen, Geheimnis, das zu verraten ich mich hüten werde.«
»Bitte! Wenn Sie so wollen!«
»Ich will. Auch wenn Sie so schmollen.«

AUF DEUTSCH UND WIE MAN SO SCHÖN SAGT
»Einen wunderschönen guten Morgen, wie man so schön sagt, Herr Wuschke! Muß Ihnen doch schwergefallen sein, nach durchzechter Nacht Ihren auf Deutsch gesagt müden Leichnam aus der Falle zu locken, wie man so schön sagt.«
»Sie sind ein Dämlack – auf Deutsch gesagt.«
»Und Sie ein, wie man so schön sagt, Wuschkote!«
»Wenigstens eine Ihrer charmanten Eimalbildungen. Bravo. Ist Ihnen übrigens aufgefallen, daß diese geisttötenden Phrasen ›Wie man so schön sagt‹ und ›Auf Deutsch gesagt‹ justament immer dann im Schwange sind, wenn abgedroschenes Zeug geredet wird, wenn billige Klischees gehandelt werden?«
»Und, Herr Wuschke, wenn ein tatsächlicher oder vermeintlicher Kraftausdruck abgeschwächt werden soll. Mancher traut sich eben nicht, einen Ochsen einen Ochsen zu nennen, höchstens einen Ochsen auf Deutsch gesagt.«
»Das haben Sie schön gesagt, wie man so schön sagt.«
»Danke für die Blumen, Herr Wuschke, oder scheen Dangk fier de Bliemchen – auf Sächsisch gesagt.«

BEKÖMMLICHES UND UNBEKÖMMLICHES

»Wohl bekomm's, Herr Wuschke! Sie haben einen Orden verliehen bekommen?«

»Haben Sie das im Rundfunk angesagt bekommen, oder bekommen Sie es auf andere Weise mitgeteilt?«

»Was Sie da formulieren, ist ja völlig unbekömmlich, Herr Wuschke.«

»Mag sein. Ich wollte Sie nur mal so spaßeshalber auf der von Ihnen eingeschlagenen Sprachfährte begleiten. Was heutzutage so alles bekommen wird, geht auf keine Kuhhaut.«

»Schon gut, Herr Wuschke. Ich habe, wie ich spüre, mal wieder eine tüchtige Lektion von Ihnen erhalten bekommen.«

»Sagen Sie doch gleich: eine Lektion bekommen bekommen.«

»Oder in richtigem Deutsch: Mir wurde mal wieder eine Lektion erteilt.«

»Brav, mein geredseliger Freund! Und was den Orden betrifft: Ich bekam ihn nicht verliehen.«

»Nein?«

»Er wurde mir verliehen.«

AUSTAUSCHGESCHÄFTE

»Frohes Schaffen, Herr Wuschke! Störe ich Sie bei der Arbeit? Wie dem auch sei: Ich mußte ganz einfach zu Ihnen eilen, denn es drängte mich, mich mit Ihnen auszutauschen.«

»Ich denke nicht daran!«

»Nein? Warum so unwirsch, Herr Wuschke? Glauben nicht auch Sie, daß es ersprießlich ist, sich ehrlich auszutauschen?«

»Dies, mein lieber Kompensationsexperte, glaube ich keineswegs. Ich möchte im Gegenteil viel lieber bleiben, wer ich bin, und mich nicht in Sie, meinen geredlichen Freund, verwandeln.«

»Aber Herr Wuschke! Sie sind spitzfindig! Ich hatte doch gemeint, es sei nützlich, Meinungen und Ansichten auszutauschen.«

»Gesagt haben Sie aber etwas ganz anderes. Nun, ich will nicht nachtragend sein, sondern Ihnen einen reellen Tauschhandel vorschlagen.«

»Welchen, Herr Wuschke?«

»Stellen Sie Ihr heutiges Gerede meinem musealen Geredeschuppen zur Verfügung.«

»Und was bekomme ich im Tausch dafür?«

»Eine alte Harke aus meinem Geredeschuppen.«

»Und was soll ich mit einer alten Harke?«

»Die können Sie gut gebrauchen. Sie hat einen guten Stil.«

BRAUCHEN OHNE ZU

»Guten Sonntag, Herr Wuschke! Sie brauchen mir die Tür nicht extra öffnen und mich nicht in Ihren Geredeschuppen einlassen. Ich muß sowieso gleich weiter.«

»Ihre Redeweise verrät mir, daß Sie auf meinen zornigen Widerspruch spekulieren, aber ich gehe Ihnen nicht auf den Leim. Sie wissen genauso gut wie ich, daß es unkorrekt ist, das Tätigkeitswort Brauchen ohne ZU zu gebrauchen, denn wie schon der Volksmund sagt: ›Wer brauchen ohne ZU gebraucht, braucht brauchen überhaupt nicht zu gebrauchen.‹«

»Reingefallen, Herr Wuschke! Brauchen ohne ZU ist nach dem neuen Duden offiziell erlaubt.«

»So? Haben Sie nachgesehen?«

»Nicht direkt, aber …«

»Stammeln Sie nicht wie ein verdutzter Geredeschuppenkarpfen! Die Auffassung, der Duden sei eine Art Sprachbehörde, die irgend etwas dekretieren könne, ist zwar weitverbreitet, aber naiv. Der Duden ist nichts anderes als der Versuch einer Verallgemeinerung lebendiger Sprache.«

»Aber gerade deswegen, Herr Wuschke, sollte man Brauchen ohne ZU gebrauchen dürfen. Ich kenne viele Leute, die das ZU ablehnen.«

»Viele Leute. Mag sein. Gegenwärtig hat brauchen mit ZU jedenfalls eindeutig das Übergewicht – in der Umgangssprache, in der Presse, in der Literatur. Vertagen wir das Brauchen ohne ZU auf einen späteren Zeitpunkt. Einverstanden?«

»Einverstanden, Herr Wuschke. Ich bin vernünftig. Sie brauchen auf mich nicht mit Stengelszungen einreden!«

DIE ÜBERWIEGENDE MEHRZAHL

»Weidmanns Heil, Herr Wuschke! Die überwiegende Mehrzahl meiner Urlaubsschnappschüsse waren Volltreffer! Da sind Sie platt, wie?«

»Nicht platt, sondern mürrisch.«

»Sie sind ein Mißgünstling, Herr Wuschke. Warum freuen Sie sich nicht mit mir?«

»Wie sollte ich mich über die Platitüde einer überwiegenden Mehrzahl freuen?«

»Platitüde? Wenigstens drei Viertel meiner Fotos sind messerscharf gelungen, und so was nennen Sie Platitüde!«
»Entschuldigen Sie! Ich sollte diese Platitüde wohl präziser Sprachtorheit nennen, denn erstens ist Mehrzahl nicht Mehrheit, und zweitens gehört das Überwiegen zur Natur von Mehrheiten. Jede Mehrheit, auch die winzigste, ist eine überwiegende Mehrheit.«
»Ich wollte eben ausdrücken, daß ...«
»Ach, hätten Sie doch! Da Sie's aber nicht taten, formuliere ich ausnahmsweise mal selber die Nachricht von Ihrem Überwiegenfest: ›Die überwiegende Anzahl oder die große Mehrheit meiner Urlaubsschnappschüsse waren Volltreffer‹!«
»Ihre auch, Herr Wuschke? Da gratuliere ich Ihnen als der körperlich Schwerere von uns beiden mit überwiegendem Mehrgewicht!«

DRAUF UND DRAN
»Guten Abend, Herr Wuschke!«
»Halblang, mein Lieber. Es ist früher Nachmittag, und Sie provozieren den Abend!«
»Da kommt es aber gar nicht drauf an, Herr Wuschke. An so was, da stört sich doch kein Mensch dran, denn da denkt sich niemand etwas bei, wenn ich da ein bißchen nebenschieße.«
»Mit diesem Geredeschwall haben Sie sich sprachlich disqualifiziert. Trennung und Doppelung untrennbarer Adverbien sind ein weitverbreitetes Übel. Deshalb antworte ich Ihnen mit korrigiertem Echo: Darauf kommt es aber gar nicht an. An so was stört sich doch kein Mensch, denn niemand denkt sich etwas dabei, wenn ich ein bißchen danebenschieße.«
»Bravo, Herr Wuschke, für diese hilfreiche Lektion. Da kann ich viel mit anfangen. Sie können ganz sicher sein, daß ich da die richtige Lehre draus ziehe. Da verwette ich meinen Kopf für.«
»Lieber nicht. Sprachlos sind Sie mir immer noch ein Quentchen lieber als kopflos.«

Ein Gespräch Willi Wuschkes mit Konrad Duden

Duden: *Da sind Sie ja leibhaftig, Herr Wuschke! Ich dachte immer, es gibt oder gab Sie nur als erdichtete Person in der Zeitschrift »Eulenspiegel«.*
Wuschke: Nun ja, Herr Duden, tatsächlich gibt es mich auch nicht in Wirklichkeit. Aber für eine Plauderei trete ich ganz gern mal an die Öffentlichkeit. Sie übrigens, Herr Duden, sind schließlich genausowenig lebendig wie ich, denn Sie wurden vor hundertfünfzig Jahren geboren, und 1911 ist Ihr Todesjahr.
Duden: *Stimmt schon. Die rechte Ruhe auf dem Friedhof finde ich freilich nicht. Sie glauben ja gar nicht, wie oft ich mich erschrocken im Grabe umdrehe, wenn ich die Leute so reden höre.*
Wuschke: Das glaube ich Ihnen aufs Wort! Einer, der sich wie Sie als Schreib- und Sprachgelehrter lebenslang bemüht hat, gutes Deutsch zu lehren, muß zählebigen Sündern und Sünden gegenüber besonders empfindlich sein.
Duden: *Dabei bin ich niemals kleinlich gewesen. Ich fühlte mich zu keiner Zeit als eine Art Wortwäscherei oder Sprachreinigungsanstalt. Ich war lediglich für das Vernünftige. Ich wollte*

nicht mehr und nicht weniger als die Erhaltung der Schönheit und Zweckmäßigkeit beim Sprechen und Schreiben unserer Muttersprache.

Wuschke: Leider hat sich eine Ihrer Forderungen, Herr Duden, nämlich die Forderung, die Wörter klanglich zu schreiben, bis zum heutigen Tag nicht durchgesetzt. Zwar gibt es längst mehr Fotografen als Photographen, aber der Philologe und Philosoph Konrad Duden darf noch immer nicht Filologe und Filosof sein.

***Duden:** Meine Bemühungen um eine einheitliche und vernünftige Rechtschreibung haben immerhin dazu geführt, daß sich jedermann, auch das Schulkind, nach dem Duden richten muß, wenn der geschriebene Brief, der Zeitungsartikel oder der Schulaufsatz fehlerfrei sein sollen.*

Wuschke: Fehlerfrei – was die Rechtschreibung betrifft. Buchstäblich richtiges Schreiben ist aber nur der Anfang, nur die Grundlage des Deutschunterrichts. Am wichtigsten für den Schüler und gewiß auch für den Erwachsenen ist beim sprachlichen und schriftlichen Umgang mit dem Wort der Stil.

***Duden:** So ist es, Herr Wuschke. Einheitliche Schreibung ist so nötig wie die Festlegung verbindlicher Vorschriften im Straßenverkehr. Gutes Deutsch ist jedoch eine viel größere Kunst als die bloße Beherrschung von Rechtschreibregeln.*

Wuschke: Sie sprachen mir aus dem Herzen, Herr Duden, als sie vorhin sagten, Sie seien nie Wortwäscherei oder Sprachreinigungsanstalt gewesen. Man darf Schüler, glaube ich, nicht zu streng behandeln, wenn sie sich sprachlich verbessern sollen.

***Duden:** Die Lust am ungehemmten, scheuklappenfreien Formulieren – dies gilt sowohl fürs Mündliche als auch fürs Schriftliche – ist im Deutschunterricht am wichtigsten. Ein guter Lehrer öffnet dem Schüler weite Spielräume, Sprachspielräume, Wortspielräume, und korrigiert behutsam.*

Wuschke: Sie sind also der Ansicht, daß guter Sprachstil nicht zu trennen ist von einer ganz persönlichen Ausdrucksweise?

***Duden:** Ja. Man kann die Sprache nicht über einen Leisten hauen. In der Sprache müssen sich Charakter, Geschmack und Phantasie jedes einzelnen spiegeln.*

Wuschke: Könnten Sie Ihren Freunden den einen oder anderen Tip für die Praxis geben, Herr Duden?

***Duden:** Zwei Hinweise erscheinen mir besonders dringlich: Wer gutes Deutsch anstrebt, sollte Schwulst und Doppelungen vermeiden. Klare und knappe Formulierungen sind die beste Medizin gegen Stilrheumatismus und Sprachkatarrh.*

Wuschke: Schlimm ist das phrasenhafte Herumgerede ganz bestimmt, Herr Duden, und mit den Doppelungen sieht es weit und breit nicht viel besser aus: Da wird neu renoviert, vorausgeahnt, ein falsches Gerücht aufgetischt, noch einmal wiederholt, die überwiegende Mehrheit (oder gar Mehrzahl) in Umlauf gebracht, bereits schon einmal betont und…

***Duden:** Beispiele für schlechtes Deutsch gibt es leider in Fülle. Mögen Ihre Bemühungen dazu beitragen, einen Anstoß zum besseren Umgang mit der Sprache zu geben.*

Wuschke: Das wünsche ich Ihnen und uns allen, Herr Duden, damit Sie fast ein Dreivierteljahrhundert nach Ihrem Ableben endlich die längst verdiente Grabesruhe finden.

Willi Wuschkes Wischiwaschsalon

GANZ

»Guten Tag, lieber Herr Wuschke. Ich mußte heute mal wieder zu Ihnen wandern, denn das Wetter ist ganz gut.«

»Ganz gut? Ich finde es prächtig, also mindestens sehr gut.«

»Sagte ich etwas anderes? Ganz – das ist in meinen Augen und Ohren ein Signal höchster Steigerung: ganz vorzüglich, ganz ausgezeichnet, ganz hervorragend, ganz einmalig ...«

»Ich gebe zu, daß Ihre Beispielsammlung verblüfft. Nur leider haben Sie eine Merkwürdigkeit im Deutschen übersehen. Der Sinn des Wörtleins ›ganz‹ ist janusköpfig, es hat einerseits vermindernden Charakter, andererseits steigernde Wirkung.«

»Das eine wie das andere?«

»Zum Glück nicht. Merken Sie sich die Faustregel: Ob durch das vorangestellte ›ganz‹ ein Aufstiegs- oder ein Abstiegseffekt eintritt, hängt von der Wertsubstanz des Eigenschaftswortes ab. Einfache, weder formal noch real gesteigerte Eigenschaftswörter werden durch ›ganz‹ meistens noch eine Spur geringfügiger: ganz gut, ganz ordentlich, ganz hübsch ...«

»Ich verstehe, Herr Wuschke! Und hochgestochene Eigenschaftswörter gewinnen durch ›ganz‹ noch an Wert: ganz phantastisch, ganz enorm, ganz phänomenal ...«

»Ganz toll, mein Lieber, wie Sie mir zu folgen vermögen!«

»Ganz und gar! Kein Wunder bei diesem ganz exzellenten Lehrer! Ganz Paris träumt von der Liebe, aber der Rest der Welt träumt von Herrn Wuschke.«

DER FAMILIÄRE GENITIV

»Vielmals Entschuldigung, Herr Wuschke. Aber die gestrige Verabredung konnte ich leider nicht befolgen, weil meinem Urgroßvater sein Sohn seine Nichte plötzlich als Besucherin bei mir auftauchte.«

»Die Nachricht nehme ich ernst, nicht jedoch diese sonderbare Formulierung. Sie sprechen doch sonst ein vernünftiges Deutsch.«

»Schön, daß Sie das sagen. Ähnliches hat schon meiner Schwester ihr Mann gesagt.«

»Nun werde ich nachdenklich. Vermuten Sie tatsächlich, daß Sie sich korrekt ausdrücken?«

»Ich vermute es nicht nur. Ich weiß es. Schon meinem Deutschlehrer sein wiederholter Hinweis, daß ich beim Formulieren an das Niveau von Duden seiner Sprachgenauigkeit heranreiche, bestätigte das.«

»Meinetwegen. Damit Sie aber nicht lebenslang in stilistische Dunkelheit versinken, teile ich Ihnen mit: Es heißt ›Meines Vaters Sohn‹, nicht ›Meinem Vater sein Sohn‹. Man sagt ›Der Ehemann meiner Tante‹, nicht ›Meiner Tante ihr Ehemann‹. Verwandtschaften solcher Grausligkeit sollten Sie vergessen.«

»Wie könnte ich auf Anhieb vergessen! Immerhin leide ich als Jüngling nicht an der Arteriosklerose von meiner Kusine ihrem Großvater!«

DAS ÜBERFLÜSSIGE BE

»Also, Herr Wuschke, die Überschrift Ihres heutigen Wischiwaschsalons läßt mich argwöhnen, daß Sie eine Abneigung gegen das Berliner Ensemble haben.«

»Dunkel ist Ihrer Rede Unsinn.«

»Nun, es ist da vom überflüssigen BE die Rede. Was also haben Sie am Schiffbauerdamm-Theater auszusetzen?«

»Jetzt verstehe ich. Sie hingegen mißverstehen. Ich wehre mich keinesfalls gegen das ruhmreiche Berliner Ensemble, sondern gegen ein BE anderer Art.«

»Was diese Ihre Antwort anbelangt ...«

»Das ist es: anbelangt! Lassen Sie das BE weg, und schon sind Sie auf dem richtigen sprachlichen Kurs.«

»Na schön. Was Ihre Antwort anlangt, so finde ich es sehr wohltuend, daß Sie genauso wie ich das Berliner Ensemble zu schätzen wissen, denn viele Inszenierungen dieses Theaters sind, finde ich, atemberaubend.«

»Ohne BE gewiß: atemraubend.«

»Man hört und liest aber allüberall: atemberaubend.«

»Das Wort ist trotzdem falsch.«

»Immer wieder verblüffend, wie Sie, Herr Wuschke, sprachlichen Mißbildungen auf der Spur sind und dadurch die Bildung befördern.«

»Fördern, mein Lieber, fördern! Dieses Fördern mit vorgespanntem BE ist ein Transportunternehmen. Fördern aber bedeutet Körper, Geist und Seele beflügeln.«

»Herr Wuschke, von heute an sind Sie für mich

ein BE, und ich denke nicht im Traum daran, dieses BE für überflüssig zu halten: Sie sind ein brillanter Erzieher!«

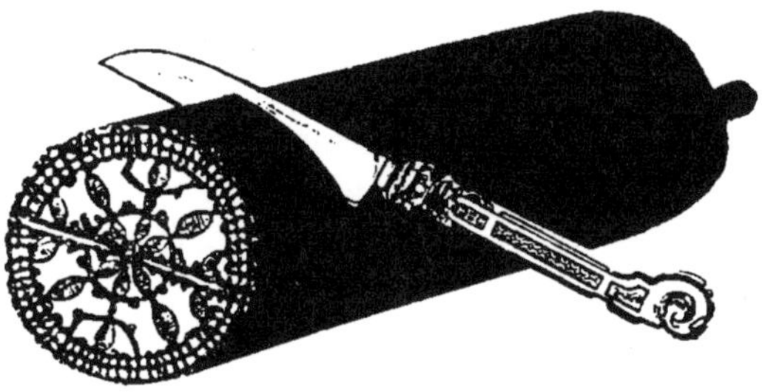

Wortadella

LEERBEISPIELE

Ich stemme mich weder um Gottes noch um Dudens willen gegen den Redefluß aktueller wortbedeutungswendehalsbrecherischer Zeitgenossen. Nichts ist mehr, wie es einmal war. Das gilt auch für das weite Feld der Semantik (Wortbedeutungslehre). Nur weil ich Spaß habe an (mitunter kuriosen) Sinnverschiebungen bei alltäglichen Wörtern, lege ich heute diese unvollständige Liste von mir registrierter Vokabel-Neudeutungen vor: RASANT war früher »flach verlaufend, gestreckt (bei der Flugbahn von Geschossen)«. Heute steht RASANT für rasend, fetzend und super. Wenn früher einer sagte, er habe einen Film gedreht, war jener Regisseur oder Kameramann. Heute dreht den Film auch der Kleindarsteller. Und der Lampenhalter. Und der Kulissenschieber. Auch wird in den Studios und auf den Bühnen nicht mehr geprobt, sondern probiert. Ein Kurs war früher Piloten und Rudergängern vorbehalten. Neuerdings ist jeglicher Kursus zum Kurs degeneriert. Und schließlich: EVAKUIERT (entleert) wurden dereinst Territorien, Städte, Häuser. Inzwischen ist es Usus geworden, hochwassergeschädigte, feuersbrunst- und erdbebenbedrohte Menschen leerzumachen, nun ja, zu evakuieren. Ehrlich gesagt – nein: Hier liegt kein Bedeutungswandel vor. EHRLICH GESAGT bedeutete schon immer RUNDHERAUSGESAGT, UNVERBLÜMT und IM KLARTEXT GESPROCHEN. Ehrlichkeit war und ist bei dieser Floskel nicht Bedingung.

GUMMIJAHRE

Man muß es wieder und wieder hören oder lesen: »Lange Jahre war der Verstorbene hochgeschätzter Mitarbeiter unserer Firma!« »Wir waren lange Jahre befreundet« oder »Ich habe an meinem Romanzyklus lange Jahre geschrieben«. Was eigentlich sind »lange Jahre«? Sind es nach erster Vermutung verlängerte Jahre, also Jahre mit 368, 414 oder 899 Tagen? Das kann doch wohl nicht sein! Alle Jahre sind 365 (oder in Schaltjahren 366) Tage lang, und insofern ist es töricht, von langen oder vielleicht demnächst auch von kurzen Jahren zu sprechen. Allerdings: Fürs Gefühl können Jahre sehr wohl lang als kurz sein, doch jedenfalls nur dann, wenn man ihre Anzahl beim Namen nennt. So kann selbstverständlich der Häftling von »sieben langen Jahren« Gefangenschaft und der schnellebige Playboy von »zehn kurzen Sturm- und Drangjahren« sprechen. Fazit: Zeitlich nicht fixierte lange oder kurze Jahre gibt es nicht, wohl aber fünf, sechs, zehn, fünfzig oder siebzig lange (oder kurze) Jahre.

SPRECHGEDANKE

Zum hundertundelften Mal hörte ich einen Frühstücksfernseh-Moderator sagen: »Bereits schon …«, und sogar die verquere Floskel »meistens immer« feierte ein rundes Jubiläum. Jede Wette: Wer »meistens immer« sagt, dem sind auch »ein bißchen sehr« oder »fast manchmal« zuzutrauen. Sprachphilosophen und Sprachwissenschaftler haben herausgefunden, daß Sprache Denken ist. Hört man nur einen einzigen Vormittag lang in einen x-beliebigen Rundfunksender rein, muß man argwöhnen, daß bei den artikulierten Texten durchaus nicht immer ein Gedanke im Spiel ist. Da wimmelt es von Tautologien und Pleonasmen: Das Eldorado (statt Dorado), vorausahnen (statt ahnen), rückbesinnen (statt besinnen), optimalst (statt optimal), Rückstau (statt Stau), herabmindern (statt vermindern), Zukunftsprognose (statt Prognose), sachkompetent (statt kompetent) und so weiter. Sogar regional (leider) übliche Falsifikate werden hochsprachlich mißbraucht: »Ich habe noch zwei Flaschen Burgunder im Keller zu liegen« und »Ohne dem gehts nicht«. Sorgen wir dafür, daß Sprache Denken bleibt und nicht zur Gedankenlosigkeit verkümmert.

FALLSTRICKE

Am 12. Juli las ich in einer Berliner Zeitung: »Der Gang durchs Brandenburger Tor, dem Symbol der deutschen Teilung ...« Wie denn? Wieso hat der Verfasser dieses Satzes einen verschollen geglaubten Kasus, nämlich den Akkudativ, reanimiert? Sie merken: Was ich sage, ist blanke Ironie. Das Gebot der Kasus-Übereinstimmung zwischen Hauptsatz und Apposition sollte beachtet werden – es sei denn, daß wir uns für den Appositions-Joker, den Nominativ, entscheiden. Unser Satz muß also richtig lauten: »Der Gang durchs Brandenburger Tor, das Symbol der deutschen Teilung.« Weil in unserem Beispielsatz Appositions-Nominativ und -Akkusativ identisch sind, möge ein einleuchtender Satz als Exempel dienen. Richtig: »Der Gang über den Alex, den Platz mit Jahrhunderttradition« oder »Der Gang über den Alex, der Platz mit Jahrhunderttradition.« Falsch: »Der Gang über den Alex, des Platzes mit Jahrhunderttradition« oder »Der Gang über den Alex, dem Platz mit Jahrhunderttradition.« Begriffen? Am besten: Noch mal lesen!

Fragment

Was ist die Frage?

Die Frage ist erstens ein Maulwurfshügel. Sie wird aufgeworfen.

Die Frage ist zweitens eine Patientin. Sie wird untersucht und behandelt.

Die Frage ist drittens eine schmutzige Dederonbluse. Sie wird durchgezogen.

Die Frage ist viertens eine Käsetorte. Sie wird angeschnitten.

Die Frage ist fünftens ein Nietnagel. Sie wird angerissen.

Die Frage ist sechstens ein Fahrradschlauch. Sie wird ventiliert.

Die Frage ist siebentens das nächtliche Schaufenster eines Exquisitladens. Sie wird beleuchtet.

Die Frage ist achtens eine Neulandfläche. Sie wird durchgeackert.

Die Frage ist neuntens eine Weihnachtsüberraschung. Sie wird auf den Tisch gepackt.

Die Frage ist zehntens eine ambulante Dame. Sie wird konkret angesprochen.

Die Frage ist elftens eine von der Polizei verfolgte Taschendiebin. Sie wird gestellt.

Und die Frage ist zwölftens mitunter auch eine Unglücksweiche. Sie wird falsch gestellt.

Was aber ist die Frage nicht?

Die Frage ist keine Bierleiche; denn sie schwankt nicht, und sie strauchelt nicht. Die Frage steht.

Gedichte IV

Hansgeorg Stengel
Menschen
Macken
Monumente
REIHER BÜCHER

Das sechzehnte Kapitel enthält eine Auswahl aus Hansgeorg Stengels Gedichtband »Menschen, Macken, Monumente« (1991).

Ruhm und Ehre

Weil Helmut Vietz als Mann und Ehegatte
beim Kaffeeschlürfen einen Einfall hatte,
spricht alle Welt von Peking bis Paris
vom Lichtblick eines Exquisit-Genies.

Respektvoll äußern sich die höchsten Kreise,
es hagelt Partys, Ehrensalven, Preise,
Audienzen, Reportagen – und der Clou:
Zwei Seiten Lob für Vietz in »Who is who?«

Er, Helmut Vietz, wird, wie die Dinge liegen,
im Todesfall ein Staatsbegräbnis kriegen.
Die Menschheit trauert. Von Frau Ulla Vietz,
der Kaffeeköchin, nimmt kein Mensch Notiz.

Weihnachtsmänner

Ein Glückspilz ist, wer von sich sagen kann:
»Ich war der erste deutsche Weihnachtsmann
mit Rute und Kapuze, Sack und Bart,
Spendierbaron auf großer Schlittenfahrt.«

Der erste Weihnachtsmann war nur ein Test,
ein neues Element zum Weihnachtsfest,
Geschenkvermittler und Erziehungszweck:
ein Tugendpreis und Bösekinderschreck.

Längst schwoll der Testfall an in unserm Land
zum Weihnachtsmann-Millionendachverband.
Ein Weihnachtsmann zu sein ist keine Schmach
- erst nach dem dritten Weihnachtstag.

Harzer Käse

Die hoch- und höchstbegehrte Handelsware,
auf die ich reineweg versessen bin,
sie stinkt schon mehr als hunderttausend Jahre,
im Harz, global und kosmisch vor sich hin.

Man kann die Köstlichkeit mit Butter essen,
mit Griebenschmalz bestrichen oder pur.
Doch prinzipiell mit Harzer nicht zu messen
sind Schweizer Käse, Quark und Romadour.

Wenn Harzer plötzlich aus der Mode käme –
ich reagierte wie fast jedermann:
Nicht, daß ich mir sofort das Leben nähme,
doch seufzen würde ich, weil ich mich gräme,
erzürnt und käsebleich: »Das stinkt mich an!«

Wellensittichs Aus-Flug

Kam ein Vogel geflogen,
grünlichbläulichtürkis.
Staunten Ornithologen:
Was fürn Piepmatz ist dies?

Ist kein Stieglitz, ist kein Häher,
trägt exotisches Gewand.
Nein, dies ist kein Europäer,
ganz gewiß ein Immigrant.

Flieg nach Hause, kleiner Sittich,
bist nicht pfiffig wie ein Spatz.
Duck dich unter Omas Fittich,
denn sonst frißt dich Nachbars Katz.

Maßeinheit Tucho

Wie heißt die Maßeinheit für die Satire?
Wie mißt man ihren Wert und ihr Gewicht?
Ein solches Maß, Satire-Kanoniere,
das gibt es, leider, offiziell noch nicht.

Drum drängt es mich, das Tucho vorzuschlagen
als Optimum satirischer Potenz.
Ein Zehntel Tucho wäre sozusagen
der Paukenschlag des schreibenden Talents.

Noch fehlt zur Zeit uns freilich ein konkreter
Meßapparat mit Skala eins bis acht.
Es fehlt uns das Satire-Tuchometer,
das dieses Sinngedicht zur Schnecke macht.

Karikaturist Henry Büttner

Oft sehen Büttner-Typen aus,
als ob sie Muffel heißen.
Sie scheinen in ein Bienenhaus
und auf Granit zu beißen.

Doch gleicht der Schöpfer nicht dem Bild:
Er strapaziert stets echt sich,
charmant zu sein und fröhlich-mild,
und wird bald dreiundsechzig.

Nein, Büttner ist kein Menschenfeind.
Ihm sitzt der Schalk im Nacken.
H. B. verschlüsselt, was er meint:
Ein guter Mensch hat Macken!

Bei Büttner rücken dicht an dicht
das Ernstsein und das Flachsen.
Verschmäht den Philosophen nicht
aus Wittgensdorf in Sachsen!

Lukian

Er lauschte den Gesprächen der Hetären.
Er hörte Toten beim Gemurmel zu
und stand mit den Verfassern von Affären
im Himmel und im Staat auf du und du.

Das war vor reichlich achtzehnhundert Jahren.
Doch heutzutage fällt's den Spöttern schwer,
den Göttern frech ans Fahrgestell zu fahren,
denn Götter gibt es eigentlich nicht mehr.

Mit Dankbarkeit empfinden drum Poeten
(obwohl mitunter Ignoranz verstimmt),
daß eine Clique von Regierungsräten,
die quasi Götter irdisch stellvertreten,
von Kabarettbesuchen Abstand nimmt.

Halles Größter: G. F. H.

Seit rundgerechnet hundertdreißig Jahren
steht Händels Monument auf Halles Markt.
Das Denkmal trotzte Erosionsgefahren
sowie Sklerose, Gicht und Herzinfarkt.

Von vierzig Opern war er der Verfasser.
Kein Fachmann kennt der andren Werke Zahl.
Nicht mal das Volk und Feuerwerk und Wasser
erschienen Georg Friedrich zu banal.

Nun ist er restauriert, der Georg Friedrich,
und blickend auf das Händel-Konterfei
schätzt ihn der Laie epochal zu niedrig:
Als Händel starb, kroch Schiller aus dem Ei.

O nein, Curt Goetz, dein Urteil über Halle
war dünkelhaft, sardonisch und kokett.
Ein Weltgenie, das Händel war, macht alle
partiellen Macken an der Saale wett.

Anmerkung: Curt Goetz, der seine Kindheit in Halle verlebte, rühmte einzig den dortigen Bahnhof: Er sei geeignet, der Stadt zu entkommen.

Sieg der arabischen über die römischen Ziffern

Als Rom noch Lieferant von Ziffern war,
zog man in Liebesbriefen andre Schlüsse:
Arabisch küßte sich kein Liebespaar.
Man schickte M (nicht etwa 1000) Küsse.

Zwar war schon einst der Himmel liebesweit
bezeichnet durch die Ordnungszahl von sieben,
doch wurde sie zur Römerziffernzeit
spezifisch VII (und mit Punkt) geschrieben.

»Gib VIII!« beschrieb man damals den Reflex
aus Kriemhilds Mund, wenn der gezinkte Gatte
(genauer: der Geliebte) sich beim VI
korrekter VIIIsamkeit entledigt hatte.

Ansonsten war die Menschheit damals klug
und metaphorisch firm wie heutzutage.
Auch wenn es schepperte und XIII schlug,
empfand kein Mensch den Schlag als
Zeitansage.

Auf den Busch geklopft

Ach, Wilhelm Busch, du bist zu gut gewesen!
In alle Ewigkeit will jedermann
betrachten und mit Feuereifer lesen,
was dein Gehirn an Bild und Text ersann.

Verdrossen spüren komische Autoren,
daß ihnen Busch auf deutschem Sprachgebiet
mit Fips und Max und Moritz unverfroren
Verkaufserlös und Sympathie entzieht.

So sehr beherrscht der Jubilar die Szene,
daß mit dem Witwe-Bolte-Sauerkraut,
mit Maler Klecksel, Julchen und Helene
sich niemand mehr zu konkurrieren traut.

Sein Bilderbogen lächelt zwinkernd weiter.
Sein Buschwerk steht im Saft, es grünt und
grient,
denn alles, was uns weise macht und heiter,
hat Ehre und Unsterblichkeit verdient.

Blauer Dunst

Des Rauchers Zugzwang läßt sich schwerlich
fassen.
Ein möglicher plausibler Grund ist der:
Die Jünger Ecksteins können es nicht lassen,
denn aufzuhören ist verteufelt schwer.

Sie qualmten alle: Shakespeare, Rembrandt,
Hegel,
Tschaikowski, Tamerlan, Theoderich
und könnten, nikotinbefreit, noch kregel,
gesund und quicklebendig sein wie ich.

Kein Zweifel: Zigaretten sind zu billig
und fast riskant wie Schlangenbiß und Pest.
Der Staat jedoch, nicht preiserhöhungswillig,
hält an kulanten Tabakpreisen fest.

Breit ist das Lungenbrötchenangebot.
Schmal ist der Rastplatz nach dem Rauchertod.

Kurze Biographie der Liegemöbel

»Hier liege ich, ich kann nicht anders, amen!«
So referierte Martin Luther nie.
Die Renaissance war noch zu schwach als
Rahmen
der Polsterliegenmöbelindustrie.

Der Diwan war soeben erst erfunden.
Das Kanapee galt nicht als Amulett.
Der Mensch verbrachte alle Mußestunden,
die waagerecht gewesen sind, im Bett.

Von Sofa oder Couch war nie die Rede.
Auch Tell saß nur auf einer Bank von Stein
und sparte als Asket und Volksheld jede
Verherrlichung von Ottomanen ein.

Die Schäselong als Inbegriff der Liege
erfocht erst zirka vor Jahrhundertfrist
mit dem Verwaltungsfortschritt große Siege,
dem der Büroschlaf zu verdanken ist.

Ist der Ofen aus?

Verachtet mir die Kachelöfen nicht,
weil ohne Kachelöfen-Atmosphäre
das Leben abgekühlt wie Neonlicht
und unromantisch wie ein Stellwerk wäre.

Wo Ferngewärmte Nostalgie befällt
und Urgroßväter pfeifeschmauchend hocken,
bemüht sich die zentralbeheizte Welt
vergeblich, Mops und Spitz hervorzulocken.

Raubst du das Weinfaß dem Diogenes
und fürchtest du den Zorn des Philosophen,
zeig dich als Diplomat beim Strafprozeß:
Spendier dem Kläger einen Kachelofen.

Seismographen

Seis oder nicht Seis – das ist hier die Frage.
Du atmest tief. Die Skala zeigt es an.
Ja, es ist Wirklichkeit und keine Sage,
daß ich dein Herz laut schlagen sehen kann.

Sogar das leise Zittern deiner Hände
springt zu mir über kilometerweit.
Der Seismograph in meiner Hand spricht
   Bände:
Du bist Modell der Quicklebendigkeit.

Sensible Technik fühlt: Du bist am Leben.
Getrost und heiter stimmt mich der Bericht.
Mein Kind, du sollst noch viele Jahre beben,
doch Mutter Erde soll es lieber nicht.

Pastor Sebastian Kneipp

Er hieß gefährlich ähnlich wie die Stätte,
wo Falstaff regelmäßig und beschwingt
sein Leben und – sofern er den noch hätte –
den Lebensabend um die Ecke bringt.

Dem Gottesmann war Kneipendunst zuwider.
Hoch rühmte Kneipp das Wasser, nicht das Bier,
sang Wander-, Jäger-, Sport- und Müllerlieder
und nie »Im tiefen Keller sitz ich hier!«

Wohl dem, der auf des Pastors feuchten Spuren
dem Körper und der Seele und dem Geist
und der Idee und Praxis Kneippscher Kuren
mit tausend Güssen Reverenz erweist.

Edison und der Phonograph

Brahms lebte noch. Vor seinem Tod begann
globaler Siegeslauf des Phonographen.
Rotierend rühmten Walzen jenen Mann,
der die gespeicherte Musik ersann,
mit Edisongs aus Quinten und Oktaven.

Statt dem, was damals technisch unbeleckt
erklang, als ob's um Lärmerzeugnis ginge,
empfehlen sich, pedantisch abgeschmeckt,
beklemmend ausgetüftelt und perfekt
die Top-CDs, die kleinen Silberlinge.

Ich träume, wenn mich schriller Sound umfängt,
als ein auf Stille orientierter Dichter,
der sich am liebsten in sich selbst versenkt
und der sich nie zur Disko-Theke drängt,
vom guten alten Grammophon mit Trichter.

Natur und Kunst

150 Jahre nach Johann Wolfgang Goethe

Sah ein Knab' ein Röslein stehn
im Blumenladen »Flora«,
hat's gekauft für zwei Mark zehn,
um der Freundin Dora
zu verehren 's Röslein rot
voller Lieb' und Güte …
Dora freute sich halbtot
über Knäbleins Blüte,
roch daran und roch und roch
ohn' Erfolgserlebnitz.
Dora schrie: »Welch Unglück doch!
Röslein ist aus Sebnitz!«

Maikäferperspektive

»Jeder weiß, was so ein Mai-
käfer für ein Vogel sei.
In den Bäumen hin und her
fliegt und kriecht und krabbelt er …«

Solcherart okkulten Pfusch
schrieb der Dichter Wilhelm Busch,
und mein Sohn Mathias spricht:
»Diesen Vogel kenn' ich nicht!«

In der Tat: Der junge Mann,
einundzwanzigjährig, kann,
weil er ihn noch niemals sah,
ihn nicht kennen, den MK.

Unsereins indessen weiß:
Dieses Flügeltier des Mais
war auf unserm Kontinent
vor Jahrzehnten existent.

Zieht einst wieder seine Spur
der MK in der Natur,
jauchzen alle Kinder: »Fein!«
Doch die Birken beten: »Nein!!!«

Peter Paul Rubens

Mit Ehrfurcht nennt die Menschheit deinen
Namen.
Was du gemalt hast, das hat Saft und Kraft.
Du porträtiertest, Abgott aller Flamen,
die attraktivsten korpulenten Damen,
wie sie nur halbwegs Willi Sitte schafft.

Dich preisen, Peter Paul, die Pädagogen
und Super-Monumentalisten. Nur
die Radsporttrainer und die Physiologen
sind deinen Pfunden weniger gewogen
und setzen mehr auf eine Schlankheitskur.

Doch darf kein Leib uns in zwei Lager spalten,
selbst wenn er nicht Rehbrückes Norm ent
spricht.
Mag auch ein Muffel üppige Gestalten
des Meisters für infarktgefährdet halten –
sie sind des Kunstliebhabers Leib-Gericht.

Pierre Jean de Béranger

Der hat dem Andert machen Tip gegeben,
dem Demmler, Biermann, Kittner, Degenhardt,
die aus des Sängers Fluch und Lied und Leben
das Fazit zogen für die Gegenwart.

»Dort wo man singt, laßt euch beruhigt
nieder!«
So fromm klang Bérangers Devise nicht.
Er rupfte Geiern zornig am Gefieder
und goß den Schranzen Rotwein ins Gesicht.

Ein Sänger mit der Laute für die Leute.
Den Guten tat er wohl, den Bösen weh.
Ein Prüfstein ist, wie damals, auch noch heute
für Herz und Ohr: Pierre Jean de Béranger.

Schlaflied für Johannes Heinrich Schultz

Wenn du schlaflos bist und die Gedanken
sich um deinen Alltagskummer ranken,
dann versuch dir Wiesen, Blumen, Quellen
und ein Reh am Waldrand vorzustellen.

Halte es beim Autosuggerieren
aber bitte mit den sanften Tieren.
Wölfe, Haie, Tiger und Hyänen
lassen dich erschrecken und nicht gähnen.

Auch in der Botanik bei den Blüten
mußt du dich vor Fehlvisionen hüten.
Löwenzahn zum Beispiel macht nur bange:
Drohend naht der Zahnarzt mit der Zange.

Kurz: Du solltest Ärger, Ängste, Leiden,
alles, was die Nerven schädigt, meiden.
Stell dir Episoden vor und Sachen,
die dich fröhlich und nicht hektisch machen.

Schultz vererbte praktikable Thesen.
Wer sich ihrer annimmt, kann genesen.
Autofahren ist kein Leistungsmesser.
Autogen gesteuert fährst du besser.

Johann Ballhorn

Er, Johann Ballhorn, gilt noch heutzutage
als balladesker 1. Ballhornist,
obwohl die Ballhorn angehängte Plage
mehr Tradition als Alltagspraxis ist.

Den Knorprinz gab es schon vor achtzig Jahren.
Man hat ihn flugs zum Kornprinz korrigiert.
Und Potsdams Setzer, die das taten, waren
von Ballhorns Geist und Ehrgeiz inspiriert.

Längst sind die Jünger Ballhorns ausgestorben.
Die neue Technik funktioniert korrekt.
Sie hat noch nichts verballhornt und verdorben,
weil ein Computer nie ein Wort verdreckt.

Wolfgang Amadeus Mozart

Er hat die Mozartkugeln nicht erfunden.
Der Mozartzopf war nicht sein größter Clou.
Doch fügte Mozart kargen Abendstunden
die Poesie der Nachtmusik hinzu.

Und nicht nur die. Ein tönendes Gefilde
aus Mozart-Zartheit und brisanter Kraft,
sechshundert mozart-musische Gebilde
sind unvergilbte Hinterlassenschaft.

Der Musikus aus Salzburg ist zu preisen
als delikater Ohrenschmäuse-Koch.
Von Köchel laßt den rechten Weg uns weisen
durch Musenhimmels Notenschlüsselloch.

Meyers Lexikon

»Ich brauche nie im Meyer nachzuschlagen!«
Wer so was sagt, dem schrei ich ins Gesicht:
»Den Zeitgenossen, den nie Zweifel plagen,
der weder Bildungslücken hat noch Fragen,
der ist ein armer, jämmerlicher Wicht.«

Kein Mensch, kein Phänomen kann
alles wissen,
nicht Goethe, Paracelsus, Marx, Voltaire.
Ein Faulpelz, der nicht ständig lernbeflissen
den Meyer warmhält unterm Ruhekissen,
hinkt höherer Erkenntnis hinterher.

Da man den Joseph Meyer ehrt und feiert,
sei kundgetan: Sein Werk hat uns die Welt
ein bißchen mehr erschlossen und entschleiert.
Nur der ist angeschmiert und angemeyert,
der Meyers Weisheitsbibel nicht bestellt.

Mehr Schlecht- als Rechtschreibung

»Konrad«, seufzte Fräulein Christa Kalb,
Sekretärin eines Chefs aus Meißen,
»Konrad Duden ist ein irrer Alb-
oder muß es richtig Alpdruck heißen?«

Voller Argwohn greift der Mensch zum Stift:
Hacksen oder Haxen oder Hachsen?
Ohne Duden fühlt man sich der Schrift
orthographisch nur beschränkt gewachsen.

Duden, wenn er lebte, wäre platt,
daß wir alle noch wie gestern schreiben:
mal PH, mal F, mal V – anstatt
Rechtschreibfehlerteufel auszutreiben.

Schreibreform – wisjon der tippmamsell,
zil der filologen und der lerer!
Ach, es wünscht sich kämping, granghotel
und tschellist und flört und akwarell
auch, Herr Duden, Stengel, dein Verehrer.

Sportreporter Heinz Florian Oertel

Ein Schwager von Hans Dampf in allen Gassen,
ein funktionierender geölter Blitz,
ein Sprachrohr sportlich engagierter Massen,
kann lachen und kann andre lachen lassen
beim Oertel-Solo eines Oertel-Hits.

Ein Globetrotter, der mehr rast als rostet,
ein Phänomen an Fleiß und Energie.
Hat Schnaps und Nikotin längst eingemottet
und wird von Stammtischrunden gern verspottet,
weil HFO vitaler ist als sie.

Ansonsten ist Heinz Florian kein Engel,
verschmäht kein Eisbein, deutet wie ein Beau
kokett auf exponierte Haarwuchsmängel.
Egal: Und wär ich kein Hansgeorg Stengel,
gefiele ich mir auch als HFO.

Adolf Glaßbrenner

Er hat Berlin aufs Maul geschaut,
nahm Partei fürs Proletariat
und geißelte ohne Beschönigung laut,
was brüchig und faul war im Staat.

Er kannte »Berlin, wie es ist – und trinkt«
und hatte brisanten Witz,
Humor, der nicht auf vier Beinen hinkt
wie der Ulk der von Itzenplitz.

Er war für Berlin wie Nestroy für Wien
des kleinen Mannes Poet.
So kommt's, daß Glaßbrenner in Berlin
des Volkes Prophet ist und Paladin
und nicht nur im Bücherschrank steht.

Christians Morgensternstunden

Pfeift der Wurm?
Keift der Turm?
Heulen
Eulen
hoch vom Sturm?
Nein! Es ist des Morgensternes
fernes
blinzelndes Zwölf-Elf-Gezische,
welches wie
Mondschafs Knie
und der Nachtgesang der Fische
hurtelt und die Möwe beißt,
die zwei-em-ka-emma heißt.

Spejbl und Hurvinek

Berühmter als der Kommissar Maigret,
als Gorbatschow und Ernest Hemingway,
als Heino, Thomas Gottschalk und Clark Gable
sind unbestritten Hurvinek und Spejbl.

Sie ziehen fünfzehnsprachig durch die Welt.
Millionen scheuen weder Zeit noch Geld,
um den fidelen böhmischen Akteuren
bei ihren Dialogen zuzuhören.

Wenn Hurweis schelmisch um Erkenntnis ringt
und seinen Vatti in Bedrängnis bringt,
dann spürt das Publikum: So ist das äbän
im Läbän mit der Liebä und dem Läbän.

Herbert Roth und das Rennsteiglied

Ich sing das Lied so gerne
und immer gutgelaunt
daheim und in der Ferne,
fehlt ihm auch der moderne
beim Beat benutzte Sound.

Ich sing's beim Brombeerpflücken
im Harz, auf der Bastei,
sogar beim Christbaumschmücken.
Den Rucksack auf dem Rücken
erspar ich mir dabei.

Ich sing's wie Davids Psalter,
ergriffen und devot,
auch noch im Greisenalter,
ich, Rennsteigbügelhalter
des Landsmanns Herbert Roth.

Gagarin

Verblaßt sind alle Himmelsflug-Legenden.
Belächelt wird des Ulmer Schneiders Spleen.
Auch Lilienthal ist kaum noch zu verwenden,
genausowenig wie Graf Zeppelin.

Die sich den Teich zu überqueren trauten,
die Fitzmaurice und Köhl und Hünefeld,
sind im Vergleich zum Glanz der Kosmonauten
nur Kienspan, der ein Vestibül erhellt.

Vom Vorraum aus der Griff nach Welteräumen.
Frau Venus, Augenschmaus der Kamera,
ist zwar noch fern. Jedoch in unsern Träumen
sind die Planeten schon zum Greifen nah.

Weimartouristik

Nach Goethe drängt, an Goethe hängt doch alles.
Ein armes Würstchen, ein Kulturasket,
ein trüber Zaungast nur des Erdenballes
ist, wer vor Goethe niemals Schlange steht.

Entwürfe und Projekte – nichts als Späne.
Touristische Programme – leerer Wahn.
Als Knackpunkt der Kultur- und Bildungspläne
erweist in Weimar sich der Frauenplan.

An allen Tagen wandern oder fahren
zweitausend Pilger zum gelobten Ort.
Bei so konkreten Lehr- und Wanderjahren
bleibt ewig grün des Dichterfürsten Wort.

In einem kühlen Grunde

Aus einem heiklen Grunde
tagt der Gemeinderat.
Des Pudels Kern: Sind Hunde
noch tragbar für den Staat?

Sie pinkeln in den Gassen
und husten in den Wind
(um Wörter wegzulassen,
die gar zu deftig sind).

Und gegen die Versauung
ästhetischen Niveaus
beschließt der Rat Erbauung
von fünfzig Hunde-Klos.

Doch lachen zum Entsetzen
des Rats die Hunde hohn.
Sie wissen nicht zu schätzen
die noble Investition.

Sie pinkeln fröhlich weiter
und handeln hundsgemein.
Paul Schmidt, Abteilungsleiter,
trat gestern in was rein.

Laßt Mops und Schnauzer gelten.
Erspart den Hunden Drill.
Wenn Hunde nicht mehr bellten,
dann wär's auf einmal still.

Mensch und Tier

Der letzte Dachs. Ich hab ihn überfahren.
Das letzte Reh. Sei, Weidmann, kein Sadist.
Der letzte Fuchs. Wir sollten ihn bewahren.
Dem letzten Storch bleibt noch Zehnjahresfrist.

Ich sah als Kind mal eine Ringelnatter.
Jetzt seh ich Molch und Schlange nirgendwo
beziehungsweise hinter einem Gatter
wie Wolf und Leopard im Großstadtzoo.

Die Fauna liegt im Sterben? Keine Panik.
Die Tierwelt rekelt sich, wenn ich und du
als Wächter tätig sind in der Botanik.
Schon nimmt die Zahl der Kakerlaken zu.

Globetrotter und Globetrottel

Für den Freund von Globen und Atlanten
ist der Erdball schlüssig und konkret,
keine Gleichung mit fünf Unbekannten,
die selbst Gauß zu lösen nicht versteht.

Der Regierungssitz des Staates Mali
heißt nicht, wissen Kenner, Malimo.
Düngesalz bezieht kein Mensch aus Cali,
Poznan liegt in Polen. Nicht am Po.

Irland und Iran sind nicht dasselbe.
Burgas ist kein Kiez im Burgenland.
Eiland Elba liegt nicht an der Elbe
und Le Havre nicht am Havelstrand.

Grobe Schnitzer solltest du vermeiden:
Liebertwolkwitz und Bad Liebenstein,
Zeitz und Greiz und Schleiz zu unterscheiden,
muß dir auch im Tiefschlaf möglich sein.

Unterwirf dir alle Geo-Tücken
zwischen Port-au-Prince, Phnom Penh und Prag.
Klaffen dennoch zwei, drei Bildungslücken,
sei gewitzt: Schlag nach bei Hermann Haack.

Die vergessene Litfaßsäule

Was bietet auf der kulturellen Strecke
die von Touristen gern besuchte Stadt?
Befragen wir die Säule an der Ecke,
die Säule, die Herr L. erfunden hat.

Der Späher merkt: Hier ist nichts zu erfahren,
denn alles, was man bestenfalls erfährt,
war aktuell vor drei bis hundert Jahren
und hat jetzt nur noch musealen Wert.

Hier spürt man Klios längst verhallte Schritte,
das Imperfekt, das durch Äonen schleicht
und von der zwanzigsten Jahrhundertmitte
bis Neunzehnhundertachtundachtzig reicht.

Nun denn: Solch auskunftskarger Immobilien
morbider Charme wiegt mehr als
schnöder Nutz.
Drum hütet liebevoll die Litfossilien
und stellt sie endlich unter Denkmalschutz.

Greenwich und sein 0-Meridian

Null ist der Clou, der Clou der Meridiane,
den Greenwich sich an Land gezogen hat.
Die Luft, das Festland und die Ozeane
gehorchen Greenwich: Bombay, Zakopane,
der Golfstrom, Ottawa und Rudolstadt.

Das ist die Null, nach der sich alle richten
bei Reisen um den Globus und daheim.
Auch wenn wir auf den Blick zur Uhr
verzichten
– wir hängen, alle Klassen, Stände, Schichten,
am Zeitmaß-Gängelband der Greenwich-Time.

Die Länge Null verleiht Bedeutungsschwere
und kostet Greenwich keinen Pfennig Geld.
So eine Null macht einer Ortschaft Ehre.
Wenn doch mein Greiz im Vogtland Greenwich
wäre,
dann wäre Greiz ein Leuchtturm für die Welt.

Kritikers Furcht und Elend

Heizt ihnen kräftig ein, den Rezensenten!
Beschädigt ihren angemaßten Rang.
Entlarvt und geißelt ihren permanenten
zur Nörgelei erstarrten Geltungsdrang.

Schlagt sie aufs Haupt, die mausetoten Hosen,
Banausen, die, auf beiden Augen blind,
mit ihren Analysen und Prognosen
ein Bremsklotz attraktiver Dichtung sind.

Schießt sie zum Mond und arretiert sie oben,
die Strolche dreister Besserwisserei.
Zerkrümelt sie wie lästige Mikroben.
Haut sie vors Schienbein. Federt sie. Es sei –
es sei denn, daß sie mich statt tadeln loben.

Journalismus II

Im siebzehnten Kapitel wird eine Auswahl von journalistischen Texten vorgestellt, die Hansgeorg Stengel von 1962 bis 1973 für den *Eulenspiegel* und für die *Berliner Zeitung* schrieb.

Aus dem Poesiealbum der Gegenwart

»Wir wenden uns deshalb hiermit an unsere Sportfreunde, ganz besonders an diejenigen, die Musiker, Komponisten, Musikpädagogen und Chorleiter sind, eine Melodie für dieses Lied zu komponieren. Einsendungen an die Redaktion.«

Die Institution, die solchen Appell veröffentlichte, ist die Redaktion von »Deutscher Angelsport«, der Dichter des noch tonlosen Liedes heißt Franz Fabian, und die Schlußstrophe der in Nummer 3/1962 abgedruckten Vierstrophendichtung lautet trutzig:

Sollte je ein Feind bedrohen,
was geschaffen unsre Hand,
werden wir die Heimat schützen,
denn wir lieben unser Land.
In der ersten Kämpferreihe,
für die Zukunft der Nation,
steht der deutsche Angelsportler,
seines Volkes treuer Sohn.

Falls irgend jemand, was ja eigentlich so gut wie ausgeschlossen ist, nicht bemerkt haben sollte, worauf sich der künstlerisch-poetische Liebreiz dieses hymnischen Finales gründet, so sei auf die feinsinnige Verknüpfung der Zukunft unserer Nation mit den Jüngern Petris hingewiesen. Dennoch enthüllt dieser Kunstgriff noch längst nicht die totale Genialität des Verfassers. Das tiefere Geheimnis des Fabian-Gedichts verbirgt sich hinter der Tatsache, daß mit diesem fischfröhlichen Opus ein ganzer Fächer von Sporthymnen entfaltet worden ist. Man braucht nämlich nur den Begriff »Angelsportler« durch Sparten wie »Diskuswerfer«, »Fußballspieler«, »Trabrennfahrer«, »Stabhochspringer«, »Barrenturner«, »Kunstkraftsportler« und ähnliches zu ersetzen, und schon hat man eintausend bis zehntausend nagelmoderner patriotischer Gesänge zu mißbräuchlicher Abnutzung aller Art. Sehen Sie: Und das ist der Angelhaken an der Geschichte.

Endlich

»Die interessante, neuartige Rhythmisierung des Twist wird drüben in der Grundtendenz in antihumanistischer Weise mißbraucht, bei uns dagegen wird diese neuartige, interessante Rhythmisierung von diesem Mißbrauch befreit. Dadurch erhält dieses neue Element eine echte Perspektive für die Entwicklung der Tanzmusik.«
(Peter Czerny in »Melodie und Rhythmus« Nr. 1/1963)

Nun wissen wir's. Es gibt zwei Sorten Twist:
den bourgeoisen und den progressiven.
Nur Sorte zwei hat echte Perspektiven,
drum tanzt ihn jeder wahre Humanist.

Man muß den Twist hübsch dialektisch sehn,
nicht nur als letzten Modeschrei nach Noten.
Der Twist ist wie B.B. und Windsor-Knoten
ein Fifty-fifty-Klassenphänomen.

Es wäre falsch zu sagen: »Bitte sehr!
Wer twisten will, mag sich den Steiß
verrenken!«
Nein. So was hieße unparteilich denken.
Erst muß ein Theorie-Professor her.

Der ordnet alles weltanschaulich ein,
und plötzlich ist der Twist nicht nur noch Mache,
nein, es ist nachgerade Ehrensache
ein Twistomane neuen Typs zu sein.

Der Aal kömmt!

Aalwanderung gestoppt
Brandenburg (Eig.Ber.). Um zu verhindern, daß die Aale aus der Havel und der Elbe in das Meer zum Laichen abwandern, gehen die Mitglieder der Produktionsgenossenschaft der werktätigen Fischer in Brandenburg daran, den Aalen mit Dederonreusen den Weg zu verlegen. Auch werden Elektrofischfanggeräte eingesetzt.

Ich muß gestehen, daß mich selten eine Meldung innerlich so stark aufgewühlt hat wie diese Freudenbotschaft: Es wird bald wieder Aale geben!
Aale? Natürlich bin ich mir darüber im klaren, daß sich die meisten Leser darunter nichts Rechtes vorstellen können. Die Wiederkunft des Aales ist tatsächlich nicht minder sensationell als etwa die Neuzüchtung eines Mammuts oder jenes verschollenen Urvogels, Archäopteryx genannt, an dem sich unsere ornithologisch interessierten Jura-Kulturbundfreunde seinerzeit ergötzten.
Dennoch dürfte es nicht allzu schwer sein, im folgenden ganz kurz Struktur und Lebensweise des Aales plausibel zu machen. Aale sind schlangenähnliche Geschöpfe von meist grüner Farbe. Daher die Bezeichnung »Aal grün«. Sie leben wahrscheinlich in Tiefseegewässern, in der Bathysphäre also, und entziehen sich dort geschickt der herkömmlichen Oberflächen-Fischerei. Wegen ihrer geschmeidigen Körperform gelingt es ihnen vorzüglich, sich durchs Leben zu schlängeln und rasch zu Erfolg und Reichtum zu gelangen. Deshalb kam das Schlagwort »Reicher Aal« – auch verballhornt »Räucheraal« – in Umlauf. Doch Genaueres wissen wir nicht.
Erst der Schach-Fischzug der Brandenburger Produktionsfischer schafft die Voraussetzung zu näherer Bekanntschaft mit dem legendären Aal. Die Überlegung der Brandenburger Aalfänger ist ebenso einfach wie genial: Aale, namentlich weibliche Tiere, werden mit an Sicherheit grenzender Wahrscheinlichkeit hinter Dederonreusen her sein wie die Damen der menschlichen Gesellschaft hinter Dederonstoffen, denn es ist zu vermuten, daß die Dederonreuse in Aalkreisen ähnlichen Ruf genießt wie der nahtlose Dederonstrumpf unter Zweibeinern.
So werden also den Neuerern der Aaljägerei sicherlich etliche fette Brocken ins Netz gehen, und wir können spätestens im Juni das jahrzehntelang ausschließlich den Vögeln gewidmete Volkslied endlich wieder in seiner ursprünglichen Fassung trällern: »Aale, Vögel sind schon da!«

Schlittschuhplattler

Ich betrat das Kaufhaus »Wadiganigi« (Abkürzung für »Waren, die es gar nicht gibt«) und fragte den Kaufhausleiter: »Nun, was haben Sie denn heute so Besonderes nicht anzubieten?«
Der Kaufhausleiter dachte kaum eine halbe Sekunde nach und antwortete ohne Umschweife: »Eiskunstlaufeisen, also Schlittschuhe für Eiskunstläufer – die sind momentan mal wieder in außerordentlich großer Auswahl und Qualität nicht am Lager. Womit kann ich Ihnen außerdem nicht dienen?«
»Danke«, sagte ich. »Ich gedenke keineswegs, nichts zu kaufen. Es handelt sich hier nur um einen Test. Herr Paul Mittag aus Dresden N 6 schrieb mir nämlich einen Brief, in dem er mir deprimiert mitteilte, daß er für seine dreizehnjährige rollschuh- und eiskunstlaufende Tochter Martina im Sommer zwar Eiskunstlaufstiefel, nicht aber die dazugehörigen Eisen ergattern konnte. Im Oktober gab es zwar da und dort solche Eisen, aber nur mit Stiefeln gekoppelt – obwohl Stiefel und Eisen von zwei unterschiedlichen Fabriken geliefert wurden.
»Koppelgeschäfte?« stutzte der Kaufhausleiter. »Sind die nicht verboten?«
»Für das HO-Sporthaus Freital und das Sportgeschäft Bartl in Dresden offenbar nicht!«
»Dagegen ist ja unser Kaufhaus ›Wadiganigi‹ direkt ein hochsolides Unternehmen«, bemerkte der Kaufhausleiter. »Wir koppeln nicht, weil es bei uns sowieso nichts zu kaufen gibt. Eiskunstlaufeisen haben wir, solange ich Chef des Kaufhauses bin, nicht reingekriegt.«
»Und wie kommt es, daß einige Geschäfte

immerhin eine geringe Anzahl Eisen, wenn auch nur für Koppelgeschäfte, erhalten, während Sie völlig leer ausgehen?«
»Tja«, erklärte der Kaufhausleiter, »als Kaufhaus für Waren, die es gar nicht gibt, genießen wir selbstverständlich den Vorzug regelmäßiger und direkter Nichtbelieferung durch den VEB Trusetal, wogegen eben andere Geschäfte immer wieder damit rechnen müssen, zwei oder drei Paar Eisen pro Quartal aus Südthüringen geliefert zu bekommen.«
»Offenbar gehört die HO Sportartikel in Dresden N 23 nicht zu diesen Geschäften«, seufzte ich, »denn Verkaufsstellenleiter Rudolf Schwede hat in seinem Laden schon seit langer, langer Zeit keine Eisen mehr gesehen. Was sagen Sie dazu?«
»Ausgezeichnet!« strahlte der Kaufhausleiter. »Unsere Lagerräume für nicht vorhandene Waren platzen ohnehin aus allen Nähten. Da werden wir die HO Sportartikel in Dresden N 23 mit uns zu einem Wadiganigi-Kombinat vereinigen.«
»So ein Unsinn! Was soll die Fusion?«
»Wir würden«, sagte der Kaufhausleiter vorwärts träumend, »unseren Laden auf Zweischichtbetrieb umstellen und durchgehend offenhalten. Was glauben Sie, wie viele Eiskunstlaufeisen wir dann erst nicht verkaufen könnten!«

Fast ein Gleichnis

»Der BVG-Bus, der sie (19 Leningrader Tänzerinnen und Tänzer) ins Gästehaus der Regierung am Thälmannplatz bringen sollte, war unterwegs in Brand geraten. Fast ein Gleichnis: denn die jungen Leningrader werden in den Berlinern gewiß ebenfalls eine Glut entfachen, das Feuer der Begeisterung...«

(»BZ am Abend«, 21. April 1964)

Weitere durchaus mögliche BZA-Meldungen:
»Unser lieber Gast A. L. aus befreundetem Nachbarland wurde unweit des Alexanderplatzes von einem Tankwagen des VEB Minol überrollt. Fast ein Gleichnis: denn die Woge der Begeiste-rung überrollt schon seit vielen Jahren alle lieben Gäste aus befreundetem Nachbarland...«
»Dachdeckermeister Unglaub, Vorsitzender der PGH Hochhinaus und Kreistagsabgeordneter, fiel gestern vom Dach. Fast ein Gleichnis: denn Emil Unglaub ist beliebt und geachtet, weil er niemals in höheren Sphären schwebt, sondern mit beiden Beinen fest auf dem Boden unserer Republik steht...«
»Der Briefträger Ferdinand Seidelbaum wurde heute vormittag vom Blitz getroffen. Fast ein Gleichnis: denn Ferdinand Seidelbaum war zu Lebzeiten ein fixer Berliner Junge und zeichnete sich besonders durch blitzartiges Austragen wichtiger Blitztelegramme aus...«
»Unser BZA-Stadtreporter geriet beim Wenden von der Fahrbahn und landete in einem Blumengeschäft. Fast ein Gleichnis: denn unser Reporter bevorzugt kühne Wendungen und verfügt über eine blühende Phantasie...«

Wünsch dir was

Ein Mann, namens Emil Malinski, mit sehr viel Gepäck unterm Arm, betritt die Annahmestelle eines sehr großen Dienstleistungskombinats.
»Sie wünschen bitte?«
»Ach, ich habe da sozusagen einen ganzen Arm voller Wünsche!«
»Nun, dann schießen Sie mal los, mein Herr«, ermuntert ihn die Kollegin vom Dienst.
»Hier ad eins der Frühjahrsmantel meiner Frau. Er wäre zu reinigen«, sagt Emil Malinski.
»Bedaure«, sagt die Kollegin. »Annahme von Damenmänteln nur dienstags von sechzehn Uhr neun bis sechzehn Uhr einundzwanzig!«
»Ach!« seufzt Emil Malinski.
»Weiter«, drängt die Kollegin.
»Meine Halbschuhe. Ich brauche neue Absätze.«
»Bedaure«, sagt die Kollegin. »Annahme absatzgeschädigter Herrenhalbschuhe nur freitags von acht Uhr sechsundvierzig bis acht Uhr neunundfünfzig.«
»Jeieiei,«, wehklagt Emil Malinski.
»Noch was?« mault die Kollegin.
»Unsere elektrische Küchenmaschine. Da klemmt es nämlich immer, wenn ich ...«
»Bedaure« unterbricht die Kollegin. »Annahme

klemmdefekter Küchenmaschinen nur donnerstags von vierzehn Uhr einunddreißig bis vierzehn Uhr siebenundvierzigeinhalb.«
»Himmelkruzifix!« schreit Emil Malinski. »Jetzt platzt mir aber der Kragen!«
»Tut mir leid«, sagt die Kollegin, »Annahme geplatzter Kragen ist bei uns erst wieder montags von …«

Der überwundene Goethe

Aus einer vom Deutschen Kulturbund vorbereiteten Anthologie mit dem Titel »Daß ein gutes Deutschland blühe« wurde Goethes »Lied der Holzhauer«, in dem die Formulierung enthalten ist »… denn wirkten Grobe nicht auch im Lande«, mit der Begründung entfernt, daß es Grobe in unserer Republik eigentlich nicht gebe oder doch schon bald nicht mehr geben werde.
Dieser Entschluß zeugt von nachahmenswerter Wachsamkeit gegenüber bedenklichen reaktionären Tendenzen, die sich, maskiert als klassisches Erbe, in höchst kultivierte Broschüren des Kulturbunds einzuschleichen versuchen.
Doch da hat sich der saubere Herr Goethe ganz schön geschnitten! Mit den Holzhauern ist es Essig, solange noch der Holzhammer so konsequent und energisch gehandhabt wird wie in der Berliner Otto-Nuschke-Straße.
Dieser zwielichtige Geheimrat aus überlebter Epoche sollte sich ein für allemal gesagt sein lassen, daß in unserem herrlichen Land für Grobheiten ebensowenig Platz ist wie für die alten Weiden im »Erlkönig«, die seinerzeit zwar grau geschienen haben mochten, in unserm Arbeiter-und-Bauern-Staat jedoch längst dazu übergegangen sind, strahlend und sieghaft vorwärts sowie in die Höhe zu wachsen.
Desgleichen mag der alte Johann Wolfgang zur Kenntnis nehmen, daß er mit seinem Dichterwort »Erlaubt ist, was gefällt« in unserer Republik keinen Hund hinterm Ofen hervorlocken kann. Erlaubt ist, was dem Kulturbund gefällt. Dem gefällt zwar nicht viel, aber er erlaubt sich allerhand.

Opfer des Verkehrs: der Dativ

Neulich lernte ich Felix Ziepe kennen, den Träger der Medaille für ausgezeichnete Sparsamkeit auf dem Gebiet der Gebots- und Verbotsschilderbeschriftung.
Felix Ziepe ist es, wie jeder Verkehrsteilnehmer weiß, gelungen, die Ausmerzung des Dativs zwischen Saßnitz und Suhl fast hundertprozentig durchzusetzen, was eine Senkung des Verbrauchs an Farbe und Tusche von 131,4 kg im Republikmaßstab zur Folge hatte.
Wir verdanken Felix Ziepe unter anderem Aufschriften wie »Außer VP-Fahrzeuge« und »Außer Pferdefuhrwerke« – Formulierungen, die den ursprünglich mit dem Dativ verbundenen Weisungen den Buchstaben N abhackten und allen Schildermalern die Arbeit erleichtern.
»Welche Erfahrungen«, fragte ich Felix Ziepe, »haben Sie nach Einführung Ihrer bahnbrechenden Erfindung in die Praxis gewonnen?«
»Fast ausnahmslos gute«, sagte Felix Ziepe. »Lediglich mit dem Schild ›Außer Busse‹ am Berliner Zentralflughafen Schönefeld hatte ich Ärger. Ein Bürger, der an besagtem Ort sein Moped geparkt hatte, wies sich der Verkehrspolizei gegenüber als Heinz Busse aus und beharrte mittels grammatischer Spitzfindigkeiten auf dem Standpunkt, im Recht zu sein.«
»Da sieht man mal wieder, Herr Ziepe«, bemerkte ich stirnrunzelnd, »welche Hindernisse im Kampf um die Einsparung von Material- und Arbeitskosten noch zu überwinden sind. Allerdings«, fügte ich zaghaft hinzu, »bin auch ich kein Freund perfekter Antigrammatik. Ihr Schild ›Außer Betriebsangehörige‹ in Berlin-Spindlersfeld ist keine sprachliche Schönheit.«
Als ich Felix Ziepe nach einigen Wochen wiedertraf, eröffnete er mir gutgelaunt: »Ich habe Ihren Tip inzwischen realisiert und die viel zu lange Formulierung ›Außer Betriebsangehörige‹ durch eine wesentlich kürzere ersetzen lassen.«
»Und die lautet?« fragte ich ahnungsvoll.
Felix Ziepe grinste: »Außer Betrieb!«

Aus dem Wirtschaftswunderleben:

Menschliche Ansprache eines Industriellen

Als Mensch mit religiöser Orientierung
beklage ich, Frau Schmitz, die tiefe Schmach,
die in Gestalt der Rationalisierung
wie eine Sintflut in Ihr Leben brach.

Sie dauern mich, und ich bekenne offen:
Ich hasse solchen Wirtschaftswidersinn,
als wäre ich persönlich mitbetroffen,
obwohl ich gar nicht mitbetroffen bin.

Sie müssen sich jetzt schonen und viel lachen.
Das ist gesund für Mutter und für Kind.
Ihr Sohn, Frau Schmitz, wird es mal
besser machen,
wenn Sie längt abserviert und klapprig sind.

Sie brauchen das nicht zynisch aufzufassen.
Mein Wahlspruch steht seit fünfzig Jahren fest:
Man muß zu denen zählen, die entlassen,
und nicht zu jenen, welche man entläßt.

Papageien melden sich zu Wort

Hurra, das »Neue Deutschland« ist erschienen!
Nun können sich von Binz bis Rudolstadt
die Papageien der Kritik bedienen,
die Rezensent H. K. geschrieben hat.

Jetzt weiß man doch: Der DEFA-Film
von neulich,
den wir halb zweifelnd, halb begeistert sahn,
war muffig und nicht wirklichkeitsgetreulich.
Wir sagen: Danke schön, Zentralorgan!

ND, verlaß uns nicht! Wir Meinungslosen
sind, wenn du schweigst, dem
Untergang geweiht.
Nur du allein und deine Diagnosen
verwischen unsre Standpunktlosigkeit.

Wir sparen uns das Denken. Wir kopieren.
Und falls ein Leser große Töne spuckt,
entgegnen wir: »Was soll uns schon passieren.
Das ›Neue Deutschland‹
hat uns nachgedruckt!«

Operette – Fragen? – Zweifel?

Gültige Neuinterpretationen von Prof. Hansschorschi Stengel

Unter mehreren Millionen Leserbriefen, die ich im Monat Februar erhalten habe und für die ich auf diesem Wege herzlich danke, befanden sich auch einige tausend, welche sich mit der Person des Arztes Horst Dietrich Gundelach aus der Operette »Monika« von Nico Dostal beschäftigen.
Viele Operettenfreunde und -freundinnen finden es sonderbar, einige sogar grausam, daß besagter Mediziner seine Angebetete, eben Monika, so lange zappeln ließ, daß sie sich um ein Haar einem anderen Mann anverlobt hätte. Im Operettenbuch heiße es, schrieben mir mitfühlende Monika-Treuhänder, lakonisch: »Monika verzehrt sich vor Sehnsucht nach ihrem Arzt. Da erscheint in letzter Sekunde Horst.« Wie – das ist der Tenor der meisten Leserbriefe – könne sich ein Arzt derart verspäten, da ihm doch gewiß ein PKW zur Verfügung stand?
Mir ist es gelungen, der Sache auf den Grund zu kommen und das Verhalten des Arztes in ein günstigeres Licht zu rücken: Der HNO-Arzt Dr. Horst Dietrich Gundelach praktizierte in Berlin-Weißensee. Als er sich entschloß, mit seinem Wartburg über Mittag zu Monika zu eilen, die als Serviererin in einer Gaststätte unweit des Spittelmarktes angestellt war, wurde dem Mediziner von der Autovertragswerkstatt mitgeteilt, daß sein PKW noch nicht repariert werden konnte, weil Auspuffdämpfer nicht am Lager seien. Die Bemühungen des Arztes, ein Taxi aufzutreiben, blieben erfolglos. So benutzte er die Straßenbahnlinie 74!
Als der weltfremde Mediziner bei dieser Fahrt plötzlich den Ostbahnhof auftauchen sah, glaubte er, sich verfahren zu haben, stieg zur S-Bahn um und fuhr, da er das Anzeigenschild nur flüchtig gelesen hatte, statt Richtung Spittelmarkt nach Spindlersfeld. Ein Glück für den Arzt, daß er sein schweißnasses Oberhemd hier wenigstens bei »Blütenweiß« zur Schnellreinigung geben konnte. Er mußte in der Annahmestelle allerdings zweimal übernachten. Endlich, mit zweitägiger Verspätung, eilte der Arzt in letzter Sekunde zu Monika und schloß sie in seine Arme.
Mit verspäteten Grüßen
Ihr Prof. Stengel

***Alois E., Kritiker, Berlin-Schmöckwitz.** Meine Geduld ist zu Ende. Es reicht mir. Sie sogenannter Operettenexperte haben keinen blassen Schimmer von Operette. Es ist sogar zweifelhaft, ob Sie tatsächlich Professor sind. Jedenfalls höre ich Ihren Namen, Titel und ihre verschrobenen Ansichten zum ersten Mal. Man sollte Ihnen und ihrem Operetten-Dilletantismus ganz gehörig die Maske in Blau vom Gesicht reißen!*
Lieber Herr E.! Jetzt haben Sie ganz schön danebengetippt. Über einschlägige Operettenfragen weiß ich nämlich genau Bescheid, denn ich habe an der Heuberger Universität sowie an den Hochschulen von Linckeln (USA), Le Har (Frankreich), Offenbach und Straußfurt mehrere Semester Operetten-Profi studiert und wurde darum vom Operettenamateur zum Operetten-Profi befördert sowie mit der Operettungsmedaille ausgezeichnet. Wegen permanenten Platzmangels in der »Berliner Zeitung« wird mein Titel Profi (Professional also und nicht

Professor) regelmäßig mit Prof. abgekürzt, was demnach seine Richtigkeit hat.
Im 18. Abschnitt Ihres Briefes behaupten Sie, lieber Herr E., ich wüßte nicht einmal, »was eine Operette ist«. Da irren Sie sich gewaltig! Eine Oper ist eine Oper, und da das »ette« eine diminutive Funktion hat, ist Operette ein Öperchen, also gewissermaßen – was Stil, Substanz und manchmal auch Spieldauer betrifft – kleine Oper. Es gibt mehrere Wörter, welche die Richtigkeit meiner Theorie untermauern: Bulle (großes Rindvieh) und Bulette (kleines Rindvieh), Gaze (großes Siebgewebe) und Gazette (kleines Siebgewebe), Motte (großer Kleiderschädling) und Motette (kleiner Kleiderschädling), Juli (großer Sommer) und Juliette (kleiner Sommer), Bank (große Sitzgelegenheit) und Bankette (kleine Sitzgelegenheit) sowie Table (großer französischer Tisch) und Tablette (kleiner französischer Tisch). Soviel zur Operette. Was im übrigen Ihre etwas rüde Bemerkung hinsichtlich meiner Maske angeht, so habe ich mir dieselbe am Aschermittwoch selber vom Gesicht gerissen. Die Faschingszeit ist nämlich vorbei, und Sie sollten ernsthaft prüfen, ob auch Ihnen etwas mehr Ernst nicht besser zu Gesicht stünde als das Herumschnippeln an der Ehre Ihres unbescholtenen, immer seriösen und freundlich grüßenden
Prof. Stengel

Luise J., Schuhverkäuferin, Bernau. *Ich habe als junger Mensch natürlich nichts dagegen, wenn unsere Satiriker und Komödiendichter neuerdings auch Libretti für die Operettenbühne schreiben. Sehr gut finde ich beispielsweise »Meine Schwester und ich« von Werner Bernhardy, den ich bisher nur als Autor Berliner Fernsehschwänke kannte. Aber jetzt kommt mein Aber. Das Lied »Mein Mädel ist nur eine Verkäuferin in einem Schuhgeschäft« hat etwas Verächtliches. Ich bin Schuhverkäuferin. Wer ist mehr?*
Liebes Fräulein J.! Immer diese Mißverständnisse! Sie haben da Werner Bernhardy und Ralph Benatzky in einen Topf geworfen, der auf beiden Beinen hinkt und weder Hand noch Fuß hat. Man darf aber nicht mit Schuhen um sich werfen, wenn man den Schnürsenkel nicht fest in beiden Händen hält. Umgekehrt wird ein Schuh draus: Nicht Werner Bernhardy schrieb den Text zu »Meine Schwester und ich«, sondern Peter Hacks ist der Verfasser des Märchens »Der Schuh und die fliegende Prinzessin«. Was nun freilich den Schuh des Anstoßes als solchen betrifft, so stellen Sie die Frage scharf und konkret. Gewiß, liebes Fräulein J., eine Schuhverkäuferin ist nicht zu verachten, besonders dann nicht, wenn man sie an der Hand hat (um nicht am Fuß zu sagen), aber wie kommen Sie überhaupt auf die Idee, das zitierte Lied drücke Verächtlichkeit aus? In Wahrheit handelt es sich um das Klagelied eines Bademeisters, der sich, obwohl er nur selten festes Schuhwerk benötigt, ausgerechnet in eine Schuhverkäuferin verliebte. Dieser Bademeister wäre, wie jedermann einzusehen vermag, über die Bekanntschaft mit einer Badehosenverkäuferin viel beglückter gewesen, denn Badehosen braucht er jede Menge. Allerdings können wir von Glück reden, daß die Verkäuferin aus der Schuhbranche stammte, weil dadurch der Liedtext besser klingt. Oder fänden Sie das schön: »Mein Mädel ist Gott sei Dank eine Verkäuferin in einem Badehosengeschäft«? Sie sehen, Fräulein J., jede Operette hat ihre unwiderlegbare Logik. Kränken Sie sich nicht unnötig. Erinnern Sie sich an das volkstümliche Benatzky-Lied, das allein Ihnen gewidmet ist:
»Ach Luise, kein Mädchen ist wie diese!«
Mit maßgerechten und hochglanzvollen Grüßen
Ihr Prof. Stengel

Franz Z., Schiedsrichter, Berlin-Buchholz. *Bei vielen Fußballspielen, die ich in letzter Zeit pfiff, bemerkte ich eine zunehmende Unfairneß. Erst stand ich vor einem Rätsel, doch bei gelegentlichen Streifzügen durch die Umkleidekabinen der Sportfreunde wurde mir klar: Der Spielplan des Berliner Metropol-Theaters ist schuld! Da wird nämlich ein Stück mit so einem englischen Titel aufgeführt, das geradezu zur Holzerei auf den Sportplätzen ermuntert. Einer der Schlager, den ich noch ganz flüchtig im Ohr habe, lautet sinngemäß: ›Hau ihm in die Hacken, du Dreckskerl!‹ – Ist das nun der richtige Wind zur Erhöhung der Körperkultur?*
Lieber Herr Z.! Auch ich stand zunächst vor einem Rätsel, allerdings aus einem anderen Grund als Sie. Trotz fast 60jähriger Praxis als Operettenforscher gelang es mir erst nach

umfangreichen Recherchen und vielen Gesprächen mit Metropol-Intendant Hans Pitra sowie Chorleiter Wolfgang Schottke, den Anstoß des Übels zu ermitteln. Vorgestern klärte sich die Sache. Hans Pitra, nebenberuflich und ehrenamtlich begeisterter Fußballfan, teilte mir mit, es könne sich nur um das Musical »Kiss me, Kate!« handeln und speziell um die launige Weise »Schlag nach bei Shakespeare«. Bei Ihrer verständlichen Abneigung, lieber Herr Z., gegen das Nachschlagen auf Fußballplätzen unterlief Ihnen der Lapsus, das shakespearesche Nachschlagen mit einem unsportlichen Roheitsakt zu identifizieren. Es ist aber ein wesentlicher Unterschied, ob im Metropol-Theater gesungen wird »Schlag nach bei Shakespeare« oder etwa »Schlag nach bei Nöldner«, denn Shakespeare war kein Fußballer, obwohl einige Titel der von Shakespeare verfaßten Dramen gewisse fußballerische Akzente aufweisen.
Ich denke da an »Der Widerspenstigen Zähmung« (Platzsperre für FC Carl Zeiss Jena wegen randalierender Zuschauer), »Viel Lärm um nichts« (das sang- und klanglose Ausscheiden des Meisters FC Vorwärts aus dem Europapokal der Landesmeister), »Die Komödie der Irrungen« (die Wochenend-Fußballtips der »BZ am Abend«) und natürlich »Der Sturm«. Ich hoffe sehr, lieber Herr Z., daß es mir gelungen ist, Ihnen die Unhaltbarkeit Ihres Vorwurfes gegen das Metropol-Theater bzw. gegen Shakespeare vor Augen und Ihre Vermutung ad absurdum zu führen, daß Unfairneß auf den Fußballplätzen die Folge unglücklicher Spielplangestaltung eines Berliner Musiktheaters ist. Immerhin steht auch ein betont faires Stück auf dem Programm des Metropol: »My fair Lady«!
Mit fairen Grüßen
Ihr Prof. Stengel

Emil M., Nachtportier, 1138 Berlin. *»... wollte ich Ihnen das schon immer mal schreiben, und ich betone es im Namen aller Berliner: Wir sind keine Lumpen, und schon gar nicht von A bis Z! Dieser beleidigende Schlager sollte endlich verboten werden!*
Lieber Herr M.! Es zeugt für Ihr großes Vertrauen, das Sie mir als Operetten-Neuinterpreten und meinen Expertisen entgegenbringen, wenn Sie sich fragend und zweifelnd an mich wenden. Dafür danke ich Ihnen aufrichtig. Wie ich durch nimmermüdes Nachschlagen und kostspieliges Telefonieren ermittelt habe, bezieht sich Ihre Berserkerwut auf ein Lied aus Emmerich Kálmáns Operette »Die Czardasfürstin«, wo es heißt:

»Das Großstadtpflaster
hat uns verführt zum Laster,
und wir sind Lumpen drum
von A bis Z.«

Hätten Sie, lieber Herr M., bei Anhören dieser Weise mehr auf den Zusammenhang geachtet, wären Sie nach meiner festen Überzeugung nie auf den Gedanken gekommen, es könne sich hierbei um einen Affront der Spree-Athener handeln. Kein angestammter Berliner ist so bescheuert, die Vokabeln »Großstadt«, »Laster« und »Berlin« zu einem realistischen Dreiklang zu verbinden. Ort des von Kálmán vertonten Lasters ist das monarchistische Budapest vor etwa fünfzig Jahren.
Unser Berlin ist frei von Lastern, wenn man vom Pressecafé in der Friedrichstraße und den Lastern des VEB Kraftverkehr einmal absieht. Immerhin ist Operetten-Librettist Jo Schulz von mir beauftragt worden, den Lastertext von anno dazumal berlinisch zu aktualisieren, damit Mißverständnisse und Mißdeutungen Ihres Kalibers, lieber Herr M., grundsätzlich unterbleiben. Der beauftragte Autor hat auch bereits eine neue Rohfassung des Liedes geschmiedet:

»Das Großstadtpflaster
verführt uns nicht zum Laster,
und wir gehn früh zu Bett
von A bis Z.«

Diese Dichtung scheint mir eine gute Arbeit zu sein, zumal sich der denkende Leser unter A den Alexanderplatz und unter Z Zeuthen oder Zepernick vorzustellen vermag. Indem ich hoffe, Ihnen eine Last und mehrere Laster von den Schultern genommen zu haben, bin ich mit unlästerlichen Grüßen
Ihr Prof. Stengel

Conrad Ahlers, stellv. Bundespressechef, Bonn. *Ich wende mich heute an den Operetten-*

Experten Ihres Blattes, weil mir Unerhörtes geschehen ist. Irgendein Schmierfink schickte mir einen üblen Wisch ins Haus. Der Schreiberling behauptet, ich sei eine Art zweite Laura, die in der Millöcker-Operette ›Der Bettelstudent‹ so prophetisch gesungen habe: ›Ach, er hat mich ja nur ins Gefängnis gesteckt, und dafür hab ich ihm seine Stiefel geleckt!‹ Hier wird erstens in unflätiger Weise auf meinen Kotau vor Franz-Josef Strauß angespielt und zweitens der Urtext verfälscht, der meines Wissens von Oberst Ollendorf interpretiert worden ist. Was sagen Sie dazu?

Sehr geschmähter Herr Ahlers! Der Verfasser des so inhaltsschweren Briefes hat, wie ich Ihnen bestätigen muß, die Handlung des Bettelstudenten nur sehr vage im Gedächtnis. Tatsächlich singt Oberst Ollendorf und nicht Laura das Lied »Ach, ich habe sie ja nur auf die Schulter geküßt«. Von Gefängnis und von Stiefeln ist in der Originalfassung nicht die Rede, nur von einem »Schlag mit dem Fächer«. Selbstverständlich liegt es mir fern, die unwissenschaftliche Verballhornung eines klassischen Operettentextes durch den Autor der an Sie gerichteten Episteln gutzuheißen, doch stehe ich nicht an zu behaupten, daß in besagtem Falle die Stimme des Volkes in wahrhaft schöpferischer Weise etwas Neues und Gültiges hervorgebracht hat.

Bekanntlich war Franz-Josef Strauß seinerzeit so freundlich, Sie, Herr Ahlers, in Zusammenhang mit einer spektakulären Affäre gesiebte Luft atmen zu lassen. Sie waren – damals – außer sich! Heute sind Sie als Mitmischer der Großen Bonner Koalition Stecken und Stab eben dieses Herrn Strauß und bagatellisieren den damaligen Amoklauf des jetzigen Bundesfinanzministers als »interessantes Experiment«. Wer so zu handeln und sich zu wandeln vermag, ist wahrhaftig nichts anderes als eine »zweite«, nämlich ins Groteske verzerrte Laura, der in einer späteren Ahlers-Strauß-Phase auch noch folgende Arie zuzutrauen ist:

Ach, er hat mich ja nur an den
Galgen gebracht.
Doch ich hab meinem Chef keinen
Vorwurf gemacht!

Indem ich, Herr stellvertretender Bundespressechef, sehr um Ihren lauen, Pardon, Laura-Charakter besorgt bin, distanziere ich mich von Ihnen mit gepreßten Grüßen.
Ihr Prof. Stengel

Christel W., Postbotin, Berlin-Grünau. *Liebe Redaktion! Ich dachte, mich beißt der Affe, als eine gewisse Sängerin im Rundfunk neulich dieses berüchtigte Lied aus dem »Vogelhändler« zum besten gibt! Auch ich heiße Christel, aber Arbeitsbummelei und so kann mir keiner vorwerfen. Besonders um die Weihnachtszeit waren meine Kollegen auf Draht, so daß ich alle Verleumdungen zurückweise!*

Liebes Fräulein W.! Sie haben ganz recht: Das Lied der Christel aus Zellers »Vogelhändler« paßt nicht mehr so recht in unsere Zeit. Doch muß man außer einer Überarbeitung des Textes (deren zwingende Notwendigkeit außer Frage steht) auch die Bewahrung des klassischen Operettenerbes im Auge behalten. Textänderungen sollten daher nur sparsam und mit behutsamer Hand erfolgen. Unhaltbar sind natürlich die beiden Zeilen:

Nuhur nicht gleich, nicht auf der Stell,
denn bei der Post gehts nicht so schnell.

Ich habe dem Staatlichen Rundfunkkomitee als Neufassung empfohlen:

Nur nicht geschimpft und kritisiert,
denn bei der Post gehts wie geschmiert!

In Würdigung Ihrer postalischen Leistungen während der Weihnachtszeit, liebes Fräulein W., ließen sich auch diese beiden Zeilen denken:

Christel, du schlägst Grünau in Bann
mehr noch als der Weihnachtsmann.

Etwas zeitgemäßer müßte ferner folgende Passage des von Ihnen gerügten Liedes formuliert werden:

Mein Amt ist herrlich,
wenn auch gefährlich.
Auf die Adresse kommt es an.

Was heißt schließlich »herrlich« und »gefährlich« (eine Mischung aus Romantizismus und Panikmache) in Verbindung mit der gesellschaftlich verantwortungsvollen Funktion der Deutschen Post? Und was besagt der zu allgemeine Begriff »Adresse«? – Ich plädiere deswegen für den Text:

Mein Amt ist schwierig,
drum proklamier ich:
auf die Postleitzahl kommt es an!

Mit frankierten Grüßen
Ihr Prof. Stengel

Albert K., Schlossermeister, Belzig. *Ich bin nicht Meckerer von Beruf, sondern Schlosser und als solcher tatkräftig am Aufbau beteiligt. Trotzdem oder gerade deswegen betrachte ich mich als Freund helfender Kritik und begrüße es sehr, daß sich auch unsere jungen Operettendichter der Sorgen und Nöte des Handwerks annehmen. Neulich nun trällerte meine Nichte Evelyn ein Lied, in denen von Schlössern die Rede war, welche im Monde liegen und Kummer bringen, lieber Schatz. Da ich den Text sehr treffend finde, möchte ich dem unbekannten Textdichter auf diesem Wege meine Anerkennung aussprechen und ihm zurufen: weiter so!*

Lieber Herr K.! Es trifft zu, daß es mit der pünktlichen und sortimentsgerechten Materialbelieferung der Handwerker manchmal hapert, und so mag es da und dort Engpässe geben, gegen die wir energisch Front machen müssen. Ich entnehme Ihren werten Zeilen gewisse örtliche Versorgungslücken betreffs des Schlösseraufkommens, welches zweifellos ein wichtiges Kettenglied bei der Installierung komplexer Verschlußanlagen für die Bevölkerung darstellt. Doch handelt es sich, lieber Herr K., bei den von Ihnen zitierten Mondschlössern nicht um die Neuschöpfung eines jungen Autors, sondern um den Text zur ziemlich bejahrten Paul-Lincke-Operette »Frau Luna«, der im Original lautet:

Schlösser, die im Monde liegen,
bringen Kummer, lieber Schatz.
Und im Glück sich einzuwiegen,
hast du auf der Erde Platz.

Dennoch stimme ich Ihnen zu, wenn Sie der Meinung sind, daß der Text im Ansatz eine sehr zeitgemäße Kritik an mangelhaft arbeitenden Materialverteilungs-Instanzen darstellt und darum nicht in die Mottenkiste gehört, sondern nach gewissen Formulierungskorrekturen ins aktuelle Operetten-Repertoire aufgenommen werden sollte. Mein Überarbeitungsvorschlag hat folgendes Aussehen:

Schlösser, die im Monde liegen,
stärken nicht das Kontingent.
Schlösser wird ein Schlosser kriegen,
der zur Handwerkskammer rennt.

Statt »Handwerkskammer« kann, wenn es die örtlichen Gegebenheiten erfordern, auch »Rat des Kreises« gesetzt werden und so weiter. Indem ich hoffe, eine schlüssige Antwort erteilt zu haben, bin ich mit abschließenden Grüßen
Ihr Prof. Stengel

Über die Einfachheit des Komplizierten

Auszug aus einem Vortrag Dr. Ing. Schilderhahns, Professor für Auto-Typie und Auto-Didaktik an der Technischen Hochschule Dresden

»... in gewisser Hinsicht auch die Bevölkerung in ihrer nicht autofahrenden Allgemeinheit der rückständigen Auffassung, daß es angebracht wäre, die Kennzeichnung unserer Kraftfahrzeuge in der Weise vorzunehmen, daß auch der einfach denkende Bürger daraus klug werden kann. Meine lieben Kommilitoninnen und Kommilitonen! Einfachheit! Ist es wirklich einfach, in einem höheren Sinne einfach, Fahrzeuge, sagen wir, des Bezirks Neubrandenburg mit dem Kennzeichen N, des Bezirks Suhl mit dem Kennzeichen S oder des Bezirks Erfurt mit E zu versehen und so weiter? Nein doch wohl. Das wirklich Einfache ist, wie schon griechische Philosophen nachgewiesen haben, das scheinbar Komplizierte, das im Falle des tatsächlichen Kennzeichnungssystems für unsere Kraftfahrzeuge angewandte Assoziations-Prinzip, welches, beherrscht man es, den Schlüssel zu einer wirklichen, echten, volkstümlichen, einfachen Einprägung aller Kraftfahrzeugkennzeichen liefert. Konkret gesprochen: Der Bezirk Rostock, meine lieben Kommilitoninnen und Kommilitonen, hat bekanntlich nicht etwa das Kennzeichen R, sondern selbstverständlich das Kennzeichen A, weil sich mit dem Ostseebezirk bei jedem Bürger die Assoziation ›Aal‹ einstellt. *(Zwischenruf: »Aber es gibt doch kaum Aale!«)* Gewiß – aber es gibt auch kaum Autos! Und weiter: Der Bezirk Leipzig hat nicht etwa das Kennzeichen L, sondern fast selbstverständlich das von dem dort ansässigen bekannten Lustspieldichter W. K. Schweickert abgeleitete S. Entsprechend erinnert das Kennzeichen R, Bezirk Dresden, an die nach Dresden zurückgekehrten herrlichen Gemälde aus dem Pinsel Rembrandts. In diesem Sinne lassen sich weitere zahlreiche einfache Assoziationen für alle Bezirke unseres Staates finden. Insgesamt beweist sich: In der Deutschen Demokratischen Republik hat man sich bei Kennzeichnung der Kraftfahrzeuge für das Einfache entschieden, das, wie Brecht schon sagte, schwer zu entschlüsseln ist.

Ersatzverkehrshinweise

Immer wenn ich wieder mal höre oder lese, daß die Reichsbahn für diese oder jene Strecke Schienenersatzverkehr eingerichtet habe, fallen mir die scheußlichsten und widerlichsten Dinge ein: Butterersatz, Zahnersatz, Kaffee-Ersatz. Indessen ist eine Gedankenverbindung von Schienenersatz und Muckefuck unzulässig. Wenn es auch zutrifft, daß ersetzter Kaffee etwas Kaffeeähnliches minderer Delikatesse ist, so erscheint es töricht, Schienenersatz als Schienen der Güteklasse zwei – etwa als Schienen aus Bakelit, Kaugummi oder Wellblech – zu begreifen. Nein, Schienenersatz – das ist nicht der Ersatz, sondern die Weglassung von Schienen.

Insofern ist das unsägliche Wort also eine Irreführung. In Wahrheit und in der Praxis wird beim Schienenersatzverkehr nicht die richtige solide Schiene von einer mäßig guten Schiene ersetzt, sondern die Eisenbahn von einem Omnibus. Eisenbahnersatzverkehr, zugegeben, ist keine viel schönere Vokabel als Schienenersatzverkehr, aber immerhin eine sinnvollere.

»Wohin des Fluges?« fragte ich neulich eine eilige Wespe. »Ich fliege«, entgegnete die Wespe, »dem Nektar und folglich dem Honig entgegen.«

»Was Sie nicht sagen!« rief ich überrascht. »Sie? Sie als Wespe beteiligen sich an der Honigproduktion?«

»Nun ja, genaugenommen«, wisperte die Wespe, »handelt es sich nicht um Honig, sondern nur um Kunsthonig, denn ich fliege als Springer vom Bienenersatzverkehr.«

Anfänger

»Ich möchte mich beschweren!« sagte der Volkshochschüler zum Volkshochschuldirektor. »Warum denn?« fragte der Volkshochschuldirektor den Volkshochschüler. »Weil mir«, erklärte der Volkshochschüler, »ein Volkshochschuldozent nahegelegt hat, nicht den Kursus ›Deutsch für Fortgeschrittene‹, sondern lieber den Kursus ›Deutsch für Anfänger‹ zu besuchen.« – »Und Sie halten es für unter Ihrer Würde, beim Kursus ›Deutsch für Anfänger‹ mitzumachen?« erkundigte sich der Volkshochschuldirektor. »Allerdings!« entgegnete der Volkshochschüler. »Was soll ich in einem Anfängerkursus, wo ich doch schon längst wissen tue, was man mir dort lernt!«

Das Tierparkgespräch

H. St.: »Sehr geehrter Herr Professor! Nicht zuletzt auch dank Ihrer persönlichen Initiative sind unsere Mitbürger über alle möglichen zoologischen Fragen ausgezeichnet informiert. Aber es gibt da noch eine ungeschlossene Bildungslücke!«

Prof. Dr. D.: »Nennen Sie die Lücke getrost beim Namen!«

H. St.: »Ich ziehe es vor, die Lücke beim Vornamen zu nennen. Mit einem Wort: Die Menschen haben eine nur sehr vage Vorstellung von den Vornamen der Tiere.«

Prof. Dr. D.: »Den Menschen kann geholfen werden! Die Vornamen der Tiere haben nichts oder nur wenig gemein mit humanen Vornamen, sind aber sehr spezifisch auf jegliche Kreatur und Tierart zugeschnitten.«

H. St.: »Zum Beispiel?«

Prof. Dr. D.: »Zumindest in einigen Bevölkerungskreisen ist bekannt, daß der Vorname des Rehs in vielen Fällen Tomatenpü oder Kartoffelpü lautet.«

H. St.: »Ein weithin geläufiger Tatbestand. Aber wie heißen andere Tiere?«

Prof. Dr. D.: »Die Ente heißt nicht selten Medikam, Alim, Proz oder Sortim, dem einzigen im Tierpark stationierten Fohlen gaben wir den Vornamen Gottbe, und der Bär hat Vornamen wie Camen, Vorschußlor und Gustave-Flau.«

H. St.: »Sehr originell. Ist es Ihnen etwa auch gelungen, meinem Lieblingstier, der Eule, zünftige Vornamen zu verpassen?«

Prof. Dr. D.: »Selbstverständlich und mit besonderem Vergnügen! Die Eulen heißen bei uns Litfaß, Frostb oder Hammelk!«

H. St.: »Herr Professor, ich danke Ihnen vornamens der Redaktion herzlich für dieses Vornamenregister!«

Mit spitzer Feder

Der Entdecker der Spitzenzeiten, Carl Spitzweg (1808-1885), hat einmal gesagt: »Seid auf der Hut vor denen, die beim Arbeiten frieren und beim Essen spitzen!« Hier wird in geistreich zugespitzter Weise an den Einsatzwillen der Spitzenkräfte im Bereich der Spitzenfabrikation appelliert. Die Plauener Werktätigen wissen sehr wohl, daß Erzeugung von Spitzen nicht immer identisch ist mit Spitzenerzeugnissen, zumal dann nicht, wenn Findigkeit mit Spitzfindigkeit verwechselt wird. Spitzengespräche gehören zu den klassischen Ausdrucksformen des Lebens und der Literatur. Von Wilhelm Buschs Witwe Bolte ist die tiefsinnige Bemerkung überliefert: »Alle Hühner waren fort, ›Spitz!‹, das war ihr erstes Wort.« Mindestens tausend Jahre alt ist der volkstümliche Reim »Ich spitze hier und schneide Speck, und wir mich liebt, der holt mich weg!« Auch Redensarten und Sprichwörter wie »Mit Kanonen auf Spitzen schießen« oder »Alter spitzt vor Torheit nicht« gehören längst zum populären Sprachschatz. Vieles wurde, wenn wir in der Biographie der Spitze und der Spitzen blättern, im Verlauf gesellschaftlicher und ökonomischer Differenzierung auf die Spitze getrieben: die Bohne zur Spitzbohne, der Reiter zum Spitzenreiter, der Bart zum Spitzbart, das Bein zum Spitzbein, das Häubchen zum Spitzenhäubchen, die Maus zur Spitzmaus und schließlich sogar der Kühler zum Spitzkühler. Zweifellos wäre die Behauptung, daß »Funzel«-Petersdorf und seine Mitarbeiter mit Johannes Conrad an der Spitze ausgekochte Spitzbuben sind, eine Überspitzung, aber nicht wenige Bürger halten hartnäckig an dieser These fest. Zumindest die Eulenspiegelleser auf Spitzbergen.

Palindrome

Palindromedar
Hansgeorg Stengel
ANNASUSANNA
hcubledneP niE
ruf
reselskniL dnu -sthceR
Hansgeorg Stengel

Das achtzehnte Kapitel bringt eine Auswahl aus Hansgeorg Stengels Buch »AnnasusannA« (1984).

Eine treue FAMILIE bei LIMA feuerte nie

1. Staatsbürgerkunde mit Salut

Von 44 Autotouristen, die an irgendeinem Februartag die im Kreis Pasewalk gelegene Gemeinde

WODDOW

durchfuhren, stutzten 43 weder beim Lesen des Ortseingangs- noch des Ortsausgangsschildes. Woddow – nun ja: ein Ortsname wie jeder andere.

Von 179 ortsfremden Lenkern eines Kraftfahrzeugs, die an irgendeinem Septembertag die zum Kreis Stendal gehörende Gemeinde

STAATS

passierten, waren 176 nicht im geringsten verblüfft. Ganze 4 von 223 Automobilisten merkten auf. Nur diese knapp zwei Prozent erwiesen sich als buchstäblich pendelempfänglich, als instinktiv oder intellektuell ansprechbare Freunde und Liebhaber pendelnder Wörter oder Sätze (altgriechisch: Palindrome).

Das Wort, der Satz, das Leben – da gibt es öfter Pendelverkehr, als Verächter von Rückfahrkarten zu ahnen vermögen. Woddow und Staats sind Pendelwörter, lesbar von links nach rechts wie von rechts nach links.

Im weiteren Sinne werden mit dem Begriff Palindrom auch Wörter bezeichnet, die im Rückwärtsgang ein anderes Wort ergeben: zum Beispiel Leda-Adel, Reis-Zier, Leben-Nebel, Tal-Lat. Es soll aber in diesem Buch nur von umkehrbaren Palindromen die Rede sein. Die Eigenart gewisser Wörter und Sätze, in zwei Richtungen gleichlautend zu sein, wird freilich von dem Kuriosum übertroffen, daß die meisten Menschen Palindrome gar nicht bemerken oder, schlimmer noch, wenig zu schätzen wissen oder, am schlimmsten, deren Wert und Wichtigkeit für Literatur und Leben ignorieren.

Dabei geben uns Pendelwörter, Pendelsätze, palindromische Buchstabenketten und so weiter den Schlüssel zur Lösung vieler Welträtsel in die Hand, sofern wir ihn zu gebrauchen wissen. Denn: Irgendein Pabu (wie wir im folgenden abgekürzt jegliche Palindrom-Buchstabenverbindung mitunter nennen werden) ist im Verlauf der Geschichte, namentlich der Literaturgeschichte, nicht »einfach so« entstanden, sondern von bis heute nicht identifizierten palindrophilen Pendologen und Palindrologen in die Schriftsprache zu Zwecken eingeschmuggelt worden, die wir nur wittern können. Nach jüngster Erkenntnis sind Pabus Signale, mehr noch: Botschaften, die uns den Blick in die Vergangenheit und manchmal auch in die Zukunft öffnen wollen. Mit den Pabus wird von ihren Erfindern an die Lust und Fähigkeit zum Knobeln und Kombinieren appelliert.

Das klassische Pabu (man kann es in jedem Palindrom-Lexikon finden)

EINE TREUE FAMILIE BEI LIMA FEUERTE NIE

erscheint nur palindrophoben (den Pabus abholden) Menschen sinnlos oder banal. Pabu-Freunde indessen erkennen mit einem, spätestens beim zweiten Blick, daß mit dieser Aussage ein höchst interessanter Hinweis auf die familiäre Ausnahmesituation im früher ziemlich wildwestlichen Peru gegeben wird. Damals, als in und an den Anden die Colts locker saßen, verdiente erwähnte vorbildlich pazifistische Familie, die ganz offensichtlich niemals eine Schußwaffe zückte, Erwähnung und Meldung an uns Heutige. Früher glaubte man, das Feuern der treuen Lima-Familie sei im Sinne des Anheizens einer Energiequelle (eines Ofens etwa) gemeint. Diese Auslegung ist nicht haltbar. Ermutigend ist auch die im peruanischen Palindrom ausgedrückte Symbiose zwischen Treue und Friedlichkeit. Es soll mitgeteilt werden: Eine Familie, die zusammenhält, verdrängt interfamiliäre Aggressionsgelüste. Wie lehrreich!

Gehen wir aber auf den Anfang unserer Betrachtung zurück, und zwar speziell erneut auf jene Ortschaft zu: STAATS. Abgesehen davon, daß die Bürger von Staats die einzigen Bürger im Staat sind, die sich im doppelten Sinne des Wortes Staatsbürger nennen dürfen, haben die Staatser das Glück, palindromische Nutznießer einer Flexion zu sein. Der unflektierte Staat gibt kein Palindrom her. Nur der Genitiv oder auch das bei zusammengesetzten STAATS-Wörtern eingeschobene Verbindungs-S haben die Qualität, den Staat in ein

Pendelwort zu verwandeln. Weil aber erst Staats, nicht aber schon Staat pendelverkehrsfähig ist, müßte es, so vermutet der gebildete Palindrologe, Pabus geben mit dem Wort Staats im Zentrum und einer palindromischen Ergänzung nach links und rechts. Solche Pabus gibt es tatsächlich. Der nicht ganz unbekannte Staatssekretär Räterkes hat sich Pabu-Visitenkarten drucken lassen:

Räterkes, staatssekretäR

Wenn wir uns nun nicht am Komma stoßen (wir sollten uns hinsichtlich der Interpunktion sowie der Groß- und Kleinschreibung bei Pabus grundsätzlich liberal verhalten), dürfen wir uns über den pendelnden Staatssekretär genauso freuen wie über

Reni artunak, staatskanutraineR

und auch darüber, daß anläßlich eines Staatsempfangs in Tula (bei Moskau) Salut geschossen wurde. Man spricht noch heute in Tula von diesem brisanten Ereignis und weiß selbstverständlich, daß

Tulas staatssaluT

ins Verzeichnis der perfekten Palindrome gehört.

Natürlich ist die Pabu-Ergiebigkeit auf Staats-Ebene viel größer, als hier beispielhaft belegt. Aber nur wenige der im Tresor der Zeit schlummernden Staats-Pendler sind vermutlich so schön wie Tulas Staatssalut.

Meistens begegnen wir bei palindromischen Staats-Fügungen Vor- und Nachnamen von Leuten, die niemand kennt. Auch

Rosiver, staatsrevisoR

steht auf keinem Grabstein. Nur Rosivers Pabu währt von Ewigkeit zu Ewigkeit.

8. Es geht ums Ganze

Dieses Buch wäre nicht, was es zu sein hat, nämlich das Jahrhundertwerk der viel zu lange vernachlässigten wissenschaftlich philologischen Disziplin Palindrologie, wenn nicht der Nachweis gelänge, daß man mit palindromischer Bautätigkeit mehr hervorzubringen vermag, als nur Pabu-Hütten, Pabu-Iglus, Pabu-Lauben und sonstige primitive notdürftige Pabu-Unterkünfte. Wir nähern uns nunmehr konsequent durchaus stabilen größeren Pabu-Gebäuden, Palindromen, von denen man sagen darf, sie seien architektonische Glanzlichter pendelsamer Baukunst: Wir vervollständigen mit Hilfe technologisch optimaler Satz-Bauweise Pabu-Montageteile zu Baukomplexen vollkommener Schönheit und schöner Vollkommenheit.

Indem wir uns weiter nicht daran stoßen, daß die Merkmale des »vollständigen Satzes« uneinheitlich definiert werden und daß mancher Sprachwissenschaftler gewisse verkürzte, geschrumpfte und verstümmelte Sätze zu den vollständigen rechnet, wollen wir uns eindeutig auf klassisch perfekte Sätze, also solche mit Subjekt, Objekt und Prädikat orientieren. Nicht ausgeschlossen bleiben sollen allerdings auch ein paar nicht ganz vollständige Sätze, sofern wir sie nicht schon in den vorigen Kapiteln exemplarisch notiert haben.

Vollständige oder annähernd vollständige Pabu-Sätze sind nicht aus den Ärmeln zu schütteln. Die Sprache, was wir schon mehrmals bedauert haben und immer neu bedauern müssen, wurde nicht nach Bedürfnissen der Sprachpendler produziert. Im Gegenteil: Die Sprache war von irgendwelchen Pabu-Dilettanten schon derart komplett entwickelt und errichtet worden, daß nur beschränkte Möglichkeiten blieben, palindromische Sprachtendenzen zu bewahren oder hinzuzufügen.

Um so dankbarer stehen wir vor den uns gebliebenen, den im Laufe der Jahrhunderte freigelegten und in neuester Zeit entdeckten Palindromen, die mit diesem Buch erstmals gesammelt das Licht der Öffentlichkeit erblicken.

Spätestens jetzt und bei den noch folgenden Seiten des Pendelbuchs wird sogar der freundli-

che Verlag, der dem einmaligen Werk zum Druck und zur Verbreitung verhalf, erkennen, wie bildungsfördernd und rationell diese einmalige palindromische Schrift doch ist! Rationell insofern, als jedes der in diesem Buch präsentierten Palindrome einmal von vorn nach hinten und ein zweites Mal von hinten nach vorn gelesen werden kann. Hier wird also, wenigstens in der pendelnden Substanz, doppelter Lesestoff zu einem Verkaufspreis angeboten, der im allgemeinen für nur rechtsläufig lesbare Lektüre entrichtet werden muß.
Nach einem Augenblick der Ergriffenheit bei Lesern, die jetzt tief und dankbar empfinden, welches Juwel sie in ihren Händen halten, wollen wir über einige elementare Weisheiten beim Bau größerer und größter Pabu-Satzeinheiten sprechen.
Als besonders günstig in der Pabu-Satzbaukunst erweisen sich palindromische Flickwörter wie STETS und NEBEN, aber auch spiegelbildlich zu Palindromen ergänzende Wörter wie

ELLA . . . . . ALLE

DIE . . . . . EID

und vor allem

EIN(E) . . . . . (E)NIE

Sätze mit dem unbestimmten Artikel am Anfang sind ein Hebel von geradezu unglaublicher palindromischer Effektivität. Es lohnt sich, zunächst am Beispiel vor-sätzlicher Wendungen, die Leistungskraft des unbestimmten Artikels zu demonstrieren. Als erstes Versionen mit dem männlichen bzw. sächlichen unbestimmten Artikel EIN:

EIN KNIE

Nun können wir eigentlich schon Schluß machen mit der Beispielsammlung, weil, wie sogleich sichtbar wird, alle weiteren Exempel im Grunde nur von Palindromen beherrscht werden. Also:

EIN UHU NIE
EIN BUB NIE
EIN KAJAK NIE
EIN RENTNER NIE
EIN TEEBEET NIE
EIN RELIEFPFEILER NIE

Und so weiter. Ein einziges, freilich ziemlich mystisches Beispiel, das den engen Rahmen unserer Liste sprengt, ist die störrische Losung

EIN OMINÖSES ÖNIMO NIE!

Daß einer sich dagegen wehrt, ein so ominöses Ding wie ein Önimo zu akzeptieren, ist noch zu verstehen. Aber es hätte wenigstens deutlich zum Ausdruck gebracht werden sollen, was ein Önimo ist.
Vielfarbig und vieldeutig sind Wendungen mit dem weiblichen unbestimmten Artikel. Sie sind so reichlich vorhanden (und in diesem Buch durchaus neu), daß wir Mühe haben werden, mit der Aneinanderreihung der Beispiele aufzuhören:

EINE XENIE!

– jubelte der Poet, als ihm ein solches Dichtwerk gelungen war.

EINE TOTE NIE

– entsetzte sich Frosch Lukas, der leidenschaftlich Jagd auf Fliegen machte und bei einer Party zum Verspeisen eines gegrillten Fliegenweibchens eingeladen wurde.

EINE SIEMEISE NIE

– gab der Vogelhändler dem Kunden Bescheid, als jener wissen wollte, ob eine weibliche Meise (auch Siemeise genannt) ebenso zu höherem Singsang befähigt sei wie eine männliche Meise (Ermeise).

EINE TROTZTORTE NIE

– bockte der ärgerliche Ehemann, als er von seiner Frau zum Essen einer Torte aufgefordert wurde, die nach dem Geständnis der Gattin von ihr in Zeitnot und widerwillig (trotzdem) gebacken worden war.

EINE HEUEHE NIE

– entschied Fräulein M., als ihr Liebhaber erwog, das eheähnliche Zusammenleben in einer Scheune abzuwickeln.

EINE LIEDEILE NIE

– widersetzte sich der Chorleiter, als ihm zugemutet worden war, eine getragenen Weise im Eilzugtempo zu dirigieren.

EINE BIERREIBE NIE

– erklärte der Waren-täglichen-Bedarfs-Verkaufsstellenleiter, als eine Kundin wissen wollte, ob außer Kloß- und Gewürzreiben auch Reiben zur Atomisierung von Gerste, Malz und Hopfen vorrätig seien.

EINE TALBOT-OBLATE NIE

– mäkelte der Geschäftsmann, als ihm am Messestand der renommierten Autofirma karger Imbiß kredenzt worden war.

EINE TÜTE NIE

– scherzte der Konsumkunde, als man ihn fragte, was ihm in der Kaufhalle besonders aufgefallen sei.

EINE TUTE NIE

– protestierte der polyinstrumental aktive Musikant, als man ihm vorschlug, auch noch das Tuten ins Repertoire seiner musischen Äußerungen einzubeziehen.

EINE GARAGE NIE

– murrte der still und sanft vor sich hin rostende Trabant, als der potentielle Käufer danach fragte, ob es für das Fahrzeug jemals eine Unterstellmöglichkeit gegeben hat.

EINE OBOE NIE

– erklärte der schon oben erwähnte Musikant, als man außerdem erfahren wollte, ob er auch ein anderes Holzblasinstrument zurückweise.

EINE GAGE NIE

– gab der Sänger zu, als man sich bei ihm erkundigte, ob er dann und wann ein Angebot der Künstleragentur ausschlage.

EINE HOHE NIE

– fügte ebendieser Sänger seiner Antwort ergänzend hinzu, um nicht den Verdacht aufkommen zu lassen, niedrige Gagen hätten künstlerisch gleich hohes Niveau wie hohe.

EINE NATALPLATANE NIE

– referierte der dendrologisch gebildete Botaniker, um damit zum Ausdruck zu bringen, daß dieses tropische Gewächs beim Anpflanzen in der Arktis nicht gedeihen kann.

EINE MADAME NIE

– sagte der Junggeselle zur Heiratsvermittlerin, als die ihm statt der gewünschten fleißigen biederen Hausfrau eine Salondame aufschwatzen wollte.

EINE BERGREBE NIE

– urteilte der Winzer, der den in Tiefebenen gewachsenen Weintrauben den Vorzug gab.

EINE BÜRORÜBE NIE

– mäkelte der Buchhalter, dem seine Frau eine Möhre zum Bürofrühstück packte.

EINE DOMODE NIE

– beschied der Dompastor, als vorgeschlagen wurde, zur Fünfhundertjahrfeier des Gotteshauses eine Ode zu dichten.

EINE BLEIELBE NIE

– zürnte der Ökologe, dem zu Ohren gekommen war, daß die Elbe durch Abwässer der chemischen Industrie verunreinigt wird.

EINE GEIZZIEGE NIE

– beschimpfte der chronische Alkoholiker seine Frau, die ihm zum Abendbrot nicht Wodka, sondern Rhabarbersaft vorsetzte.

EINE TURNRUTE NIE

– beschwor der Übungsleiter, als man ihn fragte, welche Disziplinierungsmittel von ihm benötigt wurden, um die ihm anvertraute Turnriege zu Spitzenleistungen anzuspornen.

EINE NEBENEBENE NIE

– beteuerte ein der Untreue bezichtigter Liebhaber.

EINE SODADOSE NIE

– zerstreute die Kellnerin den Argwohn eines Gastes, der den Inhalt der Zuckerdose mißtrauisch in Augenschein nahm.

EINE SANDNASE NIE

– verteidigte sich der dreijährige Knabe, nachdem er sich derart im Sandkasten gewälzt hatte, daß die Mutti umfassende Gesichtsverschmutzung beim Sohn befürchtete.

EINE GOLFLOGE NIE

– bekräftige der golfspielende Lord, den man schon öfter gefragt hatte, ob er demokratischen oder aristokratischem Sport anstrebe.

EINE TROSTSORTE NIE

– ekelte sich der Havanna-Raucher, den man nach Ausverkauf seiner Lieblings-Zigarrensorte mit einer weniger exquisiten Marke abspeisen wollte.

EINE KURKRUKE NIE

– brubbelte der Kurpatient, der einen bedrohlichen Kurschatten als eher verschroben denn attraktiv empfand.

EINE KALILAKE NIE

– empfahl der Düngemittelfachmann dem Landwirt, der nach Versprühen einer kalihaltigen Salzlösung eine Radieschen-Mißernte registrierte.

EINE KULILUKE NIE

– entschied der Arbeitsschutzverantwortliche einer Sträflingsgaleere, als er den Einbau einer Klimaanlage am Arbeitsort genehmigen sollte.

EINE HOLZLOHE NIE

– schimpfte der aufgebrachte Feuerwehrhauptmann, als ihm zugemutet wurde, ausgerechnet in der Trockenzeit die Errichtung eines Holzstoßes zum Zweck des Sonnwendfeuers im Jugendzeltlager wohlwollend zu befürworten. Der Schlauchtruppführer Feuerstein indessen gab

EINE BRANDNARBE NIE

zu Protokoll, wenn sich die Sozialversicherung nach den Berufskrankheiten des Brandschützers erkundigte.

EINE TEINTNIETE NIE

– mäkelte der Chef einer Mannequin-Truppe, der eine Bewerberin mit unansehnlicher grauer Gesichtsfarbe engagieren sollte.

EINE DÖSÖDE NIE

– protestierte der Feriengast, der nach Ankunft im Urlaubsort bemerkte, daß gänzliches Fehlen von Wald und Wasser die Verurteilung zu lustloser Dreiwochen-Gammelei bedeutete.

Der Gast reiste ab. Das war eine weise Konsequenz, zumal er das Pendelbuch zu Hause auf dem Nachttisch liegenließ. Nun, wieder im Heim, griff der Verächter von Dösöden wiederum zu seiner Lieblingslektüre und machte sich ans neunte Kapitel.

9. Ein kühner Satz von Amsel bis Zille

Obwohl unser Buch auf Umfänglichkeit ausgeht, verbietet es die Taktik des Autors, auch das letzte deutsche Palindrom aufzuspüren und zu veröffentlichen. Dem Pabu-Fahnder müssen Gelegenheit und Vergnügen erhalten bleiben, fündig zu werden. Besonders bei der Auffindung schöner langer und möglichst sinnvoller palindromischer Sätze bleibt der Leser weitgehend sich selbst und seinem pendelbegabten Scharfsinn überlassen. Die anschließend angebotenen Pabu-Sätze sind nur ein Bruchteil der Materie – glitzerndes Molekül eines palindromischen Kosmos, den zu erschließen wir anstreben sollten, ohne ein perfektes Erfolgserlebnis herausfordern zu dürfen.

Wie schon vorhin stehen wegen günstiger Fügbarkeit auch bei den längeren Wortreihungen solche Sätze traditionell im Vordergrund, die mit dem unbestimmten Artikel beginnen.

Die afrikanische Bauernregel

EIN NEGER MIT GAZELLE ZAGT IM REGEN NIE

ist sowohl hinsichtlich ihres Wahrheitsgehalts als auch wegen ihrer palindromischen Lupenreinheit unsterblich. Gazellen sind, darauf hat schon Alfred Brehm hingewiesen, wetterfühlige Paarhufer. Bei bevorstehendem Landregen oder gar vor größeren Unwettern sind sie nicht zu halten und machen sich, jeden Begleiter erbarmungslos zurücklassend, aus dem Staub. Die

bei beginnendem Nieselregen jedoch nicht im geringsten beunruhigte Gazelle festigt beim Reiter die Gewißheit, daß es sich nur um eine Husche handelt und daß kein Grund sei zu Klagen und zum Verzagen. Eine Nachricht, die erst beim zweiten Lesen einleuchtet, wird mit dem Satz

EIN LEDERGURT TRUG REDEL NIE

in Umlauf gebracht. Wohlgemerkt: *Ein* Ledergurt, nicht ein*en* Ledergurt! Es geht demnach um die Feststellung, daß der Gurt nicht den Redel und nicht etwa der Redel keinen Gurt getragen habe. Herr Redel – und wir können somit folgern, daß die Nachricht vor der Entdeckung des Schwimmkorkgürtels formuliert wurde (um 800 v.u.Z.?) – ist offensichtlich das Opfer weltweiter Ignoranz geworden. Er glaubte sich mit einem Ledergurt über Wasser halten zu können und ist vermutlich untergegangen, denn man hat von einem Herrn namens Redel schon seit vielen Jahrhunderten nichts mehr gehört.

Ehebefürworter Manfred S. in Berlin-Treptow formulierte 1981 mit dem hervorragenden Palindrom

EIN EHELEBEN STETS, NEBELEHE NIE!

sein eheliches Kredo. An dieser Stelle sei Herrn Manfred S. ausdrücklich für die von ihm gegebene Einwilligung des Abdruckes der meisterlichen Pabu-Lösung gedankt.

Die lapidare Feststellung

EIN TIER FREIT NIE

wird unkommentiert verbreitet und zoologisch interessierten Kreisen zu weiterer Beurteilung überlassen. Schwerer wiegt die scheinbar unsinnige These

EIN SNOB REIBT BIERBONS NIE!

Es handelt sich hier um nichts weniger als um einen indiskutablen Quark. Mit feiner Beobachtungsgabe wird in unserer Pabu-Behauptung festgehalten, daß ein Snob sich bei Betriebsfesten und ähnlichen Vergnügen anders verhält als normale Leute. Während die weit überwiegende Menge der Festteilnehmer unbenutzte Eß- und Biergutscheine achtlos zerkrümelt oder zwischen den Fingern zerreibt, legt es der Snob auf eine affektierte, exklusive Bierbon-Fräsmethode an, derart etwa, daß er überzählige Bons mit einer Schere in dekorative Papierdeckchen verwandelt oder seiner Tanzdame in den Ausschnitt manipuliert.

Zwei Appelle an Adressen mit Akzenten der Bildungsschwäche beziehungsweise liebesgewerblicher Tätigkeit entbehren weder der Eindeutigkeit noch einer gewissen Delikatesse:

EIN ESEL LESE NIE

und

EINE HURE RUHE NIE

Beim Palindrom

EINE BEIDE DIEBE NIE!

steht zwar kein tatsächlicher, aber der Buchstabenfolge nach unbestimmter Artikel am Beginn des Satzes. Einer Interpretation dieses Pabu-Appells bedarf es wohl kaum, denn geeinte

Diebe sind Komplizen, und Komplizen sind stets gefährlicher als rivalisierende Missetäter, die sich, worauf die Polizei durchaus hoffen darf, irgendwann mal gegenseitig verpfeifen.
Da von der treuen Familie bei Lima, die nie feuerte, schon am Anfang unseres Buches die Rede war, wollen wir die Aufzählung von palindromischen Sätzen, die mit EIN(E) beginnen, beenden, um anderen Pendelzügen grünes Licht zu geben.
Die erstaunliche Mitteilung

RULF MIT SIRUP PUR IST IM FLUR

regt, seit es sie gibt (und es gibt sie schon so lange wie den Redel und seinen Ledergurt), die Decodierer aller deutschsprachigen Länder zur Entschlüsselung an. Zwar hat man herausgefunden, daß Rulf lediglich deshalb nicht Rolf heißen darf, weil der Aufenthalt im Flor weniger sinnvoll ist als im Flur, aber warum ausgerechnet mit Sirup? Und wieso pur? Man könnte solche Fragen mit dem laxen Bescheid wegwischen, daß alles, was da mitgeteilt wird, so und nicht anders geschieht und geschah, weil es sich ausgerechnet in dieser oder jener fixierten Formulierung palindromisch am besten fügt. Aber es hieße die unter allen Umständen und letztlich ausnahmslos nachweisbare Sinnhaftigkeit von Pabus leugnen, wollte man alle noch ungelösten Fragen im Pendelbereich ignorieren und zur Tagesordnung übergehen. Sirup pur = womöglich Verballhornung von Singapur? Da wäre noch viel zu forschen.
Das großartige und der Bedeutung nach fast restlos erschließbare Palindrom

DIE LIEBE IST SIEGER, REGE IST SIE BEI LEID

wurde 1979 erfunden. Der Wahrsatz über die siegende Liebe ist in der Zeitschrift »Sprachpflege« abgedruckt worden. Zu den Pabu-Klassikern gehören die drei Prachtexemplare

BEI LIESE SEI LIEB

ELLA RÜFFELTE DETLEF FÜR ALLE

und

IDA WAR IM ATLAS, ABDUL LUD BASALT AM IRAWADI

Solche Auskünfte für Liese, Ella, Detlef, Ida und Abdul haben historische Dimensionen. Träger dieses Namens dürfen stolz auf Namensvettern sein, die sich in der Rüffelszene sowie auf dem afrikanischen Kontinent palindromisch hervorragend nützlich gemacht haben.

Bevor wir es der Erwähnung alter Bekannter in dem von uns abgetasteten Bereich genug sein lassen, wollen wir zum Schluß noch mit dem Seufzer

DIE LIEBE TOTE! BEILEID

telegrafisch kondolieren und im folgenden ganz und gar solche Sätze ins Auge fassen, die sich nicht wie Bücherwürmer durch die Pabu-Literatur vergangener Jahrhunderte gefressen haben. Die Nachricht

TED ROMANO REVINI (VERONA) MORDET

hat in Italien und sogar weltweit Empörung und Schrecken ausgelöst. Im Augenblick steht freilich nicht fest, ob sich hinter den Kapitalverbrechen Ted-Romanos die Mafia oder solistischer Sadismus verbergen.
Gegenverkehrsfähig sind auch das spiegelbildlich wiederholte Lamento

EGAL KLAGE, EGAL PLAGE – EGAL PLAGE, EGAL KLAGE!

auf die Aufforderung an die Schauspielerin Evi, sich der Flut von Fernsehaufzeichnungen dann und wann zu entziehen:

EVI, LEB BEI EBBE LIVE!

Richtig! Wenigstens das Leben selbst sollte eine Livesendung sein. Von geronnener Kunst allein kann der Mensch nicht leben.
Das Schulkind Ute Pantelow beriet mit seinen Eltern, was für Blumen dem Klassenlehrer zum Lehrertag wohl am besten aufs Katheder zu legen seien. Mutter riet zu Rosen, Vater zu Nelken, doch der zufällig des Wegs kommende Hausvertrauensmann empfahl:

NEIN, UTE P., GIB LEHRER HELBIG PETUNIEN!

Dem Schüler Leo indessen, dessen Vater Leiter eines Feinkostgeschäfts ist, das augenblicklich bestes Olivenöl in reicher Auswahl für die Kunden bereithält, wurde von einer Kollegin des häufig Kartoffelpuffer backenden Lehrers Helbig geraten:

LEO, GIB LEHRER HELBIG OEL!

Andererseits wurde Leo, sooft er seinen Quark in Öl tunkte, von der Muter gemahnt:

LEO, SPAR MIT RAPSOEL!

Und um auch den Raps nicht mit diesem einzigen Satz dahinwelken zu lassen, sei noch die Weisung eines Gemüsehändlers an die Verkäuferin, nämlich

LEG RAPS NEBEN SPARGEL!

notiert, bevor wir das Neueste von einer Frau Martha berichten, die nie aus ihrem bayrischen Kuhdorf herausgekommen war, bis sie plötzlich in der fünfzig Kilometer entfernten Großstadt das Phänomen erblickte:

MARTHA SAH TRAM

Renate, eine globetrottende Europäerin, indessen rüstete, eigenhändig Kisten und Koffer schleppend, zu waghalsigem Himalaja-Aufstieg. Als ihr aber in 7.000 Meter Höhe die Puste ausging, wandte sich das tapfere Mädchen denn doch an einen Gepäckträger mit dem Ersuchen um Beistand. Dieser Hilferuf wurde als Fernschreiben zu Tal gefunkt und leider nur verstümmelt empfangen:

RENATE BITTET TIBETANER

Nun, der Text verriet eindeutig, worum die Hochalpinistin gebeten hatte, und der Bitte wurde ganz in Renates Sinn entsprochen.
Dies ist ein Parkbankgespräch im Mai zwischen Udo und Gudrun:

NUR DU, GUDRUN!
O DU RELATIV VITALER UDO!

Die Satire stellt dem Pendelbuch die beiden latinisierten Sprichwörter

SATIRE VERITAS

und

SATIRA CARITAS

zur Verfügung. Jedenfalls sollte Wahrheit in der Satire liegen. Und Satire ist barmherzig – außer für die Betroffenen.
Wer sich in Mozart-Opern auskennt, wird neidlos zugeben, daß

LEPORELLOS OLLER OPEL

ein Oldtimer von palindromischer Pracht und Herrlichkeit ist.
Naturfreunde fürchten nichts mehr als das Vordringen von Projektanten, Technikern und Baukolonnen in Bereiche der Vegetation und des Tierlebens. Immer wieder kann man bei rohen Eingriffen in die Natur den Seufzer der Naturschützer hören:

PLANIERER – EIN ALP!

Vom extrem ökologischen Standpunkt aus sind Wälder, Wiesen und Auen durch die im Regen enthaltenen Chemikalien sichtbar beschädigt sowie längst nicht mehr das, womit sie bezeichnet werden, sondern

ES SIND ÖDNISSE

Da ist schwer zu widersprechen. Eine Hausfrau kam mit ihrem vor vierzehn Tagen gekauften Gasherd nicht zurecht. Der Rat eines technisch versierten Freundes

DREH NEUEN HERD

traf mitten ins Schwarze. Durch die Drehung gelang es, den Herd an die Gasleitung anzuschließen, und jetzt funktioniert er wie verrückt.
Die Frage des gnädigen Barons, warum der Haushofmeister ausgerechnet die seit vielen Jahren bewährte reizende Zofe Nora Breitenberger entlassen wolle, wurde vom Befragten mit der Auskunft

NORA B. TAT NUR UNTAT, BARON!

beantwortet. Was weiter geschah, ist unbekannt – so wenig aufgeklärt wie das Schicksal des verschollenen Fliegers Max Kleinhemd, von dem nach Aussage eines dubiosen Zeugen lediglich vermutet werden kann, daß er, Max Kleinhemd, unweit des Persischen Golfs Sturzflugübungen gemacht hat. Die Schlagzeile des Boulevardblatts

FLOG MAX AM GOLF?

trägt zur Aufklärung des Falles nicht im geringsten bei.
Typisch für die sensationswitternde und vorurteilssuggestive Boulevardblatt-Schlagzeilentaktik sind auch solche im Zusammenhang mit Strafprozessen gewählten Balkenüberschriften

LAG ELLI ILLEGAL?

und

LOG ERPRESSER PREGOL?

Hüllen wir uns in den Mantel der Diskretion, und wünschen wir Elli sowie dem lügenverdächtigen Herrn Pregol ein reinigendes Vollbad im Gewässer der Unschuld.
Kriminalistisch oder kriminell ist gleichfalls der Hintergrund einer Mahnung, die einem mehrmals vorbestraften Juwelendieb räuberische Aneignung von Smaragden auszureden versucht:

EDGAR AMSEL, LASS ALLE SMARAGDE!

Ganz im Gegenteil zum Diebstahl stachelt der Ganoventip

MERK: STIEHL U.A. FAULHEITSKREM!

alle Faulenzer an, die eine größere Dosis des rezeptpflichtigen Faulheitselexiers stibitzen wollen, um nicht der Versuchung nützlicher Arbeit zu erliegen.
Ein Diebstahl außergewöhnlicher und unbestritten delikater Art wird mit dem Appell

ELLI P., STIEHL LOTS TOLLHEITSPILLE!

angeschoben. Die Formulierung verrät, daß Lot sich mit einer Pille aufputschte, um liebesfähig zu sein. Lots Geliebte Elli Purzel fühlte sich von Lot, der immer größere Dosen zu sich nahm, nicht selten derart zur Minna gemacht, daß sie die Götter um ein Gegenmittel anflehte. So kam es zum göttlichen Pillenentwendungs-Ratschlag.
Eine Dame dieses Vornamens ist dann eine gewisse Rarität, wenn sie sich, die Dame, hinten mit einem Y schreibt: Elly. Vielleicht war just diese seltene Schreibung Anlaß für Chronisten, die Kunde

ELLY BISS SIBYLLE

zu archivieren und der Nachwelt zu erhalten.

Überliefert ist außerdem, daß eine Dame namens Patrizia (abgekürzt Pat) eine krankhafte Abneigung gegen Tapeten hatte. Patrizias Gatte Sigurd war indessen ein Tapeten-Fan, dem, als Patrizia auf Reisen war, von einem Freund die Strategie der vollendeten Tatsachen

TAPEZIERE! REIZE PAT!

eingeredet worden war. Die Rache Patrizias, die wenige Stunden nach praktiziertem Tapeten-Attentat ins traute Heim zurückkehrte, war fürchterlich und nicht ohne Originalität. Pat – es war Winter – hatte ein inniges Verhältnis zu allen Waldtieren. Auf Patrizias Ruf eilten Hasen, Dachse und vor allem Rehe herbei und ließen es sich, da sie hungrig waren, von der Frau des Hauses nicht zweimal sagen, die frischgeklebten Tapeten von den Wänden zu reißen und sich daran sattzufressen. Sigurd, nach längerer Sitzung, spätabends zu Hause angelangt, raste beim Anblick der vandalischen Ausschreitung wie besessen durch die Wohngemächer und brüllte immer wieder:

EI, RUF NIE REHE HEREIN, FURIE!

Von Patrizia zu Emma, die neulich für fünfundzwanzigjährige treue Dienste in einem Reichsbahnausbesserungswerk (RAW) mit der Eisenbahner-Treuemedaille ausgezeichnet wurde. Emma war im RAW sozusagen Mädchen für alles. Sie war für alle da, wurde von allen gebraucht, half, wo sie konnte. Mit einem Wort:

EMMA WAR RAW-AMME

Ein genaues Bild von Regine zu zeichnen ist schon schwerer. Wir lernten sie im siebenten Kapitel blitzlichtartig als besessene Weberin kennen. Eher eine Untugend ist Regines Wettleidenschaft, und die Mahnung

REGINE, WETTE WENIGER!

möge, so hoffen wir inständig, bald Früchte tragen. Inhalt und Motiv einer weiteren Ermahnung Regines sind zur Zeit noch nicht völlig geklärt, doch spricht einiges dafür, daß Regines Liebhaber Hartmut, der Regine beim Zwiebelschneiden zusah und sich an den Tränen auf Regines liebreizendem Gesicht ergötzte, halb ironisch ausrief:

REGINE, WEINE NIE WENIGER!

Im Reigen so vieler für unsere palindromischen Forschungen wichtiger Damen darf als letzte Fräulein Erika Farnhose nicht fehlen. Das in der Mitte des neunzehnten Jahrhunderts lebende

Mädchen neigte in geradezu manischer Weise zu den schon damals hochentwickelten Zauberkünsten in exotischen Ländern. Erika verschlang jegliche Lektüre über die magischen Künste besonders der Gaukler und Fakire. Nachdem ein Reisebüro Erika Farnhose mit dem Wink

ERIKA F., TAHITI HAT FAKIRE!

zu einer Schiffsreise nach Ozeanien verführt hatte, war das tragische Schicksal des Mädchens vorgezeichnet. Auf den Tahiti-Inseln machte Erika Farnhose zwar die Bekanntschaft vieler Fakire, doch vertrauter Umgang und Kontakt mit ihnen trugen grausam zur Zerstörung früherer Illusionen bei. Das Mädchen machte die Erfahrung, daß zum Beispiel der Fakir-Standardtrick, horizontale Lage auf dem Nagelbrett, schmerzlos und ohne körperliches Risiko vorgeführt werden konnte, weil der Fakir seine Haut vor Beginn der Vorstellung zentimeterdick mit Fetten und Ölen imprägnierte. Erika Farnhose war verflucht, diese Balsamierung persönlich vorzunehmen, weil sie nach einigen Monaten ihres Tahiti-Aufenthalts als Augurin so sehr in die Machenschaften und Täuschungen der Fakire verstrickt war, daß der seelsorgerische Aufschrei einer guten Freundin

NIE, ERIKA, FETTE FAKIRE EIN!

nichts mehr fruchtete. Erika Farnhose starb mittellos 1866 fern der Heimat auf Tahiti. Die Tote hinterließ nichts als zwei Palindrome.

Kindergarten

Im neunzehnten Kapitel findet sich – als farbig gedruckter Bogen – eine Auswahl aus Kinderbüchern von Hansgeorg Stengel: »Zirkus drunter und drüber« (1965 – Illustrationen: Ingeborg Meyer-Rey und Rudolf Schultz-Debowski), »Schnurrpfeifland am Schnurrpfeifstrand« (1968 – Illustrationen: Karl Schrader), »So ein Struwwelpeter« (1970 – Illustrationen: Karl Schrader), »SuperStruwelpeter« (1993 – Illustrationen: Hans-Eberhard Ernst) und »Max und Moritz – die zwei Bengel« (1994 – Illustrationen: Hans-Eberhard Ernst).

Zirkus drunter und drüber

Sieht man diesem Auto an,
daß man damit fahren kann?
Alt, zerbeult, zerkratzt, zerschunden
und mit Strippe zugebunden!
Doch trotz Kchchch und Peng und Bumm
fährt der Clown im Kreis herum.
Fahrrad fahrend hinterdrein,
jauchzt der dumme August: Fein!

Schnurrpfeifland am Schnurrpfeifstrand

Die Schnurre ist ein hübscher Fluß,
den jeder kennenlernen muß.
Sie fließt seit je durchs Schnurrpfeifland,
wo eines Schnurrpfeifs Wiege stand.
Der Schnurrpfeif zog von Ort zu Ort
und schnurrte pfeifend immerfort,
und was entlang den Wasserlauf
der Schnurrpfeif pfiff, das schrieb er auf,
damit noch heute jedermann
des Schnurrpfeifs Lieder lesen kann.

Im faulen Schnurrpfeifhausen
bestehen die Tage aus Pausen.
Die Faulheit dauert Stunden,
der Fleiß nur zehn Sekunden.
Zu denen, die was schaffen,
sagt jeder: »Ihr seid Affen!«
Doch die, die Arbeit hassen,
bekommen Geld in Massen
und Wurst und Milch und Stollen,
soviel sie haben wollen.
Wem würde von euch allen
so faul zu sein gefallen?
Ihr Kinder seid gescheiter.
Mit Fleiß kommt man viel weiter.
Die Faulen sind verdorben
und alle längst gestorben.

Im schrulligen Schnurrpfeifmünde
sagt man für Hunde Hünde,
die Spatzen nennt man Spätze
und Katzen immer nur Kätze.
Wer Schafe sagt statt Schäfe,
dem drohen hohe Sträfe.
So krause Mehrzahlwörter
hört man in Kinderhörter,
zu Haus und in den Schülen.
Schnell fort nach Schnurrpfeifmühlen.

Im sparsamen Schnurrpfeifmühlen
sitzen Gläser und Teller auf Stühlen.
Die Menschen, liegend auf Tischen,
bemühen sich, was zu erwischen.
Mit Löffel, Gabel und Messer
strecken die seltsamen Esser
die Hand aus nach Trank und Speise
auf ganz verkehrte Weise.
Sie wollen durch solches Gebaren
Servietten und Tischdecken sparen,
auf die oft Soßen spritzen,
wenn Leute auf Stühlen sitzen.
»Nein«, sagen die Untertassen,
»nein, das ist nicht zu fassen!«

Im schlauen Schnurrpfeifhude
heißen die Mädchen Trude
(es gibt davon achthundert,
damit ihr euch nicht wundert),
wogegen alle Knaben
den Namen Erich haben.
Man braucht sich nicht zu kennen
und kann den Namen nennen.
Doch manchmal gibt es Sachen,
die Schwierigkeiten machen:
Wie rufen wir den einen,
den Erich, den wir meinen?
Kommt von sechshundert Jungen
der Richtige gesprungen?
Wen meint man, ruft man Trude
im schlauen Schnurrpfeifhude?
Man lebt vergnügt und friedlich,
heißt jeder unterschiedlich.

Im muffligen Schnurrpfeifhagen
ersetzt man Bitten durch Fragen.
Das kleine Wörtchen »bitte«
ist weit und breit nicht Sitte.
Man fragt den andern eben:
»Kannst du mir Klebstoff geben?«
»Kaufst du mir Kokosflocken?«
»Stopfst du mir meine Socken?«
»Bringst du mir was zu essen?«
Doch »bitte« wird vergessen.
Sind Fragen denn schon Bitten?
Das wird von mir bestritten!

Im seltsamen Schnurrpfeifwiesen
können die Menschen nicht niesen,
nicht husten, nicht weinen, nicht lachen
und keine Grimassen machen.
Sie können nicht spielen und singen,
nicht tanzen, hüpfen und springen.
Als fleißige Lebewesen
müssen sie immerzu lesen
und rechnen und knobeln und schreiben,
Kartoffeln schälen und reiben
und Fenster putzen und Schuhe
und gönnen sich niemals Ruhe.
Die Schnurrpfeifwiesner Tage
sind nichts als Mühsal und Plage.
Die Leute nähen und stopfen,
sie hämmern und graben und klopfen
und sägen und scheuern und weben.
Was für ein betrübliches Leben!

Im kauzigen Schnurrpfeifrode
sind kauzige Käuze Mode.
Das Wasser fließt bei denen
aus Hühnern statt aus Hähnen,
und oftmals werden Wunden
mit Straßenpflaster verbunden.
Der Pfau - da staunt wohl jeder -
schreibt nicht mit seiner Feder.
Er schreibt die schönsten Schriften
mit Pinseln und mit Stiften.
Die Pappeln - Donnerwetter! -
haben nicht nur Blätter,
sondern Hefte und Bücher in Mengen
an ihren Ästen und Zweigen hängen.
Ja, ja, wo Käuze wohnen,
dort gibt es Sensationen.

Im sonnigen Schnurrpfeifwegen
warten die Leute auf Regen.
Nur immer scheint die Sonne.
Leer steht die Regentonne.
Der Regenmacher Heyse
macht eine Urlaubsreise.
Nun weiß kein Mensch am Orte
die Regen-Zauberworte.
Die Menschen nehmen zum Kochen
nun schon seit vierzehn Wochen
nur Limonade statt Wasser,
denn Wasser ist auch nicht nasser.
Die Kinder kriegen zum Waschen
Seife und Malzbierflaschen.
Die sind genügend vorhanden.
Verstanden?

Im winzigen Schnurrpfeifberge
sind alle Riesen Zwerge
und Kürbisse und Melonen
nicht größer als Erbsen und Bohnen.
Die Elefanten und Wale
sind kleiner als Schnecken und Aale.
Die Menschen nur (ohne zu flachsen!)
sind völlig normal gewachsen
und können sich nicht - wie sie stöhnen! -
an ihre Umgebung gewöhnen,
denn auch die Häuser und Hallen
sind viel zu klein ausgefallen.
Man sieht, daß auch Großes nicht fein ist,
wenn alles rundrum viel zu klein ist.

Im ulkigen Schnurrpfeifweiler
ist der Herr Bäcker ein Seiler,
Herr Bürstenmacher macht Würste,
Herr Metzger Besen und Bürste,
Herr Brenner macht Schlösser und Riegel,
Herr Schlosser dagegen brennt Ziegel,
Herr Stühler, ein Fischer, fängt Fische,
Herr Fischer baut Stühle und Tische,
Herr Waldmann ist Schornsteinfeger,
Herr Ruß jagt das Wild. Er ist Jäger.
Herr Seemann flickt Rock und Hose,
Herr Schneider ist ein Matrose.
Nur Herr Rahm baut Bilderrahmen.
Er hat den passenden Namen.

Im tierlieben Schnurrpfeifkirchen
liebt man von Herzen die Tierchen.
Man hat schon manches den Hunden
und Katzen zuliebe erfunden.
Auch Notenpulte für Spatzen,
für kranke Igel Matratzen
und mehrere Büchereien
für lesende Papageien.
Sogar goldne Hörner für Stiere
erfand man zum Wohle der Tiere.
Nur zum Nutzen der Fliegen und Mücken
wollte noch keine Erfindung glücken.
Man baute für sie zwar niedliche Bänke,
Speisegaststätten und Wäscheschränke
und ein Hotel mit Wasser und Licht,
doch die Mücken und Fliegen mochten das nicht.
Den Schnurrpfeifkirchnern wurde bald klar:
Das Ungeziefer ist undankbar.

Im luftdünnen Schnurrpfeifbrücken
hat niemand viel Lust, sich zu bücken,
weil, wie diese Bilder zeigen,
die Dinge nicht fallen. Sie steigen!
Wenn Kinder spielen und toben,
fliegt allerhand plötzlich nach oben:
die Mützen und Murmeln und Schlitten
und Kuchen und Leberwurstschnitten,
auch Katzen und Kühe und Schimmel
- dies alles schwebt Richtung Himmel.
Nur - das ist verhext und zum Lachen -
die Luftballons, Bälle und Drachen
bleiben am Boden liegen
und sind dort nicht wegzukriegen.
Ja, ja, der Alltag hat Tücken
für jeden in Schnurrpfeifbrücken!

Im seltsamen Schnurrpfeifleben
soll es Verrücktheiten geben:
ein Sägewerk ohne Säge,
Blitzschläge ohne Schläge,
Taxis ohne Schofföre,
Frisiersalons ohne Frisöre,
Fußballer ohne Bälle,
Stallhasen ohne Ställe,
Gaststätten ohne Gäste,
Volksfeste ohne Feste,
Sparkassen ohne Kassen
und Schulklassen ohne Klassen.
Nur eins scheint es nicht zu geben:
die Ortschaft Schnurrpfeifleben.

Der Schnurrpfeif schnaubt ins Taschentuch
und sagt euch: »Schluß mit diesem Buch!«
Wer Schnurrpfeifs Schnurrpfeiflieder las
mit etwas Ernst und sehr viel Spaß,
der singe selber nun mit Lust
ein Schnurrpfeiflied aus voller Brust,
damit bald jeder, der da lauscht,
empfinde, wie die Schnurre rauscht,
gar schnurrig sprudelt, hell und klar.
Ja, Schnurrpfeifland ist wunderbar!

So ein Struwwelpeter

Seht mal her, hier steht er,
so ein Struwwelpeter!
Haarschopf wüst und speckig,
Hemd und Hose fleckig.
Finger, Ohren und Gesicht
wusch er sich seit Wochen nicht.
Socken trägt er keine,
putzte niemals seine
schiefgelatschten Treter.
Schäm dich, Struwwelpeter!

Die Geschichte von der faulen Angelika

Angelika war dick und rund
und wog schon mehr als achtzig Pfund.

„Du wirst zu dick", sprach Onkel Paul.
„Angelika, du bist zu faul!"

„Nein", hat Angelika gesprochen,
„ich habe nur zu schwere Knochen!"

Das war natürlich Flunkerei.
In Wahrheit aß das Kind für drei.

Sechs Brötchen, wenn es keiner sah,
verputzte früh Angelika.

Und mittags aß sie fünf Portionen
Kartoffeln, Fleisch und weiße Bohnen.

Beim Abendessen stopfte sie
sich voll mit Wurst und Flammeri.

Und wenn sie grade mal nicht aß,
dann lag sie faul im grünen Gras.

Nie sah man sie mit ihren vielen
Geschwistern auf dem Sportplatz spielen.

Sie war zu faul. Sie sprang und lief
nur, wenn man sie zum Essen rief.

Angelika, nun sieh dir an,
was bald mit dir passieren kann!

Tagtäglich wirst du rund und runder,
und dann geschieht ein böses Wunder!

Es kommt zu einem Zwischenfall:
Du platzt, mein Kind, mit lautem Knall!

Die Geschichte
von der Daumenlutscherin Sibylle

Wenn es dunkel war und stille,
lutschte heimlich die Sibylle
immerfort an ihren Daumen,
so als wärens süße Pflaumen.

„Rechtes Däumchen, linkes Däumchen,
schüttle dich, mein Pflaumenbäumchen!"
flüsterte Sibylle – und
schwupp! die Daumen in den Mund.

Sandmann stieg durchs Fenster ein,
sprach: „Sibylle, laß das sein!
Daumenlutschen ist nichts Gutes",
doch Sibylle sprach: „Was tut es?
Rechtes Däumchen, linkes Däumchen,
schüttle dich, mein Pflaumenbäumchen!"
drehte sich im Bett um – und
schwupp! die Daumen in den Mund.

Einmal nun nach langer Nacht
ist Sibylle aufgewacht
und bemerkte, ach, du Schreck:
Beide Daumen waren weg,
hatten sich zu zweit verdrossen
nachts zur Wanderschaft entschlossen!

Wie nun soll Sibylle trinken
oder essen Wurst und Schinken
oder pflücken süße Pflaumen
ohne Hilfe beider Daumen?

Und die Daumen wandern, wandern
flink von einem Ort zum andern.
Ob sie einst in aller Stille
heimwärts wandern zu Sibylle?

Niemand weiß, was beide machen.
Wer nie daumenlutscht, kann lachen!

Die Geschichte von der alten Oma Enzenbach

Die Oma Hedwig Enzenbach
war schon ein bißchen altersschwach.
Behäbig schlurfte sie und matt
an einem Krückstock durch die Stadt.
Wer sie erblickte, jedermann,
bot gern der Alten Hilfe an.
Die Mädchen und die Jungen,
sie sind herbeigesprungen
und trugen ihr die Taschen
und halfen Wäschewaschen
und räumten auf die Truhe
und putzten blank die Schuhe
und kehrten Schmutz vor Omas Tür,
und niemand wollte Lohn dafür.

Nur die zwei Buben Tom und Tim,
die waren ganz gemein und schlimm.
Sie ärgerten mit frechem Lachen
die alte Oma Enzenbachen
und sangen ihr im Zweierchor
den schauderhaften Spottvers vor:
„Buckelkrumme Hexenmuhme,
ausgedörrte Butterblume,
Schleiereule, Haubenwachtel,
gute Nacht, du alte Schachtel!"

Das klang nicht gut in Omas Ohr,
doch trug sie alles mit Humor,
sie schimpfte nie, war immer froh
und dachte: Jungens sind halt so.
Wie ärgerten sich Tim und Tom,
sie riefen vor der Haustür: „Komm
heraus zu uns und hör dir dann
das Lied noch mal von vorne an:
Buckelkrumme Hexenmuhme,
ausgedörrte Butterblume,
Schleiereule, Haubenwachtel,
gute Nacht, du alte Schachtel!"

Der Winter kam, es wurde kalt.
der Schnee bedeckte Feld und Wald
und machte Tal und Hügel weiß,
da gingen Tim und Tom aufs Eis.

O weh! Das Eis war noch zu schwach.
Sie brachen ein mit lautem Krach.
Das hörte Oma Enzenbach.

Schnell sprang die Alte aus dem Bett
und lief zum Teich mit einem Brett
und hat sich mit dem Brett ganz sacht
an beide Buben rangemacht
und kriegte sie, die pitschenassen,
am Haarschopf und am Rumpf zu fassen
und brachte so nach kurzer Zeit
das Brüderpaar in Sicherheit.

Nun sitzen, triefend naß und schwach,
am Herd der Oma Enzenbach
die Buben, denn ihr Bauch tut weh,
und schlürfen heißen Fliedertee
und futtern zehn mit Wurst und Speck
belegte Butterstullen weg.

Die Oma, die's mit Freude sieht,
sagt: „Kinder, guten Appetit!"

SuperStruwelpeter

Seht mal alle her, da steht er:
Alter junger Struwelpeter!
Ätzend. Poppig. Strubbelhaare.
Alter: hundertfünfzig Jahre.
Quicklebendig. Fröhlich. Munter,
alle Tage kunterbunter.
Lässig, lax und locker,
haut ihn nichts vom Hocker.
Nichts im Kopf als lauter Faxen,
wird er groß, doch nie erwachsen.

SUPER

Die Geschichte vom rasenden Patrick

Patricks Rennrad: zwanzig Gänge,
Chromstahlspeichen, Überlänge.
Patricks Opfer: sieben Katzen,
ein Karnickelbock, zehn Spatzen,
ungezählte Frösche, Mäuschen,
Schnecken mit und ohne Häuschen,
eine Gans, ein Dachs, ein Wiesel,
linker Fuß der Witwe Kiesel,
viele Igel, Hühner, Hähne,
Hunde, Füchse und zwei Schwäne.
Patrick jauchzte: „Wundervoll
bist du, Stahlroß, einfach toll.
Machst viel Terror im Verkehr,
doch ein Auto fetzt noch mehr!"

Da, ein Lack- und Chrom-Gigant
steht geparkt am Straßenrand!
Patricks Fahrlust ist geweckt:
Tür ist offen, Schlüssel steckt!

Rein ins Auto! Kolossal!
Abflug! Tritt aufs Gaspedal!
Siebzig Sachen und noch mehr:
Das belebt den Stadtverkehr!

Mit Karacho zur Chaussee!
Hundert! War das nicht ein Reh?
Kleiner Fisch. Zur Autobahn!
Volle Pulle. Affenzahn.

Hundertvierzig! Duck dich, Wald!
Vollgas. Peng. Es hat geknallt.
Wildsau! Patricks Wahnsinns-Schlitten
wirkt wie mittendurchgeschnitten.

Nasen-, Schien- und Schlüsselbein
sind kaputt. Doch nicht beim Schwein!

Patrick bleibt nicht ewig wund,
kommt in Gips und wird gesund,
doch die Tageszeitung schrieb:
„Patrick ist ein Autodieb!"

Wäre Patrick nicht zu klein,
zög er ins Gefängnis ein!
Eltern aber sind erwachsen,
müssen büßen für die Faxen
eines Kinds. Das Amtsgericht
kennt mit Eltern Mitleid nicht,
knöpft den beiden das nicht kleine
Sümmchen ab: zwölf blaue Scheine!

Die Geschichte vom unermüdlichen Video-Pit

Pit, Omakind und elternlos,
ritt nur ein Hobby: Videos!
Sein Lied erklang von fern und nah:
Vide-rallala! Vide-rallala!

Er schob beiseite Klops und Kloß
und sah sich satt an Videos.
Auf Rotkohl pfiff er und Buletten.
Sein Festmahl: Video-Kassetten.

Er hörte, videobesessen,
allmählich völlig auf zu essen.
Tagtäglich schlaf- und pausenlos
verkroch er sich in Videos.

Längst ging er auch nicht mehr zur Schule.
Er klebte fest an seinem Stuhle.
Pit wurde dünn und wurde schwach.
Die Oma seufzte: „Weh und ach!"

Pit wurde Freund und Freundin los.
Er war verknallt in Videos.
Er saß und saß. Pit, warte nur!
Der Lehrer ist dir auf der Spur.

Da seht! Der Lehrer Sigmund Schmidt
und Oma zerren. Und der Pit?
Er klebt und klebt. Trotz Ruck und Stoß
starrt er auf seine Videos.

Zur Zeit versucht den Pit, den bösen,
ein Extra-Bautrupp zu erlösen
mit einem Riesen-Hebekran
vom Videokassettenwahn.

Max und Moritz -
die zwei Bengel

VORWORT

Schon im Kaiser-Wilhelm-Reiche
gab es Max-und-Moritz-Streiche.
Urgroßmütter, Urgroßväter
kannten die zwei Missetäter,
wußten: Max und Moritz machen
immerfort verrückte Sachen,
pfiffig sind die zwei Kumpane,
ihre Streiche erste Sahne!

Vieles freilich, was die Knaben
damals ausgefressen haben,
wie zum Beispiel und Exempel
dieser bei Herrn Lehrer Lämpel
explodierte Pulverblitz,
war fürwahr ein schlechter Witz.
Überhaupt, das Leuteschinden
mußte man als mies empfinden.

Max und Moritz, wirklich wahr,
sind vor einem Vierteljahr,
wenn auch einstmals fein geschroten,
auferstanden von den Toten.

Ob sich, fragt ihr euch, die Knaben
mittlerweil gebessert haben?

Das erfahren wir sogleich.
Es geht los: Der erste Streich!

ERSTER STREICH

Mehr zu scheinen als zu sein,
bringt mitunter etwas ein.
Name, Titel, Rang und Stand
gelten oft in Stadt und Land
mehr als eine allezeit
gütige Bescheidenheit.

Das bedenkt auch Gustav Quark,
nennt sich Graf von Donnersmarck.
Quark ist Käse! Klingt zu brav.
Graf wirkt fetzig, Graf bleibt Graf.

Quark hat Schulden, prellt gern Zechen,
läßt Kollegen für sich blechen,
zieht mit Eifer frank und frisch
die Verwandtschaft übern Tisch,

haut mit Tricks und Handelsspanne
brave Bürger in die Pfanne,

schwatzt von Aufschwung, Zinseszins,
Aussicht höchsten Reingewinns,
stapelt hoch und stapelt tief.
Mal geht's gut, und mal geht's schief!

Hat er Pech, flieht er sofort
zum geheimen Zufluchtsort:
Eine Villa hinterm Wald
bietet Schutz und Aufenthalt.

Moritz und sein Spezi Max,
Zwiegespann des Schabernacks,
dachten sich: Das Quarksche Haus,
weißgetüncht, sieht farblos aus.
Besser paßt zum Adelssproß
ein feudales Grafenschloß!

Max und Moritz, kunstverständig,
sprühen zwiefach doppelhändig
Wände, Dach, Balkons und Rinnen,
Tor, Veranda, Türmchen, Zinnen

und als Krönung grünrotblau
Donnersmarck naturgenau.
Nach drei Stunden sieht das Haus
rundherum phantastisch aus,
wird getauft mit Sprüh und Spray
»Graf-Graffiti-Spray-Palais«!

Fassungslos, total schockiert,
sieht Graf Quark sein Haus beschmiert.

Käsebleich fällt er vor Schreck
mit der Nase in den Dreck.

Max und Moritz staunen: »Toll!
Große Kunst ist wirkungsvoll!«

Und der falsche Graf entfloh
nach Berlin? Nach Torgelow?
Nach Heilbronn? Nach Bremerhaven?
Niemand fand die Spur des Grafen.
Möglich, daß Graf Quark geschockt
gutversteckt im Spraywald hockt.

Dieses war der erste Streich,
doch der zweite folgt sogleich.

SECHSTER STREICH

Die Musik, die einst erklang,
weckt der Seele Überschwang,
doch moderne Trommelfelle
brauchen neue Klangmodelle.

Max und Moritz stellen fest:
Kunst erweist sich erst im Test.
Eine Katze huckepack
buckeln sie verschmitzt im Sack.

Pianist Jobst Büchsenschwert
gibt mal wieder ein Konzert.
Ach, wie freut sich jedermann:
Heute ist Tschaikowski dran!

Der Applaus ist riesengroß.
Das Klavierkonzert geht los.
Hingerissen lauscht der Saal.
Büchsenschwert tritt aufs Pedal.
Da - ein Wimmern irgendwie
demoliert die Harmonie.

Der verstörte Pianist
hofft, daß nicht von Dauer ist
dieser Spuk. Doch das Gewimmer
wird im Gegenteil noch schlimmer.

Mezzoforte, sonst mit Kraft
musiziert und Leidenschaft,
hört sich, denkt der Flügelmann,
fast wie miezoforte an.

Und es drängt im Spielverlauf
sich verstärkt der Eindruck auf,
daß Tschaikowski unbedingt
eher wie Katzkowski klingt.

Büchsenschwert, von Zorn gepackt,
kommt nun völlig aus dem Takt,
merkt: Aus einem Gis wird G,
und das Cis verkommt zum C.

Als er, nervlich echt entgleist,
hoch den Flügeldeckel reißt,
hopst in kühnem Schwung die Katze
auf des Pianisten Glatze.

Max und Moritz Hand in Hand.
Doch der Katzenmusikant
wird wohl, schmunzeln beide Knaben,
morgen einen Kater haben.

Dieses war der sechste Streich,
doch der letzte folgt sogleich.

SCHLUSS

Kurz und gut: Bald wurde klar,
was im Ort geschehen war.
Max und Moritz, ungerührt,
wurden unsanft abgeführt,
doch sie zeigten, cool und kühl,
weder Schuld- noch Mitgefühl.
Und es fehlt, um sie zu beugen,
an Beweisen und an Zeugen.
Das Gericht kommt zur Erkenntnis,
ohne Reue und Geständnis
Max und Moritz als Gestalten
lebenslänglich festzuhalten
oder aber nach Belieben
irgendwohin abzuschieben.

Als die Max-und-Moritz-Stadt
den Beschluß erfahren hat,
war von Freude keine Spur.
Viele Bürger spürten nur:
Schwätzer, die ins Schwimmen kommen,
haben haargenaugenommen
keinen echten Grund, sich wegen
Wassereinbruchs aufzuregen.
Selbst der Rabe Huckebein
krähte: »Katz- und hundsgemein
ist's, die beiden zu vertreiben.
Max und Moritz müssen bleiben!«

Manche Dinge, schwer zu fassen,
lösen sich durch Liegenlassen.

Hier nun enden die Berichte
über beide Bösewichte.
Max und Moritz sind verschwunden,
festgehalten und gebunden,
doch für Eltern, Mädchen, Knaben
noch als Bilderbuch zu haben.

Epigramme IV

Das zwanzigste Kapitel enthält eine Auswahl aus Hansgeorg Stengels Epigrammbänden »Stenglisch Waltz« (1986) und »Im stenglischen Garten« (1991).

Zwischendurch

Unsterblich ist das Werk von Marx und Engels.
Und dennoch, lieber Freund,
lies dann und wann,
was sich mit M. und E. nicht messen kann:
ein sterbliches Bonmot Hansgeorg Stengels.

Barmherzig

Wirf, Schatz, mir nicht Betrug vor und Intrige,
ertappst du mich bei fremder Heimlichkeit.
Wenn ich dir einen Fremdgang nie verschwiege –
es gäbe zehnmal öfter Ehestreit.

Grenzen der Weisheit

Du hast so herrlich recht in allen Sachen.
Doch rätst du mir auch weise dies und das,
so will ich immer wieder Fehler machen,
denn nur aus Fehlern, Liebste, lernt man was.

Gehupft wie gesprungen

Sofern mich einer fragt: »Wie geht es Ihnen?«,
kann ich nicht recht mit einer Antwort dienen.
Denn wenn ich sage »Gut!«, dann denkt sich der:
»Der redet so wie jedermann daher.«
Und sag ich »Schlecht!«, dann denkt der
Frager sich:
»Der macht auf geistreich. Der veralbert
mich.«

Sommerliche Stichprobe

Sie macht nicht halt – nicht mal vor den
gerechten
und edlen Männern. Sie behauptet sich
in nächtlichen, zermürbenden Gefechten:
Sie triumphiert, die Mücke – Stich um Stich.

Variationen zu einer geflügelten Variation

Wo man Skat drischt, solltest du dich tummeln.
Böse Menschen skaten nicht, sie schummeln.
Wo man turnt, dort darfst du ruhig harren.
Böse Menschen ziehts nicht an den Barren.
Wo man liebt, dort zieh diskret von dannen.
Böse Menschen weichen nicht, sie spannen.
Wo geklaut wird, solltest du nicht fehlen.
Böse Menschen mausen nicht, sie stehlen.
Wo man Eisbein mampft, dort kannst du hocken.
Böse Menschen schlabbern Haferflocken.
Wo man trinkt, darfst du getrost verschnaufen.
Böse Menschen trinken nicht, sie saufen.

Berechtigter Unmut eines Ehemannes

Ich verzeihe dir alles.
Schlimmstenfalles
sogar den weiblichen Tick,
dich täglich mit Hausarbeit zu befassen.
Nur nicht den Trick,
mich skrupellos daran teilnehmen zu lassen.

Sichtweite null Meter

Es war einmal eine Nebelkrähe –
nicht sichtbar war sie aus nächster Nähe.
Auch Herr Krähe sah seine Gattin nicht.
Warum wohl? Der Nebel war viel zu dicht.

Zünftiger Abschied

Ein Vogel, nach zwei Schlückchen Alkohol,
empfahl sich an der Bar mit »Bar, lebwohl!«
Und alle ringsherum begriffen nun:
Man hatte es mit Adebar zu tun.

Aus der Froschperspektive

Der Laubfrosch wollte nicht länger so heißen,
und um seine Arbeitskraft nicht zu
verschleißen,
hat er sich (Laubfrösche haben Verstand)
pfiffig in Urlaubfrosch umbenannt.

Blindflugblatt

Wenn Insekten an den Windschutzscheiben
massenhaft wie Kleister klebenbleiben,
müßt ihr sanfter auf die Tube drücken,
sonst zerquetscht das Schicksal euch
wie Mücken.

Sprungmanöver

Über den eigenen Schatten zu springen,
wird den Menschen wohl niemals gelingen,
es sei denn, die Schatten sind Kurbadschatten:
Dann freun sich zu Hause die Ehegatten.

Nach einem warmen Regen

Erst fiel ein Schuß. Dann folgten viele Schüsse.
Die Kripo zog am nächsten Morgen rasch
aus dem brisanten Fall konkrete Schlüsse:
Marone, Steinpilz, Reizker, Hallimasch.

Ehemanns Glück

Es drückte ihn schon was bei seiner Heirat.
Erst als das Baby seinen ersten Schrei tat
und bald danach in Vaters Armen ruhte,
war ihm ganz plötzlich väterleicht zumute.

Fortbestand eines Gerüchtes

Frauen: Seht, wie sie spurten, sich sputen!
Marathon: knapp hundertfünzig Minuten!
Frauen, die radeln und rodeln und reiten,
Traumhöhen meistern und traumhafte Weiten.
Dennoch sei, heißt es (verzeiht, wenn ich lache),
dieses Geschlecht das spezifisch schwache.

Finale

Hast du, mein Freund, mal einen Bock
geschossen,
sei bitte mehr ermutigt als verdrossen,
weil niemand mehr von diesem Zeitpunkt an
das tote Vieh zum Gärtner machen kann.

Gold-Stück

»Es ist nicht alles«, heißt es, »Gold, was
glänzt.«
Das Sprichwort wird von mir wie folgt ergänzt:
»Im Gegenteil! Ein Defizit an Glanz
ist oft solider Hinweis auf Substanz!«

Pas de deux

Geraten wird bei einem Flirt zu zwein
im Regelfall zu einem Stelldichein.
Doch tritt ins Blickfeld schon der Monat Mai,
empfiehlt der Therapeut ein Legteuchzwei.

Diplomat

Sie fragte skeptisch: »Liebst du mich
so wie ich dich?« Er hüllte sich in Rauch.
Dann sagte er: »Ich lieb dich auch«
und präzisierte: »Ja, ich lieb auch dich!«

Form und Inhalt

Der Maßstab geschliffener Formulierung,
mit dem man gern Politiker mißt,
taugt gar nichts, sofern sie nur Garnierung
eines hohlen Gedankens ist.

Ohratorium

Bewertet die Anatomie, ihr Juroren,
nie als Signal und Indiz allein.
Es kann auch ein Mensch mit intakten Ohren
ein ausgesprochenes Schlitzohr sein.

Patentrezept

Wie kann man global allen Ehepaaren
Zerwürfnisse, Streit und Konflikte ersparen?
Man muß sie, die Partner, räumlich entfernen,
damit sie sich gar nicht erst kennenlernen.

Haltungsnote

»Den Kopf halt kühl!«
Die Haltung ist zu loben.
Die beste Haltung:
Man behält ihn oben.

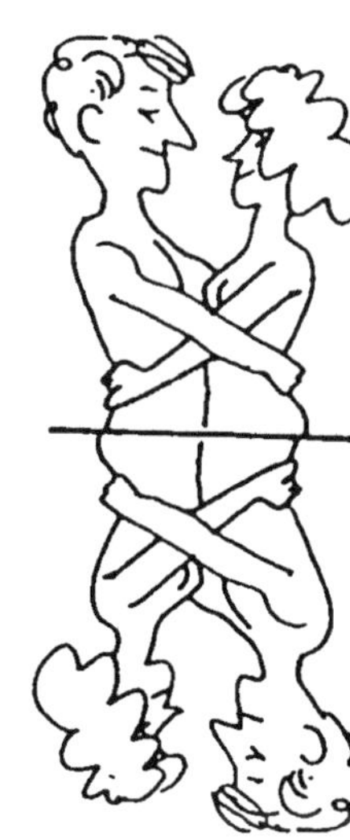

So oder so

Am schönsten ist es auf der Welt,
wenn sich zur Frau der Mann gesellt.
Indessen ist auch umgekehrt
Kontakt durchaus empfehlenswert.

Hilfeverstellung

Ein Gentleman pflegt jede Frau zu ehren
und ihr gehörig Achtung zu gewähren.
Doch pflegt er Spondylose vorzuschützen,
soll er die Frau im Haushalt unterstützen.

Dauerbrenner

Alles auf dem Globus ist vergänglich.
Nichts, was einmal aktuell war, bleibt.
Nur ein Phänomen währt lebenslänglich:
der Poet, der Frühlingsverse schreibt.

Rendezvous mit der Vergangenheit

Du lebst im Wohlstand, hast Peugeot und Villa.
Doch plötzlich (ob am Bildschirm, ob im Zoo)
betrachtet dich mit Skepsis ein Gorilla
und macht dich grübeln über dein Niveau.

Defizit

Trotz kardiologisch günstiger Befunde
– normaler Blutdruck, fieberfrei, kein Schmerz –
ging der Patient Karl Hartlieb vor die Hunde.
Ihm fehlte nichts. Nur ein Detail: das Herz.

Lanze Nr. 1 für Deutschmuffel

Betrachte dein Deutsch als Papierkriegspfad.
Schreib so, daß man rät, was gemeint ist.
Begreif, daß ein Hackklotz dein Kamerad
und Konrad Duden dein Feind ist.

Lanze Nr. 2 für Deutschmuffel

Hast du zu tun mit Sprachproblemen,
heißt es zur Mundart Zuflucht nehmen.
Bedienst du dich des Dialektes,
verargt dir niemand Unkonkretes.

Heraldik

Das Urbild des schwankenden Zeitgenossen:
meinst träge, doch manchmal auch
stürmisch wild.
Ein Mensch mit zwei Wörtern im Wappenschild:
VORÜBERGEHEND ENTSCHLOSSEN.

Tauschwertbrief

Den Weihnachts-Gästeansturm – nimm ihn hin!
Dein Herz klopft voll Erwartung in der Brust.
Es könnte sein, daß der Geschenkgewinn
weit größer ist als der Geschenkverlust.

Trilogie

Erst haben sie zarte Fäden gesponnen.
Dann hat eine Zeit der Feten begonnen.
Und jetzt beim Daher- und Dawiderreden
beschränkt sich der Ehealltag auf Fehden.

Sonettchen fürs Frettchen

Es hat sich vollgestopft mit Gänsefettchen,
mit Hühnerkeulchen und Fasankotlettchen.
Nun wälzt es sich in seinem Heiabettchen,
schlürft Weißdornsäfte, schluckt
zwei Schlaftablettchen,
bis es in Morpheus' Armen liegt: das Frettchen.

Ferienspiele

»Schönes Wetter gehabt in Alexisbad?«
Karl Kies mußte schwach mit den
Achseln zucken:
»Ich weiß nicht. Man kann doch beim Dauerskat
nicht immerzu aus dem Fenster gucken!«

Selbstkritisches Fazit

Mach Jahresbilanz, du Arbeiter, Bauer,
Handwerker, Lehrer, Minister, Dentist.
Gib zu, daß du nicht ein Kalenderjahr schlauer,
sondern nur älter geworden bist.

Frühlingsfremdenverkehr

Jetzt steigt im Norden, Osten, Westen, Süden
das Männerkontingent an Frühjahrsmüden.
Zugleich erhöht sich sprunghaft weit und breit
der Ehefrauen Frühjahrswachsamkeit.

Dendrologik

Es gibt in Zeitz spezielle Eichenbäume,
was ich der Welt zu melden nicht versäume.
Ich weiß Bescheid, seit ich im zwölften Band
des Lexikons das Wort ZEITZEICHEN fand.

Problematik

Das fehlte noch, daß plötzlich einer käme
und schlicht erklärt: »Ich leide Not und Pein,
ich habe Sorgen, Ängste, Schererein!«
Der aktuelle Hiob hat PROBLEME.

Defizit

Der große Erfinder war fleißig und schlau,
doch ließ er verkümmern die Ehefrau
sowie seine sämtlichen Kinder.
Denn eins war er nie: ein Empfinder.

Aus dem Befremdwörterbuch (I)

In manches Sportreporters Mikrofon
schleicht sich die Phrase KLEINE SENSATION.
Warum nicht öfter WINZIGER ORKAN
sowie ein MINIMALER GRÖSSENWAHN?

Eiszeit für Ausländer

Spontan hat er beschlossen umzuziehn
zum Nordpol, der Feuerland-Pinguin.
Er hatte zu bedenken vergessen,
daß Eisbären Asylanten fressen.

Augenmaß

Wenn der Blick des Volkes auf dir ruht,
schau auf deiner Tugend Höhenmesser!
Prominent zu sein ist zwar ganz gut,
aber populär zu sein ist besser.

Aus dem Befremdwörterbuch (II)

Um deine Chancen steht es trist,
sofern du nur ein Fachmann bist.
Gefragt ist der alerte
sachkompetente Experte.

Deutschland

Zwischen Oderbruch und Wiebelskirchen,
Westerland und Oberammergau
Schlösser, Wälder, Flüsse, Menschen, Tierchen
und der permanente Autostau.

Lebenserwartungshorizont

Männer haben siebzig Lebensjahre,
Frauen achtzehnhundert Tage mehr.
Liegst du erst mit Hundert auf der Bahre,
hinkst du der Statistik hinterher.

Märzinfarkt

Da ist einer tollkühn vor wenigen Tagen
ins Wasser gesprungen bei Boltenhagen
und bibbert bei Rum und bei
Glühwein und Tee
als Ritter der Gänsehautevolee.

Falls

Der jüngste Esperanto-Weltkongreß
beschleunigt den Verständigungsprozeß,
falls Esperanto künftig und konkret
der Mensch, mit dem du sprechen willst,
versteht.

Aus dem Befremdwörterbuch (III)

Wegen mir, wegen dir,
wegen ihm, wegen ihr.
Sprödes Deutsch? Kein Grund, sich aufzuregen.
Bleib dir treu. Blamier dich meinetwegen.

Volkszorn

NIEDER MIT DEN PRIVILEGIERTEN,
DEN TALENTIERTEN UND DEN
ARRIVIERTEN!
Das Flugblatt wird von allen unterschrieben,
die vierzig Jahre lang erfolglos blieben.

Entlarvt

Er liebt, seit ihm neulich ein Bank-Coup gelang,
Deutschland mit heiligstem Überschwang.
Kein Wunder, daß, wer diesen Heuchler kennt,
ihn indiskret HEIMATSCHWINDLER nennt.

Aus dem Befremdwörterbuch (IV)

Im Mai verbuchte Hauptbuchhalter Zinn
bei günstigem Geschäftsgang ZUGEWINN.
Wir wünschen Zinn, daß es nicht im August
zu einem Rückschlag kommt: zum ABVERLUST.

Nicht so schlimm

»Ein Seelenhirt«, entschied der Pontifex,
»ist dispensiert von Ehe und von Sex.«
Punkt eins schreckt weder Bischof noch
Kaplan,
und für Punkt zwei fehlt das Kontrollorgan.

Spitze

Für ihn hatte Wortschwulst, nicht Sprachdiät,
die höchstmaximalste Priorität,
und deshalb erfand er extremprogressiv
den stellenwerthypersten Superlativ.

Porträt von sechzehn Millionen Beitrittsdeutschen

Von Stubbenkammer bis Aue
gibts dumme Leute und schlaue.
Von Osterwieck bis Finkenheerd
ist es dagegen umgekehrt.

Uniform-Reform

Den Militär-Look zwischen Schwedt und Trier
beschreibt die visionäre Expertise:
Blue Jeans für Musketier und Offizier.
Für Generale Jeans mit roter Biese.

Nicht verwandt oder verschwägert

Delphine trügen hinter ihrer Stirn
ein quasi menschenähnliches Gehirn?
Die These ist energisch zu bestreiten:
Delphine planen keine Scheußlichkeiten.

Straßenschildbürger

Gefährlich ist's, den Leu zu wecken,
verderblich ist des Tigers Zahn,
doch der schrecklichste der Schrecken
ist der Umbenennungswahn.

Aus dem Befremdwörterbuch (VI)

IM NACHHINEIN hat man ihm eingehämmert:
IM NACHHINEIN sei schön und elitär.
IM NACHHINEIN hat es bei ihm gedämmert:
Das gute deutsche Wort heißt HINTERHER.

Spektralanalyse

Es mahnte seinen jüngsten Sohn
ein schillerndes Chamäleon:
»Treib's nicht zu arg, vor allem nicht zu bunt.
Chamäleon bist du und kein bunter Hund.«

Miß-Geschick

Die Chronik welthistorischer Balladen
verdunkelt der Despoten Glorienschein:
Mißbrauchte Macht gereicht der Welt zum
Schaden.
Mißbrauchte Ohnmacht kann noch
schlimmer sein.

Aus dem Befremdwörterbuch (VII)

Alle Menschen sind verschieden?
Alle Menschen ruhn in Frieden?
Sind verschieden? Sapperlot!
Viele leben. Sind nicht tot.

Erfindertragik

Wer erfindet die Witze? Wie heißt das Talent?
Ich weiß es: Karl Knoschke aus Niederlehme.
Er starb bettelarm. Hinterließ keinen Cent.
Denn für mündliche Witze gibt's keine
Tantieme.

Einzelmännchen

Du lebst nur für dich selbst? Bei Jahresschluß
machst du Bilanz: kein familiäres Plus.
Verschanz dich nicht auf ewig, Junggeselle,
vergnatzt in deiner Defizitadelle!

Aus dem Befremdwörterbuch (V)

»IHR LETZTES BUCH«, schrieb Rezensent
Fritz Korn,
»war wunderbar!« Den Autor packte Zorn:
»Sie sollten, Korn, mich nicht zur Weißglut
treiben:
Ich will noch mindestens zehn Bücher
schreiben!«

Anweisung des Fraktionsvorsitzenden

»Der Vorschlag des Parlamentariers Paul Frey,
das hat die Fraktion sich einzuschärfen,
ist – gut oder schlecht – prinzipiell zu verwerfen,
denn Frey ist bei der falschen Partei.«

Kindermund

Ulrike Künzel brachte blitzgescheit
den Klassenlehrer in Verlegenheit.
Wenn er Ulrike fragte das und dies,
kam ihre Antwort: »Weiß nicht. Wissen Sie's?«

Rechtsauskunft

Die Arznei, die Arznei, die hat immer recht.
Die Türkei, die Türkei, die hat immer recht.
Die Bastei, die Bastei, die hat immer recht.
Die Kanzlei, die Kanzlei, die hat immer recht.
Die Pfarrei, die Pfarrei, die hat immer recht.
Die Schalmei, die Schalmei, die hat immer recht.
Die Abtei …
Fiktive Statements albernen Gehabes?
Nein: Die Partei, die immer recht hat, gab es.

Pressefreiheit

Blüten in der Natur zu entfalten
ist Frühling und Sommer vorbehalten.
Indessen dürfen zu allen Zeiten
Zeitungen höheren Blütsinn verbreiten.

Sensorisch

Im Parlament, wenn's um Attacken geht,
muß Sprache Opfer sein verbaler Hitze.
Der Dreiklang KONSENS-DISSENS-
NONSENS steht
rhetorisch bei Debatten an der Spitze.

Spielräume

Kanada: Riesiger Fußabtreter!
Drei Staatsbürger pro Quadratkilometer!
Verglichen mit Deutschland ist Kanada leer,
so leer, als ob Kanada Keenerda wär.

Ursache und Wirkung

Tritts du mal fehl in einen großen Haufen
und willst dir ärgerlich die Haare raufen,
bedenke schlau: Die Losung könnte ein
Erzeugnis deines Bernhardiners sein.

Aus dem Befremdwörterbuch (VIII)

Bewußtsein? Schlagwort der Vergangenheit.
Modern ist heute die Befindlichkeit.
Wo kann man diese finden? Wo?
Natürlich im Befindbüro!

Dunstglocke

Speiserestaurant »Zur guten Quelle«.
Tabakwolken überm Mittagstisch.
Angebot: Aal grün und Bachforelle.
Seltsam: Alles schmeckt nach Räucherfisch.

Zweierlei Maß

Sie latschen durchs Kornfeld und pflücken Mohn
und hatten doch gestern erst Jörg, ihren Sohn,
vertrimmt, weil der Unhold drei
Haselnußplätzchen
verfüttert hatte an Tauben und Kätzchen.

Dünkelziffer

Zirka sechs Milliarden Menschen wohnen
dicht gedrängt in irdischen Regionen.
Sechs Milliarden! Trotzdem gibts Gestalten,
die sich für ganz unersetzlich halten.

Aus dem Befremdwörterbuch (IX)

Da alle Gründe hintertückisch Tücken
in Hintertücken-Hintergründe rücken,
merkt Hamlet an zur aktuellen Lage:
»Sein oder Nichtsein ist die Hinterfrage!«

Im Stenglischen Garten

Ja, die gibt es: Blüten ohne Stengel,
sprießen erdnah und ganz einfach so.
Doch ihr größter Mangel aller Mängel:
Blüten ohne Stengel fehlt Niveau.

Neuigkeiten

Ein neues Jahr. Ein neues Dichterwort.
Ein neues Liebeslied. Ein neues Lachen.
Wirf deine alten Fehler über Bord.
Du solltest nur noch neue Fehler machen!

Verkündigungen

Im einundzwanzigsten Kapitel werden Auszüge aus Mitschnitten von Veranstaltungen und Mitwirkungen Hansgeorg Stengels präsentiert: 1978 in der Kleinen Komödie Warnemünde, 1990 in der DFF-Fernsehsendung »Treff für O. F.« und 1995 in der MDR-Fernsehsendung »Riverboat«.

Von der Dreifaltigkeit

Liebe Gemeinde! Der Intendant dieses Theaters, der mich hierher verpflichtet hat, der hat sich natürlich – man mag sagen über ihn, was man will – schon das Richtige gedacht. Er meinte ganz gewiß, man müsse einen Exoten hierher verpflichten. Und ich bin etwas Exotisches. Ich bin etwas ganz Besonderes. Ich bin nämlich – viele wissen es noch nicht, aber andere haben es schon gehört – ich bin eine heilige Dreifaltigkeit von Geburt her. Ich bin dreifaltig nicht nur von Geburt, sondern auch hinsichtlich meiner ausgeübten Berufe, meiner freischaffenden Tätigkeiten. Erstens bin ich Journalist, zweitens Schriftsteller und zum dritten – naja, hier stehe ich vor Ihnen auf der Bühne, eine Art Kabarettist, ein Solist, ein Ambulanter, ein Nomade, einer der umherreist, der im Jahr bis dreihundertmal auf einer Bühne steht. Und dreifältig zu sein, das ist schon was. Mancher von Ihnen – ich bin ganz sicher – wäre schon glücklich, wenn er wenigstens zweifältig wäre. Aber ich bin dreifältig. Ad eins: Ich bin Vogtländer. Vom Vogtland habe ich meine kernige Natur – stämmig, bodenständig, etwas rustikal auch, Eintopfesser – und den Drang zum Höheren, Kosmischen. Aber ich bin nicht nur Vogtländer. Die meisten Vogtländer sind Sachsen. Ich habe nichts gegen die Sachsen, aber sie sind die große graue Vogtland-Mehrheit. Auf die Minderheiten kommt es an. Wieso? Ich bin Minderheitsvogtländer. Ich bin Thüringer mit dem Blick immer schon nach Weimar, wo sich die großen Klassiker etabliert haben. Und ich meine, das hat doch was zu bedeuten: Das waren doch alles Leute, die haben sich was gedacht. Im Lichte der großen Klassiker bin ich dann auch herangereift zu einem Dichter. Jedenfalls bin ich der einzige von denen, der überhaupt noch lebt. Das ist die zweite Falte meiner Dreifaltigkeit – Thüringer. Und im Vogtland verhalten sich die Minderheiten – also die Thüringer, die Böhmen, die Franken – zur Mehrheit der Sachsen ungefähr so wie Exquisit zu Konsum. Aber nicht genug. Meine dritte Falte: Ich bin Residenzstädter. Greiz war die Hauptstadt von Reuß ältere Linie. Und von dorther beziehe ich meine geradezu euphorische Neigung zu allem, was Schloß ist. Ich lasse mich am liebsten in Schlösser engagieren. Ein Schloß, das ist meine Welt. Wenn ich da so stehe: Sanssouci, Nymphenbad Dresden, Pillnitz, Schloß Molsdorf bei Erfurt, Rheinsberg, Güstrow! Ich breche alle anderen Verträge, wenn mir einer ein Schloß bietet. Ich ziehe Schlösser immer vor. Da kann sein, was will. Da kann mir einer kommen auf höchster Ebene mit dem Palast. Ich sage: Nein, ich bin engagiert in

ein Schloß! Und ich bin als Vogtländer auch nicht mufflig, ich bin nicht wählerisch. Wenn einer käme und sagte: »Bitte Schönbrunn, oder Versailles.« Ich gehe hin, wirklich. Ich scheue die Reise dorthin nicht, obwohl ich ein glücklicher Vogtländer bin. Und ich sehe schon einige mißgünstig gucken, sodaß ich annehme, sie sind keine Vogtländer. Ich bedaure das. Aber ich kann es nicht ändern.

Ich jedenfalls bin dennoch in die Zentrale gegangen 1951, in das, was sich damals abzeichnete als Zentrale. Es sollte ja eine werden, und sie ist es auch geworden. Ich bin also nach Berlin umgesiedelt. Nicht wegen irgendwelcher vermuteter schnöder ökonomischer Vorteile in der Hauptstadt. Das können Sie mir glauben. Wie hätte ich vor siebenundzwanzig Jahren ahnen können, daß noch siebenundzwanzig Jahre später, heute im Jahre 1978 der Hauptstädter gegenüber der übrigen Provinz noch gewisse Vorteile im Alltag genießt. Nicht, daß er vielleicht einen Golf eher erwerben kann oder einen Volvo oder sogar gewisse Früchte, die ich Ihnen gerne schildern würde – aber es fehlt Ihnen die Anschauung. Wir hatten jedenfalls schon im April – also ich erkläre es Ihnen am besten so: Sie sehen aus wie alte Kartoffeln, so ähnlich, aber es sind neue. Inzwischen haben ja auch einige von Ihnen neue, die sind bei uns langsam wieder alt. Nein, ich bin nicht wegen solcher gar nicht zu kalkulierender Vorteile nach Berlin umgesiedelt, sondern aus einem mehr sentimentalen Grund. Ich wollte meine Kinder glücklich machen. Kinder sollten kommen, das wollte ich unbedingt. Ich habe mir immer viele Kinder gewünscht. Leider habe ich nur drei. Ich fühle mich unterrepräsentiert. Drei Kinder bei meiner Erbmasse, das ist schade. Aber wegen der von mir gewünschten Kinder bin ich nach Berlin umgezogen, denn ich wollte meine Kinder als Schulkinder glücklich machen. Und ich frage Sie: Wo können Sie denn in diesem Land Ihre Kinder glücklich machen? In Mengersgereuth-Hämmern, in Regis-Breitingen, in Treuenbrietzen, in Salzwedel, in Schmarl? Das können Sie nicht. Glückliche Kinder gibt es nur in der Hauptstadt. Denn nur die Hauptstadt-Schulkinder haben die tägliche Chance, wenn sie ins »Neue Deutschland« blicken, eine dicke Schlagzeile vorzufinden: »Heute Staatsbesuch«. Und dann ahnen unsere Schulkinder was. Dann ahnen sie: Heute keine Volksbildung, sondern Spalierbildung. Das ist das große unteilbare Hauptstadt-Kinderglück.

Und wir hatten voriges Jahr eine große Konjunktur. Bis heute und fast jede Woche ist einer bei uns. Und ich habe nun das große Glück, als Elternteil ebenfalls meinen Nutzen daraus zu ziehen. Ich wohne ganz in der Nähe des Flugplatzes. Nun können Sie sich vorstellen, daß ich diese wunderschönen protokollarischen Weihen leibhaftig vor Augen habe, und ich muß Ihnen sagen, daß ich, da ich nur vier ganze Kilometer Luftlinie vom Flughafen Schönefeld entfernt bin, wöchentlich einmal wenigsten dorthin pilgere. Für mich ist der Flugplatz eine Art Mekka, die Empfangshalle ist die Kaaba, und dort wird mir immer ganz fromm zumute bei diesen schönen Empfängnissen. Und besonders hat es mir immer die Liebe unter den Diplomaten angetan. Diese wunderschönen Liebesbezeigungen. Ich möchte sie nicht mehr missen. Und ganz ergriffen schrieb ich schon vor längerer Zeit dieses inzwischen unsterblich und klassisch gewordene Epigramm:

Von Mann zu Mann
oder Empfang einer Partei- und Regierungsdelegation

Erfahrungen lehren:
Kein Mensch kann verwehren
ein Küßchen in Ehren
Parteisekretären.

Aber ich habe noch mehr parteiliche Liebeslyrik geschrieben. Zum Beispiel dieses Epigramm:

Protokoll

Man liebt sich, man küßt sich, man meidet den Streit,
man kennt keine bösen Wehwehs.
Wo gibt's diesen Glücksfall in unserer Zeit?
Na wo schon! In Kommuniqués!

Dieses Epigramm schrieb ich vor ungefähr fünf Jahren. Inzwischen sind unsere Kommuniqués noch besser geworden. Ich will versuchen, diese Behauptung an einem Beispiel aus meinem Leben zu belegen und zu erhärten. Es war voriges Jahr im November. Es war ein trüber regnerischer Tag. Ich hatte früh beim Kaffeetrinken im »Neuen Deutschland« gelesen, daß sich die beiden Außenminister in der Hauptstadt, in Berlin also, zu Gesprächen zusammengefunden haben. Nun weiß ich nicht, was Sie an diesem Vormittag gemacht haben. Vielleicht sind Sie zur Arbeit gegangen, womöglich auch nur ins Büro, das weiß ich jetzt nicht. Ich jedenfalls mußte wie so oft in kultureller Mission mit meinem Auto über Land fahren und immer daran denken: Da sitzen zwei, und die besprechen was, und ich wußte nicht, was. Und ich bin doch so neugierig. Was hätte ich drum gegeben, wenn ich nur ein Zipfelchen hätte lüften können des Vorhanges, hinter dem sie saßen und Weltwichtiges besprachen. Aber nichts drang an mein Ohr. Ich war wie taub. Ich war wie blind. Ich fuhr wie in einen Tunnel hinein, ins Dunkle, desinformiert, ein Ignorant. Ein sinnloser Tag. Es regnete immer mehr. Ich war sehr verdrossen. Und dann um fünf, dann kamen die Nachrichten. Was soll ich Ihnen sagen? Jetzt kommt immer die Stelle, da machen die Leute so ein skeptisches Gesicht, wenn ich ihnen sage: Plötzlich, als das Kommuniqué kam, als ich es erfuhr, da war es, als ob die Sonne durch die Wolken bricht. Da habe ich es erfahren: »Die beiden Außenminister besprachen beiderseits interessierende Fragen.« Leute, ich hatte so viel erwogen, aber doch das nicht! Wie hätte ich darauf kommen sollen? Wie ist es denn, wenn wir Menschen – ja, wir einfachen Menschen, Menschen wie du und ich – uns irgendwo zusammensetzen? Wir legen es ja geradezu darauf an, uns über Fragen auszutauschen, die uns nicht interessieren. Das ist es, das hat mich besonders glücklich gemacht an der Formulierung, der Umstand, daß die Minister mir gegenüber so offen und freimütig waren. Sie hätten den Inhalt ihrer Gespräche doch auch ein bißchen verklausuliert mitteilen können. Sie hätten sagen können: Stengel, wir können dich noch nicht erschöpfend informieren, wir müssen das Kommuniqué erst ein bissel befummeln, genauere Angaben vielleicht in drei Tagen, vielleicht nächste Woche, vielleicht in vierzehn Tagen, vielleicht in vier Wochen, vielleicht nächstes Jahr, vielleicht überhaupt nicht. Ich hätte gesagt: Was willst du machen? Sind eben so, die Diplomaten. Aber nein, sie haben gesagt: Bürger, haben sie gesagt, Bürger, du bist mündig. Du sollst es erfahren, offen, konkret, präzis und in allen Details: »Beiderseits interessierende Fragen!« Und ich muß aufrichtig gestehen: Angesichts dieses enormen Vertrauensbeweises hatte ich für einen Augenblick das Gefühl, ich sitze mit denen an einem Tisch!

(Aus einer Stengel-Veranstaltung 1978 in der Kleinen Komödie in Warnemünde)

Ein Nachruf auf O. F. Weidling

Ich könnte mir denken, daß O. F., wenn er heute Bilanz machte nach diesen turbulenten Herbstereignissen, daß er sich dann vielleicht bei der Bevölkerung der DDR dafür entschuldigt hätte, in den vergangenen Monaten und Jahren, im vergangenen Staatswesen solche Privilegien genossen – nein, nicht »genossen«, also hat genießen dürfen, um es genauer zu sagen: das Privileg als einer, der mit Kritik zu tun hat und mit Komik, in diesem Land DDR gesiedelt haben zu dürfen. Ich meine: Nicht als irgendein Mensch (diesen Vorteil haben ja auch Sie gehabt, da Sie DDR-Bürger waren), sondern eben als einer, der er war, der angewiesen ist auf Fehler, Mängel und Gebrechen. Und insofern war es ein Privileg: Man konnte in diesem Land aus dem vollen schöpfen. Es war der geeignete Nährboden für einen Kritiker, für einen Satiriker, für einen Conférencier, denn es fehlte eben nicht an Material. Es war sozusagen das ideale Gelände zur Hervorbringung von Komik, und Staats- und Parteiführung waren sich auch ihrer Mission bewußt, nämlich das Erbe der Schildbürger zu pflegen. Die Schildbürger waren ja präfossile DDR-Bürger. Sie wohnten bei Torgau, in Schilda. Und dieser Staat hat sich ihrer Aktivitäten jederzeit bedient, und er hat sie auf höherer, sozusagen sozialistischer Ebene weiterentwickelt. Es war durchaus ein Schildbürgerstaat. Dafür gibt es viele Anzeichen. Die ganz kleinen Kinder, die Schulanfänger, kamen in die

Schule als »Oberschüler«, nicht als Schüler, sie waren sofort »Oberschüler«. Wir hatten's nicht kleiner! Es fing an mit dem Oberschüler, und die Karriere dauerte dann über viele Jahrzehnte und endete beim Untertan. Vom Oberschüler zum Untertan! Es gibt noch mehr Beweise, mindestens Indizien dafür, daß wir ein Schildbürgerstaat gewesen sind. Zum Beispiel unsere Eishockey-Oberliga: Die war so beschaffen, daß der Meister immer nur Vorletzter war, und der Letzte immer Vizemeister. Das kann nur ein Schildbürgerstaat erfunden haben. Zuletzt erwähne ich vielleicht noch, daß die unvollendeten Autobahnen, also diese Autobahnen mit Gegenverkehr auf der einseitigen Strecke trotzdem von einer tückischen Polizei blau beschildert worden sind. Und somit wurde Ausländern – namentlich Ausländern, aber auch manchmal uns – suggeriert: Sie befinden sich auf einer Autobahn! Und das führte doch oft dazu, daß einem, der von weit her kam und sich sagte »Unsere Polizei ist ja nun mindestens in diesem Punkt zuverlässig, sie wird ja nicht internationales Verkehrsrecht beschädigen, und jetzt überhol ich mal!«, daß dem erst im Krematorium bewußt wurde: Das war gar kein Geisterfahrer, der konnte nicht anders, denn drüben fehlte die Fahrbahn. Ich meine, daß das alles Beweise sind, die dafür sprechen, daß wir ein Schildbürgerstaat gewesen sind, also ein Land, in dem ein Conférencier oder auch einer wie ich als Kabarettist ein gutes Auskommen hatten. Und auch im Namen von O. F. Weidling möchte ich mich heute gebührend dafür entschuldigen, daß wir seinerzeit Privilegierte waren.

(Hansgeorg Stengel in der DFF-Fernsehsendung »Treff für O. F.« Anfang 1990, die an den Kabarettisten Weidling erinnerte, der 1984 Schwierigkeiten mit der Obrigkeit hatte, nach seiner Conférence bei der Eröffnung des neuen Berliner Friedrichstadt-Palastes kaltgestellt wurde und im Januar 1985 gestorben ist)

In der Talkshow

Ausschnitt aus der MDR-Sendung »Riverboat« mit dem Moderator Jan Hofer (JH), dem Schauspieler Gunter Schoß (GS), dem Autor Hansgeorg Stengel (HS) und anderen am 21. April 1995 in Dresden

JH: Sie waren sehr selten im Fernsehen zu sehen, und trotzdem kennt Sie jeder. Wie kommt das?

HS: Ja, es stimmt, daß ich auf allen Bühnen, die es auf dem Gebiet gab, das wir heute die »Neuen Länder« nennen, aufgetreten bin. – »Neue Länder« ist übrigens der einzige Titel, mit dem wir im Einigungsvertrag besser abgeschnitten haben. Die westlichen Länder haben sich selbstkritisch »alte Länder« genannt. Sie haben gemerkt, daß im Osten was Neues geschieht, und die drüben sind alt. Eindeutig.

JH: So ein bißchen senil?

HS: Ja. Aber das gehört nicht zum Thema. Ich wollte also … Hatten Sie mich was gefragt?

JH: Ich hatte Sie was gefragt.

HS: Gut. Was denn?

JH: Jetzt sind wir nämlich bei einer ganz merkwürdigen Geschichte. Können Sie gut Texte lernen, Herr Schoß?

GS: Ja. Ich hab gerade vierzig Seiten Text lernen müssen. Das ist 'ne Menge.

JH: Wie lange haben Sie dazu gebraucht?

GS: Ungefähr drei, vier Monate. Nicht kontinuierlich, aber so lange ungefähr.

JH: Herr Stengel hat ein Problem: Er kann sich *überhaupt* keine Texte merken.

HS: Nein.

JH: Ich frag mich natürlich, wie er ein Programm auf der Bühne macht.

HS: Ja, also ich muß mir vieles immer auf der Bühne einfallen lassen. Das heißt: Einiges hab ich natürlich im Gedächtnis. Irgendwann fällt mir dann ein: Ach, da hast du mal was gesagt –

und dann verwende ich diesen Gedanken. Aber ich könnte kein Programm machen in dem Sinne, daß ich einen Text einstudiere und ihn dann aufsage. Das kann so'n Genie wie Schoß. Der lernt was, und dann steht er auf der Bühne und kann das noch. Und weil ich das nicht kann, bin ich meistens auf Improvisation angewiesen.

JH: Das heißt: Wer in eine Ihrer Veranstaltungen geht, weiß nicht, was ihn erwartet.

HS: Nein, und ich weiß es selber nicht, weil ich ja darauf ausgehe, von mir was Neues zu hören. Ich könnte doch nicht irgendwas, was ich vortrage, immer wieder hören. Da würde ich mir sagen: Das kennst du schon, und warum soll ich dann darüber lachen. Ich muß schon versuchen, immer wieder Neuland zu entdecken, und es ist mir auch in DDR-Zeiten jedesmal was Neues eingefallen, was ich vorher noch nicht eingeplant und programmiert hatte. Es ist mir so viel eingefallen, wenn's nötig war, daß die Leute sogar gesagt haben: »Was fällt denn dem wieder ein?« Und weil ich ganz gut improvisieren kann, sagen viele: »Du bist ja genial, du kannst so aus der Hüfte heraus irgendwas machen. Das könnten wir nicht.« Dabei ist es nur meine Ohnmacht. Weil ich mir nichts merken kann, muß ich mir eben irgendwas einfallen lassen.

JH: Ein Teil Ihres Programms beschäftigt sich auf jeden Fall mit der deutschen Sprache. Sie benutzen auch den Begriff »Elementarkomik«. Was ist darunter zu verstehen?

HS: Elementare Komik wurzelt in der Bedeutungsvielfalt des Wortes. Vielen ist gar nicht bewußt, daß die meisten Wörter – nicht nur *viele* Wörter, sondern die *meisten* – mindestens einen Doppelsinn haben, wenn nicht sogar eine ganze Menge von Bedeutungen, die sie wie einen Rattenschwanz hinter sich herschleppen. Und das ist auch der Ausgangspunkt für die Herstellung des zu Unrecht geschmähten Kalauers. Der Kalauer setzt darauf, daß diese Doppelbedeutung oder Bedeutungsvielfalt zu einer komischen Symbiose oder Konfrontation – wie man das auch immer bezeichnen mag – vereint werden. Das weiß auch Jürgen von der Lippe.

JH: Zum Beispiel?

HS: Jürgen von der Lippe hat uns doch das wunderschöne Lied geschenkt: »Immer, wenn meine Frau sagt ›Is' was?‹, dann mach ich das, dann eß ich was«. Ich meine, er ist dem an sich naheliegenden Gedanken nachgegangen, daß eines der häufigsten deutschen Hilfszeitwörter, nämlich »ist«, diesen phonetischen fatalen Doppelsinn hat. Und ich habe mich immer schon früher bei der Marika Rökk gewundert, wenn sie gesungen hat »In der Nacht ist der Mensch nicht gern alleine«, daß sie uns nicht mal verrät, was es da zu essen gibt. Das ist nur ein Beispiel von tausenden. Aber gerade, weil »ist« dauernd vorkommt in der Sprache, kann man sich vorstellen, wie ein Ausländer stutzig wird, wenn von »ist« die Rede ist, weil man eben nicht weiß, ob es etwas Kulinarisches ist oder einfach so ein Flickwort. Und auch ein anderes Hilfszeitwort hat diese Tücke. Die wurde mir aber erst bewußt, als ich mit meiner Frau einen Streit hatte. Zum Glück hatte ich den, denn meine Frau sagte im Zorn: »Sei froh, daß du mich hast!« Aber ich hasse sie ja gar nicht.

JH: Herr Stengel, Sie sind ein politischer Kabarettist …

HS: Ja, in der Hauptsache.

JH: … und Sie haben den fiktiven Memoiren von Erich Mielke auch einen Buchtitel empfohlen.

HS: Ach ja, jetzt kommt dieser Spaß. Ich habe natürlich eine ganze Menge Kalauer erfunden (wie Jürgen von der Lippe auch), und zum Beispiel habe ich, mal ganz ehrlich gesagt, frei erfunden, daß Erich Mielke mal bei mir war mit einem Anliegen, das mich nicht überraschte. Er wollte also seine Memoiren schreiben, nachdem andere es schon getan haben, zum Beispiel Günter Mittag, Schnitzler, Honecker und der – da muß ich mir die Zähne festhalten – Przybylski. Und da hat sich Mielke gesagt: Ich sollte nun auch meine Memoiren … Obwohl man ihm gesagt hatte, daß die Konjunktur bei Memoiren schon ziemlich rückläufig sei. Das Buch werde kaum gekauft – es sei denn, die Memoiren haben einen attraktiven Titel! Und wer kann attraktive Titel machen? Nur einer: Stengel. Da ist er also zu mir gekommen. Ich habe gesagt: »Für Ihre Memoiren, Herr Mielke, da hätte ich schon einen Titel, und zwar: ›Ich habe immer gehorcht‹.« – Nun muß ich die Struktur dieses fabelhaften Kalauers erklären: Wir müssen die Zeitform finden (in diesem Fall ist es das Perfekt), bei dem »horchen« und »gehorchen« verschmelzen. Und dadurch kommt der Doppelsinn zustande. Wenn einer das im Imperfekt erzählt, kommt ein Rohrkrepierer raus. Die Technik der richtigen Kalauer-Erzählweise muß man eben auch lernen.

JH: Weiß hier jemand, was ein Palindrom ist? Ich darf mal zwei nennen: »NA, FAKIR, PAPRIKA-FAN?«. Oder: »EINE TREUE FAMILIE BEI LIMA FEUERTE NIE«. Palindrome sind Sätze und Wörter, die man vorwärts und rückwärts lesen kann. Und Herr Stengel ist Spezialist auf dem Gebiet der Palindrome.

HS: Unter einem Palindrom im engeren Sinne versteht man Wörter und Sätze, die vor- und rückwärts gleichlautend sind, so wie »RENTNER«. Also ist ein Rentner ein Fürsorgeempfänger von vorn und hinten. Oder »EHE« ist von vorn nach hinten und von hinten nach vorn immer dasselbe. Ich habe ein Buch von 111 Seiten gemacht, »AnnasusannA« heißt es – »ANNASUSANNA« ist natürlich auch vor- und rückwärts gleich, genau wie »OTTO« und und und … Es gibt ja Zehntausende solcher Wörter und Sätze. Aber ich habe Wert darauf gelegt, vieles Neues hinzuzuerfinden. Das Buch ist zwar eine Enzyklopädie des komischen Palindroms *überhaupt*, aber ich habe Neues hinzugefügt. Und da bin ich auf einige Sachen ganz stolz, weil sie fast genial sind. Zum Beispiel habe ich ein wunderschönes Parkbankgespräch erfunden, ein Liebesgeflüster. Er sagt zu ihr schwärmerisch zur Nacht: »NUR DU, GUDRUN«. Das heißt rückwärts natürlich auch »NUR DU, GUDRUN«. Und sie antwortet, wie im richtigen Leben: »O DU RELATIV VITALER UDO«.

JH: Den merk ich mir! – »AnnasusannA« ist eins von fünfunddreißig Büchern. Sie haben den »Struwwelpeter« neu geschrieben, auch den »Superstruwelpeter« und zuletzt »Max und Moritz«.

HS: »Max und Moritz« war im Grunde die Flucht zum zweitwichtigsten deutschen Kinderbilderbuch. Es gibt mittlerweile viele, zu viele Struwwelpeter-Modifikationen. Das hat mit diesem Doppeljubiläum zu tun: Der alte Struwwelpeter-Verfasser Heinrich Hoffmann ist vor genau hundert Jahren gestorben, und vor hundertfünfzig Jahren erschien sein »Struwwelpeter«. Da haben sich im Laufe der hundertfünfzig Jahre so viele Autoren draufgestürzt und haben das Buch verändert und erweitert. Mir ist 1970 ein »Struwwelpeter« gelungen, der zu meiner großen Freude in Dimensionen geraten ist, wie sie sonst nur bei Schlagersängern vorkommen: eine dreiviertel Million verkaufte Exemplare. Da nun der Verlag Rütten & Loening im Doppeljubiläumsjahr fünf »Struwwelpeter«-Fassungen herausgebracht hat (unter anderem von Mensching und von Bofinger und die »Struwwelliese« dazu), habe ich mir gesagt: Jetzt mal Schluß mit Struwwelpeter! Allerdings habe ich noch einen »Superstruwelpeter« gemacht, für Marktwirtschafts-Kinder. Der war nötig, weil der alte »Struwwelpeter« auf der Basis der hinsichtlich ihrer Bosheiten noch nicht qualifizierten Kinder geschrieben worden ist. Und inzwischen haben die Kinder viel gelernt.

(Zuruf aus der Runde: »Wahrscheinlich nimmt der Haschisch, der neue Struwwelpeter!«)

HS: So ungefähr. Aber zumindest knackt er Autos und setzt den Lehrern das Messer auf die Brust. Jedenfalls sind es heute doch handfestere Bosheiten als früher. Und dann beim neuen »Max und Moritz« haben wir uns, Illustrator und Texter, gesagt: Auch dieser Wilhelm Busch verdient zeitgenössische Modernisierung.

Zur Person

Das zweiundzwanzigste Kapitel vereint ein speziell für das Buch »Der dicke Stengel« geschriebenes autobiographisches Protokoll mit Statements über und von ihm unter der Überschrift »Rund um den Stengel« und enthält Fotos, Karikaturen und Dokumente.

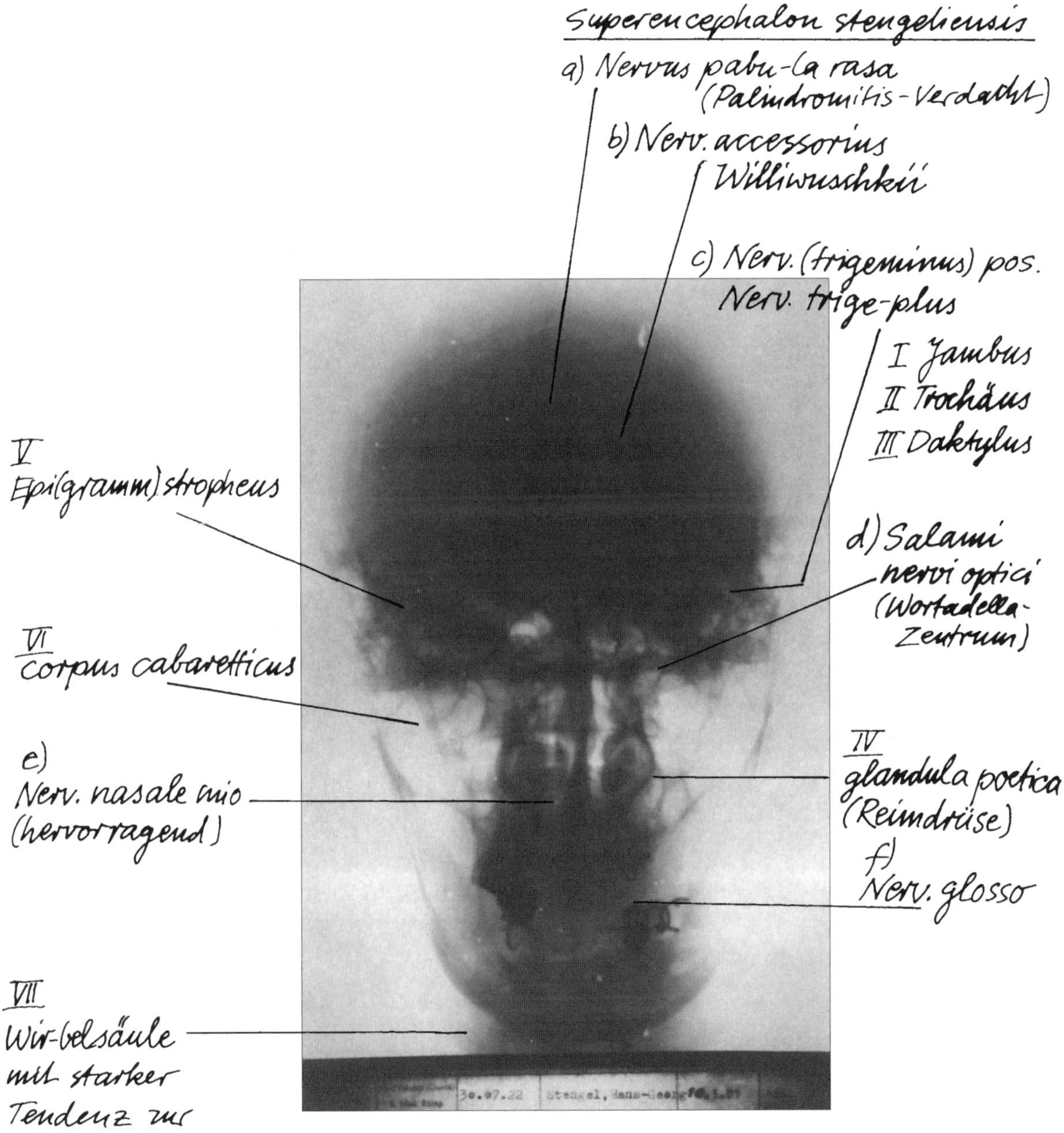

Hansgeorg Stengel, Röntgen-Porträt 1981

FDJ-Landeshochschule Dresden-Radebeul 1948: Auf diesem Foto sind für Gewitzte viele später im Kulturleben der DDR berühmte Leute zu erkennen wie Günter Albrecht, Helmut Hauptmann, Wolfgang Kohlhaase, Dieter Mäde, Heiner Müller (in der Mitte der zweiten Reihe von oben), Rudi Raupach, Paul Thyret, Frank Vogel und Jo Wenzel; Hansgeorg Stengel ist als Zweiter von links in der untersten Reihe abgebildet. In der zweiten Reihe von unten rechts über Stengel mit dunkler Brille der Lehrgangsleiter Dr. Hans Mrowetz, dem wir dieses historische Foto verdanken.

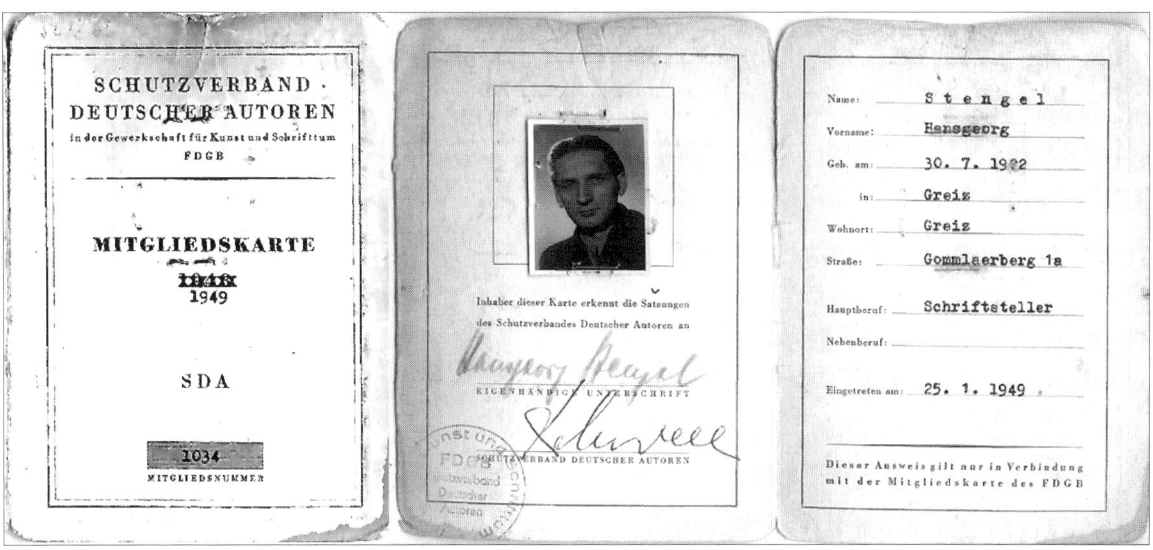

SCHUTZVERBAND DEUTSCHER AUTOREN
in der Gewerkschaft für Kunst und Schrifttum
FDGB

MITGLIEDSKARTE
~~1948~~
1949

SDA

1034
MITGLIEDSNUMMER

Inhaber dieser Karte erkennt die Satzungen des Schutzverbandes Deutscher Autoren an

Hansgeorg Stengel
EIGENHÄNDIGE UNTERSCHRIFT

SCHUTZVERBAND DEUTSCHER AUTOREN

Name: Stengel
Vorname: Hansgeorg
Geb. am: 30. 7. 1922
in: Greiz
Wohnort: Greiz
Straße: Gommlaerberg 1a
Hauptberuf: Schriftsteller
Nebenberuf:
Eingetreten am: 25. 1. 1949

Dieser Ausweis gilt nur in Verbindung mit der Mitgliedskarte des FDGB

Mitgliedskarte von Hansgeorg Stengel im Ost-West-Schutzverband Deutscher Autoren in der Gewerkschaft für Kunst und Schrifttum des FDGB 1949 (Mitgliedsnummer: 1034)

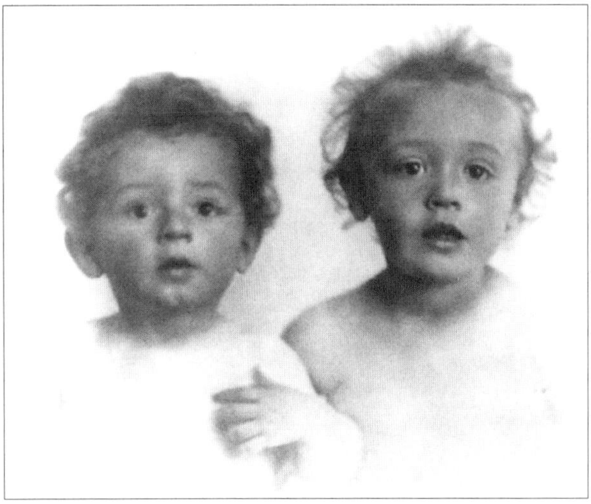

Mit Schwester Lore (1923)

Hurra! Acht Pfund schwerer Junge, neun Uhr, Handschuhnummer zehn« telegrafierte mein Vater am 30. Juli 1922 verwandt- und bekanntschaftsreihum, als ich am Schloßberg 10 der ostthüringischen Stadt Greiz das Licht des Vogtlands erblickte.

An die ersten zwei Jahre meiner kleinkindlichen Existenz kann ich mich nicht erinnern. Dann aber, nach genau 111 Lebenswochen, begann ich mich frühreif wortspielerisch-palindromisch zu äußern. Ich artikulierte nach dem Vorwärts-rückwärts-Prinzip OHO, ATTAATTA, AHA, UHU, HUH und PUP.

Nichtsdestoweniger besuchte ich drei Schulen: die Greizer Marienschule (1929-1933), das Greizer Realgymnasium (1933-1941) und die Leipziger Karl-Marx-Universität (Journalistik-Fernstudium 1957-1959).

Sozusagen zerfällt die Chronik meiner deutschen Staatsangehörigkeit in fünf Phasen: Weimarer Republik (14, 2 %), Gröfaz-Deutschbeziehungsweise Großdeutschland (16, 6 %), Zonendeutschland (6, 1 %), DDR (55, 7 %) und BRD (7, 4 %).

Gewisse Erinnerungsfetzen aus der Weimarer Zeit entgingen der Gedächtnis-Entsorgung: eine kleine Portion Eis für fünf Pfennig, mordserbärmliches Kriegsgeschrei bei kindlichem Schlachtgetümmel am Schloßberg, das halbe Pfund Kremhütchen 25 Pfennig, Parksee-Schlittschuhlaufen, Pferdebockwurst der Meter eine Mark, SA und Kommunisten im Clinch.

Erste Demütigung ein Vierteljahr nach dem Reichstagsbrand: Mitschüler Horst Pistorius riß mir die grüne Sextaner-Schülermütze vom Kopf. Jungvolk und Hitlerjugend flankierten mein Jugendleben. Weil ich nicht »hart wie Kruppstahl, zäh wie Leder und flink wie Windhunde« war, wurde ich, sechzehnjährig, als trübe Tasse zur spießbürgerlich eingeschätzten HJ-Feuerwehr abgeschoben.

Ohne staatsbürgerlich fromm oder widerborstig zu sein (Goethe: »Den Teufel spürt das Völkchen nie, auch wenn er sie beim Kragen hätte«), machte ich die nötigen Schularbeiten und ein miserables Abitur. Indessen entwickelte ich überdurchschnittlichen Ehrgeiz beim Umgang mit Tanzstundendamen und als Lokalfeuilletonist der »Greizer Zeitung«.

Richtig ernst wurde es im Frühjahr 1941: Von der Luftnachrichtentruppe rekrutiert, landete ich nach sechswöchiger holländischer Ausbildung auf dem Köthener Flugplatz, der mein Ersatzhaufen-Standort bis Herbstbeginn 1944 geblieben ist. Flugmelderische Einsätze gab es von Köthen aus im mecklenburgischen Rechlin, an der französischen Kanalküste und im Harz.

Gemäß einer Weisung des Oberkommandos der Wehrmacht wurden im letzten Kriegs-September fast alle Luftnachrichten-Soldaten durch Frauen ersetzt und an die Fronten geschickt. Ich arrivierte zum Fallschirm-Brückenbaupionier mit den norditalienischen Standorten Polesella, Rovigo, Ferrara und Bologna.

Mit Schwester Lore (1927)

Schicksalhafte Verkettung günstiger Umstände: Nach fast vierjährigem Kriegseinsatz hatte nicht ein einziges Geschoß den Lauf meines Gewehrs verlassen, um Freund oder Feind ein Haar zu krümmen. Nun, Mitte April 1945, war mir erst recht nicht nach Töten und Heldentod zumute.

Trommelfeuer aus tausenden Kanonenrohren und pausenloses Bombardement amerikanischer Jagdbomber signalisierten das letzte Gefecht. Die noch einigermaßen intakten BB-Pioniere flohen alpenwärts. Ich überließ mich am 26. April 1945 in Verona der Obhut gepanzerter Amis.

Eipulver, Trockenfrüchte und Maisgrieß gab es zwar nicht täglich, aber während der zwanzigwöchigen toskanischen Gefangenschaft zweimal wöchentlich. Auch wegen des immer schönen Wetters war der Aufenthalt zwischen Pisa und Livorno erträglich. Am 17.9.1945 wurde ich über Bad Aibling ins unterfränkische Königsberg entlassen.

Nach vier Monaten Bayern mit magerem Einkommen aus Englisch-Sprachunterricht und pianistischer Tätigkeit auf Tanzböden kehrte ich nach Greiz zurück. Ich schrieb Lokalspitzen für Heimatzeitungen und Gedichte für Berlins »Ulenspiegel« und »Roland von Berlin«, ab 1947 auch für »Puck«, »der insulaner« und »Frischer Wind«.

Greiz war für fünf Nachkriegsjahre wiedergewonnene Heimat und Residenz. Mit der Karte 3 konnte ich mehr schlecht als recht leben. Heute gestehe ich: Es kam gelegentlich zu kriminellen Kartoffelfeldzügen, zumal meiner Mutter nur die Karte 6 zugebilligt wurde. Im übrigen schrieb ich und schrieb und reimte und reimte.

Ein Umzug nach Berlin war wegen der Medien-Zentralisierung unumgänglich. 1951 erwarb ich ein regenerierbares Grundstück mit Einfamilienhaus in Berlin-Altglienicke und fand Zugang als Redakteur zum »Frischen Wind«. Dort (ab 1954 »Eulenspiegel«) war ich bis 1959 angestellt und für Sprache und Stil zuständig.

Lang ist's her: Seit 1959 nie wieder irgendwo eingestellt, angestellt und unterstellt, globetrotte ich, auch nach meinem 1983er Umzug ins dritte Marzahner Wohngebiet, journalistisch, Bücher schreibend und kabarettisierend sowie dreifach transozeanisch (1964 bis Sansibar, 1971 bis Japan und 1974 bis Sierra Leone), wohin mich Füße, Auto, Eisenbahn und Frachtschiffe tragen. Alles weitere steht im Buch.

RUND UM DEN STENGEL

Hansgeorg Stengel, Satiriker von hohen Graden, der spätere Redakteur beim Ostberliner »Eulenspiegel«, war in diesem Zwiespalt der rechte Freund im rechten Augenblick. Er schien bereits über die quälenden Zweifel hinweg zu sein, sah die Welt mit den Augen Morgensterns und hatte für meine Sorgen um die zerrissenen Ideale nur Sarkasmus übrig: Such is life! Es gilt jetzt nur zu überleben.

(Aus Friedrich Buchholz' Buch »Gefangen und dennoch frei... – Bausteine eines Lebens – Erinnerungen 1933-1945«, Frankfurt am Main 1993)

Stengelblätter

Mit Goethe zu Tisch in mancherlei Unterhaltungen. Wir reden auch von Kindern und deren Unarten, und er vergleicht sie mit den Stengelblättern einer Pflanze, die nach und nach von selber abfallen und wobei man es nicht so genau und so strenge zu nehmen brauche.

(Aus: Johann Peter Eckermann: »Gespräche mit Goethe in den letzten Jahren seines Lebens«; herausgegeben von Conrad Höfer, Leipzig 1913, Seite 439 – Sonntag, den 6. März 1831)

Friedrich Buchholz

Aus Kriegserinnerungen

Wenn auch sehr spät, so beginne ich doch jetzt zu erkennen, daß die deutsche Führung gewillt ist, diesen Krieg bis zur äußersten Konsequenz und ohne Rücksicht auf die steigende Flut der Opfer zu führen. [...] Es ist noch kein Ende abzusehen. Und was vermögen wir in diesem absurden Schauspiel der Zerstörung? Wir haben zwar eine Zelle des inneren Widerstands gegründet, Stengel, Drescher, Stelze und ich. Aber was können wir in Wahrheit ausrichten?
[...]

Jonas Janus (= Hansgeorg Stengel)

Im Hafen

Wenn einer, der aus Profession
Satiren schreibt, mal lyrisch flötet,
dann lächeln alle Leute hohn:
»Nanu – auf einmal so vergoethet?«

Ein zartes Wort aus Spöttermund
erscheint den Leuten stilgefährlich,
absurd, erlogen, ungesund,
profan – mit einem Wort: nicht ehrlich.

Doch leider übersieht man ganz:
Auch Galgenvögel schlimmster Prägung
empfinden Herzensresonanz
als Echo von Gemütsbewegung!

Es ist durchaus kein Übergriff,
kein Attentat und kein Verbrechen,
wenn Eulenspiegels Narrenschiff
an Land geht, statt in See zu stechen.

Auch Spötter haben einen Port,
wo sie zu Abenteuern rüsten.
Dort sprechen sie ein ernstes Wort,
weil sie sonst immer lächeln müßten.

(ca. 1950)

Hansgeorg Stengel

Auch ein Jubiläum!

Weil der »Frische Wind« fünf Jahre alt geworden ist, dachte ich in meinem Sinn: »Fünf Jahre? Das sind ganz schön viele Jahre! Da mußt du doch gleich mal in deinen Akten nachsehen, wie oft du in den fünf Jahren für das Geburtstagskind auf die Schreibmaschinentasten gehauen hast!«

Damit Sie's gleich wissen: Das hier ist meine hundertste Veröffentlichung im »Frischen Wind« beziehungsweise meine wasweißichwievielte vom »Frischen Wind« an mich zurückgeschickte Nichtveröffentlichung. Was für ein Jubiläum!

Irgendwie war mir fromm zumute bei dem Gedanken, mit der Zubereitung einer historisch so wichtigen Arbeit beschäftigt zu sein, und ich nahm mir vor, diesmal etwas ganz und gar Originelles und Durchschlagendes zu verfertigen, weil es ja doch ein Unglück wäre, wenn ausgerechnet die hundertste Arbeit nicht veröffentlicht würde.

Zuerst dachte ich über ein Thema nach. Ich fand keins. Dann schrieb ich einfach so gewissermaßen im Halbschlaf drauflos – es wurde eine müde, schlecht konstruierte Fabel, deren Verlauf in ein albernes Streitgespräch zwischen einem Pinguin und einem Schuppenkarpfen ausartete – ein, wie man zugeben wird, im Halbschlaf nicht zu bewältigender Stoff.

Nun kenne ich die Redaktion des »Frischen Winds« leider sehr genau. Die lehnt eine Geschichte oder ein Gedicht oft schon deswegen ab, weil sie in jeder Hinsicht schlecht ist. Nicht die Redaktion. Die Geschichte. Oder das Gedicht. Man muß sich also Mühe geben, und gerade beim hundertsten Artikel (das ist hier, wie ich oben schon sagte, mein hundertster).

Übrigens ist das doch wohl ein verwerflicher Zustand, daß immer nur die besten und wichtigsten Beiträge gedruckt, die schlechten dagegen in den Papierkorb geworfen werden. Auf diese Art und Weise geht die Vielseitigkeit und Buntheit im »Frischen Wind« völlig verloren. Das Niveau wird einseitig gut, und der bezaubernde Kontrast, der bei Gegenüberstellung guter und miserabler Produkte zum Vorschein käme, wandert schließlich in die Altpapier-Mühle.

Aber was nun meinen hundertsten Artikel anlangt: Das ist hier mein hundertster! Wenn er nicht veröffentlicht werden sollte, mache ich ein Drehbuch für die DEFA draus. Damit drohen alle Autoren des »Frischen Winds«. Beim Film wird auch gedroht. Bloß eben mit dem »Frischen Wind«. Es soll ja direkt Schriftsteller geben, die noch nie etwas Ordentliches geschrieben, wohl aber mit ihren Eisen im Feuer herumgepranzt haben. Andere Autoren wieder behaupten, sie hätten bereits hundert Beiträge für den »Frischen Wind« geliefert, und in Wirklichkeit sind es erst einundneunzig.

(1951)

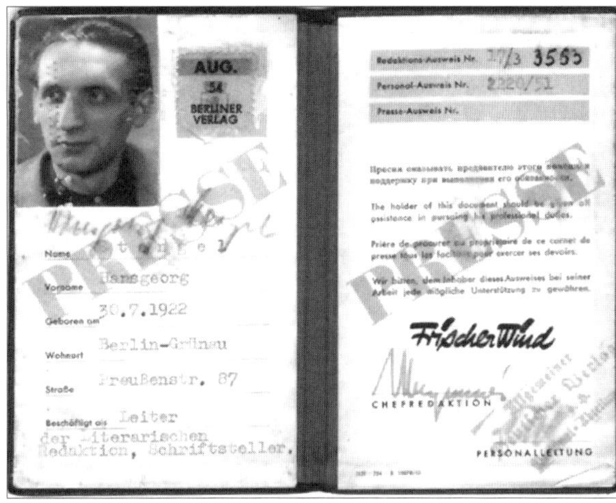

Presse-Ausweis »Frischer Wind« 1954

Rudi Strahl

Aus einem Interview

Frage: Bevor Sie freischaffender Schriftsteller wurden, waren Sie Redakteur beim »Eulenspiegel«. War das nicht vielleicht Ihre eigentliche Lustspieldichterschule?

Rudi Strahl: Und ob. Immerhin war ich gehalten, präzise und flink zu denken und zu formulieren. Damals saß ein unerbittlicher Mensch in der Redaktion, nämlich Hansgeorg Stengel. Er hat mir bei jeder poetischen Nachlässigkeit und jeder stilistischen Schlamperei auf die Finger gehauen. Sein Urteil über das, was man schrieb, war immer kritisch, aber es spornte an.

(Aus der Zeitung »Freie Presse«, Karl-Marx-Stadt, 1.6.1979)

Hansgeorg Stengel

Meine erste und einzige Begegnung mit ihm

1954 gab es im Zentrum Berlins – ich weiß nicht mehr genau, wo, aber jedenfalls unweit des Bahnhofs Friedrichstraße – eine öffentliche Saaldiskussion, veranstaltet vom Schriftstellerverband, zu Fragen des Realismus in der Literatur und zu Schwierigkeiten beim Schreiben der Wahrheit.

Die Diskussion – im Präsidium saßen, wie ich mich erinnere, unter anderem Ludwig Renn, KuBa und Stephan Hermlin – war lebhaft, denn viele Anwesende, vor allem Studenten, nahmen zu den behandelten Fragen Stellung und durchaus kein Blatt vor den Mund. Große Meister der Literatur wie Balzac, Gerhart Hauptmann, Gorki und Brecht wurden oft zitiert und in Beziehung gebracht zu den debattierten Problemen.

Zunächst kaum beachtet wurde von den Anwesenden die etwas bayrisch gefärbte und stockend vorgetragene Meinung eines unscheinbaren Mannes, der, weit entfernt vom Präsidium, neben einer der Saaltüren stand und der die Ansicht eines Brecht-Enthusiasten, Brecht habe immer genau gewußt, wie man mit der Wahrheit umzugehen habe, in einigen Punkten abzuschwächen versuchte.

Als Stimmen im Saal laut wurden, der Mann an der Tür solle etwas näher ans Publikum heranrücken, entgegnete dieser, er habe ein Mißtrauen gegen die Atmosphäre im Saal. Der durch diese Bemerkung provozierten allgemeinen Entrüstung fügte der Mann beschwichtigend hinzu, er meine nicht die lobenswerte Atmosphäre der Diskussion, sondern die fehlende Würze: Es fehle wegen des vom Präsidium verhängten Verbots im Saal der Zigarrenrauch, ohne den er, der Mann an der Tür, nicht nachdenken könne.

Dies sagend, stieß der Zigarrenraucher eine blaue Dampfwolke aus, und erst nachdem die sich verzogen hatte, erkannten viele Leute das verschmitzte Gesicht des großen Rauchers, der sich aber, bevor man sich des außergewöhnlichen Ereignisses allgemein bewußt geworden war, aus dem Staub gemacht hatte und den meisten Diskussionsteilnehmern danach nie wieder ins Blickfeld getreten ist. *(1951)*

Renate Holland-Moritz

Wie ich 1956 beim »Eulenspiegel« anfing

Schon nach einer Woche erhielt ich [auf die Einsendung eines Manuskripts] Antwort vom »Eulenspiegel«. Damals wurde nicht nur bei der Post, sondern auch in manchen Redaktionen bemerkenswert flott gearbeitet. Das äußerst freundliche Schreiben war von einem meiner Favoriten der satirischen Zunft unterzeichnet: Hansgeorg Stengel. Er teilte mir mit, mein Feuilleton befinde sich bereits im Druck und ich möge, falls ich in angemessenen Grenzen hübsch sei, doch gelegentlich bei ihm vorsprechen. Und zwar zum Zwecke des Vertragsabschlusses über ständige Mitarbeit an der einzigen Zeitschrift für Humor und Satire in der DDR.

Ich war vor Glück ganz aus dem Häuschen. Nie hätte ich zu hoffen gewagt, in die Phalanx so exzellenter Autoren wie Lothar Kusche, Carl Andrießen, Lothar Creutz, John Stave, Jo Schulz, Nils Werner und Alf Scorell aufgenommen zu werden. Um dem gestrengen Literaturpapst Stengel auch äußerlich meine Reverenz zu erweisen, borgte ich mir Geld für ein elegantes neues Kleid und ließ mir die damals hochmodische Mäckie-Frisur verpassen. Dann begab ich mich zitternd in das Haus meiner Träume in der Kronenstraße.

Stengel maß mich aus lichter Höhe mit onkelhaftem Wohlwollen, interessierte sich weniger für meinen Ausbildungsweg mit allen belegbaren Holperstellen als vielmehr dafür, wie ich wohl mit meinem zwei Monate alten Töchterchen Tanja allein zurechtkam und zerstreute so alle meine Ängste und Zweifel. Als ich schon sicher war, eine neue, über die Maßen interessante redaktionelle Heimstatt gefunden zu haben, stellte er beiläufig die Frage: »Können Sie eigentlich dichten? Genauer gesagt: reimen?«

Mir brach kalter Schweiß aus. Sollte ich lügen? Aber wozu? Glaubte ich in jugendlicher Unerfahrenheit doch noch, nichtvorhandenes Talent lasse sich so wenig verbergen wie eine schiefe Nase. Also gestand ich mein poetisches Unvermögen. Darauf Stengel: »Dann können Sie bleiben. Dichten kann hier jeder Idiot.«

[...]

Eulenspiegelveranstaltung im Palast der Republik, September 1983 (von links nach rechts: Wolfgang Sellin, John Stave, Hansgeorg Stengel, Hildegard Alex, Hans Krause, Paul Rosié, Lothar Kusche, Renate Holland-Moritz, Manfred Schubert, C.U. Wiesner, Willi Schwabe, Otto Häuser = Ottokar Domma, im Hintergrund Henry Krtschil mit seinen Musikern)

In rascher Folge wurden nun Kurzgeschichten, Glossen und Feuilletons von mir veröffentlicht. Doch schon bald mußte ich begreifen, daß allein Schnoddrigkeit und eine gewisse Beobachtungsgabe nicht ausreichten für die nicht mehr nur journalistischen, sondern schon literarischen Arbeiten. Immer häufiger bekam ich Manuskripte zurück, auf die mein Lehrmeister in seiner bekannten unfeinen stenglischen Art geschrieben hatte: »Husch, husch – ins Körbchen!« oder »Blamieren Sie sich damit lieber bei einer anderen Redaktion!«
Als mich Stengel einmal heulend über einem solchen Verdikt vorfand, reagierte er nicht etwa mitleidig, sondern mit eisiger Strenge. »Wir machen hier eine satirische Zeitschrift, das heißt, wir teilen Schläge aus. Wer sich dergleichen anmaßt, muß erst einmal Schläge einstecken lernen. Mimosen können wir nicht brauchen!«
Ich wollte aber gebraucht werden, und ich wollte das Vertrauen derer, die mir eine so große Chance gegeben hatten, nicht enttäuschen. Folglich studierte ich mit heißem Bemühn die Olympier unserer Zunft wie Tucholsky, Polgar, Kisch, nahm Stilistik-Unterricht beim seligen »Fackel«-Kraus und mußte es dennoch immer und immer wieder erleben, daß mich Stengel bei falschen Bezügen und falsch angewandtem Konjunktiv erwischte.«

(Ausschnitt aus dem Buch »Die tote Else – Ein wahrhaftes Klatschbuch« von Renate Holland-Moritz, Berlin 1986)

Mit dem Schriftsteller Alf Scorell (1.Mai 1954)

Mit Lothar Kusche und Manfred Bofinger beim Rostocker Buchbasar (Mitte der 80er Jahre)

Anonym

Anekdote

Pünktlich hatte Paul Dessau Stengels »Lied eines toten Affen« komponiert. Er lieferte persönlich, um es vorspielen zu können. Der Flügel hielt ihm stand, nicht aber die Ohren der »Distel«-Leute, Dessaus Auftraggeber. Sie konnten sich nur noch durch Zeichen verständigen. Doch trotz des von ihm veranstalteten Gedröhns drang des Meisters Stimme durch: »Ich deute natürlich nur an!«

(1956)

Aus einem Interview mit Gabi Seyfert

Frage: Lesen Sie gern?
Antwort: Sehr.
Frage: Welches sind Ihre Lieblingsautoren?
Antwort: Dumas, Maupassant, Rudi Strahl und Hansgeorg Stengel.

(Aus der Zeitung »Junge Welt« vom 24.4.1969)

Lothar Kusche

Zuverlässigkeit

Ich kenne Stengel seit über zwanzig Jahren, wenn ich ihn auch nicht regelmäßig getroffen habe, weil er eine interessante Vorliebe für monatelange Seereisen zu haben scheint. Da kann es einem passieren, daß man in seiner Wohnung anruft und den lapidaren Bescheid kriegt: »Der Hansgeorg muß momentan auf einem Frachter die Südspitze Afrikas umschiffen. Falls es dringend ist, so telefonieren Sie doch bitte in einem Vierteljahr noch einmal.«
Vielen Kollegen, die mit Stengel zusammen arbeiteten, hat gewiß seine Konzentration und Zuverlässigkeit imponiert.
So hat mir einmal ein Kabarett-Dramaturg davon erzählt, daß er für ein neues Programm dringend noch eine Serie sogenannter »Blackouts« benötigte, Miniaturszenen also, gespielte Witze gewissermaßen. Wer konnte so etwas rasch und gut anfertigen? Stengel natürlich. Anruf. Der Autor, zufälligerweise nicht im Indischen Ozean befindlich, erklärt: »Freitag abend habe ich noch nichts vor. Da werde ich mich mal an diese Sache

Mit dem Kabarettisten Edgar Külow (etwa 1960)

Als »Inspektor Warnicke« (Ende der 60er Jahre)

heranmachen. Ihr könnt das dann Sonnabend früh bei mir abholen.«
Das klingt etwas unwahrscheinlich, wie ich zugeben muß – aber am Sonnabendmorgen hatte Hansgeorg Stengel acht »Blackouts« parat, und mindestens die Hälfte davon war erstklassig. Ich weiß das sozusagen aus erster Hand, weil ich selber der erwähnte Dramaturg war.

(Aus der Zeitschrift »Die Weltbühne«, Berlin, 25.7.1972)

Fragen und Antworten

Fragen an eine Reihe von Schriftstellern:
1. Liest du gern aus eigenen Werken?
2. Liest du Unveröffentlichtes oder altbewährte Texte?
3. Wie verkraftest du die Meinung des Publikums?

Hansgeorg Stengels Antworten:
1. Ich lese am liebsten aus guten Werken, also mit Vorzug aus meinen eigenen.
2. Wie sollte ich unveröffentlichte Arbeiten vortragen können, da ich doch nur über veröffentlichte oder zumindest zur Veröffentlichung vorgesehene Arbeiten verfüge. Was nicht veröffentlicht wird, schreibe ich gar nicht erst.
3. Da Lesungen ziemlich anstrengend sind, bitte ich das Publikum vor der folgenden Diskussion, möglichst nur Ermutigendes oder halbwegs Gutes über meine Verse und ihren Verfasser zu sagen. Die aus solchen Appellen resultierenden Elogen und Schmeicheleien verkrafte ich ausgezeichnet.

(Aus der Zeitschrift »Eulenspiegel«, 2. Juni-Ausgabe 1972)

Hansgeorg Stengel

Sechsundfünfzig Chrysanthemen

Notizen von einem, der umherzog, die Woche des Buches in den Griff zu bekommen

»Wer den Leser will verstehen, muß in Lesers Lande gehen!« Im Sinne dieses von mir geistreich abgewandelten Goethe-Wortes sattelte ich, wie man so sagt, meinen Pegasus und begab mich in den Bezirk Siefurt. Dorthin war ich anläßlich der Woche des Buches sehr herzlich eingeladen worden. Zwar hatte ich auf einen exakten Plan der von mir zu bestreitenden Buchlesungen bis kurz vor meiner Abreise warten müssen, aber ermutigende Sätze aus Siefurt stimmten mich optimistisch: »Wir können Sie jedoch versichern, daß Hansgeorg Stengel und seine Lyrik sehr gefragt sind. Wir wissen auch, daß ein solcher Einsatz vom Schriftsteller einiges abverlangt, doch glauben und hoffen wir, daß Sie viel Erfolg und Freude haben werden.«

Zuerst gastierte ich in Bepolda. Da ich reichlich eine Stunde vorm verabredeten Veranstaltungstermin in B. eintraf, hatte ich noch genügend Zeit, die örtliche Tagespresse zu studieren. Ich entnahm ihr, daß ich bereits am Abend zuvor eine Dichterlesung durchgeführt hatte oder jedenfalls hätte durchführen sollen, *wenn* ich bereits gestern dort eingetroffen *wäre*, wohin ich leider erst für heute bestellt war. Wie durch ein Wunder beehrten mich am ferngeplanten Abend trotzdem fünfzehn Zuhörer, die sich offensichtlich nicht auf die Zeitung sondern auf umlaufende Gerüchte orientiert hatten. Es sei, tröstete mich hinterher der Direktor der Kreisbibliothek, eine außerordentlich gut besuchte Veranstaltung gewesen, wenn man bedenke, daß die Darbietung eines Streichquartetts acht Tage zuvor außer der Resonanz der Geigen so gut wie keinen Publikumswiderhall gefunden habe.

*

Mit sieben Chrysanthemen im Reisegepäck verließ ich Bepolda und bezog gegen Mitternacht Quartier im Siefurter Hotel »Am Bahnhof«. Diese nicht übertrieben gepflegte und völlig komfortfreie Herberge ist, wie ich sogleich bemerkte, das rechte Gegengift für snobistische Literaten vom Schlage des Exquisit-Poeten Jürgen Frühling, der seinen Buchwochen-Einsatz von der Bereitstellung eines properen Hotelbetts abhängig gemacht haben soll. Im verbrieften Besitz der Versicherung, ein gefragter Lyriker zu sein, konnte mir die Dürftigkeit großstädtischer Unterkunft keine Unbill bereiten. Im Gegenteil: Ich begriff die mir zugeteilte spartanische Atmosphäre als Beweis unauslöschlichen Vertrauens in meine von vogtländischer Kargheit geprägte Volksverbundenheit.

*

Ich empfing am folgenden Tage sowie aus der Hand des amtierenden Bezirksbibliothekars Lampe einen geringfügig korrigierten endgültigen Einsatzplan, der sich von allen früheren Plänen nur insofern unterschied, als eine Rapsfelder Baumwollspinnerei nicht mehr im Programm enthalten war.

Frohgemut fuhr ich nachmittags in den Kreis Bad Kurzensalza, dem Gebäude der Polytechnischen Oberschule Ehringen entgegen, wo gemäß meinem Programmzettel eine »Veranstaltung als literarisch-musikalische Veranstaltung des sozialistischen Lehrerkollektivs« vorbereitet worden war, »in der Sie den Höhepunkt bilden«. Es gelang mir vor ungefähr vierzig Zuhörern tatsächlich, den Höhepunkt zu bilden, zumal die musikalische Komponente der Veranstaltung ins Wasser und mir das Primat der Erstellung des Höhepunktes gewissermaßen in den Schoß fiel.

*

Mit sieben Chrysanthemen im Reisegepäck kehrte ich in mein Siefurter Standquartier zurück und gönnte mir das Labsal erquickenden Nachtschlafs, um für den bevorstehenden Dienstag-Doppeleinsatz gerüstet zu sein.

Dieser fand im Kreis Wühlhausen statt und führte mich zunächst in eine Ortschaft, Walrode geheißen, die ich trotz Fehlens eines auch nur provisorischen Straßenzubringernetzes mit kaum fünfminütiger Verspätung erreichte. Der Zufall wollte es, daß ich bei meiner Erkundigung nach der Gemeindebibliothek an einen jugendlichen Verwandten der Bibliothekarin geraten war und schon Sekunden später mit derselben leibhaftig konfrontiert wurde. Sie begrüßte mich mit dem Stoßseufzer: »Gott sei Dank, daß Sie da sind. Meine Kinder warten schon!«

Ob dieser Eröffnung muß ich einen Atemzug lang

sanft gestutzt haben, denn ich trug Manuskripte im Gepäck, die auf ein Auditorium zugeschnitten waren, welches sich der Kinderschuhe schon seit längerem entledigt hatte. Einlenkend modifizierte meine Gesprächspartnerin ihre Aussage deshalb dahingehend, es handele sich nicht eigentlich um Kinder, sondern um Schüler höherer Klassen, und sie, die Bibliothekarin, habe den mißverständlichen Ausdruck nur gewählt, um ihr freundschaftliches Verhältnis zu ihren respektive zu meinen zahlreich versammelten jugendlichen Lesern anzudeuten. Der Kulturraum einer Walröder Zigarrenfabrik war gut besetzt: Kinder, Kinder! Schön, es mögen sich auch ein paar Sechzehnjährige ins Jungpionier-Forum geschmuggelt haben, doch der Mehrheit meiner pausbäckigen Zuhörer und Zuhörerinnen stand das Erlebnis stattgehabter Jugendweihe keinesfalls im Gesicht geschrieben.

Weit entfernt von der Überheblichkeit eines Wolkenkuckucksheimers, bemühte ich mich eine halbe Stunde lang ebenso redlich wie vergeblich, statt satirischer Literatur einige Schnurren und Schwänke aus meinem zeitweiligen Seefahrerleben darzubieten, bis ich endlich davon Abstand, sieben Chrysanthemen in Empfang und Kurs auf die Stadt Wühlhausen nahm.

*

Der Leiter des Wühlhäuser Clubs der Intelligenz begrüßte mich in dem ihm anvertrauten Haus Brückenstraße 9 sehr freundlich, ohne den just um zwanzig Uhr über der Stadt niedergehenden Platzregen als rettenden Strohhalm zu beschwören. Solche Beschwörung erübrigte sich auch, denn die wache Erinnerung der Wühlhäuser Literaturfreunde an ihren kurzfristigen Nachkriegsmitbürger und Eulenspiegelautor R. St. verhalf mir trotz Wolkenbruchs zu einer starken Hörergemeinde, deren verblüffende Aufgeschlossenheit und Lachbereitschaft Balsam für die Wunden war, die Walrode meinem Selbstbewußtsein geschlagen hatte.

*

Mit vierzehn Chrysanthemen im Reisegepäck traf ich zu später Nacht wiederum im Siefurter Hotel »Am Bahnhof« ein und begab mich zur Ruhe.

Auch der folgende Tag forderte mich doppelt. Zunächst spurtete ich gen Kardinalsrode, wo ein prallgefülltes Kaliwerker-Kulturhaus meiner Poesie entgegenfieberte – eine Vision, die sich bei meiner pünktlichen Ankunft in die Realität eines Fähnleins dreizehn anwesender werktätiger Aufrechter verwandelte. Ich hörte ein Raunen: Warum ich denn ausgerechnet um vierzehn Uhr zu lesen gedenke, zu einem Zeitpunkt also, da der Schichtmechanismus die Delegierung eines größeren Aufgebots interessierter Zuhörer verbiete. Warum ich mich so hartnäckig geweigert habe, den Terminwünschen der Arbeiter und Kulturfunktionäre zu entsprechen. Warum ich überhaupt und warum ich nicht lieber und dergestalt und so weiter. Sakra! Man hielt mich tatsächlich für eine Art Buchwoche-Programm-Konfusionsrat, für einen despotischen Gebieter über Zeit und Raum, für den Mephisto defekter Planspiele.

In Wahrheit schwamm ich im Strom der Bezirksbibliothek, dessen Bett ich nicht gegraben und dessen Mäander ich nicht projektiert hatte.

Kardinalsrode lohnte sich wenigstens als Werkstattgespräch in familiärer Runde, und da ich ohnehin bereits um sechzehn Uhr im benachbarten Frommstadt engagiert war, ergriff ich unverzagt die mir dargebrachten sieben Chrysanthemen und fuhr ins Eichsfeldische.

*

Ich hatte Mühe, den etwas an der Peripherie von Frommstadt gelegenen Veranstaltungsort, eine Metallfabrik, ausfindig zu machen. Als ich ihn schließlich entdeckt hatte, gewahrte ich unweit des Werktors eine Handvoll Kolleginnen und Kollegen, an ihrer imaginären Spitze die, wie sich später herausstellte, Leiterin der Werksbücherei. Ich wurde von der Herrin über metallfabrikeigene Bücherregale mit den mir unvergeßlich gebliebenen Worten willkommen geheißen: »Sind Sie Herr Semmel aus Berlin, der hier eine Buchbesprechung durchführen soll?« Ich war es nahezu.

Weitere Eröffnungen und Empfehlungen kamen sogleich aus dem Kreis der mir zugeteilten Kulturveranstaltungsteilnehmer: Ich sei zum denkbar ungünstigsten Zeitpunkt angereist. Ich solle meinen Vortrag wegen des fahrplanmäßigen Schichtomnibusses auf eine Dreiviertelstunde beschränken. Ich müsse berücksichtigen, daß die Brigademitglieder müde und literarisch unbewandert seien, und dürfe nicht erwarten, daß während meiner »Buchbesprechung« gespannte Aufmerksamkeit herrsche.

Sarkastisch gestimmt, streute ich Epigramm auf Epigramm unter meine verdrossenen Zuhörer, bis ich, noch heute könnte ich mich backpfeifen, ganz versehentlich auch jenen blasphemischen Vierzeiler rezitierte:

»In Klöstern gilt noch immer diese
dogmatisch-päpstliche Devise:
Mönch, sei helle!
Bleib Junggeselle!«

Die Reaktion meines bis dahin teilnahmslosen Publikums war geballte Entrüstung, hatte ich doch, atheistisch spaßend, die Brandfackel der Satire ins heilige Frommstadt geschleudert. Dieses Sakrileg schien meinen Zuhörern, den in der Nationalen Front vereinten Christenmenschen und Atheisten, gleichermaßen fehl am Platze, und ich zog die Konsequenzen: retirierte, sieben Chrysanthemen hastig in meiner Aktentasche verstauend, in ein Frommstädter HO-Restaurant, wo ich die Schriftsteller-Kollegen Rudolf Elch (»Als Kiebitz in dieser Sache«) und Werner Grusel (»Der violette Löwe«) traf, die ebenso wie ich die Buchwoche bereisten und nun mit mir Erfahrungen austauschten. Manche hübsche Anekdote würzte das etwas nüchterne Abendbrot, unter anderem diese: Rudolf Elch, Verfasser kaustischer Gerichtsreportagen in der »Viertelmonatspost«, sah sich in der Ortschaft Knölleda einem mächtigen Forum grünohriger Lehrlinge und wenigen Lehrausbildern gegenüber. Da dem Dichter vorher versichert worden war, man werde für ihn mit Rücksicht auf seine sehr offenherzige Enthüllungsliteratur ausschließlich Lesungen vor erwachsenen Literaturgenießern organisieren, nahm Rudolf Elch fürchterlich Rache. Er brachte die delikatesten und schärfsten Feuilletons zu Gehör, die seine Mappe barg. Vom pädagogischen Standpunkt soll diese Veranstaltung ein Fiasko gewesen sein, nicht aber vom allgemein menschlichen.

*

Am vorletzten Tag meiner Tournee stellte ich mich in der Siefurter Bezirksbibliothek der Kritik eines verhältnismäßig umfangreichen und wohlwollenden Abendpublikums. Ich erfuhr, daß nicht einmal der Akademie-Poet Stephan Biber, der am Vorabend an gleicher Stelle aufgetreten war, so regen Zuspruch gefunden hatte. Allerdings stand Stephan Bibers Siefurter Lexikon unter einem unglücklichen Stern: Die Bezirksbibliothek war so nobel gewesen, jegliche Werbung für Stephan Biber zu unterlassen.

Den sieben Siefurter Chrysanthemen gesellten sich vierundzwanzig Stunden später weitere sieben Exemplare dieser edlen Zuchtblume hinzu, nachdem ich anläßlich eines Farnstädter Jugendballs als kecker Plauderer mein Buchwochen-Finale absolviert hatte. Zwar kann ich nicht behaupten, beim Jugendball stärkere Akzente gesetzt zu haben als die mit meinen Versen konkurrierenden Schlagerweisen und Spirituosen, doch überschritt die Zahl der Anwesenden wenigstens bei diesem Wochenend-Begängnis erstmals seit meiner Rundreise die Hundert.

*

In tiefen Gedanken durchwanderte ich nach meiner letzten Siefurter Hotelnacht die Hallen der Junggeflügel-Lehr-und-Leistungsschau auf dem iga-Gelände. Hier war ich Mensch, sonst nichts. Die Hühner schienen diesen Umstand zu honorieren. Sie reagierten so dankbar und verständig, wie es dem Buchwöchner der heiteren Muse nur selten widerfahren ist: Sie lachten.

(Aus der Zeitschrift »Eulenspiegel«, Heft 39/1969)

In Rostock 1971

Hansgeorg Stengel

Canaletto

Die Produktionsgenossenschaft des Malerhandwerks in Dresden 6, Oberer Kreuzweg 6, nennt sich PGH Canaletto.
Canaletto, Antonio, lebte von 1697 bis 1768 und war ein angesehener venezianischer Landschaftsmaler.
»PGH Canaletto«, sagte ich vorgestern zu meinem Kohlenmann, »wie finden Sie das?«
»Doof«, sagte mein Kohlenmann. »Wir dagegen heißen zünftig VEB Kohle, Brigade Hansgeorg Stengel.«
»Find ich auch nicht besonders beziehungsreich«, mäkelte ich. »Stimmt zwar, daß Stengels Glossen ganz schön zünden, aber...«
»Was heißt hier zünden«, brummte mein Kohlenmann. »Bei Stengel und bei uns stimmen die Kohlen!«

(Aus der Zeitschrift »Eulenspiegel«, Nr. 15/1965)

Rudi Strahl

Sein Verdienst

Mein Studium am Institut für Literatur ließe sich beiläufig streifen, jedoch nur ganz allgemein und ohne beim dortigen Lehrkörper über mich nachzufragen. (Angesichts meiner Gedichtsammlungen »Souvenirs, Souvenirs« und »Mit 1000 Küssen« würde Professor Georg Maurer sowieso bestreiten, mich je in Lyrik unterrichtet zu haben. Dabei stammen die auffälligsten Hebungen und Senkungen meiner Gedichte gar nicht von mir, sondern von Hansgeorg Stengel. Worüber ich aber auch um Diskretion bitte!)

(Aus der Zeitung »BZ am Abend«, Berlin, 27.7.1967)

Wie ich mir mein eigenes Denkmal vorstelle

Hansgeorg Stengel: Den Projektanten und Erbauern meines Denkmals gebe ich hiermit folgende Empfehlungen und Gedenkanstöße: Mein Denkmal möge sich aus mehreren Tonnen (am besten Bruttoregistertonnen, weil ich zeitweise das Hobby eines Frachtschiffamateurpassagiers ausübte) meiner epigramm- und epikiloweise sowie einfach weise angehäuften und hinterlassenen Epigramme zusammensetzen. Das Material sei Berliner Schrippenteig, denn dieser ist zäh und unverwüstlich. Ich wünsche mir eine Art Litfaßsäule an verkehrsreicher Stelle und insofern nützlich postiert zu werden, als man mich rundum mit täglich neuen Informationen bekleistert, wobei Hinweise auf meine posthumen Auftritte besonders akzentuiert geklebt werden sollten. Mein Denkmal müßte auf einer stabilen Auflagematratze ruhen, denn ich habe lebenslang vergeblich um angemessene Buchauflagen gekämpft und will wenigstens nach meinem Tod in dieser Hinsicht gut aufgelegt sein. Jedoch sollte die mir zu Ehren errichtete Statue eines Sockels füglich entbehren, damit mich niemand und zu keiner Zeit vom Sockel stürzen kann.

(Aus der Zeitschrift »Eulenspiegel«, 1. November-Ausgabe 1975)

An der »Olympia« im Olympischen Jahr 1972

Hansgeorg Stengel

Vom Ich zum Wir

Wenn wir miteinander zu tun hatten, ging es meistens um Kinderbilderbücher. Nach gemeinsamer Tournee durchs »Schnurrpfeifland am Schnurrpfeifstrand« machten wir uns, angeregt von Fred Rodrian, an die Wiederbelebung des alten Hoffmannschen Struwwelpeters.
Es muß 1967 oder 1968 gewesen sein, als der in mein Altglienicker Haus eingeladene Karl Schrader und ich ein erstes Gespräch über dieses Jahrhundertprojekt führten. In einem niemals erschienenen Kommuniqué hätte stehen können: »Der Gedankenaustausch fand in einer kameradschaftlichen Atmosphäre statt, und es wurde völlige Übereinstimmung in allen Struwwelpeterfragen erzielt.«
Tatsächlich aber erörterten wir das Buchprojekt nur am Rande, denn Karl Schrader war vordringlich beschäftigt mit der Bekanntgabe seines Entsetzens über die mir von freischaffenden Anstreichern gemalerte Zimmerdecke (blaugelbe Streifen). Schrader: »Furchtbar! Hier kannst du leben?« Ich: »Ja – gefällt mir. Mindestens stört's mich nicht.« Schrader: »Du mußt blind sein.«
Ich ein Blinder? Ich revanchierte mich: »Schön, ich bin blind. Gut für unsere Zusammenarbeit, denn zwei Gebrechliche haben immerhin ein gemeinsames Fundament. Du, Karl, bist schließlich Analphabet. Wärst du des Schreibens kundig, müßtest du dich nicht in die Bildsprache flüchten. Wir sind quitt.«
Was nun das Ausdenken von Struwwelpetergeschichten betraf, die teils ans große Vorbild anknüpfen, teils mit aktuellem Kinderleben und fortschrittlicher Pädagogik in Übereinstimmung gebracht werden sollten, so war ich mit der Materie durchaus oft und intensiv beschäftigt. Kontakt zu meinem Partner hatte ich kaum.
Da mir der Vertrag die Vorlage des Buchmanuskripts bis August 1969 auferlegte, machte ich sechs Sommer-Arbeitsurlaubswochen im Carwitzer Fallada-Heim des Kinderbuchverlags. Unter den strengen Blicken des eingerahmten Hausherrn der dreißiger und vierziger Jahre schrieb ich alle drei Tage eine Struwwelpetergeschichte, sandte je ein Exemplar an den Verlag und eine Kopie an Karl Schrader, von dem ich wußte, daß er in seinem Prerower Ferienbungalow meiner Zuschriften harrte, um sie zu illustrieren.
Leider schrieb ich nach Prerow ohne Effekt. Auch schriftliche Ermahnungen blieben unbeantwortet. Ich war längst wieder in Berlin, verlor, weil man im Verlag nichts Genaues wußte, für eine gewisse Zeit die Partner-Spur und sogar das Interesse am Projekt.
Im November 1970 wurde ich zum Verlag gerufen. Auf dem Lektoratstisch der lieben Annemarie Lesser lag der fertige Struwwelpeter. Schon bei erstem Durchblättern gab es keinen Zweifel: Schrader, der dilatorische Analphabet, hatte meinen Geschichten Witz und Glanz in einer Weise verliehen, daß ich mir plötzlich ganz klein und unwichtig neben all dieser Bilderherrlichkeit vorkam.
Endlich hatte ich ein paar Monate später Gelegenheit, Karl Schrader leibhaftig zu begegnen: Anläßlich der Auszeichnung im Preisausschreiben zur Förderung der sozialistischen Kinder- und Jugendliteratur in der Berliner Staatsoper wurden Schrader und Stengel vom damaligen stellvertretenden Kulturminister Bruno Haid nach vorn gerufen. Der Minister überreichte uns den Preis, schüttelte uns die Hand und sagte sinngemäß: »Ich beglückwünsche Sie zu ›So ein Struwwelpeter‹, diesem hervorragenden Resultat gemeinsamer Arbeit!«
Schrader blickte auf Stengel, Stengel auf Schrader. Es war unser Geheimnis, daß diese Begegnung eine für uns beide ungewöhnliche Sternstunde nach halbjähriger Kontaktlosigkeit war. Ich begriff aber, daß segensreiche kollektive

Mit Karl Schrader (in den 70er Jahren)

Arbeit oftmals dadurch zustande kommt, daß man sich nicht stört.

Karl Schrader ist kurz vor Weihnachten 1981 sechsundsechzigjährig gestorben, elf Jahre nach Erscheinen unseres gemeinsamen Buches, das in nicht ferner Zeit Halbmillionär – nach der verkauften Stückzahl – sein wird. Von der Nachfrage nicht zu reden.

(Aus dem Verlagsalmanach »Hausmitteilung« des Kinderbuchverlags, 1984)

Carl Andrießen

Vision 1999

Die Chefredaktion dieses Organs ging das Risiko ein, auf fünfundzwanzig Jahre im voraus den Erwartungshorizont von Kabarettchefs und kabarettistischen Alleinunterhaltern anzuleuchten. Die fatale Frage lautete: *Welche Themen gedenken Sie im Herbstprogramm 1999 zu behandeln?* Keinem der Befragten wäre zu verargen gewesen, hätte er sauer reagiert, beispielsweise im Stil Frank Wedekinds. Der junge Wedekind hatte die Gattin des Großkaufmanns P. zur Freundin. Als dieser das Verhältnis bemerkte, schrieb er dem Liebhaber seiner Frau einen wütenden Brief. Umsonst. Der Großkaufmann stellte Wedekind daraufhin auf der Straße und sprach drohend: »Herr, ich bin P., ich habe Ihnen vorgestern geschrieben ...« – »Ja, richtig«, fiel ihm Wedekind ins Wort, »ich habe Ihr Rundschreiben erhalten ...« So oder ähnlich hätten die unbillig Befragten uns, die im Glashaus sitzenden Fragesteller, abfahren lassen können. Aber dergleichen widerfuhr uns nicht. Die Kabarettisten antworteten nahezu prompt und geistesgegenwärtig, bezogen auf den Herbst des Jahres 1999. Auf den Gedanken, bis dahin vielleicht arbeitslos zu sein, kam keiner. Alle waren ganz sicher, daß ihr satirisches Betätigungsfeld auch in fünfundzwanzig Jahren beackert werden muß. Der optimistische Befund besagt also: Kabarettist – ein Beruf mit Zukunft!

Alle hier geäußerten Mutmaßungen stünden auf tönernen Füßen, hätten wir nicht auch einschlägig den sattsam bekannten Epigrammatiker und Tourneedo *Hansgeorg Stengel* befragt. Kinderfreund, der er ist, gibt es für ihn »nicht den geringsten Zweifel, daß die biologische Akzeleration in den kommenden fünfundzwanzig Jahren stürmisch voranschreitet und daß von der Rampe aus die bange Frage gestellt werden muß: Besitzen vierzehnjährige Mütter und Väter die Qualifikation zur Jugendweihe?« Das sollten Stengels Sorgen nicht sein, denn jedes Kind weiß doch schon heute, daß im Herbst 1999 Hansgeorg Stengel in der Maske Eduard von Wintersteins als Nathan der Weise seine Enkel entzücken wird.

(Aus der »Optimisten-Eule« in der Zeitschrift »Eulenspiegel«, 1. Oktober-Ausgabe 1974)

Stengel-Karikatur von Rolf F. Müller

1975

Werner Sellhorn

Die Autogrammorgie

Mit literarisch-musikalischen Programmen durch die DDR-Lande ziehend, spielte ich rare und interessante Schallplatten, während mein Partner Literarisches vortrug, meist Humoristisches oder Satirisches. Mein Partner war meistens ein guter Freund, der bekannte Berliner Schauspieler Peter Bause, aber auch mit anderen Schauspielern oder Autoren hatte ich viele Veranstaltungen. Und einmal – es muß Mitte der siebziger Jahre gewesen sein – hatte sich auch Hansgeorg Stengel, den ich noch aus meiner Zeit als Lektor des Eulenspiegel Verlags kannte, bereit erklärt, mit mir zusammen eine kleine Thüringen-Tournee zu unternehmen.
Natürlich gab es auch einen Abend in meinem damaligen Lieblingsklub, dem Studentenklub »Kasseturm« in Weimar, in dem ich regelmäßig Auftritte hatte. Wie seinerzeit üblich, ließen wir uns anschließend noch beide zu einem Umtrunk in eine Studentenbude einladen. Und da geschah das, worüber ich noch heute schmunzeln muß. Während andere Prominente oft nur schwer zu bewegen sind, Autogramme zu geben, oder diese Prozedur zwar bereitwillig, aber doch relativ ungern vollziehen, steigerte sich Stengel sofort in eine wahre Autogrammorgie hinein. Nachdem alle Stengel-Bücher, die sich bei den Studenten fanden, mit Widmungen versehen waren, machte er sich über den Rest der gar nicht so kleinen Privatbibliothek her. Ob es sich um Goethebände, Bücher von DDR-Literaten oder gar um Fachbücher der Studenten handelte – Stengel signierte alles. Das amüsierte Gejohle der Gastgeber steigerte sich zu einem Orkan. Und zum Schluß machte ihnen Stengel sogar noch Vorwürfe, nicht mehr »Material« für Autogramme zur Verfügung zu haben.
Auf dem Heimweg in unser Quartier fragte ich Hansgeorg, warum er denn die Sache so auf die Spitze getrieben habe. Ironisch lächelnd sagte er: »Wieso auf die Spitze getrieben? Sie wollten doch Autogramme haben – da habe ich sie eben richtig verwöhnt! Wer weiß, wann sie mal wieder Gelegenheit haben, von einem so bedeutenden Mann Autogramme zu bekommen.«

(1995)

Hansgeorg Stengel

Kindermund

Ich mache gern Lese- und Plauderstunden mit fünf- bis siebenjährigen Kindern – das erfrischendste, offenherzigste Publikum, das sich denken läßt – auf der Basis des Schrader-Stengelschen »So ein Struwwelpeter« und des Lebens ganz allgemein. Vor ungefähr drei Jahren, als wir uns, die Kinder und ich, im Geraer Bezirk über die segensreiche Frischhaltefunktion des Kühlschranks unterhielten, packte mich der Schalk im Nacken, und ich stellte nebenbei die spielerische Frage: »Was meint ihr – kann man auch Omas im Kühlschrank aufbewahren?«
»Nein!« rief ein Kind spontan, »Omas passen da nicht rein!«, doch ein anderes Kind modifizierte diese Erwägung mit dem unheilvollen Satz: »Heechstens wemmerse schlacht!«
Ich gab der Kinderstunde ganz schnell eine andere, weniger blutrünstige Wendung und nahm mir für die Zukunft vor, keine Fragen mehr zu stellen, die bei unschuldigen Kindergemütern Antworten von geradezu Wedekindschen Horror-Dimensionen provozieren.

(Aus dem Almanach »Für Kinder geschrieben – Autoren der DDR« des Kinderbuchverlags, 1979)

Mit Christel Bodenstein (1976)

Harald Kretzschmar

Spitze Verse – runde Sache

In der deutschen Sprache gibt es für das englische Wort Entertainer keine Wortgetreue Entsprechung. Das ist kein Zufall, ist doch die damit gemeinte besondere Art des alles könnenden Unterhaltungskünstlers bei uns ohnehin kaum anzutreffen. Manchmal hat man den Eindruck, Hansgeorg Stengel wäre am liebsten einer. Aber schon ganz allein mit Plaudern reißt er sein Publikum hin – dahin, wo er es haben will.

Stengel ist der einzige Künstler-Mensch, den ich kenne, der mit seiner (mit Verlaub zu sagen) Berufseitelkeit allen Ernstes auf die heiterste Weise in der Öffentlichkeit kokettiert. Und obendrein mit Erfolg.

Immer, wenn sein Plauderton zu ungereimt zu werden droht, hat der Schelm einen Reim parat. Und im Nu ist alles rund. Was manche vierschrötig sagen, sagt der Epigrammatiker vierzeilig.

Daß der Mann, welcher in seiner Eigenschaft als Journalist mit den Initialen H. St. zeichnet, auch ein ausgefuchster Grammatiker ist, hat sich mittlerweile herumgesprochen. Seine Sprachbesessenheit hat den in der Maske des Humoristen auftretenden Satiriker früh zum Buchautor, sprich Schriftsteller, qualifiziert. Er führt damit als Ältester die Phalanx derer an, die einst mit List und Lust vom »Eulenspiegel« in unsere Literatur auf- und einbrachen.

Seine handlichen Vierzeilerbändchen verkrümeln sich im Bücherschrank genauso gern wie auf dem Ladentisch. Am besten, man steckt sie sich in die Jackentasche oder, noch besser, hinter den Spiegel ...

(Aus der Zeitung »Neues Deutschland«, Berlin, 30.7.1982)

Stengel-Karikaturen von Harald Kretzschmar (1972/1982)

An der Ostsee (Ende der 70er Jahre)

Lothar Kusche

Stengels Nase

Diese ist besonders für die Wiedergabe in Karikaturen geeignet und gehört auch hierher, weil man sie nicht vergißt, wenn man länger als dreieinhalb Jahrzehnte von ihr (bildlich gesprochen) umgeben war wie ich.
Hansgeorg Stengel findet schnell und sicher Kontakt zu seinem Publikum. Es treten nicht jene Wackelkontakte in Erscheinung, auf deren Installation sich andere Vortragskünstler so vorzüglich verstehen.
Stengel tut fast alles, was er tut, sehr intensiv. Wenn er blödelt, blödelt er intensiv. Ergibt es sich, daß ihn Palindrome beschäftigen, so macht er ein Buch draus, fährt er mal zu schnell mit dem Auto, dann gleich im Zwei-Stempel-Tempo.
Vor Jahren hat er sich dermaßen intensiv das Rauchen abgewöhnt, daß er nach Auskunft seiner Frau noch heute an einem Nichtraucherbein leidet.
Es trifft auch nicht zu, daß sich Hansgeorg bei seinen Auftritten und bei seinem Auftreten überhaupt – wie jener Bläser aus dem Grimmschen Märchen »Sechse kommen durch die ganze Welt« – ein Nasenloch zuhält, um nicht allzuviel Wind zu machen.
Brecht erzählte von Herrn Keuner, dieser habe nach der Lektüre eines Gedichtbandes gesagt: »Die Kandidaten für öffentliche Ämter durften in Rom, wenn sie auf einem Forum auftraten, keine Gewänder mit Taschen tragen, damit sie keine Bestechungsgelder nehmen konnten. So sollten die Lyriker keine Ärmel tragen, damit sie keine Verse aus ihnen schütteln können.«
Während seiner Plaudereien steckt Stengel zuweilen eine Hand mitsamt dem Ärmel in die Jackett-Tasche, um übermäßiges Herausquellen von Bonmots zu bremsen.
Man vergißt diesen Burschen sowenig, wie er etwas vergißt, denn er kann alles auswendig.
Nur einmal war ihm im Verlauf einer sehr öffentlichen Fernsehsendung entgangen, daß er im zweiten Teil der Darbietung ein Epigramm vortrug, das er schon zu Beginn des Programms aufgesagt hatte.
»Hast du das nicht gemerkt?«
»Natürlich habe ich das gemerkt«, sagte er, ohne sein Pokergesicht zu verziehen, »das war doch Absicht. Dieses Epigramm ist übrigens so gut, daß ich es eigentlich noch ein drittes Mal sprechen müßte.«
Man nahm ihm aber das Mikrofon weg.

(Aus Lothar Kusches Buch »Nasen, die man nicht vergißt«, Berlin 1987)

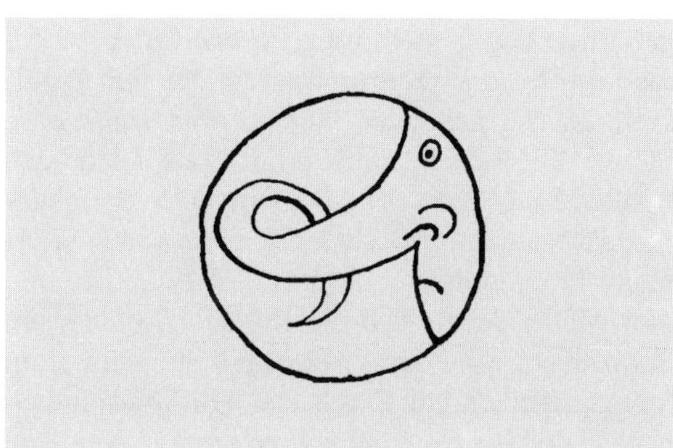

Zeichnung von Elizabeth Shaw

An der Kleinen Komödie Warnemünde (1979)

Er zieht vom Leder (Anfang der 80er Jahre)

Rainer Kasselt

»Ein Gesicht hat jeder, wer hat schon ein Profil«

Beim »Stengelwirt« am Sonnabend im Studio-Theater

Von Zeit zu Zeit sieht man den Stengel gern. Der gebürtige Vogtländer und geborene Eulenspiegel fand im Dresdner Kulturpalast immer sein Publikum. In den achtziger Jahren füllte Hansgeorg Stengel mit Jochen Petersdorf & Co. spielend den Großen Saal, wenn es hieß »Schwätzen Sie mal«. In den Neunzigern zieht es ihn mit seinen Einmann-Programmen in das intimere Studiotheater, und wieder füllen sich die Reihen. So auch am Sonnabend, als er in zwei Vorstellungen »Zum Stengelwirt« einlud. Das Menü nebst Sättigungsbeilage und Buchverkauf bot die erhoffte, Verstand und Zwerchfell kräftigende Hausmannskost.
»Sind Wessis da?« fragte der Alleinunterhalter am Anfang. »Dann rede ich langsamer, damit mich jeder verstehen kann.« Im Frühjahr hatte der Wahl-Berliner im Programm »Urnengang« eines seiner Geheimnisse gelüftet und dem Publikum anvertraut, was es wählen sollte. Jetzt im Herbst sagte er den Leuten, was sie gewählt haben. Für Sachsen erwartet Stengel die Einführung der »Kurtpflicht« und die baldige Umbenennung des Königsteins in Biedenkopf, bei der Gelegenheit könne der Pfaffenstein auf Eggert getauft werden. In der regionalen Presse habe er gelesen, daß der Ministerpräsident zärtlich »Biko« genannt werde, ob es da einen Zusammenhang zu dem abgewickelten Spielzeug Piko gebe, fragte der Unschuldsstengel. Auf sächsisch klinge das ähnlich.
Dann wurde der Doktor humoris causa intim. Er lebe in Marzahn, wohne in einem Vierzehngeschosser, diesen »Arbeiterwohnschließfächern«. Die Dinger hätten einen Vorteil, nie stehe der alte Besitzer vor der Tür. Aber leicht sei es in Marzahn nicht. Die »Wochenpost« habe geschrieben, daß dort 52 Prozent der überwiegend jungen Bewohner Abitur, Fach- oder Hochschule hätten

Im Palast der Republik (1985)

Vor der Alten Handelsbörse Leipzig (1985)

und somit beste Voraussetzungen für den Start in die Marktwirtschaft mitbringen. »Dennoch«, so habe der Journalist geschrieben, dennoch sei Marzahn eine Hochburg der PDS, jeder zweite wählte diese Partei. Über dieses »Dennoch« grüble er immer noch, sagte Stengel. »Bundeskanzler Kohl ist 230 Pfund schwer, dennoch ist eine Meniskusoperation erforderlich.«

Im zweiten Teil des Abends begab sich die einstige »Fernseh-Eule« auf die geliebte Wortspielwiese. »Mein Hobby ist die Sprache. Ich bin im Grunde ein verhinderter Philologe«, sagte Stengel. Er öffnete seinen Geredeschuppen, klopfte Begriffe auf ihren Doppelsinn ab. »Es fällt Boris Becker leichter, einen Satz zu gewinnen, als einen Satz zu bilden.« Daß er beim Abgrasen dem Kalauer und seiner sächsischen Abweichung erneut seine Reverenz erwies, versteht sich bei diesem Sprachgärtner von selbst. Stengel schaut den Politikern aufs Maul und ertappt sie bei den komischsten Stilblüten.

Dem Kanzler lauschte er das denkwürdige Bekenntnis ab: »Ich bin weder links noch rechts einäugig.« Das sei eine multioptische und polyvisuelle Fähigkeit Kohls, die noch zuwenig genutzt werde, merkte er auf die feine stenglische Art an. Auch Rudolf Scharping kriegte sein Fett ab. Nach der für die SPD schlecht verlaufenen Europawahl erklärte der Parteichef: »Das war nur eine Wahl in einer langen Reihe von Wahlen. Diese endete mit einer Niederlage. Aber weitere werden folgen.« Wie prophetisch, griente Stengel und sah zwanzig Jahre jünger aus.

Einen Schelm dürfe man ihn heißen, aber keinen Schal(c)k, sagte der 72jährige. Nach wie vor ist Stengel ein Meister der Improvisation, das meiste in seinem Programm ist jedoch hart erarbeitet, trotz gegenteiliger Beteuerung.

»Ein Gesicht hat jeder, wer hat schon ein Profil«, meinte der Greizer und schuf wie nebenbei eine Verbindung von Goethe zu Stengel. Seine ironische und schwer nachahmliche Art, sich als den Größten hinzustellen (»Was sind Sie ohne mich? Da fehlt Ihnen die Orientierung!«), wurde vom Publikum angenommen. Der Rezensent gesellt sich in die Schar jener, die gern einen »Stenglisch

Stengel-Porträt von Harald Kretzschmar (1989)

Waltz« tanzen. Er mußte seine Pressekarte nicht bezahlen, aber er war nicht umsonst bei Hansgeorg Stengel.

(Artikel aus der »Sächsischen Zeitung«, Dresden, vom 7. 11. 1994)

Eckart Stengel

Die Ehre der Stängels

Johannes Rau hat's gut. Bisher wußte er vermutlich nie, wie er kurz und knapp seine Namensschreibweise erklären sollte. 1998 wird sich das ändern. Dann tritt die Rechtschreibreform in Kraft, mit der das Adjektiv »rauh« zu »rau« verkürzt wird. Der SPD-Politiker braucht dann nur noch zu sagen: »Rau wie ›rau‹«. Jedenfalls einer, dem die Reform Vorteile bringt. Aber was wird aus den vielen tausend Menschen mit Nachnamen »Stengel«? Wenn unsereiner verhindern will, daß er mit dem legendären Chef der Bundesanstalt für Arbeit, Stingl, verwechselt wird, brauchte er bisher nur zu sagen: »Stengel wie Blumenstengel«. Die Rechtschreibreform nimmt uns dieses eingängige Erklärungsmuster: Der (Blumen-)Stengel soll künftig »Stängel« heißen, weil er von »Stange« kommt. Da die Reform hoffentlich keinen Einfluß auf Familiennamen hat, gilt also künftig »Stengel« bei Menschen, »Stängel« bei Blumen. Dabei sind die Reformer inkonsequent. »Engel« und »Bengel« schreiben sie weiterhin mit »e«, obwohl sich auch hier Ableitungen mit »ä« bilden ließen: »Engel« stammt vom griechischen »angelos« ab, »Bengel« ist laut Duden-Herkunftswörterbuch mit dem englischen »bangle« verwandt. Ursprünglich sollte die Rechtschreibreform Fehlerquellen trockenlegen.

Schön wär's! Stengel/Engel/Bengel – diese lautgetreue Schreibweise war bisher einleuchtend einheitlich. Künftig sollen wir uns ohne Not umgewöhnen. Schulanfänger müssen sich eine Ausnahme mehr einprägen. Wo eine Änderung wirklich sinnvoll wäre, haben die Reformer dagegen einen Rückzieher gemacht: Die Zigarette (Glimmstängel!) soll – entgegen ersten Reformplänen – weiterhin nur mit einem »r« geschrieben werden, obwohl sie als verkleinerte Zigarre dringend ein zweites »r« bräuchte und deshalb von logisch Denkenden laufend falsch geschrieben wird. Auch das Paket soll »Paket« bleiben und nicht zum »Packet« mutieren, wie es angesichts von »packen« und »Päckchen« überzeugend wäre. »Wir wollten nicht die Schreibweise ändern, an die man seit Jahrhunderten gewöhnt ist«, rechtfertigt ein Sprecher der Kultusministerkonferenz das Beharren auf »Zigarette« und »Paket«.Wenn das so ist, fordern wir Stengels gleiches Recht für alle: »Stengel« forever! Oder, als Kompromiß: Wenn schon der »Stengel« dran glauben muß, dann bitte auch die »Zigarette« und das »Paket«! Wir könnten uns dann ja umtaufen lassen, damit wir weiterhin sagen können: »Stängel wie ›Blumenstängel‹«. Im Paß stünde dann: »Stängel, geb. Stengel«.

(Artikel aus der Zeitung »Der Tagesspiegel«, Berlin, vom 18.12.1995)

Mit Marita Böhme in der Operncafé-Bar Berlin (Ende der 70er Jahre)

Mit Dorit Gäbler (Halle, 1985)

Mit O. F. Weidling im letzten »Treff mit O. F.« (1984)

Mit dem Zeichner Erich Schmitt in der Veranstaltung »Lachen und lachen lassen« (Palast der Republik, 1983)

Jochen Petersdorf

Brief eines Kollegen

Lieber Stengel,
als man mich unlängst in Naumburg feierte, erfuhr ich, daß Du kurz vorher dortselbst auch leidlichen Erfolg hattest. Schön für Dich!
Ich las auch Deine Eintragung ins Gästebuch des Theaters:

»In Naumburg fragt man sich beklommen:
Was soll nach Stengel nun noch kommen?«

Ich habe geschrieben:

»Nach Stengel schaute ich hier rein,
denn Steigerungen müssen sein.«

Das fand stürmischen Beifall des Intendanten und seiner Mitarbeiter.
Nimm's leicht!
Jochen

(1995)

Hansgeorg Stengel

Was mich betrifft

Nur widerwillig lasse ich mich zwingen,
mir selbst zu schmeicheln. Doch ich tu es mal:
Ich bin viel drolliger als Theo Lingen
und fotogen wie Armin Mueller-Stahl.

Ich wurde (aber bitte im Vertrauen!)
geboren zwischen sechs und dreizehn Uhr
als schönstes Baby zwischen Zeitz und Plauen
mit einer apollinischen Statur.

Die Zeit verstrich. Doch weder Wind noch Wetter
verdarben mir Figur, Profil und Haar.
Im Gegenteil: Jetzt bin ich noch viel netter,
als ich vor dreiundsiebzig Jahren war.

Ich würde Ihnen gern ein Foto senden,
doch fürchte ich, Sie wären so gebannt,
daß Sie es prompt als Amulett verwenden.
Auch hab ich grade jetzt kein Bild zur Hand.

Das ist mein Selbstporträt in kurzen Zügen.
Man möge mir den knappen Text verzeihn.
Ein Satz noch ist diskret hinzuzufügen:
Mein Selbstbewußtsein könnte größer sein.

Beim Buchbasar in Rostock (1984)

Anhang

STENGELSEXTRAKT
STENGLISCH WALTZ
Mit Stengelszungen
DER RETTENDE STENGEL
STENGEL · FRÜHLING, SOMMER, HERZ UND KINDER
Hansgeorg Stengel · Menschen · Macken · Monumente
Im Stenglischen Garten
STENGEL · DIE FEINE STENGLISCHE ART
STENGEL STROPHE MUSS SEIN!
Stengel · Die neue Leier
Stengel
Seegang Satan Sansibar
Mit Stengelsgeduld
TOMUS FRÖHLICHER REISEFÜHRER
Thü-rin-gen
Hansgeorg Stengel
Die WOrTspieLwiSE
List
Hansgeorg Stengel
ANNASUSANNA
HANSGEORG STENGEL SUPERSTRUWELPETER

Im Anhang gibt es eine ausführliche Bibliographie und Diskographie, eine Nachbemerkung des Herausgebers und Quellenhinweise zu den Illustrationen und Fotos.

Bibliographie

Die Bibliographie umfaßt lediglich Bücher, die unter dem Namen von Hansgeorg Stengel veröffentlicht worden sind. Daneben wurden Beiträge von ihm in etwa einem halben Hundert Anthologien sowie in zahlreichen Zeitschriften und Zeitungen gedruckt. Nicht angeführt wurden auch Übersetzungen von Büchern Stengels in andere Sprachen, die in etlichen Ländern erschienen (Finnland, Frankreich, Jugoslawien, Kanada, Niederlande, Polen, Rumänien, Tschechoslowakei, Ungarn und USA). Die Bibliographie nennt – in chronologischer Reihenfolge – jeweils die erste und letzte Auflage der Bücher und bildet die Titel ab, die in der vorliegenden Auswahl »Der dicke Stengel« keine Verwendung fanden.

(01) **mit schrubber und besen**
[Gedichte]
Illustrationen: Rolf Reimann
Thüringer Volksverlag GmbH,
29 Seiten, Weimar 1950

(02) **Gelichter und Gelächter**
Ein humoristisch-satirischer Streifzug
[Gedichte]
Illustrationen: Peter Dittrich
Verlag der Kunst, 120 Seiten, Dresden 1954
(Buchreihe »Frischer Wind«, Band 3)

(03) **Matrose Ottchen**
Illustrationen: Eberhard Binder-Staßfurt
Der Kinderbuchverlag, 12 Seiten,
Berlin 1960

(04) **1-2-3 – wir sind dabei!**
Ein Zahlenbilderbuch
Illustrationen: Ingeborg Meyer-Rey
und Rudolf Schultz-Debowski
Der Kinderbuchverlag, 24 Seiten, Berlin 1962

(05) **Tante Mascha**
[Versfassung des Textes von Inge Gürtzig]
Illustrationen: Inge Gürtzig
Verlag Junge Welt, 12 Seiten, Berlin 1962
(4., veränderte Auflage 1977)

(06) **Theo und das Auto Tüt**
Illustrationen: Eberhard Binder
Der Kinderbuchverlag, 12 Seiten,
Berlin 1963

(07) **Die neue Leier**
Heitere Verse
Illustrationen: Werner Klemke
Eulenspiegel Verlag, 100 Seiten,
Berlin 1964 (2. Auflage 1973)

(08) **Zirkus drunter und drüber**
Illustrationen: Ingeborg Meyer-Rey
und Rudolf Schultz-Debowski
Der Kinderbuchverlag, 24 Seiten,
Berlin 1965 (6. Auflage 1974)

1991

(09) **Mit Stengelszungen**
Epigramme
Illustrationen: Rolf F. Müller
Eulenspiegel Verlag, 80 Seiten, Berlin 1967
(4. Auflage 1979 – anderes Format, 96 Seiten)

(10) **Schnurrpfeifland am Schnurrpfeifstrand**
Illustrationen: Karl Schrader
Der Kinderbuchverlag, 32 Seiten,
Berlin 1968

(11) **Seegang, Satan, Sansibar**
Enthüllungen eines überlebenden
Frachtschiffpassagiers
Illustrationen: Rolf F. Müller
Eulenspiegel Verlag, 176 Seiten, Berlin 1968
(2. Auflage 1971; 1. Paperback-Auflage 1973,
anderes Format, 208 Seiten)

(12) **So ein Struwwelpeter**
Lustige Geschichten und drollige Bilder
Illustrationen: Karl Schrader
Der Kinderbuchverlag, 33 Seiten, Berlin 1970
(20. Auflage 1993)

(13) **Frühling, Sommer, Herz und Kinder**
Heitere Gedichte
Illustrationen: Thomas Schleusing, Gruppe 4
Eulenspiegel Verlag, 112 Seiten, Berlin 1970
(3. Auflage 1975)

(14) **Stenglisch for you**
Epigramme
Illustrationen: Rolf F. Müller
Eulenspiegel Verlag, 80 Seiten, Berlin 1971
(3. Auflage 1978)

(15) **Reiner Süß – für Sie porträtiert**
Deutscher Verlag für Musik, 27 Seiten
(und 32 Kunstdruck-Fotoseiten),
Leipzig 1974

(16) **Der rettende Stengel**
75 Epigramme
Illustrationen: Rolf F. Müller
Eulenspiegel Verlag, 76 Seiten,
Berlin 1974 (2. Auflage 1976)

(17) **Kleiner Vater, großer Sohn**
[Geschichte in Versen]
Illustrationen: Karl Schrader
Eulenspiegel Verlag, 80 Seiten, Berlin 1975

(18) **Die feine stenglische Art**
Epigramme
Illustrationen: Rolf F. Müller
Eulenspiegel Verlag, 80 Seiten,
Berlin 1976 (2. Auflage 1977)

(19) **Strophe muß sein**
Dicht auf den Versen
Illustrationen: Lothar Otto
Eulenspiegel Verlag, 104 Seiten,
Berlin 1977

(20) **Der Unschuldsstengel**
Epigramme
Illustrationen: Rolf F. Müller
Eulenspiegel Verlag, 96 Seiten,
Berlin 1978 (3. Auflage 1982)

(21) **Die Wortspielwiese**
Allerhand Wort- und Sprachspielereien
Illustrationen: Rolf Felix Müller
Der Kinderbuchverlag, 112 Seiten,
Berlin 1979 (4. Auflage 1987)

(22) **Als ich mal in Japan war**
Schiffsreisenotizen auf und unter
dem fernöstlichen Diwan
Illustrationen: Erika Baarmann
Eulenspiegel Verlag, 136 Seiten,
Berlin 1979 (2. Auflage 1980)

(23) **Mit Stengelsgeduld**
Epigramme
Illustrationen: Rolf F. Müller
Eulenspiegel Verlag, 96 Seiten,
Berlin 1980 (2. Auflage 1981)

(24) **Gedichte und Epigramme**
[Sammelband:] Mit Stengelszungen / Die neue Leier / Stenglisch for you / Frühling, Sommer, Herz und Kinder / Der rettende Stengel / Strophe muß sein / Die feine stenglische Art / Der Unschuldsstengel
Eulenspiegel Verlag, 382 Seiten, Berlin 1980
(4. Auflage 1985)

(25) **Stengelsextrakt**
Ein epigrammatisches Vademekum
Illustrationen: Klaus Ensikat
Eulenspiegel Verlag, 128 Seiten,
Berlin 1982 (2. Auflage 1987)

(26) **Greizer Sonate**
Fotos: Gerhard Kiesling
F. A. Brockhaus Verlag, 104 Seiten
(davon 64 Kunstdruck-Fotoseiten),
Leipzig 1983 (2. Auflage 1986)

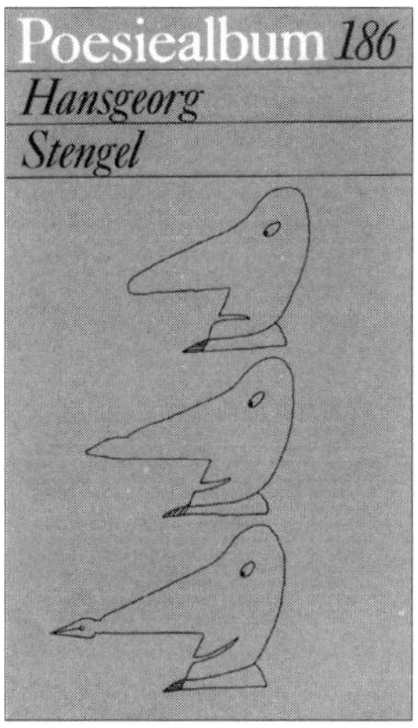

(27) **Poesiealbum 186**
Gedichte
Illustrationen: Rolf Felix Müller
Verlag Neues Leben, 32 Seiten,
Berlin 1983

(28) **AnnasusannA**
Ein Pendelbuch für Rechts- und Linksleser
Illustrationen: Hans Eberhard Ernst
Eulenspiegel Verlag, 108 Seiten, Berlin 1984
[ab 4. Auflage 1995 beim List Verlag, München
(111 Seiten – leicht verändert)]

(29) **Stenglisch Waltz**
Epigramme
Illustrationen: Rolf F. Müller
Eulenspiegel Verlag, 96 Seiten,
Berlin 1986 (2. Auflage 1988)

(30) **Henry Büttner: Patente + Talente**
Erfinderisch mit Versen ergänzt
von Hansgeorg Stengel
Verlag Tribüne, 120 Seiten, Berlin 1986

(31) **Menschen, Macken, Monumente**
[Gedichte]
Illustrationen: Manfred Bofinger
Reiher Verlag, 79 Seiten, Berlin 1991

(32) **Im Stenglischen Garten**
Epigramme und Epikrümel
Illustrationen: Rolf F. Müller
Eulenspiegel Verlag, 96 Seiten,
Berlin 1991

(33) **Thüringen – heiter betrachtet**
Ein fröhlicher Reiseführer für alle
thüringischen und andere grünherzensgute
Deutsche zwischen Johann Sebastian Wolfgang,
Rennsteig und Rostbratwurst
Illustrationen: Ralf Alex Fichtner
Tomus Verlag, 96 Seiten, München 1993

(34) **SuperStruwelpeter**
Lustige Geschichten und drollige Bilder
Illustrationen: Hans-Eberhard Ernst
LeiV Buchhandels- und Verlagsanstalt,
48 Seiten, Leipzig 1993

(35) **Max und Moritz – die zwei Bengel**
frei nach Busch von Ernst und Stengel
Illustrationen: Hans-Eberhard Ernst
LeiV Buchhandels- und Verlagsanstalt,
48 Seiten, Leipzig 1994

(36) **Der dicke Stengel**
Herausgegeben von Werner Sellhorn
Illustrationen: Hans-Eberhard Ernst
(und viele weitere Illustratoren)
Eulenspiegel Verlag
384 Seiten, Berlin 1996

Diskographie

Die Diskographie umfaßt Schallplatten, die im Text ausschließlich Arbeiten von Hansgeorg Stengel enthalten, und die LPs »Eulenplatte« sowie »›Kindermesse‹ und ›So ein Struwwelpeter‹« von Tilo Medek, auf denen auch Texte anderer Autoren gesprochen werden beziehungsweise vertont sind; es handelt sich in allen Fällen um 30-cm-Vinyl-LPs. Die Schallplatten-Vorderseiten sind jeweils abgebildet.

(01) **Von und mit Hansgeorg Stengel**
und dem Jazz-Collegium Berlin (Hartmut Behrsing, p; Heinz Lippold, tb; Wolfgang Müller, tp; Ernst-Georg Hering, tp; Wolfgang Riemer, cl; Horst Würzebesser, b; Jochen Schulze, d; Ruth Hohmann, voc – mit den Jazztiteln: See, See Rider / I Shall Not Be Moved / Shine / Blues für Ernst)
Wortaufnahme: Mitschnitt einer Veranstaltung in der Kleinen Komödie Warnemünde
a) Ich könnte ohne mich nicht sein / b) Von der Dreifaltigkeit / c) Der Verdrossenheitsstau / d) Germanenstraße 120 / e) Die Quarzreise / f) 40-Pfennig-Ware
(Litera 865257 – 1979)

(02) **Aus Willi Wuschkes Geredeschuppen**
Mitwirkende: Wolfgang Lohse (Willi Wuschke); Peter Dommisch (Junger Mann) und das Jazz-Collegium Berlin (Besetzung wie oben – mit den Jazztiteln: Shine / Down By The Riverside / See, See Rider / I Shall Not Be Moved / Everybody Loves Saturday Night / Just A Closer Walk With Thee / It's A Long Way / Freight Train Blues / Blues für Ernst)
Regie: Heiner Möbius
Acht Gespräche zwischen Willi Wuschke und einem jungen Mann, verfasst von Hansgeorg Stengel:
a) Echt und voll / b) Allerhand Getue / c) Maße und Gewichte / d) Im Fall daß / e) Optimal / f) Bandwürmer / g) Trotzdem / h) Wieder zurück
Weitere acht Gespräche:
i) Dativtücken / k) Geschehen / l) Lästige Fallen / m) Gebrauchsanweisung / n) Stellungskrieg / o) Grund und Ursache / p) Rund um Risiko / q) Machbar
(Litera 865287 – 1979)

(03) **So ein Struwwelpeter**
Lustige Geschichten von Hansgeorg Stengel mit Musik von Friedhelm Schönfeld
Schallplatteneinrichtung und Regie: Albrecht Surkau; Dramaturgie: Leni López
Mitwirkende: Ruth Kommerell (Oma); Synge Draeger und Irina Popow (Zwillinge Sabine und Karoline); Wolfgang Dehler (Geschichtenerzähler); Rundfunk-Kinderchor Berlin (Leitung Manfred Roost); Orchester unter dem Dirigat von Friedhelm Schönfeld
Prolog / Die Geschichte vom bockigen Martin / ... vom Tierquäler Matthias / ... von der faulen Angelika / ... von der eigensinnigen Ulrike / ... vom fernsehverrückten Frank / ... vom Kaputtmacher Siegfried / ... vom verbrannten Spielzeug / ... vom Mäkelfritzen / ... von der Daumenlutscherin Sibylle / ... von der ungezogenen Luise / ... vom Stromer Johannes / ... von der alten Oma Enzenbach
(Litera 865268 – 1981)

(04) **So ein Struwwelpeter**
Tilo Medek (Musik) und Hansgeorg Stengel (Text) – Musikalischer Bilderbogen für Kinderchor mit Solostimmen, Flöte, Fagott, Marimbaphon und anderen Schlaginstrumenten
Struwwelpeter-Geschichten für Kinder von heute – gesungen vom Tölzer Knabenchor;
Leitung: Gerhard Schmidt-Gaden; Gernot Woll, Flöte; Klaus Botzky, Fagott; Christian Roderburg, Wolfgang Filz, Karl Hausgenoss und Karl-Josef Kels (Schlag- und Rhythmusinstrumente)
Aufnahme: 24. – 27. 3. 1983 in München
So ein Struwwelpeter (Prolog) / Die Geschichte vom bockigen Martin / ... vom Tierquäler Matthias / ... von der faulen Angelika / ... von der eigensinnigen Ulrike / ... vom fernsehverrückten Frank / ... vom Kaputtmacher Siegfried / ... vom verbrannten Spielzeug / ... vom Mäkelfritzen / ... von der Daumenlutscherin Sibylle / ... vom Faxenmacher Franz / ... von der ungezogenen Luise / ... vom Stromer Johannes / ... von der alten Oma Enzenbach
© Pädagogischer Verlag Schwann-Bagel GmbH, Düsseldorf
(Schwanni H & L 124 – 1983)

(05) **Eulenplatte**
besprochen von Eulenspiegel-Autoren (neben Stengel: John Stave, Hartmut Berlin, Renate Holland-Moritz, Ernst Röhl, Jochen Petersdorf, Claus Ulrich Wiesner und Lothar Kusche)
Mitschnitt einer Solidaritätsveranstaltung der Redaktion und der Autoren des Eulenspiegels, November 1983
Hansgeorg Stengel: Betrachtung über Vogtländer, Epigramme, Moderation
(Litera 865368 – 1984)

(06) **Tilo Medek: Aus dem Musikalischen Bilderbogen »So ein Struwwelpeter«**
[auf der 2. Seite der LP veröffentlicht; die 1. Seite enthält Tilo Medeks »Kindermesse – Zum Gedenken der im Dritten Reich ermordeten Kinder«]
Der Tölzer Knabenchor; Leitung: Gerhard Schmidt-Gaden (Solisten: Isabel Jung, Matthias Encke, Michael Appel, Nicola Fliegel, Annette Blatz, Valentin Antonetty) – Schüler der Städtischen Musikschule Mannheim (Stephanie Lang, Flöte; Markus Seeger, Fagott; Ulf Dettmann, Schlagzeug) – Klaus Künstler, Marimbaphon und Vibraphon; Fritz Kreutel und Peter Knollmann, Schlagzeug
Aufgenommen am 20. 11. und 1. 12. 1984 im Kahnweilersaal der Kunsthalle Mannheim
»So ein Struwwelpeter« (Ausschnitt): Prolog / Die Geschichte vom bockigen Martin / ... von der eigensinnigen Ulrike / ... vom fernsehverrückten Frank / ... von der Daumenlutscherin Sibylle / ... vom Stromer Johannes / ... von der alten Oma Enzenbach
(ETM – Edition Tilo Medek 01012 – 1986)

Editorische Nachbemerkung des Herausgebers

Wer meint, mit dem Buch »Der Dicke Stengel« eine komplette Sammlung der Arbeiten des Autors in der Hand zu halten, irrt sich. Ganz abgesehen davon, daß eine auch nur annähernde Vollständigkeit mehrere solcher dicken Bücher füllen würde, war sie auch keineswegs beabsichtigt. Angestrebt war jedoch ein möglichst repräsentativer Überblick über das Schaffen des Schriftstellers, Journalisten und Kabarettisten Hansgeorg Stengel. Mit anderen Worten: Wer alle bisher veröffentlichten Bücher Stengels besitzt (und wer schaffte es schon, die seinerzeit meist bereits kurz nach Erscheinen vergriffenen Bücher ohne Ausnahme zu erjagen?), findet hier natürlich weniger, weil ihm ja bewußt eine Auswahl aus der Mehrheit seiner Bücher geboten wird; er findet aber andererseits mehr, nämlich vieles, was bisher nur auf Schallplatten und privat mitgeschnittenen Tonbändern, auf Videos von Fernsehsendungen, in Zeitschriften und Zeitungen oder gar nur als Manuskript ein »ungesammeltes« Dasein fristete.

Die Ordnung der Arbeiten Hansgeorg Stengels erfolgte getrennt nach Genres und innerhalb der einzelnen Genres so weit wie möglich zeitlich geordnet, was das Entstehen beziehungsweise die Erstveröffentlichung betrifft. Die Auswahl aus schon erschienenen Büchern blieb jeweils als Gesamtheit beieinander. In Fällen mit sehr viel Lesestoff (bei den Gedichten, den Prosabeiträgen, den Epigrammen, den Gesprächen Willi Wuschkes, den journalistischen Beiträgen) wurde eine Unterteilung in mehrere Kapitel vorgenommen, die über den Band verteilt sind, um größere Abwechslung zu erreichen. Natürlich ist beispielsweise die Zuordnung einzelner Beiträge entweder zur »Prosa« oder zum »Journalismus« nicht zwingend.

Das Buch »Der Dicke Stengel« gibt aber nicht nur einen Überblick über das Schaffen des Autors, sondern darüber hinaus auch Einblick in das Wirken eines Humoristen und Satirikers in der Zeitschrift »Eulenspiegel« (mit der Stengel als Redakteur und Schreibender ja lange Zeit eng verbunden war) und darüber hinaus im Kulturleben der DDR. Gerade die journalistischen und kabarettistischen Beiträge spiegeln die Probleme und Verklemmtheiten dieser Gesellschaft und dazu die Möglichkeiten und Grenzen der Auseinandersetzung mit ihr wider. Insofern bedient der Band natürlich Nostalgie, wenn auch Nostalgie im positiven Sinne des Wortes, als Vergnügen an vertrautem, neugierigem und naturgemäß auch kritischem Rückblick.

Für alle, die es genauer wissen möchten, seien nachfolgend noch Quellenhinweise zu den Beiträgen des Bandes gegeben:

Unter dem Titel *»Stengel gibt Auskunft«* findet sich im ersten Kapitel (**»Präludium«**) die Wiedergabe eines Mitschnitts von Stengels Auftritt 1983 vor Studenten der Technischen Hochschule in Ilmenau. Der Text wurde redaktionell leicht bearbeitet, ohne daß inhaltliche Veränderungen von Stengels Plauderei vorgenommen wurden. (Das gilt auch für die anderen – ausschnitthaften – Wiedergaben von Veranstaltungen des Autors.)

Das zweite Kapitel (**»Gedichte I«**) enthält folgende Beiträge: das Gedicht *»Auch einer!«* (als Probe aus dem Buch »mit schrubber und besen« von 1950); das Gedicht *»Der Duft der freien Halb-Welt«* (es stammt aus den frühen fünfziger Jahren); die Gedichte *»Fauler Zauber«* bis *»Weiße Woche«* (sie wurden im Buch »Gelichter und Gelächter« 1953 veröffentlicht); das Gedicht *»Sommerfrische Berlin«* (es erschien zuerst im »Eulenspiegel«, Nr. 32/1956); die Gedichte *»Motto«* bis *»Geflügelsilvester«* (sie wurden dem Buch »Die neue Leier« von 1964 entnommen).

Zu den Beiträgen im dritten Kapitel (**»Prosa I«**) sind (in Klammern) folgende Angaben zum Zeitpunkt und zum Ort der Erstveröffentlichung zu machen: *»Eine lockere Geschichte«* (1948; wo sie veröffentlicht wurde, ist nicht mehr auszumachen); *»Der letzte Schrei«* (7. April 1950 – »Ulenspiegel«); *»Holz für den Winter«* (1950 – »Fuffzehn«); *»Ziehen!«* (1950 – »Roland von Berlin«); *»Lyrik, du Himmel auf Erden!«* (Mitte der 50er Jahre – »Eulenspiegel«); *»Der feine Unterschied«* (Nr. 13/1959 – »Eulenspiegel«); *»Rotes Licht und Weiße Maus«* (Nr. 18/1959 – »Eulenspiegel«); *»Fumare necesse est oder Nur Raucher sind wahre Menschen«* (Nr. 39/1960 – »Sonntag«); *»Unabkömmlich«* (Nr. 28/1960 – »Eulenspiegel«); *»Die Musen und ihr Musketier«* (16.7.1961 – »Sonntag«); *»Der Ozeandampfer«* (11.7.1962 – »Schatulle«); *»Elternversammlung«* (Nr. 7/1963 – »Eulenspiegel«); *»Geld für Pinguine?«* (Nr. 35/1963 – »Eulenspiegel«).

Das vierte Kapitel (**»Epigramme I«**) enthält den Redebeitrag *»40-Pfennig-Ware* (ein Auszug aus einem Mitschnitt der Veranstaltung Hansgeorg Stengels 1978 in der Kleinen Komödie in Warnemünde) und eine Auswahl von Epigrammen aus den Büchern »Mit Stengelszungen« von 1967 (Epigramme *»Der Chef und die Chefsekretärin«* bis *»Glückwunsch«*) und »Stenglisch for you« von 1971 (Epigramme *»Mithilfe der Bevölkerung«* bis *»Satirikers Ermutigung«*).

Bei der Mehrheit der Szenen und Blackouts im fünften Kapitel (**»Kabarett«**) ist eine genaue Datierung nicht mehr möglich; die ungefähren Jahresangaben seien hier (in Klammern) zu den Beiträgen genannt: *»Der Atheist«* (1958); *»Die Baby-Abnahmekommission«* (1962); *»Krankenbesuch«* (1966); *»Auf kalten Wege«* (1962); *»Orden für Otto«* (etwa 1951); *»Für jeden etwas«* (1963); *»Die Diskussion«* (Januar 1979 veröffentlicht in »Die Pointe«). Der Beitrag *»Warum ich fürs VP-Kabarett ›Die Ampel‹ schrieb«* entstand 1962; der einleitende Artikel *»Mehr Lanzen für die Komik«* erschien im »Sonntag« am 30.12.1973.

Das sechste Kapitel (**»Sprechstunde I«**) gibt eine Auswahl von Beiträgen aus den Serien *»Willi Wuschkes Wortschatzkammer«* (veröffentlicht 1970 bis 1972 im »Eulenspiegel«) und *»Willi Wuschkes Stilbruchbude«* (veröffentlicht 1971 bis 1972 im »Eulenspiegel«) wieder.

Im siebenten Kapitel (**»Journalismus I«**) finden sich Beiträge, die Hansgeorg Stengel in den Jahren von 1956 bis 1962 für den »Eulenspiegel« schrieb (in Klammern die jeweilige Ausgabe der Zeitschrift): *»Satire und Kongreß«* (Nr. 1/1956); *»Ballade von der Reinemachefrau N. und dem nicht erwiesenen Staatsbewußtsein«* (Nr. 52/1956); *»Keine Pokale mehr!«* (Nr. 35/1957); *»Keinen Jux will er uns lassen«* (Nr. 12/1958); *»Die Leseeule (1)«* (Nr. 10/1959); *»Eine* *sozialistische Tropfsteinhöhle«* (Nr. 6/1960); *»Das Euleninterview mit Herrn Professor Dr. Preus, Direktor des Museums für Naturkunde zu Berlin«* (Nr. 15/1960); *»Leseeule (2)«* (Nr. 52/1960). Zu drei Beiträge sind gesonderte Anmerkungen erforderlich: *»Zeitgenössische Fabeln«* wurden aus »Eulenspiegel«-Veröffentlichungen in der Nr. 9/1960 und der Nr. 10/1964 zusammengestellt; *»Ableistungsvergleich«* wurde wahrscheinlich 1962 im »Eulenspiegel« veröffentlicht; der (gekürzt) wiedergegebene Artikel *»Chanson de Berlin«* wurde wahrscheinlich 1962 für den »Eulenspiegel« (oder für die Zeitschrift »Das Magazin«) geschrieben.

Das achte Kapitel (**»Gedichte II«**) enthält folgende Beiträge: *»Unheimlichkeiten«* (gedruckt im Programmheft »alles illusion« des Friedrichstadt-Palastes vom Mai 1967); *»Virgo incognita«* (veröffentlicht in der Nr. 47/1968 des »Eulenspiegel«); *»Gleichklang«* und *»Kleines Märchen für Feuerwehrkinder«* (entnommen dem von Heinz Seydel herausgegebenen Buch »Alles Unsinn – Deutsche Ulk- und Scherzdichtung von ehedem bis momentan«, 1969); *»Besser als Frühling«* bis *»Zwischen Palmwedel und Palmström«* (aus dem Stengel-Buch »Frühling, Sommer, Herz und Kinder«, 1970); *»Die jungen Alten«* (aus dem »DSF-Journal«, Nr. IV/1971).

Im neuntes Kapitel (**»Meereskunde«**) wurden Arbeiten Hansgeorg Stengels zum Thema Seefahrt vereint: das Gedicht *»Mitternachtsballade«* (aus dem Buch »Frühling, Sommer, Herz und Kinder«, 1970); die Abschnitte *»Mittelmeergefühle«, »Vom Regen in die Taufe«* und *»Rauher Wind von Norden«* aus dem Buch »Seegang, Satan, Sansibar« (1968); der Beitrag *»Weil ich ein Seemann war ...«* (veröffentlicht im »Eulenspiegel«, Nr. 15/1965); die Abschnitte *»Alle Seemannswege nach Japan«, »Heimweh nach Sannomya«* und *»Antworten auf noch offene Japanfragen«* aus dem Buch »Als ich mal in Japan war« (1979); das Gedicht *»Vision Berlin«* (veröffentlicht in der »NBI – Neue Berliner Illustrierte«, Nr. 4/1965).

Das zehnte Kapitel (**»Epigramme II«**) enthält eine Auswahl von Epigrammen aus den Büchern »Der rettende Stengel« von 1974 (*»In Stellvertretung«* bis *»Fallobst«*) und »Die feine stenglische Art« von 1976 (*»Die feine englische Art«* bis *»Wink mit dem Zaunpfahl«*).

Die Beiträge im elften Kapitel (**»Wortspiele«**) sind eine Auswahl aus dem Buch »Die Wortspielwiese« (1979).

Im zwölften Kapitel (**»Gedichte III«**) findet sich eine Auswahl aus den Büchern »Kleiner Vater – großer Sohn« von 1975 – mit Illustrationen von Karl Schrader (*»Küchendienst«* bis *»Tag des Spaßes«*), »Strophe muß sein« von 1977 (*»Der perfekte Poet«* bis *»Geleitartikel«*) und Henry Büttners »Patente + Talente – Erfinderisch mit Versen ergänzt von Hansgeorg Stengel«, 1986 (*»Tragödie«* bis *»Am Leben vorbei«*).

Das dreizehntes Kapitel (**»Prosa II«**) enthält eine Auswahl von Prosatexten, die in den Jahren 1964 bis 1984 für eine Reihe von Zeitschriften und Zeitungen verfaßt wurden (in Klammern die Angaben über die Erstveröffentlichung): *»Schnarche wohl«* (»Deine Gesundheit«, Nr. 2/1964); *»Vom Zahnstein der Weisen«* (»Deine Gesundheit«, Nr. 4/1964); *»Licht aus, Messer raus!«* (»Eulenspiegel«, Nr. 27/1964); *»Geflügelte Worte«* (»Eulenspiegel«, Nr. 43/1964); *»Quiz am Abend«* (»Eulenspiegel«, Nr. 17/1965); *»Der Mond ist schuld* (»Deine Gesundheit«, Nr. 9/1967); *»Der Seifenblasenmaler und andere seltsame Berufe«* (»Das Magazin«, Heft 6/1968); *»Das Sportbrevier«* (»Berliner Zeitung«, 1968, und »Dyna-mo-Sport«, 1970); *»Thüringisch-vogtländische Klöße«* (»Eulenspiegel«, Nr. 40/1970 – unter dem Titel *»Glosse über Klöße«*); *»Die Wahrheit über Christopher Kolumbus«* (»Eulenspiegel«, Nr. 5/1972); *»Hans im Glück«* (»Für Dich«, Nr. 51/1984).

Im vierzehnten Kapitel (**»Epigramme III«**) findet sich eine Auswahl von Epigrammen aus den Büchern »Der Unschuldsstengel« von 1978 (*»Blütenweißheit«* bis *»Carpe diem«*) und »Mit Stengelsgeduld« von 1980 (*»Programm«* bis *»Lebensknick«*).

Das fünfzehnte Kapitel (**»Sprechstunde II«**) enthält den Beitrag *»Über den Umgang mit der Sprache, über Umgangssprache sowie über das Umgehen der Sprache«* (aus dem »Eulenspiegel«, Nr. 27/1980), eine Auswahl aus der Serie *»Willi Wuschkes Geredeschuppen«* (entnommen dem »Eulenspiegel«, Jahrgänge 1974 bis 1976), das undatierte Manuskript *»Ein Gespräch Willi Wuschkes mit Konrad Duden«* (eventuell veröffentlicht im »Eulenspiegel«), eine Auswahl aus der Serie *»Willi Wuschkes Wischiwaschisalon«* (entnommen dem »Eulenspiegel«, Jahrgänge 1982 bis 1985), eine Auswahl aus der in der »OTZ – Ostthüringer Zeitung« veröffentlichten Serie *»Wortadella«* (aus Nummern des Jahrgangs 1994) und den Beitrag *»Fragment«* (aus dem Buch »Alles Unsinn – Deutsche Ulk- und Scherzdichtung von ehedem bis momentan«, 1969).

Alle Beiträge des sechzehnten Kapitels (**»Gedichte IV«**) entstammen dem Buch »Menschen, Macken, Monumente« (1991).

Im siebzehnten Kapitel (**»Journalismus II«**) finden sich journalistische Texte, die in den Jahren von 1962 bis 1973 im »Eulenspiegel« und in der »Berliner Zeitung« veröffentlicht wurden: *»Aus dem Poesiealbum der Gegenwart«* (»Eulenspiegel«, 1962); *»Endlich«* (»Eulenspiegel«, 1963); *»Der Aal kömmt!«* (»Eulenspiegel«, Nr. 22/1963); *»Schlittschuhplattler«* (»Eulenspiegel«, 1963); *»Fast ein Gleichnis«* (»Eulenspiegel«, Nr. 20/1964); *»Wünsch dir was«* (»Eulenspiegel«, Nr. 21/1964); *»Der überwundene Goethe«* (»Eulenspiegel«, Nr. 23/1964); *»Opfer des Verkehrs: der Dativ«* (»Eulenspiegel«, Nr. 45/1965); *»Aus dem Bonner Wirtschaftswunderleben: Menschliche Ansprache eines Industriellen«* (»Eulenspiegel«, Nr. 50/1966); *»Papageien melden sich zu Wort«* (»Eulenspiegel«, 1966); Auswahl aus der Serie *»Operette – Fragen? – Zweifel?«* (»Berliner Zeitung«, 1967); *»Über die Einfachheit des Komplizierten«* (wahrscheinlich im »Eulenspiegel« veröffentlicht, Jahr nicht ermittelt); *»Ersatzverkehrshinweise«* (wahrscheinlich im »Eulenspiegel« veröffentlicht, Jahr nicht ermittelt); *»Anfänger«* (»Eulenspiegel«, Nr. 7/1970); *»Das Tierparkgespräch«* (»Eulenspiegel«, Nr. 46/1970); *»Mit spitzer Feder«* (»Eulenspiegel«, 3. Dezember-Ausgabe 1973).

Die Beiträge des achtzehnten Kapitels (**»Palindrome«**) sind eine Auswahl aus dem Buch »AnnasusannA – Ein Pendelbuch für Rechts- und Linksleser« (1984).

Im neunzehnten Kapitel (**»Kindergarten«**) werden – als farbig gedruckter Teil des Bandes – Proben aus Kinderbüchern von Hansgeorg Stengel vorgestellt: aus »Zirkus drunter und drüber« (1965) eine Doppelseite (mit Illustrationen von Ingeborg Meyer-Rey und Rudolf Schultz-Debowski); das Buch »Schnurrpfeifland am Schnurrpfeifstrand« (1968) textlich komplett (mit einigen Illustrationen von Karl Schrader); aus dem Buch von Stengel (Text) und Schrader (Illustrationen) »So ein Struwwelpeter« (1970) der Vorspruch und drei Kapitel; aus dem Buch von Stengel (Text) und Hans-Eberhard Ernst (Illustrationen) »SuperStruwelpeter« (1993) der Vorspruch, zwei Streiche und der Schluß; aus dem Buch von Stengel (Text) und Ernst (Illustrationen)

»Max und Moritz – die zwei Bengel« (1994) der Vorspruch, zwei Streiche und der Schluß.
Im zwanzigsten Kapitel (**»Epigramme IV«**) findet sich eine Auswahl aus den Büchern »Stenglisch Waltz« von 1986 (*»Zwischendurch«* bis *»Trilogie«*) und »Im Stenglischen Garten« von 1991 (*»Sonettchen fürs Frettchen«* bis *»Neuigkeiten«*).
Das einundzwanzigste Kapitel (**»Verkündigungen«**) bringt noch einmal Beispiele für öffentliche Auftritte von Hansgeorg Stengel: *»Von der Dreifaltigkeit«* ist ein weiterer Ausschnitt aus einer Veranstaltung 1978 in der Kleinen Komödie in Warnemünde; sein *»Nachruf auf O. F. Weidling«* ist ein Ausschnitt aus der DFF-Fernsehgedenksendungsendung »Treff für O. F.«, die Anfang 1990 stattfand; *»In der Talkshow«* gibt einen Teil der MDR-Fernsehsendung »Riverboat« vom 21. April 1995 in Dresden wieder.
Das zweiundzwanzigste Kapitel (**»Zur Person«**) enthält: das speziell für diesen Band geschriebene autobiographische Protokoll »H-A-N-S-G-E-O-R-G-S-T-E-N-G-E-L«; unter dem Titel »Rund um den Stengel« Statements über und von Hansgeorg Stengel (Angaben zur Quelle jeweils nach den Texten); besondere Anmerkungen: *»Die Autogrammorgie«* wurde für dieses Buch geschrieben; *»Brief eines Kollegen«* ist die originalgetreue Wiedergabe eines Briefes, den Stengel von Jochen Petersdorf erhielt; das Gedicht *»Was mich betrifft«* wurde von Stengel in sein Buch »Frühling, Sommer, Herz und Kinder« (1970) aufgenommen, aber auch davor schon im »Eulenspiegel« gedruckt und außerdem immer wieder in einer Reihe von Publikationen veröffentlicht, wobei Stengel jeweils seine Altersangabe aktualisierte.
Verständlicherweise wünscht sich jeder Herausgeber, daß das Produkt seiner Bemühungen eine zahlreiche und interessierte Leserschaft finden möge. Beim vorliegenden Band mit den Arbeiten Hansgeorg Stengels tendiert der Wunsch zur Gewißheit, vielen damit Freude und Genuß zu bieten.
Allen Käufern und somit Besitzern dieses Buches sei noch gesagt, daß die Herausgabe einer CD oder MC mit Stengels Vortrag 1978 bei den Studenten der Technischen Hochschule Ilmenau geplant ist, die sich die Stengel-Verehrer sicherlich nicht entgehen lassen werden.

Werner Sellhorn

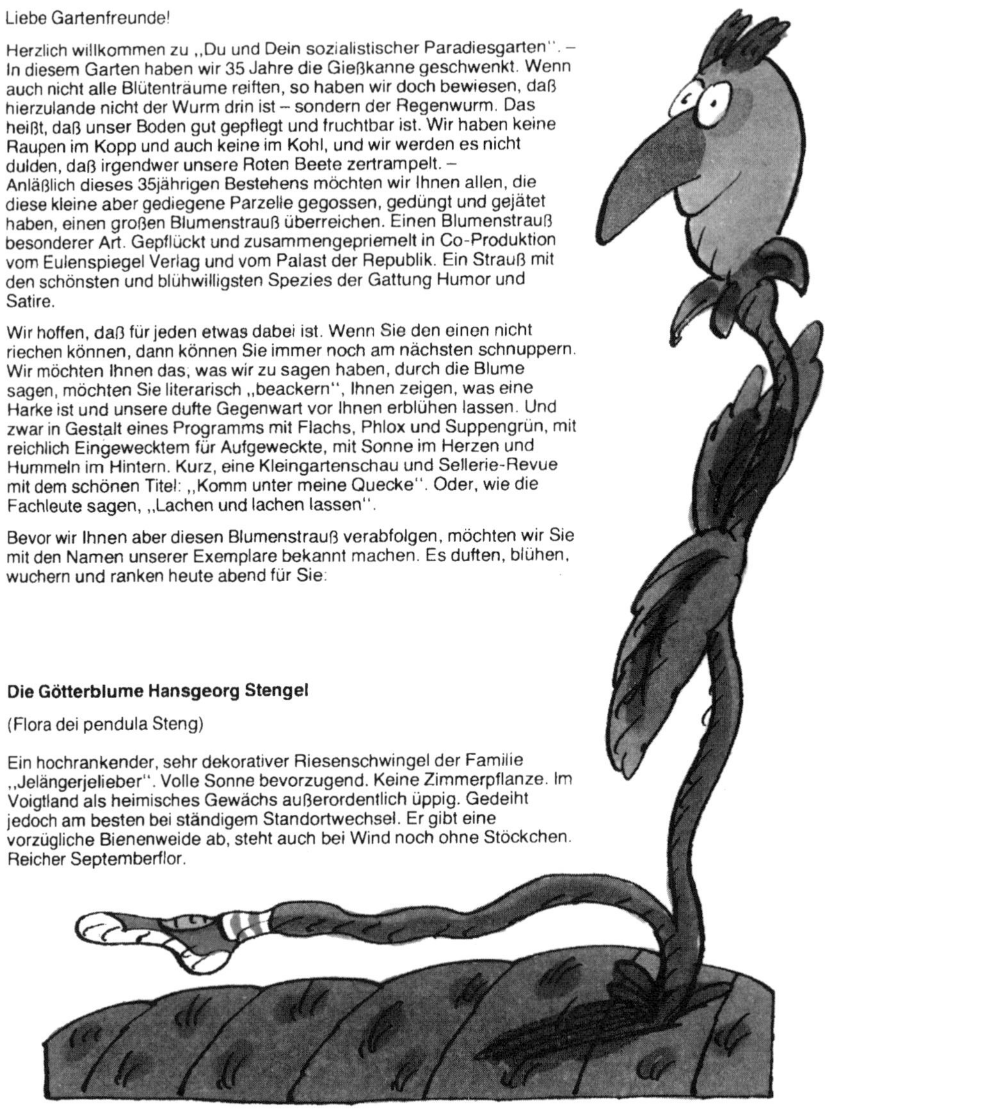
Liebe Gartenfreunde!

Herzlich willkommen zu „Du und Dein sozialistischer Paradiesgarten“. – In diesem Garten haben wir 35 Jahre die Gießkanne geschwenkt. Wenn auch nicht alle Blütenträume reiften, so haben wir doch bewiesen, daß hierzulande nicht der Wurm drin ist – sondern der Regenwurm. Das heißt, daß unser Boden gut gepflegt und fruchtbar ist. Wir haben keine Raupen im Kopp und auch keine im Kohl, und wir werden es nicht dulden, daß irgendwer unsere Roten Beete zertrampelt. –
Anläßlich dieses 35jährigen Bestehens möchten wir Ihnen allen, die diese kleine aber gediegene Parzelle gegossen, gedüngt und gejätet haben, einen großen Blumenstrauß überreichen. Einen Blumenstrauß besonderer Art. Gepflückt und zusammengepriemelt in Co-Produktion vom Eulenspiegel Verlag und vom Palast der Republik. Ein Strauß mit den schönsten und blühwilligsten Spezies der Gattung Humor und Satire.

Wir hoffen, daß für jeden etwas dabei ist. Wenn Sie den einen nicht riechen können, dann können Sie immer noch am nächsten schnuppern. Wir möchten Ihnen das, was wir zu sagen haben, durch die Blume sagen, möchten Sie literarisch „beackern“, Ihnen zeigen, was eine Harke ist und unsere dufte Gegenwart vor Ihnen erblühen lassen. Und zwar in Gestalt eines Programms mit Flachs, Phlox und Suppengrün, mit reichlich Eingewecktem für Aufgeweckte, mit Sonne im Herzen und Hummeln im Hintern. Kurz, eine Kleingartenschau und Sellerie-Revue mit dem schönen Titel: „Komm unter meine Quecke“. Oder, wie die Fachleute sagen, „Lachen und lachen lassen“.

Bevor wir Ihnen aber diesen Blumenstrauß verabfolgen, möchten wir Sie mit den Namen unserer Exemplare bekannt machen. Es duften, blühen, wuchern und ranken heute abend für Sie:

Die Götterblume Hansgeorg Stengel

(Flora dei pendula Steng)

Ein hochrankender, sehr dekorativer Riesenschwingel der Familie „Jelängerjelieber“. Volle Sonne bevorzugend. Keine Zimmerpflanze. Im Voigtland als heimisches Gewächs außerordentlich üppig. Gedeiht jedoch am besten bei ständigem Standortwechsel. Er gibt eine vorzügliche Bienenweide ab, steht auch bei Wind noch ohne Stöckchen. Reicher Septemberflor.

Flora dei pendula Steng – Die Götterblume Hansgeorg Stengel von Manfred Bofinger

Zu den Illustrationen

Die überwiegende Mehrheit der Illustrationen in diesem Buch stammt von **Hans-Eberhard Ernst**, der auch die Gesamtgestaltung besorgte.

Zusätzlich wurden Zeichnungen, Karikaturen und Vignetten von folgenden Künstlern übernommen, die mit Hansgeorg Stengel zusammenarbeiteten und seine Bücher beziehungsweise in Zeitschriften und Zeitungen abgedruckten Arbeiten illustrierten:

Erika Baarmann:
- Seite 155: Illustration aus dem Buch »Als ich mal in Japan war«;

Horst Bartsch:
- Seite 48: Illustration zum Beitrag »Fumare necesse est oder Nur Raucher sind wahre Menschen« (aus der Zeitschrift »Sonntag«, Nr. 29/1960);

Gerhard Bläser:
- Seite 210: Illustration zum Beitrag »Vom Zahnstein der Weisen« (aus der Zeitschrift »Deine Gesundheit«, Nr. 4/1964);

Manfred Bofinger:
- Seite 253: Illustration zum Gedicht »Wellensittichs Aus-Flug« (aus dem Buch »Menschen, Macken, Monumente«);
- Seite 376: Zeichnung »Flora dei pendula Steng« (aus dem Programmheft »Lachen und lachen lassen«, Palast der Republik, 1984);

Henry Büttner:
- Seite 206: Karikatur aus seinem Buch »Patente + Talente«;

Peter Dittrich:
- Seite 26: Karikatur aus dem Buch »Gelichter und Gelächter«;

Klaus Ensikat:
- Seite 60: Illustration zum Epigramm »Weder verwandt noch verschwägert« (aus dem Buch »Stengelsextrakt«, 1982);
- Seite 62: Illustration zu den Epigrammen »Mal so – mal so« und »Wohlwollen« (aus dem Buch »Stengelsextrakt«, 1982);

Barbara Henniger:
- Seite 219: Zeichnung zum Beitrag »Thüringisch-vogtländische Klöße« (aus der Zeitschrift »Eulenspiegel«, Nr. 40/1970);

Kurt Klamann:
- Seite 128: Zeichnung aus seinem Buch »Klamanns Puppentheater« (1961);

Werner Klemke:
- Seite 31: Illustration zum Gedicht »Gestempelt 585« (aus dem Buch »Die neue Leier«);

Harald Kretzschmar:
- Seite 6: Stengel-Karikatur (aus dem Almanach »Eulen-Leute« des Eulenspiegel Verlags, 1980);
- Seite 360: Stengel-Karikatur zum eigenen Artikel »Spitze Verse – runde Sache« (aus der Zeitung »Neues Deutschland« vom 30.7.1982);
- Seite 360: Stengel-Karikatur (aus der Zeitschrift »Eulenspiegel«, Nr. 30/1972);
- Seite 364: Stengel-Karikatur (aus dem Programmheft »Lachen und lachen lassen«, Palast der Republik, 1989);

Ingeborg Meyer-Rey und **Rudolf Schultz-Debowski**:
- Seiten 220 f.: farbige Illustration aus dem Buch »Zirkus drunter und drüber«;

Rolf F. Müller:
- Seite 61: Illustration zum Epigramm »Verschnitt« (aus dem Buch »Mit Stengelszungen«);
- Seite 142: Illustration aus dem Buch »Seegang, Satan, Sansibar«;
- Seite 145: Illustration aus dem Buch »Seegang, Satan, Sansibar«;
- Seite 173: Zeichnung zum Epigramm »Zeugendes Argument« (aus dem Buch »Die feine stenglische Art«);
- Seite 180: Zeichnung zum Morgenstern-Gedicht »Das große Lalula« (aus dem Buch »Die Wortspielwiese«);
- Seite 225: Illustration zum Epigramm »Blütenweißheit« (aus dem Buch »Der Unschuldsstengel«);
- Seite 323: Illustration zum Epigramm »Zwischendurch« (aus dem Buch »Stenglisch Waltz«);
- Seite 357: Stengel-Karikatur (aus dem Buch »Seegang, Satan, Sansibar«);

Lothar Otto:
- Seite 199: Illustration zum Gedicht »Ordentliches Anliegen« (aus dem Buch »Strophe muß sein«);

Harry Parschau:
- Seite 209: Illustration zum Beitrag »Schnarche wohl« (aus der Zeitschrift »Deine Gesundheit«, Nr. 2/1964);

Louis Rauwolf:
- Seite 53: Illustration zum Beitrag »Geld für Pinguine?« (aus der Zeitschrift »Eulenspiegel«, Nr. 35/1963);

Rolf Reimann:
- Seite 25: Karikatur zum Gedicht »Auch einer!« (aus dem Buch »Gelichter und Gelächter«);

Thomas Schleusing:
- Seite 131: Illustration zum Gedicht »Frühling und Ökonomie« (aus dem Buch »Frühling, Sommer, Herbst und Kinder«);
- Seite 136: Illustration zum Gedicht »Intrige« (aus dem Buch »Frühling, Sommer, Herz und Kinder«);
- Seite 141: Illustration zum Gedicht »Mitternachtsballade« (aus dem Buch »Frühling, Sommer, Herz und Kinder«);

Erich Schmitt:
- Seiten 270 und 273: 2 Illustrationen zur Serie »Operette – Fragen? – Zweifel?« (aus der »Berliner Zeitung«, 1967);

Karl Schrader:
- Seiten 191, 192 (2x), 193: 4 Illustrationen aus dem Buch »Kleiner Vater – großer Sohn«;
- Seiten 292-296: farbige Illustrationen aus dem Buch »Schnurrpfeifland am Schnurrpfeifstrand«;
- Seiten 297-305: farbige Illustrationen aus dem Buch »So ein Struwwelpeter«;

Elizabeth Shaw:
- Seiten 353 und 354: 2 Illustrationen zum Beitrag »Sechsundfünfzig Chrysanthemen« (aus der Zeitschrift »Eulenspiegel«, Nr. 39/1969);
- Seite 361: Nasen-Karikatur (aus Lothar Kusches Buch »Nasen, die man nicht vergißt«);

Carl Sturtzkopf:
- Seite 269: Zeichnung zum Gedicht »Menschliche Ansprache eines Industriellen« (aus der Zeitschrift »Eulenspiegel«, Nr. 50/1966);

Unbekannt:
- Seite 346: Stengel-Scherenschnitt.

Die nicht von Hans-Eberhard Ernst stammenden Illustrationen wurden mit einem grauen Fond unterlegt.

Zu den Fotos

Die Mehrheit der im Buch abgebildeten Fotos entstammt dem Privatarchiv von Hansgeorg Stengel. Das Bild auf Seite 343 stellte Dr. Hans Mrowetz zur Verfügung. Darüber hinaus wurden Arbeiten folgender Fotografinnen und Fotografen verwendet:
R. Böhme (S. 363), Volker Ettelt (S. 358), Gerd Hedderich (S. 359), G. Hübner (S. 365), Angret Huth (S. 350/361), Kurt Krone (S. 378), Hannelore Milbrandt (S. 365), Petra Schneider (S. 369), Hannes F. Schreiber (S. 351, 356), Wilhelm Siebenhaar (S. 350).

Zu den Nachdrucken

Der Eulenspiegel Verlag war bemüht, von allen Textautoren und Textautorinnen, Illustratoren und Illustratorinnen, Fotografen und Fotografinnen, deren Arbeiten im Buch »Der dicke Stengel« (zusätzlich zu den Arbeiten Hansgeorg Stengels und den Illustrationen von Hans-Eberhard Ernst) nachgedruckt wurden, die Genehmigung einzuholen. Sollten in einzelnen Fällen Versäumnisse geschehen sein (zum Beispiel deswegen, weil Fotos nicht mit Copyright versehen wurden), so bitten wir die Betroffenen, sich an den Verlag zu wenden.
Allen, von denen wir Nachdruckgenehmigungen erhielten, danken wir herzlich dafür, besonders dem KinderbuchVerlag GmbH, Berlin (für Nachdrucke aus den Büchern »Die Wortspielwiese«, »Zirkus drunter und drüber«, »Schnurrpfeifland am Schnurrpfeifstrand« und »So ein Struwwelpeter«), der LeiV Buchhandels- und Verlagsanstalt Leipzig (für Nachdrucke aus den Büchern »SuperStruwelpeter« und »Max und Moritz – die zwei Bengel«) und dem List Verlag München (für Nachdrucke aus dem Buch »AnnasusannA«).

Inhaltsverzeichnis

Dem Stengel gleicht
keiner und keine,
nicht ER und nicht ES
und nicht SIE.
Dem Stengel gleicht
höchstens das eine:
das stenglische

Visavis.

»Echt häßlich
und gräßlich,
der Gaukler der Feder!«
So tönts in Kaufbeuren,
in Kamenz und Kiel.
Gemach! Ein Gesicht
hat schließlich jeder,
doch wer hat wie Stengel
ein Super-Profil?